A LIFE HISTORY STUDY OF
ACADEMIC ENTREPRENEURSHIP

大学発ベンチャー起業家の「熟達」研究

瀧 和男のライフヒストリー

高瀬 進 [著]
Takase Susumu

中央経済社

まえがき

　大学研究者による起業は，どのような経験から，どのようなプロセスで実現されるのか。どのような大学研究者が，いかなる理由で，どのような会社を起業するのであろうか。また，何故，経営学研究において，ベンチャー企業を対象にした研究が主流であり，起業家個人を対象にした研究が数少ないのか。以上が，本書の基本的な問題意識である。

　本書で取り上げた瀧和男氏のスタートアップは，日本における大学発ベンチャーの先駆的事例である。2015年以降，急激に人工知能やロボットの事業化が注目されるようになってきたが，このスタートアップは，「AI Labo」の会社ホームページ名の通り，人工知能（Artificial Intelligence）関連の事業化を意図した大学発ベンチャーであった。さらに，1980年代の人工知能，特に，エキスパートシステム勃興期における国家プロジェクト「第5世代コンピュータプロジェクト」の中核メンバーによる研究者のスタートアップでもあった。

　しかし，1995年頃までは，日本の大学研究者による起業は想定されておらず，大学発ベンチャーに対しての国や大学からの支援策，それから，その基盤となる経営学やアントレプレナーシップの基礎研究が追い付いていなかった。瀧和男氏のスタートアップは，研究者のコミュニティーにおいて，少なくともそのメンタリティーにおいては，孤軍奮闘であった，というのが率直な筆者の感想である。彼のライフヒストリーによれば，1980年代後半，第5世代後期において，LSI CADと囲碁コンピュータが応用分野として研究の俎上に上がっている。そして，その30年後の2015年，囲碁の世界名人がGoogleによって凌駕されつつある現実を踏まえると，瀧によるスタートアップの企ては，人工知能関連の事業機会の到来という点においては，まさに，早すぎた先駆的な起業であった。

　その後，2000年以降，カーネギー学派の近代組織論の流れを汲み，人工知能におけるエキスパートシステム（Expert System）のコア技術であるプロトコル分析を，起業家の意思決定を対象に用いた研究としてエフェクチュエーショ

ン（Effectuation）がアントレプレナーシップ研究に登場してきた。第5世代において，主にエキスパートシステムを支える並列コンピュータのアーキテクチャを創り上げた瀧和男氏に対して，熟達した起業家（Expert Entrepreneur）のプロトコル分析の実験研究を依頼するという状況は，ある意味，無謀なお願いでもあった。

　しかし，彼自身エキスパート（熟達者）を自認する，「システムLSI」の領域になった途端，シンク・アラウド（think aloud）の実験研究を超えて，プロトコルが饒舌になっていく姿に立ち会えたのは最大の幸運であった。「領域固有性（Domain Specificity）」，もしくは，経営学の文脈でいえば，「個人の認知限界からの分業」という古典的な問題について本研究を通じて熟考をする機会をいただけたことに大変感謝している。

　2013年夏，本書に先立ち，エフェクチュエーションの理論書の翻訳出版の了承を得るために，フロリダで開催されたAcademy of Managementに参加し，サラスバシー先生にお会いする機会を得た。サラスバシー先生は，大学発ベンチャー起業家を対象にエフェクチュエーションの知見を用いた研究を見るのは初めてのことであり，そして，かつて，第5世代コンピュータプロジェクトのメンターでもあり，彼女の恩師のハーバート・サイモン先生がご存命であったら，（第5世代のリーダー格であった）瀧和男氏のスタートアップの事例を大変喜んだに違いない，と私に話をしてくれた。あくまで推測の域を出ないが，分野横断的な研究テーマの設定，例えば，人工知能と経営学を架橋するような取り組みが，大学発ベンチャーの本質的な課題であったことを，サイモン先生は看破していたのかも知れない。サラスバシー先生がエフェクチュエーションの研究で示唆したように，大学発ベンチャーはクレージー・キルト（Crazy Quilt）の試行錯誤の取り組みにならざるを得ないのであろう。

　ひとつだけエピソードを述べさせてもらうと，サラスバシー先生から，「どのように，エフェクチュエーションの研究を見つけたのか」，と聞かれた際，筆者は，「Googleで，EntrepreneurとDecision-make を検索したら，Effectuationがヒットしたので，その後，Wikipedia でみたら，effectuation.org のサイトが出てきたので，それで，おもしろそうだと思った」と返事をさせていただい

た。その際，サラスバシー先生は，怪訝な表情をして，「指導教員から，エフェクチュエーションの研究をレコメンドされないで，本当に自分で見つけたの？　何故，おもしろそうだと思ったの？」と再度質問されたので，「実は，日本にラクロスを普及したメンバーの一人でして云々」という話をしたところ，それで，彼女は納得をしたようで，「それは，アメリカ人のアントレプレナーシップ研究のコミュニティーには受けるかもね」と笑顔で返事をいただいたのが印象的であった。たぶん，筆者自身に小さなスタートアップの経験があったこと，瀧和男氏との対話を通じて，コンピュータ史のみならず，エフェクチュエーションを理解する基礎となる人工知能や認知科学を学ばせていただいたことが，結果として幸いしたのだと思う。

　本調査の中心となる記述は，恩師としての瀧和男先生のライフヒストリーである。研究遍歴としてのみならず，ライフヒストリーとして幼少期からのプライベートな側面にも踏み込んだ調査にご協力いただいたのは感謝以上の言葉が見つからない。しかし，第4章の事例研究は，現在，不正確な記述となっていると考えている。何故なら，2012年までの大学発ベンチャー起業家，企業人としての瀧和男氏であり，本書が出版される2017年現在は，大学教授としての瀧和男氏であり，社会的立場が変われば，当然，インタビューや発言をするにせよ，職業的背景が変化してくることに対して，配慮がなされていない。その責任は，調査者として全て筆者に帰するものであるが，法人設立の経緯（4.6.2節）について，読者には留意していただきたい。

　本事例では，1995年設立となっているが，1995年の時点では，瀧和男氏は，この法人設立には法的に一切関与していない。1999年，日本版バイ・ドール法（産業活力再生特別措置法第30条）が施行され，大学教員による兼業規定が緩和されるまでは，1995年に設立された有限会社エー・アイ・エルは技術移転を目的とした共同研究先の位置付けである。その後，2000年に株式会社化する際に，神戸大学に申請した上で，公式に認定を受けた「大学発ベンチャー」として登録された経緯がある。一方，2009年の調査インタビューの段階では，エイ・アイ・エル株式会社の代表取締役の立場として，その設立日を，有限会社エー・アイ・エルの設立日である1995年として説明をしていた。しかし，1995

年から1999年までは，有限会社エー・アイ・エルは，大学研究者としての瀧和男氏の特許の技術移転先であり，法的に役員や顧問等として一切関与がなかった点を，筆者の責任として，ここに記しておきたい。逆に言えば，現在は，技術移転からの外部資金導入が強く求められているが，1990年代は，大学発ベンチャーの制度が大きく変貌する時期であった。本書では限定的な記述となっているが，当時，研究と事業化のルールが明文化されていない中，大学研究者としての瀧和男氏が，大学の発明規定にそった形で，知的財産としての特許の管理に関して大学に協力要請をしていたという事実について，ここで強調しておきたい。

　今後，本書を読んでくれた方から，ひとりでも多く，大学における研究成果からスタートアップに挑戦する研究者が出てきて，また，スタートアップから再度，研究活動に戻って，新しい研究テーマ，スタートアップに挑戦する研究者が出てくることが筆者の願いである。本書のメッセージのひとつであるが，大学発ベンチャーのプロセスにおいて，研究者人材同士のみならず，経営人材と協働することはかなり難しいことであり，それは，異なる熟達領域を架橋するパートナーシップ構築の問題として収斂されるであろう。軍事技術の商業化という歴史的背景から誕生した大学発ベンチャーとその課題は，理論的にも実践的にも生涯をかけて取り組むに値する問いだと信じている。

　本書の成立は，数多くのスタートアップの現場に携わる数多くの方々にご協力，助言を得たことに依っている。特に，神戸大学大学院経営学研究科において，アントレプレナーシップ研究に挑戦させていただき，暖かく指導してくださった金井壽宏先生，神戸大学工学部システム工学科の恩師でもあり，大学発ベンチャーの先駆者の立場から本研究に調査協力者として数多くの助言，支援をいただいた瀧和男先生には，厚く御礼を申し上げたい。両恩師からは，現在もさまざまな形で薫陶を受けており，感謝の念を禁じえない。また，本書のベースとなった博士論文については，神戸大学大学院経営学研究科において原拓志先生，松尾睦先生，平野恭平先生から貴重な指導を賜った。

　恩師としての瀧和男先生のライフヒストリー研究として貴重な調査が実現できたのは，神戸大学工学部システム工学科第4講座にかつて在籍されていた金

田悠紀夫先生，西久保愼一氏による調査協力のお陰である。エイ・アイ・エル株式会社の関係者の皆様には，ご多忙な中，快くフィールド調査にご協力いただいた。すべての協力者のお名前をあげることはできないが，重ねて厚く御礼を申し上げる次第である。株式会社中央経済社に出版の機会をいただくとともに同社の市田由紀子氏に，編集等のご支援をいただいた。なお，刊行に際して，「平成28年度日本学術振興会 科学研究費助成事業（研究成果公開促進費「学術図書」)」による出版助成金を受けている（課題番号16HP5270）。記して謝意を申し上げたい。最後に，筆者の生活面で多大なるサポートをしてくれた家族に感謝する。

　これらの多くの人々のご支援のもとで，本書を公刊することができた。だが，本書は協力者のみなさまのご期待には十分応えるものになっていない。今後も研究者としてさらに研鑽を積み，ご協力いただいたみなさまのご期待に応えられるよう，ささやかながらもアントレプレナーシップ研究に貢献できるよう，精進していく所存である。

2017年1月

高瀬　進

目　次

まえがき　i

第1章　本研究の概要 ……………………………………… 1

- 1.1　本研究の問題意識　1
- 1.2　本研究の調査協力者　2
- 1.3　熟達者としての瀧和男氏　4
- 1.4　本研究の意義　5
- 1.5　本研究の概要と構成　6
- 1.6　本研究の要約　7

第2章　理論的背景 ……………………………………… 13

- 2.1　大学発ベンチャー研究の展開　13
  - 2.1.1　起業家（企業家）の定義　13
  - 2.1.2　起業家研究　15
  - 2.1.3　大学発ベンチャー起業家の定義　19
  - 2.1.4　大学発ベンチャーとなる技術の特徴　23
  - 2.1.5　大学発ベンチャーにおけるイノベーション　26
  - 2.1.6　大学発ベンチャーと「人工物科学」　28
  - 2.1.7．日本の大学発ベンチャー研究の課題　33
- 2.2　熟達研究の展開　37
  - 2.2.1　熟達者の定義　37
  - 2.2.2　認知科学における人工知能研究と熟達研究の関係　38

2.2.3　科学者サイモンと哲学者ドレイファスの論争　39
  2.2.4　科学者の熟達化プロセス　43
  2.2.5　熟達者の認知モデル　44
  2.2.6　複数領域における熟達　46
 2.3　起業家を対象にした熟達研究　47
 2.4　小　括　54

第3章　調査方法　65
 3.1　本研究の分析枠組　65
 3.2　本研究の研究課題　67
 3.3　本研究の調査方法　68
 3.4　複数のデータ源　70
  3.4.1　資料収集　70
  3.4.2　インタビュー調査　73
  3.4.3　現場（フィールド）での観察　74
 3.5　本研究における調査・執筆プロセス　75

第4章　大学発ベンチャー起業家のライフヒストリー　83
 4.1　ライフヒストリー概要　83
 4.2　幼少期から高校まで　90
  4.2.1　幼少期から中学まで　90
  4.2.2　長田高校　91

4.3 神戸大学・学生時代（神戸大学LISPマシン） 95
- 4.3.1 神戸大学工学部電子工学科 95
- 4.3.2 大学院システム工学専攻への進学 98

4.4 日立製作所から第5世代コンピュータ前期まで 109
- 4.4.1 日立製作所大みか工場勤務 109
- 4.4.2 第5世代コンピュータプロジェクトに対しての批判 114
- 4.4.3 論理実証主義者，人工物の科学者としての瀧和男 117
- 4.4.4 国家プロジェクトとしての第5世代 119
- 4.4.5 米国視察出張と米国の大学発ベンチャー 122

4.5 第5世代コンピュータ中期から後期（LSI CAD） 127
- 4.5.1 コンピュータアーキテクトとしての瀧和男 127
- 4.5.2 プロジェクト・リーダーとしての瀧和男 133
- 4.5.3 プロジェクト後期：応用研究 140

4.6 神戸大学・研究者から現在まで（システムLSI） 152
- 4.6.1 システム工学第6講座 152
- 4.6.2 特許管理会社設立 156
- 4.6.3 本格的な事業化と大学休職 160
- 4.6.4 瀧和男氏のその後 163

第5章 大学発ベンチャー起業家の熟達に関する検討 177

5.1 コンピュータ史から見た瀧和男氏の位置付け 177
5.1.1 国家プロジェクトと大学発ベンチャー 177
5.1.2 電気試験所・通産省による国家プロジェクトの起案と選抜制度 179
5.1.3 神戸大学システム工学第4講座 183

5.2 瀧和男氏のライフヒストリーの分析 185
5.2.1 瀧和男氏の研究に関連したエピソード 185
5.2.2 瀧和男氏の起業に関連したエピソード 187
5.2.3 瀧和男氏の研究と起業の関係 188

5.3 瀧和男氏が設計した人工物 191
5.3.1 概要 191
5.3.2 神戸大学LISPマシン 192
5.3.3 LSI CAD（第5世代） 195
5.3.4 システムLSI（大学発ベンチャー） 198
5.3.5 考察 202

5.4 瀧和男氏の熟達に関する特徴 204
5.4.1 熟達に関する研究者と瀧和男氏との違い 204
5.4.2 熟達に関する起業家と瀧和男氏との違い 206

5.5 小括 209

第6章 考察 ... 215

- 6.1 発見事実の検討　215
- 6.2 大学発ベンチャー起業家の熟達化プロセスモデル　217
- 6.3 概念モデルの検討　222
  - 6.3.1 新しい人工物の創造を通じた経験学習　222
  - 6.3.2 大学発ベンチャー起業家の熟達化ステージ（段階）モデルの検討　225

第7章 結論 ... 231

- 7.1 本研究の要点　231
- 7.2 理論的貢献　233
  - 7.2.1 大学発ベンチャー起業家の複数領域における熟達化プロセス　233
  - 7.2.2 創造的熟達者としての大学発ベンチャー起業家　235
  - 7.2.3 大学発ベンチャー起業家の熟達ステージモデル　237
- 7.3 実践的含意　238
- 7.4 本研究における残された課題　242

付録Ⅰ　瀧和男氏のプロトコル分析　247

1. プロトコル分析概要　247
2. 実　験　248
3. 実験結果　250

4．考　察　252
　　5．本実験研究の限界と今後の展望　254
　　6．瀧和男氏のプロトコル分析　実験データ（2011年7月26日）　255
　　7．プロトコル分析　実験資料　275

付録Ⅱ　金田悠紀夫氏のオーラルヒストリー
　　　　　神戸大学システム工学第4講座とITベンチャー　282
　　1．オーラルヒストリー概要　282
　　2．本オーラルヒストリーが本研究に対して持つ含意　283

資料（コンピュータ史関係）／327

参考文献／330

索引／347

第1章 本研究の概要

1.1 本研究の問題意識

　本研究は，自身の研究成果を基に起業した大学発ベンチャー起業家個人を対象に，複数の熟達領域（研究・起業）における熟達化プロセスを明らかにすることを目的とした経験的研究（empirical study）である。本研究は，特定の個人（瀧和男氏）の事例について，熟達面に焦点を合わせて，深いレベルで記述することを目指している。方法論として，歴史的背景を踏まえ，特定の個人の人生を記述するライフヒストリー研究を志向し，理論的領域として，起業家の意思決定と創造的熟達に鍵概念を定めた試みである。

　ここで，本研究の背景として，日本の大学発ベンチャーの状況について記しておく。2000年以降，国立大学の教員兼業規定が緩和され，大学研究者の起業が可能になり，その結果，2010年までに，1963社の大学発ベンチャー企業が設立されている（文部科学省，2010）[1]。その背景には，基礎科学からのイノベーションが国家の競争力の基盤であるという認識があり，2001年の経済産業省による「大学発ベンチャー1000社構想」[2]はその最たるものであった。一方，ベンチャーキャピタル等の金融機関が，出資を目的に大学発ベンチャーを評価する場合，「起業した研究者個人」に焦点をあてて，起業家個人の適性，研究者としての能力，研究者とベンチャー企業との関係等を精査することが，実務上，不可欠である。しかしながら，このような経営実務の要望に対して，起業した研究者個人を対象にした基礎的な研究が日本ではきわめて少ない。したがって，このギャップを埋めるため，本研究では「大学研究者による起業は，どのような経験から，どのようなプロセスで実現されるのか」という問題意識に基づき，起業する以前の研究遍歴まで遡った調査を実施する。

　このような問題意識は，近年の起業家研究における新しい研究潮流を反映し

ている。すなわち，Shane and Venkataraman（2000）が，起業家研究における中核的理論の不在の克服を意図し，起業家（entrepreneur）の役割についての定義を「組織の創造（organization formation）」から「事業機会の認知（recognizing opportunity）」に再定義したことで，認知科学の知見を応用する新しい研究潮流が見られ始めたのである。認知科学研究の嚆矢は，組織の意思決定から個人の意思決定へと研究関心を移行したサイモン（Herbert A. Simon）による，チェスを用いた熟達者と初心者の問題解決の違いに着目した一連の研究である（Simon and Chase, 1973）。そのサイモンの再晩年の弟子であるサラスバシー（Saras D. Sarasvathy）による起業家の意思決定に関する研究（Sarasvathy, 2001）が，認知科学における熟達研究の知見を起業家研究に応用した代表的研究である。

　以上の問題意識と研究動向を踏まえると，「熟達した研究者は，起業という，未知の課題，熟達していない領域を含む課題に，どのように取り組んだのか」[3]という，大学発ベンチャー起業家個人に関する興味深い問いが浮上してくる。この問いには，熟達研究の理論的課題が含まれる。

　この点，大学発ベンチャー起業家は，複数の研究領域における熟達した知識・スキルを用いて，新しい研究領域を創出する世界レベルの業績を担う研究者であり，起業領域の熟達を成し遂げる研究者であると考えられる。一方，起業家研究の先行研究においては，第1に，複数の研究領域における熟達の重要性が十分に認識されず，その研究が不足しており，第2に，研究領域と起業領域をつなぐ熟達化プロセスの重要性が十分に認識されず，その研究が不足していることが懸念される。

1.2　本研究の調査協力者

　本研究では，日本における大学発ベンチャーの先駆者であり，大学研究者の立場で大学発ベンチャーを起業し，一時期は代表取締役と大学教授を兼任し，事業が軌道に乗った段階で教授を退職した日本における数少ない事例として，瀧和男氏を取り上げる[4]。瀧和男氏（今後，敬称を略して，瀧と表記させていただく）は，起業に至るまで，大企業における工場勤務，国家プロジェクトに

おける研究職，大学教員と様々なキャリアを経験しており，ひと括りに起業家として議論することがきわめて難しい事例である。瀧の略歴は，1952年 神戸生まれ，1971年 神戸大学工学部電子工学科入学，1979年 神戸大学大学院工学研究科システム工学専攻修了，同年（株）日立製作所大みか工場に勤務後，1982年 第5世代コンピュータプロジェクト出向，並列コンピュータ分野の室長を経て，1992年 神戸大学に赴任。1995年 特許管理会社として有限会社の設立要請。2000年 株式会社化。2005年 事業専念のため，神戸大学教授を退職，というものである（その後，2012年神戸大学に復職，2017年現在神戸大学大学院科学技術イノベーション研究科客員教授）。

瀧が起業した会社，エイ・アイ・エル株式会社[5]は，システムLSI設計に特化したファブレスの企業であり，彼の技術基盤は，電子工学とコンピュータ設計に関する研究・開発である。したがって，米国のシリコンバレーやルート128に代表されるベンチャー起業家によって手掛けられたICチップ・コンピュータの研究開発とも，技術基盤の点で大いに関連をしている。

瀧は，大学教員として神戸大学に赴任する前の30代の10年間，第5世代コンピュータプロジェクト[6]において，並列コンピュータの研究開発を経験している。このプロジェクトは，10年600億円の予算規模の日本における史上最大規模の国家プロジェクトであり，日本が，世界レベルで人工知能（artificial intelligence）分野の基礎研究を牽引し，注目を集めたプロジェクト研究であった。このプロジェクトにおいて，瀧は主任研究員として人工知能研究に不可欠な並列コンピュータのハードウエア設計・開発の中核を担った。また，プロジェクトの後期には，第1研究室長（ハードウエア部門）と第7研究室長代理（ソフトウエア部門）を兼任し，このプロジェクトに参画した大企業を顧客として，LSI CAD分野の共同研究のプロジェクトマネジメントも経験した。この時の経験が，10年の期間を経て，システムLSI設計の産学連携，さらに，起業につながっていったと考えられる。

日立製作所入社前の神戸大学の大学院生時代に，瀧は「第5世代コンピュータプロジェクト」への参画のきっかけになる「神戸大学LISPマシン」[7]を開発している。このマシンは，人工知能用プログラミング言語であるLISP[8]を使って，チェスや言語翻訳処理等の論理演算や臨床医学の診断プログラム等の推論

演算をするエキスパート・システム用のマシンであり，当時の汎用大型計算機と同程度の速度性能を持つものであった．この「神戸大学LISPマシン」は，情報処理学会によって，2012年3月に「情報処理技術遺産」として認定され，コンピュータ博物館に殿堂入りをしている．したがって，大学教員による起業といっても，日本における代表的なコンピュータ設計者が，そのマシンを使ったシステムLSIの設計という応用分野に研究をシフトしつつ，大学赴任後，大学における研究教育活動の傍ら会社を設立した，というのが最も妥当な説明であると考えている．この点，コンピュータ史を踏まえ，大学発ベンチャー起業家の起業に至るまでの研究活動に着目することによって，大学研究者による起業プロセスを明らかにすることが可能であると考えている[9]．

1.3 熟達者としての瀧和男氏

　本研究で，瀧和男氏を大学発ベンチャー起業家の熟達者として，事例に取り上げた第1の理由は，日本における大学発ベンチャーの先駆的事例（1995年）であり，また，瀧和男氏は，2000年から2010年頃までの10年間，携帯電話向けをはじめとする低消費電力のシステムLSIの特許を通じて，数億円規模の年商と最大40％超の利益率を確保した，数少ない大学発ベンチャー起業家という点にある．例えば，創薬の大学発ベンチャーの場合，難病患者向けの特効薬の開発をするために上場し，資金調達を可能にした案件も存在するが，その場合も，長期間の研究開発が必要であるため，一定の収入を得ることはきわめて難しい．よって，日本の大学発ベンチャーの中で，研究成果を事業化し，特許権実施料から安定した事業収入を得た[10]エイ・アイ・エル（株）の案件は，きわめて稀な事例と考える．また，瀧和男氏が，2005年に事業に専念して大学教授職を辞した背景には，特許権実施料から安定した事業収入が確保されており，大学教授職を兼業しなくても，経済的に自立することが可能な状態であったことを意味する．一方，日本の創薬系の大学発ベンチャーは，実験室等，研究所を学外に造るには莫大な投資が必要ということもあり，現時点（2012年12月）において，大学教授職を辞して事業活動に専念した事例は確認できていない．

　第2の理由は，瀧和男氏は，起業以前に，技術移転を伴う複数回の研究プロ

ジェクトを経験しており、システムLSI設計の研究プロジェクトでは、基礎研究からの中核的特許を基盤に、実験的な大学発ベンチャーから始めて本格的な事業化を導いた点である。1.1節において、大学発ベンチャー起業家は、複数の研究領域における熟達した知識・スキルを用いて、新しい研究領域を創出する世界レベルの業績を担う研究者であることに言及した。この点、瀧和男氏は、コンピュータのハードウエア領域とソフトウエア領域の両方の研究領域における熟達者であり、また、大学発ベンチャーを手掛ける以前にも、日本初の高速LISPマシン、第5世代並列コンピュータ、LSI CADなどの応用研究において世界レベルの研究業績を残しており、それらは、技術移転を通じて実用化されていること[11]から説明される。

以上より、瀧和男氏を熟達者として、個別事例研究（シングルケース）に取り上げた理由は、この事例の先駆性と稀少性にある。後述するが、他ならぬ先駆性と稀少性により、比較可能な他の事例は少なく、その間、比較事例を念頭に、西久保慎一氏[12]、津幡靖久氏[13]等の起業家に対して調査を行ったが、調査開始後、コンピュータや科学技術政策の歴史を踏まえ、瀧氏が、日本における大学発ベンチャー起業家の先駆者であることが判明した。したがって、本研究においては、大学発ベンチャー起業家である瀧和男氏個人を対象に、研究と起業の関係に着目し、個別事例研究を濃密に深くおこなうという研究戦略を採択するにいたった。

1.4　本研究の意義

本研究の第1の意義は、起業家の熟達研究をさらに発展させ、大学発ベンチャー起業家の複数の研究領域と起業領域の熟達をつなぐ熟達化プロセスを明らかにする点である。認知科学においては、1950年代以降の様々な分野の熟達者を対象にした研究の蓄積があり、例えば、サイモンによるコンピュータシミュレーションを用いた定理証明や科学的発見の研究（Simon, 1973）や、横地・岡田（2012）によって科学者への回顧的インタビュー資料を用いた科学者の創造的熟達の研究がなされてきた。つまり、認知科学は、個別の熟達領域を特定し、その熟達者の知識・スキルの特徴を明らかにしてきたのである

(Ericsson et al., 2006)。一方，経営実務において，例えば，営業職人材も，実務経験の蓄積に伴って部下を持つようになると，経営管理能力が必要とされる。つまり，現実には，複数の熟達領域における知識・スキルを用いて業務遂行をしていると推測される（松尾, 2011）。

大学発ベンチャー起業家は，科学技術分野における熟達者であり，かつ，新技術の商用化に寄与できる人材であるため，複数領域の熟達が必要とされる。したがって，ある固有領域の熟達者が異なる領域の熟達に取り組むプロセスを明らかにする点において，本研究を，「認知科学における熟達研究を，複数領域の熟達を対象に，大学発ベンチャー起業家に拡張した経営学研究」と位置付けることも可能である。特に，欧米の起業家研究においては，起業家の起業機会の認知に着目した研究が増加していることからも，本研究は，大学発ベンチャー起業家に拡張した，その先鞭となる研究である（Shane and Venkataraman, 2000；Shane, 2012）。

本研究の第2の意義は，既存の創造的熟達研究では対象とされていなかった大学発ベンチャー起業家を事例として取り上げ，先行研究との相違点を明らかにする点である。創造的熟達者は，「課題を自ら策定し，そこからアイデアを生成し，それを具体化するための知識・スキルを持つ人材」とされるが（田中, 2008），先行研究においては，先述した科学者以外にも，芸術家を対象に研究されている（岡田, 2005；横地・岡田, 2012）。この点，何らかの科学的発見や研究成果を成し遂げた研究者が，大学発ベンチャー起業家になっていく過程は「ある固有領域の熟達者の未知の領域における熟達化プロセス」と認識されるが，科学技術分野において，新しい問いやテーマを設定できる創造的熟達者は，経営実務においても新技術の商用化に寄与できる貴重な人材である。したがって，創造的熟達者として，大学発ベンチャー起業家を取り上げて，技術や起業の複数の領域において熟達していく過程を事例研究として明らかにすることは，理論的にも実践的にも貢献が果たせると考える。

1.5 本研究の概要と構成

ここでは，第1章のイントロダクションに続く各章の概要を要約しながら，

本研究の構成を述べる。

　第2章では，大学研究者による起業に関する理論的背景について検討している。本研究は，大学発ベンチャー起業家，すなわち，大学研究者出身の起業家に対して熟達研究の知見を適用した研究である。したがって，大学発ベンチャー研究，熟達研究，2つの領域に関する先行研究の展開を概観する。

　第3章では，本研究における分析枠組，研究課題，調査方法を述べる。特に，ライフヒストリー法について方法論としての特徴について言及する。

　第4章は，瀧和男氏のライフヒストリー法による個別事例研究である。特に，本事例は，日本における大学発ベンチャーの先駆的事例であり，日本でも数少ない事業化に到達した事例でもある。したがって，コンピュータ史にもふれながら，大学発ベンチャー起業家の複数領域（研究・起業）における熟達化プロセスを事例として取り上げる。

　第5章では，コンピュータ史からの技術的背景，事例研究（ライフヒストリー）を踏まえ，瀧和男氏の熟達に関して検討をおこなう。瀧和男氏の手掛けたプロジェクトは，その後の大学発ベンチャーに大きく関連しており，3つの人工物（プロジェクト）の事例，特に，複数の研究領域における熟達が，起業領域における熟達にどのように関連しているのか，その熟達を促進する要因について言及する。

　第6章では，考察として，大学発ベンチャー起業家の熟達に関する本研究によって明らかになった諸点を踏まえて，本研究の発見的事実と共に，大学発ベンチャー起業家の熟達化プロセスモデルと，併せて，熟達化ステージ（段階）モデルを提示している。

　第7章では，本研究のその理論的および実践的含意を明らかにし，今後さらに解明されるべき課題に言及している。

1.6　本研究の要約

　第1章を締めくくるにあたって結論の要約を先取りするようだが，この研究目的の要約と併せて，発見事実の概要および，その理論的な意味合いを，予めここで述べておこう。本研究は，自らの研究成果を基に起業した大学発ベン

チャー起業家個人を対象に，複数の熟達領域（研究・起業）における熟達化プロセスを明らかにすることを目的とした経験的研究である。本研究は，特定の個人（瀧和男氏）の事例について，熟達面に焦点を合わせて，記述することを目指している。方法論的には，歴史的背景を踏まえ，特定の個人の人生を記述するライフヒストリー研究を志向し，理論的領域としては，起業家の意思決定，創造的熟達に鍵概念を定めた試みである。

本事例は，システムLSI設計分野において本格的な事業化後，大学教授職を退職し，代表取締役として事業に専念した日本の大学発ベンチャーの先駆的事例であり，インタビューや研究論文・著書等の複数のデータ源を用いている。本研究は，熟達領域としては，コンピュータ史を背景に，第1に，複数の研究領域の熟達を促進した要因，第2に，研究領域と起業領域の熟達を促進した要因，に焦点をあてて検討をおこなっている【図6】（66頁参照）。

本研究の調査方法として，本人の手紙や電子メール，談話等の録音データ，公開論文や著書を「1次資料」としてインタビューをする際の参考資料を作成し，コンピュータ史については，疑問点を本人やかつて同僚であった情報知能工学科の教員にメール等で質問をし，それらを「2次資料」としてアーカイブを作成した。インタビュー調査は，瀧和男氏本人以外にも神戸大学同僚の多田幸生氏等，長男の瀧大補氏等，10名に対してインタビューを実施し，さらに文書を作成後，メールにて確認作業をおこなっている。その結果，瀧和男氏の研究業績を踏まえた質問，特に，起業につながる出来事と，その出来事と出来事の連鎖，本人の回顧的意味付けに着目した質問をすることが可能となった。

結論を先取りするようだが，【表18】（216頁参照）で示すことになる4点は，本研究で見出された瀧和男氏の熟達に関する発見事実である。本ライフヒストリー研究から見出された第1の発見は，瀧和男氏の設計志向性の強さが複数の研究領域における熟達を促している事実である。この理論的背景は，サイモンの「人工物科学」に源流を求めることができるが（Simon, 1969），瀧和男氏の設計志向性は，分析志向性の強い自然科学者とは大きく異なる。

第2の発見は，相互学習的パートナーシップが複数の研究領域における熟達を促している事実である（Sarasvathy, 2008 : Wenger, 1998）。幼少期からの自作マシンの経験を通じて，既にハード領域の熟達者であった瀧氏は，自身の

それまでの熟達領域（認知）の限界を超え（Simon, 1947），他の分野，つまり，マシン設計に不可欠なソフト領域の熟達者と共同研究に没頭することで，世界レベルの研究業績となるマシンを完成させている。

　第3の発見は，実践コミュニティの構築（Wenger, 1998；Wenger et al., 2002）が研究領域と起業領域の熟達を促している事実である。瀧和男氏にとって，生涯にわたる研究テーマとしてLSI関連を設定し，基礎研究から大きく展開してLSI CADの応用研究に着手したことが，後の起業につながる決定的な出来事であった（金井, 2002；横地・岡田, 2012）。

　第4の発見は，プロジェクトベースの学習が研究領域と起業領域の熟達を促している事実である（Wenger et al., 2002）。研究成果の事業化を目指したビジネスパーソンとの実務経験は，熟達した起業家の意思決定の特徴である「エフェクチュエーション」（Sarasvathy, 2008）で示された潜在顧客とのパートナーシップ構築と同様の相互学習的プロセスであり，その後の瀧和男氏による実験的な大学発ベンチャーの起業や，システムLSI設計分野における事業化に大きな影響を与えている。

　また，本研究の第1の理論的貢献は，起業家の熟達研究をさらに発展させ，大学発ベンチャー起業家の複数の熟達領域と起業をつなぐ熟達化プロセスを明らかにした点である。本研究では，6.2節において，大学発ベンチャー起業家の熟達化プロセスモデルとして提示した【図15】（218頁参照）。このプロセスモデルは，人工物（製品・サービス）に関連した熟達促進のサイクルであり，①設計志向性，②相互学習的パートナーシップ，③実践コミュニティの構築，④プロジェクトベースの学習，以上の4段階のプロセスから構成される。

　第2の理論的貢献は，既存の創造的熟達研究では対象とされていなかった大学発ベンチャー起業家を事例として取り上げ，先行研究との相違点を明らかにした点である【表19】（223頁参照）。特に，研究者による「応用研究のテーマ設定」は，芸術家による「ビジョンの明確化」と同様の創造的熟達における特徴であるが（横地・岡田, 2012），一方で，大学発ベンチャー起業家は，科学者（研究者）として熟達し，将来の起業に関連した「応用研究テーマの設定」をした後も，自らの研究成果を普及することを目的とした実践コミュニティを構築し，その実験的試みを，起業活動を通じてプロジェクトをリードすることで，

起業領域の熟達がさらに促進されていることが確認された。

　第3の理論的貢献は，大学発ベンチャー起業家の熟達化ステージ（段階）モデルを提示した点である【表21】（226頁参照）。このモデルは，①初心者は「個人の熟達の限界」，②中級者は「応用研究のテーマ設定」，③上級者は「研究成果の事業化」，④熟達者は「上場（事業システムの構築）」の4つの熟達の段階からなる。このステージ（段階）モデルは，②中級者までは，研究者とパートナーシップを構築するが，③上級者以上は，事業家とパートナーシップを構築する理由を明らかにしている。その点，エフェクチュエーションの理論は，大学発ベンチャーが置かれている状況に応じて，柔軟にパートナーを組み替えることの根拠を示すものである（Sarasvathy, 2008）。

● 注
1　文部科学省　科学技術政策研究所（2010）「大学等におけるベンチャーの設立状況と産学連携・ベンチャー活動に関する意識」詳細資料は，以下のリンク参照（2010年12月31日現在）
　　http://www.nistep.go.jp/achiev/ftx/jpn/mat189j/idx189j.html
　　本研究では，主に米国のコンピュータ歴史博物館のアーカイブ（http://www.computerhistory.org），MITやペンシルバニア大学等の大学博物館のアーカイブを参照しているが，これらのデジタルアーカイブはコンピュータに関する歴史研究の学術団体によって運営されており，監修者が特定できる点において，これらのアーカイブを学術研究論文における参考資料として採用可能と筆者は判断し，その参照先として執筆時においてアクセス可能なURLを掲載している。情報提供側のサーバーの変更等によって，そのURLへのアクセスができなくなる可能性があるが，その点はご了承いただきたい。
2　経済産業省による，大学発ベンチャー1000社構想の詳細：（2010年12月31日現在）
　　http://www.meti.go.jp/policy/innovation_corp/sangakurenkei/hiranumaplan2.pdf
3　本研究における大学発ベンチャーの対象事例は，学生ではなく研究者である。大学発ベンチャー起業家の定義については，第2章で詳細に述べる。
4　大学教員による大学発ベンチャーは，兼業規定の関係から各大学に届け出が義務付けられており，毎年，文部科学省が追跡調査をしている関係上，ほぼ全数が把握されている。現時点（2012年12月）において，現職の大学教授が，教授職を辞して事業に専念した事例は，瀧和男氏のみである。
5　エイ・アイ・エル株式会社の概要については以下を参照のこと：
　　http://www.ailabo.co.jp/（2011年9月1日　筆者確認）

6 第5世代コンピュータプロジェクトアーカイブは以下を参照のこと；
http://www.jipdec.or.jp/archives/icot/ARCHIVE/HomePage-J.html（2011年9月1日筆者確認）

7 情報処理学会が提供するコンピュータ博物館による「神戸大学LISPマシン」の紹介
http://www.ipsj.or.jp/museum/computer/other/0001.html（2011年9月1日　筆者確認）

8 LISP（リスプ List Processor）は，1957年のダートマス会議の企画者であり，人工知能の名付けの親でもあるスタンフォード大学名誉教授のジョン・マッカーシー（John McCarthy）が，1960年代初頭に一応完成させた人工知能向きのプログラミング言語である。（例えば，今岡（1989, 129頁）を参照のこと）。

9 本研究は，神戸大学経営学研究科の博士論文の調査として，主に2009年～2013年のフィールド調査に基づいて実施したものである。当時，調査協力者である瀧和男氏は（株）エイ・アイ・エルの代表取締役として事業に専念しており，「大学発ベンチャーの代表取締役社長」という社会的立場から研究プロフィールに言及するため，「1995年に，その源流となる特許管理会社を創業した」という説明を用いていた。しかし，1995年の時点では，瀧和男氏は，この法人設立には法的に一切関与していない。1999年，日本版バイ・ドール法（産業活力再生特別措置法第30条）が施行され，大学教員による兼業規定が緩和されるまでは，1995年に設立された有限会社エー・アイ・エルは技術移転を目的とした共同研究先の位置付けである。その後，2000年に株式会社化する際に，神戸大学に申請した上で，公式に認定を受けた「大学発ベンチャー」として登録された経緯がある。したがって「特許管理会社設立への協力要請」という説明がより適切である。

1995年の時点では，大学研究者が大学発ベンチャーを実施するための兼業規定等の法制度が未整備であり，特に，知的財産法に関連してその歴史的背景について若干，配慮する必要がある。詳細は，第4章の事例研究を参照いただくとして，瀧和男氏の専門は，広義には，コンピュータ科学であるが，狭義には，システムLSIである。この点，着目すべきは，瀧の知財戦略が，システムLSIのセルレベルの回路配置を新規性，進歩性のある発明として特許を成立させ，活用するものになっていった点（特許の権利期間は申請から20年）である。しかしながら，当時，大学の発明制度については，大企業への技術移転のスキームが前提となっており，大学教員である限り，大学発ベンチャーを起こすことができない状況にあった。その後，例えば，平成16年（2004年）4月1日に制定された神戸大学知的財産取扱規程においては，特許権の対象となる発明以外にも，種苗法に規定する育成者権，著作権法に規定するプログラム著作物等に係る著作権も整備されている。よって，2000年代中頃には工学部，農学部等に在籍する大学研究者の発明に関する制度が整備され，大学研究者による創業に関する問題点は解消されている。

その後，約20年が経過していることになるが，2017年の時点では，ヤフーやサイボウズ，ロート製薬等の大手企業も，積極的に副業を認める人事制度を採用しており，例えば，ヤフーでは5800人の内，約10％前後が副業をしていることが報じられている（NHKニュース，

2017年1月4日）。そのメリットは、業務の時間外に社員のスキルの向上や経験の蓄積にあるとし、政府も多様な働き方として、副業や兼業を推進していく方針を明らかにしている。したがって、当時の瀧和男氏の取り組みは、イノベーションを担う人材の人事制度の先鞭となるものとして評価されるべきものであったと考えるべきである、というのが筆者の見解である。

10 エイ・アイ・エル（株）のビジネスモデルについて、瀧は、以下の通りコメントをしている「実際は特許実施料収入の形で売上げがあったのではなく、受託設計の納品物に特許の実施が含まれており、受託設計契約と同時に特許実施契約を結んで、見かけは受託設計料として売上げが立っていた。契約期間を短縮し企業の法務部門が面倒な話を持ち出すことを抑制する効果のあったビジネスモデルである。新市場型破壊的技術が無消費の抵抗に会うことを避けるための折衷案だったとも言える。その分、破壊的パワーは減少した。」（2016年5月30日）

11 瀧は、技術移転からの実用化に関して、「製品化され販売されたのは、LISPマシンと、第五世代コンピュータ・プロジェクトの逐次型推論マシンPSIの一部（複数モデルあった）である。」とコメントしている。（2016年5月30日）

12 スカイマーク株式会社 代表取締役。詳細は、http://www.skymark.jp/ を参照のこと（2013年3月14日 筆者確認）

13 フィードパス株式会社 代表取締役。詳細は、http://www.feedpath.co.jp/ を参照のこと（2013年3月14日 筆者確認）

第2章 理論的背景

2.1 大学発ベンチャー研究の展開

2.1.1 起業家（企業家）の定義

　本研究の対象は，大学発ベンチャー起業家であり，研究者による起業行為に焦点があるが，本研究では，起業行為を伴うという点において，起業家研究の分析枠組の中で取り扱うこととする。したがって，まず，シュンペーター（Joseph A. Schumpeter）による古典的な「企業家」の定義を提示する。シュンペーターは，主著『経済発展の理論』（1926原著第2版；1934英訳；1977日本語訳182-183頁。以下1926と表記）において，後に「イノベーション」と言い換える「新結合（neue Kombination）」の概念を提示し，その「新結合」の遂行の担い手を，ルーティン業務をおこなう管理者「Leiter」と峻別して，「企業家（Unternehmer）」（entrepreneur；フランス語）と定義した。シュンペーターによって提示された，「企業家」が担う「新結合」の概念は，次の5つである。

(1) 新しい財貨，すなわち消費者の間でまだ知られていない財貨，あるいは新しい品質の財貨の生産。
(2) 新しい生産方法，すなわち当該産業部門において実際上未知な生産方法の導入。これは，決して科学的に新しい発見に基づく必要はなく，また商品の商業的取扱いに関する新しい方法をも含んでいる。
(3) 新しい販路の開拓，すなわち当該国の当該産業部門が従来参加していなかった市場の開拓。ただし，この市場が既存のものであるかどうかは問わない。
(4) 原料あるいは半製品の新しい供給源の獲得。この場合においても，この供給源が既存のものであるか―単に見逃されていたのか，その獲得が不可能とみなされていたのかを問わず―あるいは初めてつくり出されねばなら

ないかは問わない。
(5) 新しい組織の実現，すなわち独占的地立（例えばトラスト化による）の形成あるいは独占の打破

ここで，注目すべき重要な論点は，まず，第1に，entrepreneurの翻訳が，「企業家」「起業家」と使い分けがなされていること，第2に，シュンペーターによる企業家の定義の「新しい生産方法の導入」において，「<u>科学的に新しい発見に基づく必要はない</u>」と，いわゆる科学的発見を担う「<u>研究者</u>」が必ずしも想定されていないこと，以上の2点である。

まず，第1に，後に「イノベーション」の定義となる「新結合」の概念について，「中小企業の創業経営者」と「大企業の専門経営者」の役割が混在していることが指摘されている（Drucker, 1985；清成, 1998）。この論点は，コール（Arthur Cole）やシュンペーターが中心となって設立され，チャンドラー（Alfred D. Chandler）らが引き継いだ企業者史研究（entrepreneurial history）に関連するが（米倉, 1998），第2次世界大戦から戦後にかけて，当時の時代背景は，「所有と経営の分離」に伴って，多くの中小企業の中から大企業が勃興し，創業経営者から専門経営者の台頭してきた時期にあたる（Chandler, 1962）。よって，本研究の用語表記としては，新しい事業を起こす人を「起業家」とし，それに加えて，既存企業の中で，新しい技術あるいは製品開発，製造方法，マーケティングなどの新機軸を導入し，既存の事業のリニューアルあるいは再構築をおこなう人を含めて，「企業家」とする定義（角田, 2002：27頁）を採用する。

第2に，シュンペーターによる「企業家」の定義について，本研究は，科学的発見を含む発明家が除外されていることに注目する。これは，「大学発ベンチャー起業家」を学問として定義する以前，シュンペーターが活躍していた時代，すなわち，第2次世界大戦前から戦後にかけては，大学発ベンチャーが，そもそも存在していなかった点に留意する必要がある。第5章において詳細を後述するが，シュンペーターやマクレランド（David C. McClelland）の著書を確認すると（Schumpeter, 1926；McClelland, 1961），アントレプレナー（entrepreneur）という言葉は頻出するものの，日本語で，「ベンチャービジネス」を意味する「new technology company」「new venture」という言葉がほ

とんど使用されていないことに気付く[1]。つまり，ベンチャーキャピタル（venture capital）も含めて，1970年代以降，すなわち，Digital Equipment Corporation（以下，DECと表記）の上場（1966年）が，ベンチャーキャピタルから出資を受けた大学発ベンチャーの誕生であり，同時に，「ベンチャービジネス」の概念が登場したと考えられている（Shane, 2003；高瀬・伊藤, 2011；西澤, 2012）。したがって，必ずしも科学技術的側面を必須としていないシュンペーター（1926）の「新結合」の担い手としての「企業家」の定義に，科学的発見を含む「研究者」の役割を追加した上で，新しく事業を起こした人材が，本研究が想定する「研究者による起業家」の定義に近い。

清成（1998）によれば，「アントレプレナーシップ（entrepreneurship）は，しばしば『企業家精神』と訳されているが，これは誤訳である。アントレプレナーシップは人間活動そのものであり，企業家精神をも含んだ概念である。企業家精神は，entrepreneurial spiritであり，欧米の研究者はこれをアントレプレナーシップと区別している」（7頁）と論じられている。したがって，本研究では，研究者による創業を扱うという観点から，entrepreneurを「起業家」，entrepreneurshipを「起業家活動」と表記することとする。

2.1.2 起業家研究

起業家活動の研究について，Zeng（1995）は，大きく「経済学的アプローチ」「経営学的アプローチ」の2種類に分けられると論じている。「経済学的アプローチ」とは，企業家活動の経済学的側面に着目するアプローチであり，その論点は，①シュンペーターによる均衡を破壊していく革新的行為（Schumpeter, 1926），②カーズナー（Israel M. Kirzner）による不均衡を機敏に発見し，市場の均衡メカニズムを駆動する調整行為（Kirzner, 1973）③不確実性下での危険負担機能（Hebert and Link, 1982），のいずれかに絞られる。一方，「経営学的アプローチ」は，起業家活動を，事業創造プロセスとして捉え，各段階の質的な変遷と起業家活動の構成要素を明らかにする，というスタンスである。したがって，本研究は，大学発ベンチャー起業家の熟達の特徴と熟達化プロセスを明らかにすることを目的としていることから，「経営学的アプローチ」における議論を中心に検討をおこなう。

【図1】企業家活動の分析フレームワーク

```
            ネットワークと組織
                        ┌─────────┐
                    ┌──→│ 機会の認識 │←──┐
                    │   └─────────┘   │
                    │        ↕        │
                    │   ┌─────────┐   │
                    │←─→│  起業家  │←─→│
                    │   └─────────┘   │
                    ↓                 ↓
              ┌─────────┐       ┌──────────────┐
              │  資 源  │←─────→│ コンセプトと計画 │
              └─────────┘       └──────────────┘
```

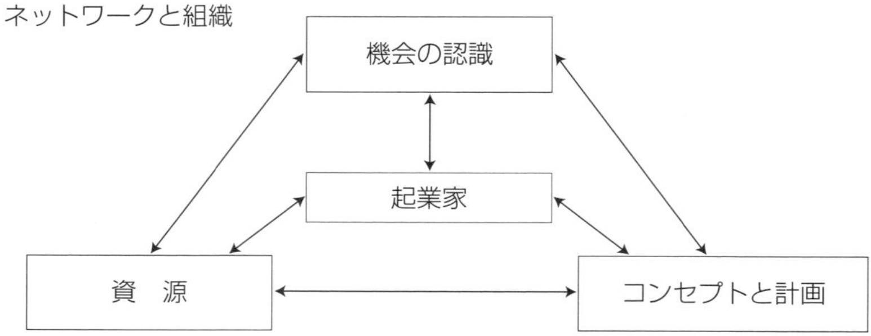

出所：金井（2002a），62頁より引用。

　「経営学的アプローチ」の先行研究において，起業家活動を構成する様々な要素が提示されている。代表的な研究として，金井（2002a）は，先行研究を検討した結果，「起業家」「資源」「機会の認識」「コンセプトと計画」という4点に起業家活動の構成要素を集約して分析フレームワークを提示している【図1】。ここで，「起業家」は，起業家活動を実行する革新的な主体者のことであり，「機会の認識」は，起業プロセスの起点として現状からの逸脱によって創造的な破壊の契機としている。「コンセプトと計画」は，機会の認識によって創り出された不均衡な状態と資源との関係付けを試みることで整合状態をつくり出す駆動力となり，「資源」は，事業創造において必要となる経営資源や独自能力としている。この分析フレームワークにおける起業プロセスは，「起業家」が活動の中心に位置付けられ，創業する際の「機会の認識」を，その起点としている。そして，起業に必要なヒト・モノ・カネ・情報の4種類の「資源」を集め，機会の認識と資源を関連付ける「コンセプトと計画」を起業家が立案することで，組織化されるプロセスを説明している。

　一方，2000年以降，現在の起業家研究において，主流になりつつある起業家活動の定義は，スコット・シェーン（Scott Shane）による「起業家活動は，組織化する努力を通じて，今まで存在していなかった，新しい商品，新しいサービス，市場・プロセス・原料を組織化する新しい方法を導入するために，機会の発見，評価，活用を含む活動」[2]である（Shane, 2003, p.4）【図2】。この起業家活動の定義は，前項（2.1.1）で言及したシュンペーターの「新結合」

【図2】起業家と機会の連結体

出所:Shane (2003), p.4 を参考に筆者作成。

の定義 (Schumpeter, 1926) を踏まえて,再定義したと推察される。

　シェーンによる起業家活動の定義の特徴は,「起業家個人」ではなく,「機会と起業家個人との連結体 (the nexus of opportunities and individuals)」として捉え,機会の発見を,集団ではなく,起業家個人の認知プロセス,と提示した点にある (Shane, 2003)。そして,この起業家と機会の連結体を通じて,機会の発見,活用のプロセス,資源の獲得,起業家的戦略,組織化プロセスを理解し得る,と主張したのである (p.9)。以上について,Venkataraman (2003) は,それまでの起業家研究の先行研究が,個人を対象にモティベーションや活動に過度に焦点をあてているか,経済的な潜在的機会に過度に焦点をあてているか,どちらかに偏っていたことを指摘した上で,シェーン (2003) による起業家と機会の連結体の分析枠組は,起業家研究の理論と現象をバランスよく説明することが可能である,と高く評価している。

　2000年を境に行われた,起業家活動の再定義に関する一連の動きに関連して,起業家は,事業機会の発見が可能である一方,起業家以外の人は,事業機会の発見が困難であることが理解されるようになり,起業家は,起業家以外の人と,認知的側面において大きな違いがあることが明らかになってきた (Venkataraman, 1997 ; Shane and Venkataraman, 2000 ; Shane, 2003 ; Venkataraman, 2003)。その結果,起業家研究に対して,認知科学の導入という研究潮流をもたらした (Shane, 2012 ; Venkataraman, Sarasvathy et al., 2012)。つまり,起業機会の発見には,なんらかの認知能力,すなわち,特定の情報や信念に基づく推量 (仮説) の形成が必要であり,それが故,起業家以

外の多くの人は，起業機会の発見には至らない，と考えられるようになったのである。

シェーン（2003）は，起業家個人と一般の人との認知的側面の違いについて，第1に，情報のアクセスにおいて，具体的には，人生経験，社会的ネットワーク，情報探索の仕方，第2に，機会の認識能力において，具体的には，吸収能力，知性，創造性において，大きく2つの相違点を提示した。つまり，起業家活動の定義に含まれる，「機会の発見，評価，活用」に関して，人生経験や，社会的ネットワークに基づく，起業家活動の知識・スキルについて何らかの熟達が見られることを示唆したのである（Shane, 2000）。以上を踏まえ，シェーンは，起業家個人の役割を，創業者を意味する「組織の創造（organization formation）」から「機会の発見，評価，活用」を意味する「機会の認知（recognizing opportunity）」というように，再定義した（Shane and Venkataraman, 2000 ; Shane, 2003）。そして，起業家個人を対象に，認知科学の知見を応用することを意図した研究は，その後の起業家研究を大きく進展させる転機となったのである（Shane, 2012）。

ここで，シェーン（2003）と金井（2002a）の起業家活動の構成要素を比較すると，シェーンは，「起業家」「機会の認識」の2点に焦点をあてており【図2】，一方，金井は，「起業家」「機会の認識」「資源」「コンセプトと計画」の4点を提示している【図1】。この違いは，「経済学的アプローチ」（Zeng, 1995）における，①シュンペーターによる均衡を破壊していく革新的行為（Schumpeter, 1926），②カーズナーによる不均衡を機敏に発見し，市場の均衡メカニズムを駆動する調整行為（Kirzner, 1973）に，それぞれ対応している[3]。

【表1】シュンペーターとカーズナーの起業家（企業家）概念の比較

Schumpeter（起業家）	Kirzner（企業家）
創造的破壊	均衡への誘導
機会の創造	市場機会への機敏な対応
新結合（非価格的）	非価格的および価格的対応
ラディカル・イノベーション	インクリメンタル・イノベーション

出所：金井（2002b），6頁より引用。

金井（2002b）は，上記のシュンペーターとカーズナーの違いに言及した上で，①定常状態を破壊する「発展」のプロセスと共に，②新たな定常状態に向かうことを推進する「成長」のプロセスの双方が含まれるとして，起業家活動のプロセスを捉えている【表1】。つまり，金井が定義した4つの起業家活動の構成要素は，シュンペーターの発展プロセス，カーズナーの成長プロセスの両方を含むものである一方，シェーン（2003）による「起業家」「機会の認識」の2点に焦点をあてた「事業機会の特定，評価，開拓」という起業家活動の定義は，シュンペーター（1926）が主張した，①定常状態を破壊する「発展」のプロセスにより焦点をあてたものである。

以上の議論を踏まえると，大学発ベンチャー起業家による研究活動の成果である，「新しい技術を通じた新しい製品の導入」という活動は，カーズナー（1973）の調整行為というよりも，シュンペーター（1926）の革新的行為であり，それは，金井（2002b）が示唆した「創造的破壊」「機会の創造」「新結合」「ラディカル・イノベーション」のシュンペーターの起業家概念【表1】とも適合的である。したがって，シェーン（2003, p.4）による定義を，本研究の起業家活動（entrepreneurship）の定義として採用することとする（16頁参照）。

2.1.3　大学発ベンチャー起業家の定義

大学発ベンチャー（a university startup）の定義は，いくつか挙げられている（Robert, 1991；金井, 2010；桐畑, 2010）。しかしながら，例えば，カーズナー（1973）や前節の角田（2002）の「企業家」の定義に含まれる「既存の事業のリニューアルあるいは再構築をおこなう」人物像は，「大学発ベンチャー（企業）」の想定には含まれないと考えるのが妥当である。したがって，本研究では，調査協力者である瀧和男氏の特徴を踏まえ，シェーンによる「学術機関で創出された何らかの知的財産を基盤として創業された新規企業」（a new company founded to exploit a piece of intellectual property created in an academic institution）（Shane, 2004, p.4；邦訳5頁）という「技術」に焦点をあてた定義に基づくことにする。そして，「起業家」の中でも，大学研究者によるベンチャー企業の創業者を，大学発ベンチャー起業家（academic entrepreneur）」と表記し，その役割，すなわち，大学発ベンチャー起業家の

起業家活動（academic entrepreneurship）を，「学術機関で創出された何らかの知的財産を「事業機会」と捉え，その「事業機会の特定・評価・活用」（Shane, 2003）する大学研究者の活動」と定義する。

　大学発ベンチャー起業家は，その他の起業家と幾つかの点において違いがあることが指摘されている（Westhead et al., 2011）。まず，第1に，大学発ベンチャー起業家は，その他の起業家と比べ，年輩であり，科学に関する経験をより積んでおり，大学研究者としての世界レベルの研究を生み出すのに充分な新規性（sufficient novelty）が，起業活動に大きく関連していること（Di Gregorio and Shane, 2003；O'Shea et al., 2005），第2に，大学発ベンチャー起業家による経験（entrepreneurial experience）について，起業家的経験に基づく特別な人的資源（human capital）の蓄積が，ネットワークと社会資本（networks and social capital）を形成し，事業化に対する障壁を乗り越えること，以上大きく2点が示唆されている（Mosey and Wright, 2007）。以上について，瀧和男氏は，人工知能分野における世界的な国家プロジェクトであった第5世代コンピュータプロジェクトの若手リーダー格であり，その研究活動を通じて，起業につながる公式・非公式な人的ネットワークが形成されていったことから，この2つの条件を満たした人材である，と考えられる（渕・赤木, 1984；高橋, 2003）。

　Wright et al.（2008）は，先行研究から，大学発ベンチャー起業家によって起業されるベンチャーのタイプを，「制度的リンク」（Moray and Clarysse, 2005），「ビジネスモデル」（Chesbrough and Rosenbloom, 2002），「資源基盤（技術・ファイナンス・人的・社会的）」（Barney et al., 2001）の3つの視点から分析し，その特徴から，①「ベンチャーキャピタル支援型」，②「見込み型」，③「ライフスタイル型」と3つのタイプからなる概念モデル【表2】として提示した。これらは，制度的リンクについては「関与形式」「研究グループの名声」，ビジネスモデルについては「投資家　対　市場の受け入れ」「価値獲得のモード」，技術資源については「イノベーションの程度」「新製品・サービスの開発段階」「技術コンセプトの範囲」，ファイナンス資源については「ベンチャーキャピタルの関与」「ファイナンス・ミックス」，人的資源については「チーム構成」「業務経験」，社会的資源については「創業時のパートナーシッ

【表２】大学発ベンチャーの３つのタイプ

		①ベンチャーキャピタル支援型	②見込み型	③ライフスタイル型
制度的リンク	関与形式	複雑な知的財産を基にした株式関係	特許の有無に関わらない株式関係	ライセンスや契約，非公式な関係
	研究グループの名声	幅広い領域における世界的名声	比較的限られた領域における世界的名声	様々
ビジネスモデル	投資家 対 市場の受け入れ	投資家の受け入れ	両方	市場の受け入れ
	価値獲得のモード	明確な知的財産を踏まえた戦略もしくは，バリューチェーンの獲得。株式公開（IPO）に向けた準備	黒字化への時間，将来の売上の最適化するも，いまだ，明確な出口はない	利益の最適化
技術資源	イノベーションの程度	破壊型技術，新市場	破壊型技術を基盤にしていない新製品	市場のニーズに対応していない新製品・サービス
	新製品・サービスの開発段階	尚早，定義されていない場合もある	尚早，プロトタイプ	ほとんど市場に出せる製品・サービス
	技術コンセプトの範囲	広く受け入れられる可能性がある	狭い	適切ではない
ファイナンス資源	ベンチャーキャピタルの関与	創業後18カ月の間に，1から5ユーロを調達可能	ビジネス・エンジェルの投資総額よりも少なく，ベビーベンチャー・キャピタル，公的機関からの投資	通常，外部からの出資はなく，可能な範囲のビジネス・エンジェルからの投資
	ファイナンス・ミックス	高い割合の外部からの出資，場合によっては借入，助成金の活用	外部からの出資，ローンと助成金のミックス	内部からの出資，借入，ローン
人的資源	チーム構成	サロゲート型起業家，代理人	起業家の役割を担う科学技術者	科学技術者
	業務経験	経営管理経験，優秀な研究業績	経験に乏しい	適度の業務経験
社会的資源	創業時のパートナーシップ	ステークホルダーとのパートナーシップの形成（ベンチャーキャピタル・技術サプライヤー）	なし	リードユーザーからの公式な利用可能性

出所：Wright et al. (2008), pp.75-76をもとに筆者作成。

プ」，以上の12点において異なる特徴を持つ概念モデルとして，大学発ベンチャーのタイプを明示したのである。

以上，「制度的リンク」における「研究グループの名声」に着目すると，①ベンチャーキャピタル支援型は，科学的領域における「広い分野における世界的な認知」，②見込み型は「限られた分野における世界的認知」，③ライフスタイル型は「様々」である。また，「人的資源」に着目すると，大学発ベンチャーにおける起業家の役割は，①ベンチャーキャピタル支援型は「サロゲート（代理人）型起業家（surrogate entrepreneur）」，②見込み型は「起業家としての科学者」，③ライフスタイル型は「科学者」となっている。よって，瀧和男氏が創業したエイ・アイ・エル（株）は，システムLSIによる知的財産（intellectual property）を踏まえた①ベンチャーキャピタル支援型の特徴を持つが，大学教授と代表取締役を兼任していたことから「起業家としての科学者」の②見込み型の特徴も併せ持っていると推測される。

　ここで，サロゲート（代理人）型起業家は，「商業に関する経験を持ち，実験室から市場における商品を開発するイノベーションを可能にするために，起業家的情報を大学発ベンチャーに提供する人材」と定義されている（Franklin et al., 2001）。したがって，科学を基盤とする「大学発ベンチャー起業家」と，ビジネスを基盤として外部から大学発ベンチャーを成功に導く「サロゲート（代理人）型起業家」は，大きく異なることに留意する必要がある。

　Wright et al.（2008）によれば，「サロゲート（代理人）型起業家」が必要とされる起業は，①ベンチャーキャピタル支援型であり，科学的発見の点で世界的名声を得て，明確な特許が成立しており，それに基づいた明確な事業計画が用意できる場合に限られる。そして，その限りにおいて，「大学発ベンチャー起業家」が発明，「サロゲート（代理人）型起業家」が事業化，とお互いに協力体制を取ることが可能となるとしている。英国の大学発ベンチャーを対象にした調査（Wright et al., 2008）では，上記の3つのタイプの分布を以下の通りとしており，ベンチャーキャピタルの投資案件は，全体の約1割であることが明らかにされている。

① 　ベンチャーキャピタル支援型　10%
② 　見込み型　50%
③ 　ライフスタイル型　40%

ここで考慮すべき歴史的背景は，米国の大学発ベンチャーの源流は，1957年のマサチューセッツ工科大学（Massachusetts Institute of Technology；以下，MITと表記）からのDECの起業であり，同時に，DECこそが，世界初のベンチャーキャピタルであるアメリカン・リサーチ・アンド・デベロップメント社（American Research and Development Corporation；以下，ARDCと表記）の成功した投資案件であった点である[4]。つまり，米国ボストンにおいて，大学発ベンチャーとベンチャーキャピタルは，不可分の関係として誕生したのである（西澤，2012；高瀬・伊藤，2011）。一方，現在の大学発ベンチャーのタイプは多種多様であり，ベンチャーキャピタル支援型として事業化に到達できる案件は，上述した通り，約1割程度である（Wright et al., 2008）。

　現在，日本の大学発ベンチャーは，幾つかの上場案件はあるものの，知的財産を基盤にした創業で，事業に専念できるほどの売上を確保した上で，大学教授を退職した事例は，文部科学省の調査（2010）でも瀧和男氏によるエイ・アイ・エル（株）以外の事例は，見当たらない。本事例において注目すべきは，日本における国立大学教員の兼業規定の撤廃は1999年10月であるが，瀧和男氏による有限会社の設立要請が1995年1月であった点である。この間の約5年間，瀧は会社の役員には参加できなかったため，経営を知人に任せている。つまり，瀧は，「サロゲート（代理人）型起業家」【表2】（21頁参照）に協力を求めた上で会社設立をしているのである。しかし，2002年4月から大学教授職と代表取締役を兼任することになり，その後，2005年10月に大学教授職を退職し，代表取締役に専念することになった。したがって，瀧和男氏の起業家としての熟達に関して，【表2】の人的資源における「チーム構成」「業務経験」，社会的資源における「創業時のパートナーシップ」に着目することによって，研究者による起業の様々な問題を検討できると，本研究では考えている。

2.1.4　大学発ベンチャーとなる技術の特徴

　シェーン（2004, p.103；邦訳83頁）は，上記の定義をした上で，大学発ベンチャーが創業される場合の技術に関する特徴として以下の7つを挙げている。第1に，ラディカル（radical）であり，第2に，暗黙的（tacit）であり，第3に，アーリーステージ（early stage）にあるものであり，第4に，汎用的

(general-purpose) であり，第5に，顧客にとって著しく価値が高く（significant customer value），第6に，技術の飛躍的進歩（major technical advance）を体現していて，第7に，知的財産権によって強力に守られている（strong IP protection）[5]。これらの特徴がある場合に，これらの技術を開発するためのベンチャーとして設立される傾向があるとしている。

また，シェーン（2004）は，大学発ベンチャーと比べて，既存企業には，大学の技術を商用化する上で，優位性があることを主張している。大学での多くの発明に関する特徴として以下の7つを挙げている。第1に，インクリメンタル（incremental）であり，第2に，明文化（codified）されており，第3に，レイトステージ（late stage）であり，第4に，特定目的（specific-purpose）であり，第5に，顧客にとって中程度の価値（moderate customer value）で，第6に，技術進歩が小さく（minor technical advance），第7に，知的財産による保護が弱い（weak IP protection）。これらの場合，既存企業に対して，ライセンス供与がされるとしている[6]。

前項（2.1.3）では，大学発ベンチャーにおける起業家の役割に焦点をあてた議論をおこなったが，本節は，研究者が開発した技術をベースとした「既存企業への技術移転」もしくは「大学発ベンチャーの起業」という選択に関する議論である。その点，発明家は，会社を設立することが新技術を実用化する効果的な手段と考えているから，技術の実用化の欲求を満たす手段として，会社を設立する，とされている（Shane and Khurana, 2003；McQueen and Wallmark,

【表3】大学発ベンチャー起業家の技術の特徴

大学発ベンチャー	既存企業
ラディカル	インクリメンタル
暗黙知的	明文化されている
アーリーステージ	レイトステージ
汎用的	特定目的
高い顧客価値	中程度の顧客価値
技術の飛躍的進歩	技術進歩が小さい
知的財産権による強力な保護	知的財産権による保護が弱い

出所：Shane（2004），p.103; 邦訳83頁より引用。

1982)。

　しかし，一方では，既存企業には大学の技術を商業化する上で，様々な優位性があるとされている（Shane, 2004）。例えば，市場に関する知識，顧客との関係，流通体制，関連製品の全てを有しており，これらが新技術を用いた製品・サービスを容易に生み出し販売することを促進している（Lowe, 2002）。その点，MITにおいても1990年以前は，ベンチャーに適した大学の発明の比率は全体の3％にすぎなかったとされる（Nelsen, 1993）。

　つまり，大学研究者の技術の実用化の欲求を満たす手段として会社が設立されるものの，大学研究者の発明した技術の大半は既存企業にライセンス供与されてしまうため，起業を可能にする技術はきわめて限定されているのである。この点，前節（2.1.3）の大学発ベンチャー企業の中で，③ライフスタイル型が，40％であり，①ベンチャーキャピタル支援型が，10％程度とする議論（Wright et al., 2008）と適合的である[7]。

　シェーン（2004）は，主として「既存資産とのカニバリゼーション（cannibalizing existing assets）」（Utterback, 1994）によって，既存企業がラディカルなイノベーションを敬遠する理由を説明している[8]。つまり，大学発ベンチャー起業家の持つ技術に関する知識・スキルが，起業機会の発見に大きく関連しており（Shane, 2000），その結果，ラディカルなイノベーションの担い手が，大学発ベンチャーとなる点を示唆している。一方，ヨーロッパの研究者によって議論されてきたNew Technology-based Firms（以下，NTBFs）は，「破壊型技術と雇用の創出を通じ，経済システムの発展と競争力強化に重要な機能を果たす」と概念規定されているが（Oakey et al., 1994；Pfirrmann, Wupperfeld & Lerner, 1997），その実体は，大学発ベンチャー企業であるとされている（Colombo et al., 2010）。

　したがって，前節（2.1.3）のWright et al.（2008）の議論を踏まえると，大学研究者が発明した技術が，ラディカルな技術（Utterback, 1994；Shane, 2004）もしくは，新市場型破壊的イノベーションをになう技術（Christensen and Raynor, 2003）である場合，既存企業への技術移転ではなく，①ベンチャーキャピタルから支援を受けた大学発ベンチャーが起業される。一方，技術の適用範囲が限定的であり，明確なビジネスモデルを構築することのできな

い状況においては，②見込み型として，大学研究者が起業家を兼任し，既存企業への技術移転を含めて，特定用途への応用を目標にさらに研究活動を進める，と推測される。

本事例の場合，システムLSI設計に関するベンチャーであり，経営学の先行研究では，「モジュール化」（Baldwin and Clark, 2000）の技術そのものである。これらモジュールを構成するプログラムは，IP（知的財産）とも呼ばれるが，特許化された上で，様々な用途に応用され，流通されるものとなっている。また，1980年代，第5世代コンピュータに危機感を持った米国は，Cloning Silicon Valley政策を掲げ，独占禁止法を緩和し，テキサス州オースティン市を拠点として国家レベルのコンソーシアムを形成したことが良く知られているが（西澤・福嶋, 2005），このコンソーシアムの主たる研究成果は，システムLSIであった。よって，製品アーキテクチャのイノベーションを促す基礎技術（Henderson and Clark, 1990；朴, 2005；佐伯, 2009）という観点から，本研究において，システムLSIは，大学発ベンチャーによって担われた技術であると考える。

2.1.5 大学発ベンチャーにおけるイノベーション

前節（2.1.4）において，大学研究者が開発した技術が，ラディカルな技術であり，既存企業の技術移転をした場合，カニバリゼーションが危惧される場合，大学発ベンチャーが起業されること（Shane, 2004）を述べた。そこで，本節では，技術とイノベーションの関係[9]を整理する。まず，イノベーションの定義であるが，シュンペーター（1926）は，企業家の概念を「新結合」の担い手に求めた。その後，この「新結合」の概念を「イノベーション」と言い換えたこと（Schumpeter, 1942）が知られている。したがって，「イノベーション」と「企業家活動」の定義の源流は，同じくシュンペーターに求めることができる（2.1.1参照）。

ただし，日本においては，一般的な用法として，イノベーションが「技術革新」と翻訳された経緯もあり（清成・中村・平尾, 1971），「発明（invention）」と「イノベーション（innovation）」の概念について混同が見られたものの，「イノベーション」の概念は，商業化されている点において，「発明」とは異な

る概念として精緻化されてきた（Schumpeter, 1926；小川, 2000）[10]。例えば，電気掃除機やミシンなど，実際に，発明した人物とそれを実用化した人物が異なる事例も多数存在する（Tidd et al., 2001）。一方，1966年のDECの上場によって，主に特許を取得した大学研究者がベンチャーキャピタルの支援を得て起業する事例が，1970年代以降，MITやスタンフォード大学（Stanford University）において見られるようになった（上山, 2010；Etzkowitz, 2002）。結果として，大学発ベンチャー研究の文脈において，異なる概念である「発明」と「イノベーション」を，顧客との関係性を踏まえて再検討する必要がでてきたのである。

　ここで，「ラディカル・イノベーション」と「破壊的イノベーション」の違いに言及しておく[11]。Christensen（1997）は，Utterback（1994）によるラディカルとインクリメンタルの分析枠組を再構築したことが知られている[12]。すなわち，Christensen and Raynor（2003）では，「持続的イノベーション」の対概念である「破壊的イノベーション」の概念を「ローエンド型破壊的イノベーション」（low-end disruptive innovation）と「新市場型破壊的イノベーション」（new-market disruptive innovation）の2種類に精緻化し，前者を「過保護にされた顧客を低コストのビジネスモデルで攻略（address overserved customers with a lower-cost business model）」するイノベーション，後者を新しい「バリューネットワーク（value network）」[13]を構築する上での，「無消費との対抗（compete against nonconsumption）」としてのイノベーションであると説明した（Christensen and Raynor, 2003, pp.43-49；邦訳55-63頁）。

　西澤（2012）は，新市場型破壊的イノベーションによる「無消費との対抗」を参照し，新しい技術に伴うリスクだけでなく，新しい市場を創出するリスクが伴うという観点から，大学発ベンチャー起業家の担うリスクを，「二重の創業リスク」（27頁）と表現した。つまり，この「二重の創業リスク」を伴う「新市場型破壊的イノベーション」の担い手が，技術に焦点をあてたShane（2004）による大学発ベンチャーなのである[14]。そして，西澤（2012）は，大学発ベンチャーに「二重の創業リスク」が伴う理由を，MIT発ベンチャーであるDECに関する事例研究を通じて明らかにした。同様に，「二重の創業リスク」と関連する指摘として，Shane（2004）は「マイナス2ステージからの創

業」(p.174；邦訳174頁)，金井（2010）は「デスバレーを伴う創業」（8頁）と述べている[15]。

したがって，各論者の指摘を踏まえれば，大学発ベンチャーは「新市場型破壊的イノベーション」の担い手であり，そこには既存企業への技術移転や通常の起業とは異なる課題があると推測される。その課題は，「マイナス2ステージからの創業」や「デスバレーを伴う創業」に伴うもので，「二重の創業リスク」と表現される。この点，Christensen and Raynor（2003）は，これまでのどんな製品もうまくこなせなかった用事そのものに絞る「片付けるべき用事」（jobs-to-be-done）（Christensen and Raynor, 2003, p.79；邦訳99頁）のレンズで，注意深い観察と顧客との対話をすることが，「新市場型破壊的イノベーション」への突破口であり，「無消費との対抗」の方法であると主張している。つまり，技術と市場の「二重の創業リスク」がある中で，新しい市場を創造することを通じて「事業機会の認識能力」を有する人物こそ，「新市場型破壊的イノベーション」の担い手としての大学発ベンチャー起業家に相応しいと考えられる。この考えは，近年の起業家研究の研究潮流とも適合的である（cf. Venkataraman, Sarasvathy et al., 2012；Shane, 2012）。

2.1.6　大学発ベンチャーと「人工物科学」

本研究におけるスタートアップ事例は，エレクトロニクス分野の大学発ベンチャーの事例であり，コンピュータ科学の動向に大きく関連している。実は，コンピュータ科学は，その黎明期から確固たる自然科学の学問分野として成立していたわけではない。例えば，【表4】の最初の汎用デジタル計算機ENIAC（1946年）は，第2次世界大戦によって生じた弾道計算のニーズに対応するためにペンシルバニア大学にて製作されたものである。つまり，黎明期のコンピュータは，既存の学問領域を横断し，応用数学や応用物理の境界領域の軍事プロジェクトとして起案されたのである。

したがって，自然科学分野に見られるような研究者個人の知的好奇心に基づく基礎研究という位置付けではなく，ある社会的ニーズに応じて，既存の学問領域を横断する研究プロジェクトを実施することで，コンピュータや創薬など「人工物」を製作し，それを商業化しようとした点に，コンピュータにおいて

【表4】第3の科学革命の成果（人工物科学の成果）

1931年	ブッシュの微分解析機
1932年	ブリュンによる回路論理の数学化
1932年	ヘイゼンのサーボ機構の理論
1936年	チューリングの機械計算のモデル
1939年	オペレーションズ・リサーチの実施
1944年	ノイマンのゲーム理論
1945年	ボードのフィードバック理論
1946年	最初の汎用デジタル計算機ENIAC
1948年	シャノンの通信理論
1948年	ウィナーのサイバネティクス
1949年	最初のプログラム内蔵式計算機EDSAC

出所：木村（2009），445頁から引用。

大学発ベンチャーの萌芽が見られるのである。実際に，ENIACの中心メンバーは，コンピュータを用いてゲーム理論を確立しようとしたフォン・ノイマン（von Neumann）らと折り合いが悪くなり，ペンシルバニア大学から独立して起業を試みたことが知られている。

コンピュータ史（Ceruzzi, 2003）によれば，サイモンの「人工物科学（the Sciences of the Artificial）」（1969）の背景には，コンピュータも組織も人工物の一範疇と捉え，分析に焦点がある「自然科学」ではなく，設計やデザインに焦点のある「人工物科学」を提示することによって，組織論やコンピュータを科学として認めさせ，これらを大学における新しい研究分野として位置付けることがあったとされる。この点，木村（2009）は，1930年から1950年に，米国で勃興した大量生産技術に必要な「制御理論」の登場を「第3の科学革命」とし，これらを「人工物科学」の源流であることを示唆している。木村による年表【表4】を見ての通り，人工物科学の源流は1931年の「ブッシュによる微分解析器」であるが，バネーバー・ブッシュ（Vannevar Bush）こそが，MIT副学長・電子工学科教授，そして，第2次世界大戦中に米軍軍事顧問を引き受けた，大学における軍による研究資金導入を積極的に指揮した研究者である。（上山, 2010；Etzkowitz, 2002）

サイバネティクス（Cybnertics）を確立したノバート・ウィナー（Norbert

Wiener）教授（Wiener, 1948；1961）は，バネーバー・ブッシュの共同研究者であったが，ブッシュの研究室からは，ヒューレット・パッカード（Hewlett Packard）社の創業者であるウィリアム・ヒューレット（William Hewlett）とデビッド・パッカード（David Packard）を引き合わせ，また，シリコンバレー（Silicon Valley）の先鞭として，ウィリアム・ショックレー（William Shockley）による半導体研究所を誘致した，スタンフォード大学のフレデリック・ターマン（Frederick Terman）教授など，その後の大学発ベンチャーにとって重要な大学研究者が輩出された。したがって，大学発ベンチャーのルーツと人工物科学のルーツは，ほぼ同じであると考えてよく，軍事技術の商用化の典型的事例がコンピュータであり，軍事資金を積極的に導入したMITやスタンフォード大学から，大学発ベンチャーが輩出されたのである。（上山, 2010；Etzkowitz, 2002；Shane, 2003）

　木村（2011）は，自然科学と人工物科学の研究プロセスの方法論上の違いとして，自然科学を「①仮説→実験→検証」，人工物科学を「②価値命題→設計→価値評価」と説明している。自然科学の場合，例えば，物理や化学等の１つの領域の研究を深く極めていくことに特徴がある一方，人工物科学の場合，１つのシステムとして設計するにあたり，機械・電気・制御・情報等の色々な分野の知識・スキルを統合し，社会的評価が不可欠であることを示した【図３】。したがって，大学研究者の起業は，①１つの研究領域の熟達者よりも，研究領域・経営領域も含めた複数領域での熟達者の方がうまく適応できると推測され，また，②自然科学よりも人工物科学の領域の研究者であり，③研究方法は分析よりも統合・設計に重点が置かれた研究スタイルになると推測される。

　通常，自然科学領域の研究室に伝承される研究方法は，論理実証主義に基づく分析に重点が置かれるため，１つの研究領域を深化させていくことが望ましい研究者像となっている。一方，大学発ベンチャーの場合，関連領域の知識・スキルの統合や新しい人工物の設計に重点があるため，複数の研究領域における熟達者が，起業に適した研究者であると，推測される（吉川・内藤, 2003；吉川, 2009）。

　Rosenberg（2000）は，コンピュータ開発に際して米国の大学が果たした中心的役割が，過去半世紀の間におこなわれた数々のイノベーションの中で，最

【図3】 2つの科学の方法論

(a)自然科学　　　　　　　　(b)人工物科学

出所：木村（2011），445頁より引用。

も重要であったと述べている。そして，コンピュータの新分野の研究は，主にARPA（ペンタゴン発展研究計画局：Advanced Research Project Agency of Pentagon）が担っており，その支援対象となった研究大学は，カーネギー・メロン大学，MIT，スタンフォード大学，そして，カリフォルニア大学バークレー校の4つの大学であったことを明らかにしている（Rosenberg, 2000）。そして，その4大学の活動をより緊密化させることを目的としたARPANETの事業が，「インターネット」の起源とされている（Ceruzzi, 2003）。つまり，大学発ベンチャーや大学近隣のサイエンスパークの発展は，全米の大学に見られるものではなく，MITやスタンフォード等，ごく少数の研究大学に見られる現象であることを留意しなくてはならない（上山，2009；Etzkowitz, 2002；Westhead and Storey, 1995）。したがって，人工物科学の研究スタイルを採用した大学は，近年までは，米国でもごく少数であったと推察される。

　サイモンは，カーネギー・メロン大学にて「コンピュータ科学（computer science）」，特に「人工知能（artificial intelligence）」研究を牽引し，その延長で「人工物科学」の問題提議をした（Simon, 1996；Ceruzzi, 2003）。それに対して，軍事研究の一環として「人工知能」研究をおこなったという批判もあり（Dreyfus and Dreyfus, 1986），MITからDECの誕生による「軍事研究の商用化」という文脈が，大学発ベンチャーのルーツであることを考慮する必要がある（西澤，2012；高瀬・伊藤，2011）。つまり，人工物科学や大学発ベンチャーについて，自然科学の研究者にとっては，研究の方法論や認識論の点において懐疑的対象であり，また，人文学の研究者にとっては，倫理的な点において相容れない点があり，日本の高等教育の文脈で，大学発ベンチャーを科学哲学で

どのように位置付けるべきか，重要な検討課題となっているのである（伊勢田，2008；2010；2011）。

　サイモン（1969, 1996）にとっての「人工物（artifact）」は，コンピュータや建造物等の技術システムにとどまらず，組織や社会も含まれる。そして，サイモンは，サラスバシーによる起業家の意思決定の特徴である「エフェクチュエーション（effctuation）」を「人工物科学」（Simon, 1969, 1996）と評価し，サラスバシーに起業家研究の発展を託し，2001年に他界した。その際，サイモンによる「Near-decomposability（準分解可能性）」（Simon, 1969）の概念と「エフェクチュエーション」を理論的に結ぶことが，サイモンの遺言であったとされる（Sarasvathy, 2003；Venkataraman, Sarasvathy et al., 2012）。

　急激に成長するベンチャー企業は，市場環境との相互作用の中で，複雑性に対応し，組織内に階層を創り，また，環境そのものを変化・創造させることで，急激に進化する特徴を持つ。その中で，この「準分解可能性」の概念は，起業家が市場環境の中で，「どのように，問題解決を行い，組織の階層化・分業をするのか」という点を説明している。つまり，サイモンは，起業家のアイデンティティも含めた認知限界・熟達の問題を，環境依存性（contingency），局所性（locality）を踏まえて，準分解可能性の概念で，説明しようとしたのである（Sarasvathy, 2003）。

　サラスバシー（2008）は，現在の起業家研究について，サイモンが提唱した「人工物科学」（Simon, 1969）の延長線上にあることを示唆しており，また，榊原（2010）は，「人工物科学」を，その人工物の社会的価値に関連付けて議論する必要性を指摘している。さらに，大学発ベンチャーは，既存の市場におけるニッチを発見するというよりも，創造的破壊を通じて，新しい技術による新しい市場を創造する行為に特徴がある（Shane, 2004）。よって，本研究において，人工物科学として大学発ベンチャーを認識する視点は，きわめて有益である（Venkataraman et al., 2012）。

　以上を踏まえ，人工知能研究のLISPマシンの製作が，瀧の研究者としてのルーツであることから，瀧和男氏は，人工物科学に慣れ親しんでいると考えて良いであろう。その上で，瀧が，自分自身の研究キャリアの中で，コンピュータをどのように位置付けているか，どのような研究方針で，研究を進めていっ

たのか，本研究においては，第5章の事例研究にて明らかにしていくことにする。

2.1.7. 日本の大学発ベンチャー研究の課題

　前節まで，起業家研究の先行研究を踏まえ，大学発ベンチャー研究における論点を整理してきた。ここで，日本における大学発ベンチャーの先行研究にふれておくことにしよう。まず，日本の大学発ベンチャーの制度に関連するが，大学教員が，取締役，もしくは，監査役に就任する際は，兼業規定の関係で届け出が必要となっている。したがって，大学発ベンチャーの動向を調査する目的で，各大学の産学連携部門の協力の下，毎年，定量調査が実施されている（文部科学省, 2010）。

　一方，定量調査と並行して，日本における大学発ベンチャーの事例研究も，徐々に，蓄積されつつある（金井, 2010；新藤他, 2006；山田, 2006）。しかし，研究者による大学発ベンチャーが，①ベンチャーキャピタル支援型，②見込み型，③ライフスタイル型，と3つのタイプに大別されることを踏まえると（Wright et al., 2008），この10年間におこなわれてきた日本の大学発ベンチャーのフィールド調査の多くは，①ベンチャーキャピタル支援型の創薬系ベンチャーであった。

　例えば，ガルファーマ（香川大学），アンジェスMG（大阪大学）の事例は，創薬に関する研究資金の調達を目的とした典型的な創薬系ベンチャーの事例研究である（山田, 2006；新藤他, 2006）。この創薬系ベンチャーの場合，難病等のある程度の市場が存在していることを前提とした上で，事業が構想されている点に特徴がある。よって，上記の事例研究は，創業を意図した大学研究者による起業家活動以外に，資金調達を実行するため，大手製薬会社との連携を含めたビジネスモデルを構築する，サロゲート（代理人）型起業家（Franklin et al., 2001）の存在を含めた創業チームのあり方が論点となっている。

　しかしながら，同じ大学発ベンチャーであったとしても，ビジネスモデルとして検討した場合，創薬系ベンチャーと情報通信系ベンチャーには，特許が創業の技術基盤となる点に大きな違いがあることに考慮する必要がある。つまり，情報通信系の場合，基本的には，計算に対してのニーズであり，自身が手掛け

た研究成果が創業の技術基盤となるものの，まだ基礎研究の時点では，潜在的な市場であることが多く，明確なビジネスモデルを構築することが難しいのである。したがって，情報通信系の大学発ベンチャーは，【表2】における②見込み型，③ライフスタイル型（Wright et al., 2008）として起業が構想されることが多く，ある程度の研究進捗に応じて，新しい市場を創造し，①ベンチャーキャピタル支援型に移行していくと想定される。

　一方，日本における数少ない情報通信系ベンチャーの実証研究は，新藤（2006）による独立行政法人 産業技術総合研究所（以下，産総研，と表記する）発ベンチャーのフィールド調査を基に実施された事例研究である[16]。日本のコンピュータ史に言及すると，情報通信分野に関しては，産総研の前身の1つである電気試験所の出身者が，通産省主導による国家プロジェクトの立案を通じて，大きな役割を果たしたことが知られている（高橋, 1998；高瀬・伊藤, 2011）。その結果，産総研と大学の電子系・情報系の大学の研究室との間には，学会を通じた研究者同士のインフォーマルな関係が構築されており，大学研究者間のネットワークにおけるハブ機能を産総研が有していたとされる（小田切, 2001；相磯, 1984；渕・赤木, 1984）。したがって，各大学の有望な若手研究者が，情報処理学会等の学会を通じて選抜され，通産省管轄の電気試験所に入所して国家プロジェクトに参加し，10年程度研究に専念することで業績を挙げた後，大学に戻り，後進の育成にあたる，というのが，日本の情報通信分野における研究者の人材育成システムと考えられる[17]（小田切, 2001；高瀬・伊藤, 2011）。

　前節（2.1.6）にて，米国の情報通信分野においては，ARPAがカーネギー・メロン大学，MIT，スタンフォード大学，カリフォルニア大学バークレー校の4つの大学を研究支援したことに言及し（Rosenberg, 2000），これらの大学から多くの大学発ベンチャーが輩出されていることを述べた（上山, 2010；Etzkowitz, 2008）。一方，日本の情報通信分野に関しては，選抜制度を通じて，産総研にきわめて研究能力が高い若手研究者人材が集まっており，潜在的には，研究成果を知的財産として起業するのに適した人材が，産総研に集積していたと推測される。よって，大学発ベンチャーの定義を，産総研発ベンチャーに拡張し，産総研による大学の若手研究者の選抜システムや国家プロジェクトの起

案を含めて詳細を検討することは，コンピュータ史においては，きわめて重要な論点なのである。

新藤（2006）によるフィールド調査は，2000年以降，産総研においてベンチャー支援制度が整備され，その中から輩出された産総研発ベンチャーの初期事例である（株）グリッド総合研究所，熱電発電の事業化を手掛けた舟橋良次氏の事例を扱っている。これらの事例研究は，グリッドや熱電発電に関する技術開発段階の研究プロセスと，発明者である関口智嗣氏，舟橋良次氏の産総研に入所するに至るまでの研究の経緯に言及しており，研究者による起業の背景を理解することが可能となっている。

前節（2.1.6）で，人工物科学について言及したが，製品化にあたっては，1つの科学領域で収まるものではなく，試行錯誤のプロセスを経て，複数の科学領域を横断する形で，初めて「人工物」として製品が完成する。その上で，新しい市場が待ち受ける「無消費への対抗」にも適応する必要がある（Christensen and Raynor, 2003）。産総研の初代理事長を務めた吉川弘之氏は，基礎研究から製品化までの試行錯誤のプロセスを，「第二種基礎研究」（吉川・内藤，2003），「本格研究」（吉川，2009）と述べているが[18]，関口智嗣氏が手掛けたグリッドの技術の場合，コンピュータとネットワーク（通信工学）の複合境界領域の基礎研究が起業機会となっており，舟橋良次氏の熱電発電の技術の場合，酸化物超電導の研究から熱電酸化物の研究に新しい研究テーマを探索する中で，化学と電子の複合境界領域の基礎研究が起業機会となっている。以上から，発明者にとっては，人工物の設計に不可欠な複数の科学領域の熟達が必要であり，事業化が開始される前の技術開発段階ですら，長期間となる理由が説明される（西澤，2012；金井，2012；Shane, 2004）。

新藤（2006）は，技術開発期間と事業開発期間に分けて，発明家が，技術特性・知的財産との関係から研究ネットワークを通じて起業機会を探索し，一方，起業家が，事業コンセプトと計画・資源との関係から事業ネットワークを通じて起業機会を探索する，起業家活動の分析枠組を提示し，その中核の起業機会の探索プロセスを，「探索の王手詰めの理論（a mating theory of search）」（Cyert and March, 1963）を用いて説明をしている。

探索の王手詰めの理論では，組織期待理論における探索活動（searching

activity) について「代替案を探し求めているのは組織ばかりでなく代替案もまた組織を求めている」としているが，新藤（2006）は，技術系社内ベンチャーの事業機会の概念化の「テクノロジー・プル」と「マーケット・イン」の双方向性の議論（Burgelman and Sayles, 1986）にも言及した上で，大学発ベンチャーにおける技術と事業の関係にも同様の「探索の双方向性」が該当し，「開発された技術は，適用すべき市場（事業）を求める一方，市場も技術を求めている」（134頁）と述べている。これは，発明家によって，技術から市場を一意的に導くだけでなく，起業家によって，既存の技術に対して新しい市場が見出される，「探索の双方向性」を説明する概念である。

しかし，例えば，新藤（2006）が取り上げた，産総研の舟橋良次氏による熱電発電の事例のように，科学的発見に対して用途が不確定であるが故，ビジネスモデルを明確にできない技術開発段階では，【表2】における②見込み型，③ライフスタイル型（Wright et al., 2008）として発明家が兼業して起業すると推測される。よって，本研究は，技術においても市場においても，代替案を探索して問題解決を行い，起業機会を発見するのみならず起業機会を創造する必要がある，という立場を取る。

現実には，多くの大学研究者，発明家によってなされた科学的発見は，事業開発段階には至らない案件が数多く存在しており，外部からサロゲート（代理人）型起業家を招聘し，発明家と起業家による創業チームの結成までには至らない。その点，新藤（2006）による産総研発ベンチャー事例は，グリッド技術，熱電発電の両方の事例とも，起業機会の創造を果たした上で，発明家と起業家が協働した創業チームによる起業プロセスを明らかにした事例研究として評価されるものである。

以上，先行研究を踏まえると，本研究の課題として，創業チームによる起業プロセスのみならず，起業以前まで遡り，大学研究者による起業機会の認識プロセスに焦点をあて，研究者個人の研究と起業の関係を明らかにする必要がある。実際には，②見込み型，③ライフスタイル型として創業後，研究進捗によって，①ベンチャーキャピタル支援型に移行し，外部からサロゲート（代理人）型起業家を招聘する場合もあると推測される。以上の大学研究者とサロゲート（代理人）型起業家のパートナーシップについては，西澤（2012）の技

術と市場の「二重の創業リスク」の概念からも説明可能であるが，本研究において，サロゲート（代理人）型起業家と大学発ベンチャー起業家との間で，どのような役割分担をするのか，市場と技術に関する知識やスキルの個人レベルの熟達に関して，深く吟味する必要がある。

例えば，香川大学発ベンチャーのガルファーマの事例（山田，2006）のように，外部から招聘したサロゲート（代理人）型起業家が事業化を達成することができず，再度，研究者が起業家を兼業する事例も存在する。この点について，Shane（2000）によれば，大学研究者の持つ，経験に裏付けられた知識・スキルの存在が起業プロセスに大きな影響があることが示唆されている。よって，技術だけでなく，大学研究者個人の市場（事業）に関する熟達について，認知科学の知見から検討する必要がある，と筆者は考えている。

2.2 熟達研究の展開

2.2.1 熟達者の定義

前節では，大学発ベンチャー起業家の活動（academic entrepreneurship）について，「学術機関で創出された何らかの知的財産を『事業機会』と捉え，その『事業機会の特定・評価・活用』（Shane, 2003）する大学研究者の活動」と定義した。ここでの重要な議論は，大学でなされる研究においても，新市場型破壊的イノベーションの基盤となる技術は，きわめて少数である点であった（西澤，2012；Christensen and Raynor, 2003）。特に，大学研究者によって開発された技術や知的財産が，大学発ベンチャーの「事業機会」になるかどうかは，大学研究者の目利き・認識によるところが大きいことを明らかにした（Shane, 2000；von Hippel, 1988）。

以上を踏まえ，本研究は，大学発ベンチャー起業家の活動に対して，その経験から得られる特定の知識・スキルの熟達が存在すると想定し，認知科学，特に，熟達経験の知見を，起業家を対象に応用を試みる。まず，熟達者の定義[19]であるが，「ある特定の領域で，優れたパフォーマンスを獲得した人物（an expert as someone who has attained reliably superior performance in a particular domain）」（Ericsson, 2006, p.3）というもので，熟達者は，そのパ

フォーマンスを実現するための特定の領域におけるスキル・知識を獲得している点において，概ね合意がなされている。

また，大浦（2002）は，「熟達化とは，ある領域における十分な知識・技能を持たない初心者（novice）が，その領域の課題で優れた遂行ができる熟達者（expert）になる過程を指す。熟達者は構造化された多くの知識を持つだけでなく，基本となる技能システムが自動化されており，かつ，チャンク化（chunking）により飛躍的に高められた記憶技能，制約と推論スキルの効果的な利用によって可能になる適切な問題表象形成や素早い解釈，遂行についての評価基準の適切さと洗練度，自己モニタリングなどのメタ認知的スキルのセットである自己調整技能などの点で優れている」（386頁）と，熟達者を定義している。したがって，本研究は，起業家の熟達について，事業計画を含めた意思決定や問題解決の経験の蓄積が，起業家に関する専門的知識・スキルの熟達に関連していると仮定し，起業機会の特定・評価・活用（Shane, 2004）の巧拙に表れる，という立場を採用する。

2.2.2　認知科学における人工知能研究と熟達研究の関係

本節では，前節での「熟達者の定義」に引き続き，本事例研究の背景である「認知科学における人工知能と熟達研究の関係」について検討する。まず，人工知能研究について，その源流は，組織の意思決定から個人の意思決定にまで研究範囲を拡張したニューウェル（Allen Newell）とサイモン（1956）のコンピュータを用いた定理証明の研究とされる。サイモンの自叙伝（Simon, 1996）によれば，1950年代に，プログラム内蔵型コンピュータであるUNIVACやIBMが台頭した際，数学の定理証明を実行する論理演算プログラムをコンピュータ上で実現したことが，個人の意思決定の研究を始めた契機であったことを述べている。より具体的には，1956年，サイモンはコンピュータ上で論理演算を実行するための関数型（プログラミング）言語[20]「Information Processing Language」を開発し，論理演算をするプログラム「Logic Theorist」を作成した（Newell and Simon, 1956）。つまり，ニューウェルとサイモンは，個人の意思決定や問題解決行動をモデル化し，コンピュータでシミュレーションを実行する人工知能の研究分野を新たに開拓したのである。

一方，熟達研究の嚆矢となった研究は，チェスの熟達者に関する研究（Simon and Chase, 1973）である。「チェスは人工知能のショウジョウバエ」[21]と言われるが，チェスによる実験研究によって，人間の意思決定プロセスをモデルとしたコンピュータのシミュレーションが多数行われた。その理由として，第1に，チェス名人の次の一手は，有限の選択肢として計算可能であり，第2に，チェスの個人能力は，トーナメントの成績を通じて統計的に表現可能であることが挙げられる。そのため，個人の認知限界に基づく意思決定や問題解決について，熟達者と初心者の比較検討が容易となり，さらに，チェス熟達者の差し手（定石）は，比較的容易にプログラム化可能となったことから，チェス熟達者をベンチマークし，「コンピュータ 対 人間」という構図で，超高速コンピュータの開発が商業的に展開されたのである。

以上，人工知能研究と熟達研究について，認知科学との関連も含めて整理すると，これらは，大きな括りとして学際研究分野としての「認知科学」であるが，熟達者の意思決定や問題解決をモデルにプログラミングし，シミュレーションをおこなう研究分野が「人工知能」であり，一方，熟達者の意思決定や問題解決におけるプロトコルを分析し，個人の思考・学習に焦点をあてた研究が，認知心理学としての「熟達研究」である[22]。

2.2.3 科学者サイモンと哲学者ドレイファスの論争

前節で述べた通り，熟達研究は，チェス熟達者の意思決定の分析によって大きく発展した（Chase and Simon, 1973）。このチェス熟達者を対象にした研究によって明らかになったことは，単純な知能のIQとチェスの能力には相関が見られないこと，チェスの熟達者は必ずしも他の分野においても熟達者ではないこと（Simon and Gilmartin, 1973），国際試合に活躍できるレベルまで到達するには，最低でも10年の経験が必要であること（Chase and Simon, 1973），熟達者は，直観による判断をおこなうこと（Simon, 1987）である。すなわち，熟達者は，持って生まれた才能やパーソナリティーに起因するのではなく，非常に限られた固有領域において少なくとも10年程度トレーニングを受け，その結果，直観的な判断による類稀なパフォーマンスを発揮することが可能になる，というものであった。

一方，チェスの熟達者をモデルとしたコンピュータ・チェスの研究は，「人間の思考」に関する研究であったため，人工知能を牽引する科学者と，反人工知能を標榜する哲学者の激しい対立が見られた。その代表例がサイモン（Herbert A. Simon）とドレイファス（Hubert L. Dreyfus）[23]の論争（Simon, 1996；Dreyfus and Dreyfus, 1986）である。彼らの論争は，サイモンのカーネギー・メロン大学の弟子で，数多くの大学発ベンチャーを率い，エキスパート・システムの研究を牽引したファイゲンバウム（Edward Feigenbaum）の世代まで長らくおこなわれた。サイモンは，「コンピュータ・チェスは10年以内に人間に勝つことになるであろう」と楽観的予言（Simon and Newell, 1958）をしたことに対して，ドレイファスは，「錬金術と人工知能」（Dreyfus, 1965）と名付けられたランド（RAND）研究所のレポートにおいて「チェスとはいえ，人間に対してコンピュータが勝つというサイモンの主張は楽観的すぎる」と激しく批判を展開した。このことが発端となり，科学者と哲学者の間で多くの人工知能に関する数多くの論争が起こったのである。

　その後，1997年，当時のチェス世界一のグランドマスターであったカスパロフ（Garry Kasparov）氏にIBMのスーパーコンピュータ Deep Blueが勝利することで，コンピュータ・チェスにおける「人間 対 コンピュータ」という構図は終止符が打たれた。結果として，哲学者の批判に対して，科学者がコンピュータの研究・開発を通じて対応していき，1958年のサイモンの楽観的予言から約40年後，コンピュータ・チェスは人間に勝利したのである。以上について，「人工知能における科学者と哲学者の激しい論争が，科学技術におけるイノベーションを促進した」という認識が，経営学研究の観点からは妥当である，と筆者は考えている。

　この後，チェスにおける熟達研究を踏まえ，スポーツ，芸術，科学技術（数学・物理・ソフトウエア），自然言語，医療，営業等，より複雑な問題解決を伴う領域における熟達研究がおこなわれるようになった。チェスにおける熟達者と同様，ある特定領域で優れたパフォーマンスを獲得するには，少なくとも10年程度のトレーニングが必要であることが明らかになり，その結果，熟達研究の「サイモンの10年ルール」として定着するに至ったのである（Ericsson, 1996；Simon and Chase, 1973）。

また,サイモンは,その後の長期記憶の研究で,記憶するにあたり1つの意味を持つ塊(チャンク)を測定したところ,チェスの場合は,定石の差し手の数,語学の熟達者は,大学卒業時点で記憶している語彙数にあたるが,その数は約5万であり,熟達者は長期記憶からの再認によって,直観的な問題解決が可能であることを明らかにした(Simon, 1996)。したがって,チェスにおいては,約5万の定石を記憶するに必要な時間が約10年,という理解がなされ,その他の分野においても,5万程度のチャンク数が熟達者の持つ長期記憶の絶対量であると,現在では考えられるようになった。

以上が,科学者としてのサイモンの熟達研究に関する業績である。この熟達者を対象にした科学的アプローチは,「プロトコル分析(protocol analysis)」(Ericsson and Simon, 1993)として結実し,サラスバシーによって,経験豊かな起業家を対象にして実験研究が実施され,エフェクチュエーションとして理論化された(Sarasvathy, 2001 ; 2008)。

一方,ドレイファスは,サイモンによる初期の人工知能研究(Simon and Newell, 1956)やその後のファイゲンバウムによるエキスパート・システム研究(Feigenbaum and McCorduck, 1983)に対する批判として,熟達のステージモデルを提議した(Dreyfus and Dreyfus, 1986)。ドレイファスは,初心者(novice)・見習い(advanced beginner)・一人前(competent)・中堅(proficient)・熟達者(expert)の5段階のステージモデルで熟達化プロセス【表5】を示した。彼らが提議した問題点は,初心者(novice)は,ルールに

【表5】能力獲得の5段階・熟達化モデル

	能力段階	認知要素	視点	判断	関心度
1	初心者	文脈不要	なし	分析的	状況を客観視
2	見習い	文脈不要と状況依存	なし	分析的	状況を客観視
3	一人前	文脈不要と状況依存	意識的に選択	分析的	状況把握と判断は客観的。結果には主観的関心。
4	中堅	文脈不要と状況依存	経験に基づく	分析的	状況に投入して事態を把握。判断は客観的。
5	熟達者	文脈不要と状況依存	経験に基づく	直観的	状況は客観的。状況に没入。

出所:Dreyfus and Dreyfus (1986), p.50, 邦訳85頁から引用。

従って行動をおこなう一方，熟達者（expert）は，状況からの洞察に基づき，直観による問題解決をおこなう，という現実であった。つまり，論理実証主義に基づいて知能を形式的規則に従って記号や象徴を操作する，というサイモンらの前提では，直観で問題解決行動をおこなう熟達者（expert）の能力を上回ることは不可能である，というのがドレイファスの主張であった[24]。

以上を踏まえ，本研究に関連して，ドレイファスの熟達化モデルには，幾つか留意すべき点がある（Dreyfus and Dreyfus, 1986）。まず，第1に，このモデルは，様々な熟達分野における検証に耐え抜いた実証モデルではなく，あくまで熟達者の直観の存在についての抽象的な概念モデルであることに留意する必要がある。ドレイファスの熟達化モデルは，学校の試験や資格試験のように，客観的に測定可能な課題に対して一定レベル以上クリアすれば次のステージに上がる，というアセスメントのツールを提供するものではない。熟達者は単なる知識の増加やスキルの習得のみならず，環境を認識する方法や問題への取り組み方，自らが作り上げそして拠り所とするメンタルモデルや信念について根本的な違いを経験するようになることを，ドレイファスは，熟達者が経験する質的な変容の概念モデルとして提示したのである。

第2に，ドレイファスの熟達化モデルは，状況に依存するモデルであり，複数のスキル，つまり，スキル毎に固有の熟達領域が存在していることに留意する必要がある。つまり，人はあらゆることの熟達者でも，あらゆることの初心者でもなく，複数の個別の技能領域において5段階のいずれかに属していることを想定している。例えば，料理人としては初心者でも，研究者としては熟達者である場合もあるし，その逆の場合もありうることを事前に想定している熟達化モデルである。したがって，実際のビジネスの現場を想定すると，営業，語学，経理，コンピュータ等，様々な専門スキルの組み合わせによって業務が成り立っていることからも，経営学の研究関心から，複数の熟達領域の関連について考察することは，きわめて有意義である。

第3に，熟達者に対してプロトコル分析（Ericsson and Simon, 1993）を用いても，その熟達化プロセスを明らかにするには，研究方法として限界があることに留意する必要がある（Dreyfus and Dreyfus, 1986）。つまり，プロトコル分析は，熟達者と初心者の違いを明確にすることができる科学的方法である

一方で，回顧的インタビューを用いなければ，熟達化プロセスを明らかにすることは難しいのである。よって，本研究において，サイモンとドレイファスの対立した認識論の相違点は，熟達研究における2つの視点（Chi, 2006）が反映されているという立場を採用する。本研究で取り上げる瀧和男氏は，世界レベルのコンピュータプロジェクトのリーダー格であった熟達者が，一方で，初心者として起業に取り組む事例である。したがって，本研究において，熟達研究における2つの視点から，瀧和男氏個人を分析することによって，理論的にも実践的にも重要な含意を得ることができると，筆者は考える。

2.2.4　科学者の熟達化プロセス

　個人の限定合理性（Simon, 1947）に由来する大学発ベンチャー起業家の意思決定の特徴を明らかにしたとしても，それらが，①どのような経験の違いに由来するものなのか，②どのように事業機会の認知をしたのか，という点を明らかにする必要がある。その点，科学社会学での議論は有用である。Zuckerman（1977）はコロンビア大学においてマートン（R. K. Merton）教授の指導の下，41名の米国のノーベル賞受賞者に対して体系的なインタビュー調査を行い，科学分野の熟達者であるノーベル賞受賞者の「累積的優位性のプロセス（the process of cumulative advantage）」を明らかにした。マートンは，この研究活動における「累積的優位性のプロセス」を，「富める者はますます富み」という聖書マタイ伝の言葉に関連付けて，研究室の「マタイ効果（Mathew effect）」と述べたが（Merton, 1968），研究機会・事業機会や，資金へのアクセスという点において，研究者も起業家も同様の側面があると考えられる。この点，1957年，トランジスタの発明によってノーベル物理学賞を受賞し，トランジスタの商業化を目指して起業したウィリアム・ショックレーを引き合いに出すまでもないであろう。つまり，研究者による起業の場合，特許に関連した研究成果そのものが事業機会となり，資金へのアクセスになっている点，研究成果を裏付ける「知識・スキル」の熟達が必須である。よって，製品化に不可欠な科学技術領域における「累積的優位性のプロセス」を追跡することで，起業に至る熟達の特徴を明らかにすることができるであろう。

　Wright et al.（2008）は，大学発ベンチャーの技術が，科学的領域における

「広い分野における世界的な認知」を得ている場合，①ベンチャーキャピタル支援型になることを論じているが，仮に，ノーベル賞を受賞した科学的発見であっても，ラディカルな技術（Shane, 2004；Utterback, 1994）であるが故，市場が見出せていない状況が長らく続く場合が多いと推測される。例えば，2012年ノーベル生理学・医学賞を受賞した山中伸弥氏による再生医療のiPS細胞の技術の場合，iPS細胞に関する特許管理を目的とした株式会社が2008年に設立されている。この法人は，京都大学と住友グループによって協力体制が取られているが[25]，現時点では，iPS細胞の技術は実用化には至っていない。将来的に臨床試験を積み重ね，iPS細胞を活用した再生医療が実施される見込みではあるが，それまでは，クリステンセン（2003）が「無消費への抵抗」と論じたように，ほとんど収入がない状態のまま，製品化に向けての研究実績の蓄積と資金調達活動が展開されることが予想される。

したがって，科学者による「累積的優位性のプロセス」は，大学発ベンチャーの特許戦略に大きく関連し，科学的発見による基礎研究費の獲得は，特許取得を促し，さらに，ベンチャーキャピタルからの出資を促進するというプロセスが推測される。ただし，前述した通り（2.1.6），iPS細胞による再生医療は，人工物の設計に関連する点において，自然科学よりも人工物科学（Simon, 1969）の研究分野により近いと考えられる点に，留意が必要である。例えば，iPS細胞からの実現されるであろう人工皮膚の場合でも，生物，化学等の自然科学だけでなく，それを制御する計測技術，それを取り巻く法律の制度設計に至るまで，事業化に成功するには，学際的な取り組みが必要である。その点，単に1つの科学分野における熟達者にとどまらず，複数分野における熟達が必然的に求められ，事業化の事情によっては，起業家を兼業する場合も想定されるのである。

2.2.5 熟達者の認知モデル

熟達者の種類としては，知識の種類（「手続き的知識（procedural knowledge）」「宣言的知識（declarative knowledge）」）に対応して，定型的熟達者（routine experts）と，適応的熟達者（adaptive experts）と，大きく2つに分けることができる（波多野・稲垣, 1989）。さらに，岡田（2005），田

中（2008）によれば，適応的熟達者（adaptive experts）の中でも，再帰的課題[26]ではなく，創造的課題への対応として，創造的熟達者（creative experts）が存在するとしている。以下が，田中（2008）による熟達者の3つの分類である。

(1) 定型的熟達者（routine experts）

　最も顕著な差は，ある課題状況における手際の良さで，すばやくパターンを読み取ったり沢山のことを記憶したり，すばやく検索してそれを実行する，といった，入力から出力に至る情報処理の手際の良さである。作業の効率化・正確さが「訓練」によってルーティン化したもので，このタイプの熟達者を，定型的熟達者とする。このタイプの場合，スキルの熟達化の特徴で，一定の，固定化された環境の内部にいる限り，きわめて効率的な正確な行動が保証される。

(2) 適応的熟達者（adaptive experts）

　熟達者は，自分の関連する領域のスキルについてのみ抜きんでている場合も熟達者と定義されるが，同時に，少々の環境が変化してもそれにきちんと応え得るスキルや知識を持っていることも要請される。ある手続きを遂行する際，どうしてそれがうまく機能するのか，あるいは，どうしてそれぞれのステップが必要なのかを自問し，そこで扱われている概念的知識（「宣言的知識」）を構成するような形で熟達した場合，少々の環境変化にもかかわらず適応的行動がとれるようになる。こうした熟達者を適応的熟達者（波多野・稲垣, 1989）と呼ぶ。

(3) 創造的熟達者（creative experts）

　以上2種類の熟達者は，いずれも一定の「再帰的課題」が与えられた状況の中でのスキルや思考・行動パターンの熟達化を示しているが，自分自身が「課題」を設定する創造的な活動領域では，違ったタイプの熟達者が存在する。ここでは「課題」や「問題」は，自ら生成する「アイデア」となり，そうしたアイデアを形にする知識・技術に熟達化していることに加え，アイデアを評価するメタ認知能力も重要となる。さらに，この熟達者であるためには，アイデアそのものを生成する技術を持ち，努力を継続している人物であると考えられる。

現在の熟達研究においては，定型的熟達者（routine experts）ではない概念として，適応的熟達者（adaptive expert）が位置付けられており（波多野・稲垣，1989），非常に幅の広い概念となっている（Clark, 2008；p.13）。その点，創造的熟達者は，適応的熟達者の1つの範疇である，と考えられている。以上を踏まえ，自らのアイデアを特許化し，ベンチャーに取り組む大学発ベンチャー起業を扱う本研究事例は，再帰的課題ではない点において，創造的熟達者の事例であると筆者は考える。

2.2.6 複数領域における熟達

しかし，研究者を科学技術領域の「創造的熟達者（岡田,2005）」と捉え，起業家の創造的熟達の詳細を検討しても，それらがスタートアップ後の事業化の実現を保障するわけではない。少なくとも，科学技術領域の熟達に加えて，経営資源を束ねてマネジメントを実行する経営領域の熟達が不可欠である。

上記の点について，認知科学においては，例えば，チェスの名人が，必ずしも将棋の名人ではないことを示す「領域固有性（domain specifics）」（大浦，1996）の観点から単一のスキル・知識の熟達を検討されてきた。しかし，経営現場においては，同じホワイトカラーであっても，営業職と管理職のように異なるスキル・知識が必要とされることから，経営学の観点で，「複数領域における熟達」を前提に議論した方が適切であると考える（松尾，2011）。

ドレイファス（1986）によれば，経験を積むことにより，熟達者としての概念レンズが備わってくることで，直観的に判断することが可能となり，モノの見え方が変化することを指摘している。この点，①研究者としての科学技術領域の熟達が，起業家としての起業領域の熟達にどのように影響を与えるのか，②研究者出身の起業家による機会の認識方法は，どのようなものであるか，という点が，本研究の重要な論点である。

また，Dyer and Christensen（2008）によれば，創造性に富む米国の著名な25名の「革新的起業家（innovative entrepreneur）」に対して，探索的インタビュー調査を実施したところ，彼らは，全く異なるアイデアや経験を「関連付け（associative thinking）」する認知スキルに長けていることを明らかにしている。この「関連付け」をする認知スキルは，「質問」「観察」「実験」「ネット

ワーク」の4つのスキルから構成されると定義しているが，サラスバシー (2008) が示唆した熟達した起業家の意思決定の特徴である「エフェクチュエーション」における「戦略的パートナーを構築する (form partnership)」活動と，「関連付け」をする際の「ネットワーク」活動は，複数領域の知識・スキルを統合する点において，類似する概念と考えられる。つまり，「複数領域の知識・スキル」の「関連付け」，そして，「認識枠組の変化」による「事業機会の認識」が，起業家行動を支える認知スキルと推測される。以上を踏まえ，大学発ベンチャー起業家の起業以前の研究活動に着目した事例研究を通じて，複数領域にわたる熟達の特徴を明らかにすることが本研究の狙いとなる。

2.3 起業家を対象にした熟達研究

前節まで，起業家研究の中で行われた大学発ベンチャー研究，認知科学で行われた熟達研究の先行研究をレビューした。本節では，本事例研究の理論的背景となる，起業家を対象とした熟達研究に言及する。21世紀に入り，起業家研究は，起業家の役割を「組織の創設」から「事業機会の認知」に再定義すること (Shane and Venkataraman, 2000) によって，大きな進展を見せている。特に，認知科学における熟達研究の知見を起業家に応用した研究としてサラスバシーによる「エフェクチュエーション (effectuation)」の研究が注目に値する (Sarasvathy, 2008)。「エフェクチュエーション」は，合理性に基づく「因果 (causation)」や「予測 (prediction)」の対概念であり，起業家の意思決定の，合理性を超えた「局所性」や「偶有性」という特徴を表現している。

本研究では，経験豊かな起業家を，「『起業』という固有領域における豊かな『知識・スキル』を持つ熟達者」とし，彼らを「熟達した起業家」と定義する (Sarasvathy, 2008)。チェスやスポーツ，臨床医・会計・営業等の実務分野に至るまで，様々な熟達者を対象にした「熟達研究」は，認知科学の中核的な研究分野である（岡田, 2005）。経営学と認知科学の接点は，熟達研究は，組織の意思決定から個人の意思決定に研究関心を拡張したサイモンによって新しく創り出された研究分野という点である。したがって，本研究は，「起業家研究に対して，認知科学を応用した研究」という側面を持つ。

サラスバシーの研究（Sarasvathy, 2001）[27]は，著名ベンチャーキャピタリストであるシルバー（1985）によって選ばれた起業家に加え，大手会計事務所アーンスト・ヤング（Ernst & Young）によって実施された「アントレプレナー・オブ・ザ・イヤー（Entrepreneur of the Year）」[28]の受賞者合計245名の母集団の中から，最終的に調査に応じた27名の経験豊かな熟達した起業家のプロトコル分析をおこなったものである。その後，起業経験をほとんど持たないMBA学生によるプロトコル分析との比較研究（Dew, Sarasvathy et al., 2009）をおこなったが，その結果，MBA学生のプロトコルは，「causation」（以下，コーゼーションと表記する）を前提とした意思決定をしており，経験豊かな"熟達した起業家"のプロトコルは，合理性とは正反対のエフェクチュエーションを前提とした意思決定をしていることを明らかにした（Sarasvathy, 2001）。

　このサラスバシー（2001）による起業家研究の特徴は，分析対象を，企業ではなく起業家，としている点である。彼女は，この研究において，「熟達した起業家」の3つの基準として，①創業経験があること，②10年の起業家としての経験，③上場経験，を挙げており，「企業の業績」を対象の基準に含めていない。つまり，起業時の不確実な状況下に置かれる「起業家の意思決定」や「起業家精神（entrepreneurship）」に焦点をあてた研究であると言える（Sarasvathy, 2001）。

　サラスバシー（2001）は，サイモンの「熟達者の10年ルール」（Ericsson, 1996；Simon and Chase, 1973）を，起業家の基準（平均21.6年；最大43年，最小12年）として採用したため，創業した会社数（平均7.3社；最小3社，最大40社）が多い起業家を，「熟達した起業家」として選択する結果となっている。この創業した会社数の平均が7.3社という「熟達した起業家」の特徴は，現在の日本において想定されている起業家像とは大きく異なるであろう。つまり，日本の起業家研究で想定される起業家像は，上場した企業を対象に1つの会社を創業者として苦難を乗り越えて大企業に育て上げたサクセスストーリーとしての起業家である。一方，この日本における典型的な起業家像と，サラスバシー（2001）の研究における，自分の職業人生において何度も起業を経験する熟達した起業家像とは異質である。この点は，連続的に新たな事業を興す起業家（serial entrepreneur）や，ポートフォリオ的に複数の事業を同時に経営す

る起業家（portfolio entrepreneur）の両方を含む，経験豊かな起業家が活躍している米国における起業の実情を表していると考えられる（Sarasvathy, 2001）。

　サラスバシー（2008）は，これらのデータを踏まえ，ビジネススクールにおける起業家教育の講義やマーケティングの講義で教える合理的意思決定を用いた推論である「因果推論（causal reasoning）」とは正反対の思考法であることを明らかにして，その経験豊かな起業家の意思決定の特徴を，「エフェクチュエーション」と定義した。つまり，エフェクチュエーション【図4】は，以下の4段階のプロセスであることを示したのである（Sarasvathy, 2008）。
- 意思決定は，事前に決められた効果や市場から始めない
- 代わりに，与えられた可能な手段（自分は何者か？何を知っているのか？誰を知っているのか？）を定義することから始める
- 条件に応じて，幾つかの可能な効果を創造・選択をおこなう
- 継続的に，新しい機会に対しての優位を編み出し，活用する[29]

　一方，Kotler（1991）等の代表的なマーケティングの教科書では，事業計画やマーケティング計画の策定は，合理性に基づく意思決定「コーゼーション」によるものとし，以下の5段階のプロセス【図5】として，伝統的なマーケティングリサーチの方法を説明している。
- 製品に対して可能な限りの全顧客からなる事前に定義された市場から，プロセスを始める
- 事前に定義された市場についての情報は，フォーカスグループ，サーベイ等を通じて集められる
- 妥当な変数を用いることで，市場をセグメントに分割する
- 潜在的市場の戦略的価値に基づいて，いくつかの特別なセグメントを，選択し，目標とする
- 最後に，競争分析に基づいて，資源や技術制限の条件下で最適な方法で，製品はターゲットセグメントにポジショニングされる

　サラスバシー（2001）によれば，"Venturing" という起業ゲームの課題【付録I】を，経験豊かな起業家27名に実施したところ，伝統的なマーケティングリサーチ方法をプロトコル分析で支持した27名中4名の起業家も含め，この

【図4】エフェクチュエーションのプロセス

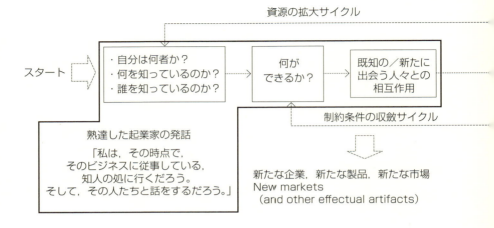

出所：Read, Dew, Sarasvathy et al. (2009), p.4 をもとに筆者作成。

【図5】コーゼーションのプロセス

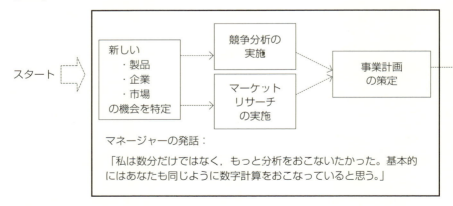

出所：Read, Dew, Sarasvathy et al. (2009), p.4 をもとに筆者作成。

第 2 章 理論的背景

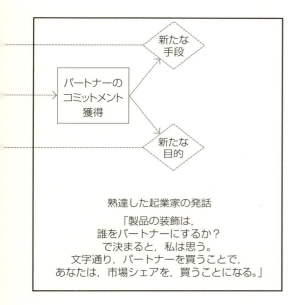

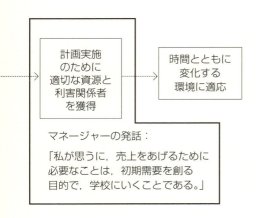

STPモデル（Segmentation-Targeting-Positioning）によるトップダウン方式（コーゼーション）を，実際に用いた起業家は，誰一人としていなかったことが明らかになった。つまり，起業家の意思決定の実際【図4】とマーケティング理論が提示する理論【図5】が乖離していることをサラスバシーは示唆したのである（Sarasvathy, 2001）。

その後，MBA学生37名にも同様のプロトコル分析による実験研究（Sarasvathy, 2009）を行い，エフェクチュエーション【図4】，コーゼーション【図5】との比較研究を行い，エフェクチュエーションをサイクルモデルとして精緻化し，あらためて提示した。

- 熟達した起業家は，最初に，「自分は誰か？」「何を知っているのか？」「誰を知っているのか？」を検討し，すみやかに行動を開始し，他の人々と情報交換をおこなう
- 熟達した企業家は，「何をすべきであるか？」という点にはほとんど心配をせず，「何が可能か？」「何をするのか？」という点に焦点がある
- 熟達した起業家は，（顧客として）交流している人達を，起業に参画してもらう場合がある
- 新しい手段や新しい目標によって，その起業への参画がなされる
- ネットワークが成長し資源が構築されるにつれ，制約が増大し始める。この制約は将来の目標の変更の可能性を下げ，利害関係者ネットワークへの参加の承認・不承認が制限されるようになる

エフェクチュエーションの研究は，現在，他の研究者によって実証研究（Chandler et al., 2011）が行われる段階となっており，また，サラスバシー以外にも起業家の事業機会の認知に着目し，サイモンの限定合理性（Simon, 1947）に源流を持つ，合理性に対しての対概念を主張する研究が数多く発表されている（Baker and Nelson, 2005 ; Alvarez and Barney, 2007 ; Shah and Tripsas, 2007）。その中でも，エフェクチュエーションの研究は，最も参照される研究論文となっている（Fisher, 2012）。

近年，サラスバシーの研究グループによって発刊された，起業家教育向けのテキスト（Sarasvathy et al., 2011 ; p.iv）では，経験豊かな熟達した起業家が遂行する4つの中核の原則，そして，新しいベンチャー企業，製品，市場を創

造するプロセスにおけるこの4つの中核的原則を架橋する5つ目の視角として以下の通り提示している。

(1) **手段から始めよ（Start with your means）**

完全な機会を待ってはならない。準備できていること（あなたは誰であるか，あなたは何を知っているか，あなたは誰を知っているか）に基づいて，行動せよ。

(2) **可能な損失額を決めよ（Set affordable loss）**

どの程度の黒字が見込めるかという誘因ではなく，どの程度の赤字を受け入れるかという点に基づいて，機会を評価せよ。

(3) **偶発性に対応せよ（Leverage contingency）**

既存の目標に縛られるよりも，柔軟でいることによって，不確実性に対して，驚きを持て。

(4) **パートナーシップを構築せよ（Form partnership）**

あなたと一緒に，未来（商品，会社，市場）を創造するために，自らの意思で現実的なコミットメントを得るために，人々や組織とパートナーシップを構築せよ。競争分析や戦略計画について過度に心配してはならない。

(5) **機会を創造せよ（Create opportunity）**

あなたがコントロールできる物事や，何かを一緒に創造することを助けたいと思う人々と働くことによって，未来に対して何かを起こすことができそうな時，未来を予測し，完全なタイミングを決めて，最適な機会を見つけることに対して，心配する必要はない。

以上のサラスバシーが提示した4つの中核的原則の中で，大学発ベンチャーにとって最も重要な点は，「パートナーシップを構築せよ」であると考えられる。何故なら，世界レベルの研究業績を持つ大学発ベンチャー起業家の場合，ベンチャーキャピタルから支援を受け，研究開発に専念する一方，外部からサロゲート（代理人）型起業家を招聘して，研究成果の事業化を進める点に特徴がある（Franklin et al., 2001；Wright et al., 2008）からである。その点，大学発ベンチャー起業家とサロゲート（代理人）型起業家との間に熟達領域の固有性の問題（大浦，1996）から離齬が生じやすいと推察され，どのようにバランスを取るのか，きわめて難しい問題である。つまり，お互いの専門性，熟達

に依存しながらも，事業を推進するにあたっては，大学発ベンチャー起業家も事業を理解し，サロゲート（代理人）型起業家も自ら事業化を手掛ける研究を理解する必要があると考えるのが妥当であろう。

また，研究活動においても，人工物科学（Simon, 1969）の観点から，学際研究プロジェクトによって製品化されるため，異なる分野の研究パートナーを見つける必要があると推察される。この点は，組織論においては，人間の認知限界に基づく分業（Simon, 1947）と説明可能だが，【図4】で示したエフェクチュエーションのプロセスは，起業家がアイデンティティを踏まえて，自身の熟達領域を内省することによって，深いレベルでパートナーシップを構築するプロセスをうまく表現している。研究者も起業家も，新しい研究テーマや新しい事業を探索する点で，自分自身に対しての深い問いが必要であり，それを踏まえてパートナーシップを構築する意味では，創造的熟達（岡田，2005）に大きく関連している。以上，本研究では，エフェクチュエーションの理論を背景に事例研究をおこなうことによって，理論的，実践的な含意が得られると考えている。

2.4 小 括

本章では，起業家研究に対して認知科学の知見を応用する視点から，大学発ベンチャー研究，熟達研究の先行研究をレビューしたが，その詳細について，ここで要約しておこう。まず，大学発ベンチャー研究における第1の課題は，近年，認知科学の知見を応用し，起業家個人の「機会の認知」に着目することで，大きな展開を見せている点である（Shane and Venkataraman, 2000；Shane, 2003）。本研究では，大学発ベンチャー起業家の起業家活動（academic entrepreneurship）を，「学術機関で創出された何らかの知的財産を『事業機会』と捉え，その『事業機会の特定・評価・活用』する大学研究者の活動」と定義した（Shane, 2003；2004）。

次に，大学発ベンチャー研究における第2の課題は，大学発ベンチャー起業家を，技術と市場の「二重の創業リスク」の担い手として想定している点である（西澤，2012）。本研究事例は，システムLSI設計に関するベンチャーであり，

経営学の先行研究では,「モジュール化」(Baldwin and Clark, 2000) の技術として議論が展開されたものである。よって,本研究では,大学発ベンチャー起業家を,「無消費との対抗」の方策 (Christensen and Raynor, 2003) を考え,新しい市場を創造することを通じて「事業機会の認識能力」を有する人物,という立場をとる。

大学発ベンチャー研究における第3の課題は,大学発ベンチャー起業家の採用する科学の方法論として,「自然科学」ではなく「人工物科学」の範疇として認識する点である (Simon, 1969)。本研究では,ある社会的ニーズに応じて,既存の学問領域を横断する研究プロジェクトを実施することで,コンピュータや創薬など「人工物」を製作し,その研究成果を商業化しようとした研究者の活動に,大学研究者による起業の萌芽が見られたことを明らかにした。

次に,熟達研究の先行研究から得られた,本研究の重要な論点は次の通りである。まず,熟達研究における第1の課題は,「熟達の比較研究」と「熟達化プロセス」の2つのアプローチが存在する点である (Chi, 2006)。これは,サイモンとドレイファスの対立した認識論における相違に関わっているが (Dreyfus and Dreyfus, 1986),プロトコル分析 (Ericsson and Simon, 1993) は,熟達者と初心者の意思決定や問題解決の方略の違いを明確にする科学的方法である一方,回顧的インタビューを用いなければ,熟達化プロセスを明らかにすることは難しいことが示唆されている (Chi, 2006)。

次に,熟達研究における第2の課題は,大学発ベンチャー起業家を,熟達研究における「創造的熟達者」の範疇として捉える点である。創造的熟達者は,「課題を自ら策定し,そこからアイデアを生成し,それを具体化するための知識・スキルを持つ人材」とされるが (田中, 2008),自らのアイデアを特許化し,ベンチャーに取り組む大学発ベンチャー起業を扱う本研究は,再帰的な課題ではない点において,創造的熟達者の事例研究という立場を採用する。

熟達研究における第3の課題は,起業家の意思決定の特徴であるエフェクチュエーションの研究が,起業家研究における研究潮流の1つとなっている点である (Sarasvathy, 2008)。近年は,サラスバシー以外にも,サイモンの限定合理性 (Simon, 1947) に源流を持つ,合理性に対しての対概念を主張する研究が数多く発表されている (Baker and Nelson, 2005; Alvarez and Barney,

2007；Shah and Tripsas, 2007）。世界レベルの研究業績を持つ大学発ベンチャー起業家の場合，ベンチャーキャピタルから支援を受け，研究開発に専念する一方，外部からサロゲート（代理人）型起業家を招聘して，研究成果の事業化を進める点に特徴があるが（Franklin et al., 2001；Wright et al., 2008），大学発ベンチャー起業家とサロゲート（代理人）型起業家との間に熟達領域の固有性の問題（大浦, 1996）から齟齬が生じやすい。したがって，サラスバシーが提示した4つの中核的原則の中で（Sarasvathy et al., 2011；p.iv），大学発ベンチャー起業家にとって最も重要な点は，「パートナーシップを構築せよ」である。

以上を踏まえ，本研究では，大学発ベンチャー起業家個人を研究対象として，熟達研究の知見を応用し，事業機会の認知に関わる「人工物の設計」の課題として，「二重の創業リスク」に対応した技術と市場における複数の熟達領域を想定する（西澤, 2012）。そして，熟達化プロセスに着目し（Chi, 2006），複数領域の熟達を促進する要因を明らかにすることを，本研究の目的とする。その上で，本研究は，創造的熟達（横地・岡田, 2012）とエフェクチュエーション（Sarasvathy, 2008）の分析枠組による研究戦略を採用する。認知科学における熟達研究においては，「領域固有性（domain specifics）」（大浦, 1996）の点から単一のスキル・知識の熟達が検討されてきたが，本研究は，大学発ベンチャー起業家個人を対象に，経営学の観点から「複数領域における熟達」を前提に議論した方が適切であるという立場を採用する（松尾, 2011）。

● 注
1　清成・中村・平尾（1971）によれば，日本に「ベンチャービジネス」の用語を紹介したのは，米国のセミナー（1970年5月）に参加した通産省の佃近雄氏であり，ポラロイド，DECをその典型と挙げて，「ただし，米国では，これらの企業は必ずしもベンチャービジネスとは呼ばれていない。New Technology Company, New Venture, Venture Orientation, New Venture Company, Small Business Venture など，多様な呼びかけがなされている」（10頁）と記載されている。
2　シェーン（2003, p.4）による起業家活動の定義の原文は，「Entrepreneurship is an activity that involves the discovery, evaluation, and exploitation of opportunities to introduce new goods and services, way of organizing, markets, processes, and raw materials through organizing efforts that previously had not existed」である。

3　この点，前節（2.1.1）にて，①「起業家」と②「企業家」の違いについて，「中小企業の創業経営者」と「大企業の専門経営者」の役割の混在に言及したが，それぞれ，①シュンペーターの革新的行為，②カーズナーの調整行為，に対応していると，筆者は考える。

4　3.4.1節において，再度，言及するが，今回の調査の限りにおいて，米国の大学発ベンチャーの先駆的事例は，ケン・オルセンによるDECの創業であり，日本の大学発ベンチャーの先駆的事例は，瀧和男氏によるエイ・アイ・エル（株）の創業である（高瀬・伊藤, 2011）。その上で，彼らの創業の経緯を調べると，ケン・オルセンの場合は，プロジェクト・ホワールウィンド，瀧和男氏の場合は，第5世代コンピュータプロジェクトが，創業における技術の源泉であり，彼らは，共に，日米の国家プロジェクトの若手リーダー格であった。したがって，本研究においては，仮説レベルにすぎないが，大学における研究教育よりも，国家プロジェクトへの選抜やそこでの研究経験が，大学発ベンチャーの創業に影響を与えているのではないか，と考えた。

　　この点，大学発ベンチャーの先行研究においては（金井, 2011），大学発ベンチャーの担い手として，国家プロジェクトの若手リーダー格出身，という視点が欠けていると考えられ，本研究では，歴史的背景への配慮の必要性も踏まえ，日米の大学発ベンチャーの先駆者として，ケン・オルセンと瀧和男氏を比較している。

5　ここでのIPは，Intellectual Property の略のこと。

6　Utterback（1994）はこの著書で，ラディカルな技術，インクリメンタルな技術について，明確に定義をしていない。しかしながら，ラディカル・イノベーションを「従来の知識やスキルを陳腐化させ，会社のリニューアルを伴うほどの急進的で根源的なイノベーション」，インクリメンタル・イノベーションを「従来の知識やスキルの延長にあり，製品や工程の部分的な改良の蓄積によるイノベーション」と捉えていると筆者は考える。

7　Shane（2004, 84頁）では，「大学の発明のほとんどは単一の製品を拡張したものであり，起業するにはあまりにもインクリメンタルであることから，ベンチャー創業には適していない。そうした発明は，既存企業の一部門において補完的に用いられた方が効果的である（Tornatzky et al., 1995）。なぜなら，既存企業は，特定の市場や技術分野でどのように発明を利用したらよいのかすでに知っているため，既存技術をベースにした活用においてはベンチャー企業より有意性がある」と述べている。つまり，大学の発明された技術は，全てラディカルな技術というわけではない点に考慮する必要がある。

8　Shane（2004, 85頁）では，①ラディカルな技術は既存資産とカニバリゼーションを起こす，②ラディカルな技術は既存の組織能力を衰えさせる，③既存企業はラディカルな技術に対して不信感をもっている，と3つの説明を与えている。

9　Christensen（1997；邦訳6頁）は，「本書でいう『技術』とは，組織が労働力，資本，原材料，情報を，価値の高い製品やサービスに変えるプロセスを意味する。（中略）この技術の概念には，エンジニアリングと製造にとどまらず，マーケティング，投資，マネジメントなどのプロセスを幅広く包括するものである。『イノベーション』とは，これらの

技術の変化を意味する」と定義している。また，Tidd et al.（2001, p.38；邦訳48頁）では「組織が提供する製品やサービス，あるいはそれらの製造方法を市場へ届ける方法などを刷新する際に，それに伴って組織内に生じる中核的プロセスである」と定義している。

10　小川（2000, 6頁）によるイノベーションの定義は，「顧客が持つ問題の解決のための，新しい情報の利用」である。

11　Christensen（1997, p.xv；邦訳9頁）は，「持続的技術（sustaining technologies）」と「破壊型技術（disruptive technologies）」について，以下の通り言及している。

「新技術のほとんどは，製品の性能を高めるものである。これを『持続的技術』と呼ぶ。持続的技術のなかには，不連続で抜本的（radical）なものもあれば，漸進的（incremental）なものもある。あらゆる持続的技術に共通するのは，主要市場のメインの顧客が既存の性能指標で評価すると，既存の製品より性能が向上する点である。本書であきらかにする重要な事実だが，きわめて抜本的な難しい（most racically difficult）持続的技術でさえ，大手企業の失敗につながることはめったにない。しかし，『破壊型技術』が現れる場合がある。これは，少なくとも短期的には，製品の性能を引き下げる効果を持つ技術である。皮肉なことに，本書で取り上げた各事例では，大手企業を失敗に導いたのは破壊型技術である。破壊型技術は，従来とはまったく異なる価値基準を市場にもたらす。一般的には，破壊型技術の性能が既存製品の性能を下回るのは，主流市場での話である。しかし，破壊的技術には，そのほかに，主流から外れた少数の，たいていは新しい顧客に評価される特徴がある。破壊的技術を利用した製品の方が通常は低価格，単純，小型で，使い勝手がよい場合が多い。」

ここで明確な言及はないが，Christensen（1997）は，Utterback（1994）の「ラディカルな技術」の概念が必ずしも製品の性能を引き下げる効果を持つものではなく，製品性能を高めている点に着目して議論を展開していると考えられる。

その後，Christensen and Raynor（2003, p.34；邦訳40頁）は，注9で示したように，イノベーションを「技術の変化」と定義しているが，「持続的イノベーション（sustaining innovations）」と「破壊的イノベーション（disruptive innovations）」の区別について，以下の通り言及している。

「持続的イノベーションは，従来製品よりも優れた性能で，要求の激しいハイエンドの顧客の獲得を狙うものだ。持続的イノベーションのなかには，あらゆる優良企業が年々産み出しているような，漸進的改良がある。そうかと思えば，画期的で競合企業を一足跳びに追い越すような製品もある。だが，イノベーションが技術的にどれだけ高度かは，問題ではない。持続的技術の競争で勝つのは，既存企業と決まっているからだ。持続的競争は，最高の顧客により高い利益率で売れるより良い製品をつくる競争なので，実績ある企業には参戦する強力な動機がある。しかも，勝てるだけの資源をもっているのだ。それにひきかえ，破壊的イノベーションは，確立した市場の既存顧客により良い製品を提供する試みではない。むしろ，現在手に入る製品ほどには優れていない製品やサービスを売り出すこ

とで，その軌跡を破壊し，定義しなおす。だが，破壊的技術は顧客にとって別のメリットがある。一般的に，新しい顧客やそれほど要求が厳しくない顧客にもアピールする。シンプルで使い勝手がよく安上がりな製品をもたらすのである。」

12 Christensen and Raynor（2003, p.46；邦訳66頁）は，「持続的技術」と「破壊的技術」の分析枠組は，Utterback（1994）の分析枠組とは，明確に違う点を以下の通り説明している。「学生や経営者がこの持続的技術と破壊的技術の区別について読み，解釈し，論じ合う様子を観察したところ，驚くほど共通の傾向が見られた。おそらく誰もがすることだが，新しい概念やデータ，ものの考え方に直面すると，自分の頭のなかにあるメンタル・モデルの枠組みに適合するように，それを変形させるのだ。われわれの『持続的イノベーション』という用語を，既存の『漸進的（インクリメンタル）』イノベーションの枠組みと同一視し，『破壊的技術』を『急進的（ラディカル）』『ブレイクスルー』『独創的』または『異なる』技術といった用語と同等に扱う人が実に多い。そして彼らは，（彼らの定義による）破壊的のアイデアはよいものだから，投資に値する，との結論付ける。この傾向は残念なことだ。」

　一方，クリステンセン（Clayton M. Christensen）の「破壊的イノベーション」の分析枠組みは，アターバック（James M. Utterback）の「ラディカル・イノベーション」の分析枠組みから派生したと述べている先行文献も存在する。

　例えば，Tidd et al.（2001, p.14；邦訳17頁）は，この点について以下の通り説明している。

　「クレイトン・クリステンセンは米国のハードディスク産業についての詳しい研究を基に，テーマの深い掘り下げを行った。彼がこの分野を事例研究の対象として選んだのは，エレクトロニクス産業やそのコンポーネント産業が，短い期間のなかでも多くの世代交代を伴うような急激なイノベーションを研究する機会を与えてくれることが理由である。この事例においては，産業の成立以来，性能の指標から見てプロダクトとプロセスの両技術が劇的な変化を遂げた時点が数多く存在する。そのたびにディスクは，より小さくなるとともに容量が飛躍的に増大し，アクセス・タイムが改善された。クリステンセンの主たる発見は，特定産業における既存の有力企業は産業そのものが劇的に変わってしまうような事態にはうまく対処することができず優位性のバランスは新規参入者の側に傾く，というものであり，これはアターバック，その他の先行研究の成果を再確認したものである。」

　この点，アターバック（1994）の著書では，クリステンセンの博士論文（1992）からハードディスクに関する事例を引用し，再分析した上で，ラディカル・イノベーションの議論を展開しており，また，1998年に出版された日本版の序文においては，新しい研究展開として，クリステンセンの研究（1997）を紹介している。したがって，「破壊的イノベーション」と「ラディカル・イノベーション」は，分析枠組みとしては明確に異なるものの，アターバックの「ラディカル・イノベーション」の研究成果は，クリステンセンの「破壊的イノベーション」の研究に影響を与えていると推測される。

13　バリューネットワーク（value network）とは，「製品システムの物理的な入れ子構造を示すと同時に，入れ子構造になった生産者と市場のネットワークが存在することを表している。各階層の構成要素は，このネットワークの中で生産され，1つ上の階層でシステムを統合する生産者に販売される」構造を意味する（Christensen and Raynor, 2003, p. 46；邦訳60頁）。

14　前節（2.1.4）において述べたが，シェーン（2004）が，大学発ベンチャーの技術を，クリステンセン（1997）の「破壊的（disruptive）」ではなく，アターバック（1994）の「ラディカル（radical）」と言及した点について，推測の域を出ないが，「破壊的技術」の概念の中に，クリステンセンが2003年に発表した「ローエンド型破壊的イノベーション」の概念が含まれていたことが，その理由と筆者は考える。それ故，2004年の段階で，シェーンは大学発ベンチャーの技術を「ラディカル」と説明したと考えられる。

15　前節（2.1.4）において，大学発ベンチャーの技術は，「ラディカルな技術」であることに言及した（Shane, 2004；Utterback, 1994）。一方　西澤（2012）は，大学発ベンチャーの技術を「新市場型破壊的イノベーション」の技術として議論を展開している。クリステンセンは，「ラディカルな技術（Utterback, 1994）」と「破壊的技術（Christensen, 1997；2003）」に対して明確な峻別をしているが，大学発ベンチャーの技術，または，大学発ベンチャーにおけるイノベーションの先行研究では，この点が混在している。例えば，【表2】の大学発ベンチャーの3つのタイプ（21頁）の技術資源においては，「破壊的技術，新市場」と定義している（Wright et al., 2008, pp.75-76）。

　　しかしながら，大学発ベンチャーは，既存市場における「ローエンド型破壊的イノベーション」よりも「新市場型破壊的イノベーション」の方が適合的である点において，大学発ベンチャーの研究者の間では概ね意見は一致していると筆者は考える。

16　（独）産業技術総合研究所は，国家による研究機関であり，厳密に言えば，大学ではない。しかしながら，「学術機関で創出された何らかの知的財産を基盤として創業された新規企業」の大学発ベンチャー起業家の定義に該当するものであり（Shane, 2004），本研究では，日本における産総研の果たした歴史的経緯を含め，産総研発ベンチャーを大学発ベンチャーの範疇に含めると考える。

17　この点，本事例では，瀧和男氏の神戸大学の恩師にあたる金田悠紀夫名誉教授がこれに該当し，神戸大学から初めて電気試験所に入所した人材であり，瀧も同様に，電気試験所出身者が起案した第5世代コンピュータに参加している。

18　吉川（2009, 4-5頁）は，「本格研究」「第二種基礎研究」について，以下の通り定義している。

「本格研究（Full Research）」は，基礎研究と応用研究を包含する研究である。

　　ここでいう基礎研究は，一般の基礎的科学研究であり，それぞれの学問領域が定める範囲内の対象についての知識を研究によって作り出す。そこでは，科学的方法に従うだけではなく，その領域固有の規則があり，研究はそれに従って行われる。新しい領域を作るこ

ともあるが，それはめったに起きない。

　応用研究は，一般には社会的価値の創出を目的として，該当する領域の既知の知識を使用して行われるものである。この使用を『応用』と呼ぶのであるが，特定の社会的価値を創出しようとすると，その領域の知識だけでは研究が達成されず，他領域の知識をも使用しなければならないことが多い。それぞれの学問領域に属する既存の応用研究では，どの領域の知識を移入すればその領域の知識がいかされるかが伝統的に知られており，独自の方法が定着している。

　このように，社会で価値があると認められるものを学問的知識から作りだそうとするときに応用研究が行われる。そのとき，応用がその領域の既知の知識を用いる場合は，他領域知識の援用も含め，その方法がほぼ定まっていると考えられるが，用いる知識が新しいとき，すなわち基礎研究によって生み出された新しい知識を用いる場合では応用研究の方法が知られていない。

　その結果，ある領域での基礎研究が，今までに応用されたことのない新しい知識を生み出したとき，それから社会的価値を生み出すためには新しい研究方法が必要となる。この新知識創出とその応用を含むものが本格研究である。

　したがって，本格研究には次の3つの部分があることになる。
① ある学問領域で新しい知識を生み出す基礎研究。
② その研究成果が，特定された社会的価値の創出を目的とする応用研究の対象になるための条件を発見し，それに従って応用研究に必要な知識を領域の制限を超えて収集し，それらを統合する研究。条件の発見，知識の収集，それらの統合などを行うと同時に，それらの背後にある一般則を求めて記述することを要請する。この研究の結果得られるのは，目的とする社会的価値に加え，価値生成の一般的方法についての利用可能な記述である。この記述された方法は共通の知識として保存され，蓄積され，他の研究あるいは後の研究に用いられるから，この部分は基礎研究である。
③ 上記の基礎研究によって得られた知識をもとに行う応用研究。

　これらの3者の研究が，同時に（concurrently）かつ連続的（coherently）に行われるのであって，必ずしも①，②，③，の順序で行われるものではない。区別のために，①を『第一種基礎研究』，②を『第二種基礎研究』，③を『製品化研究』と呼ぶ。」

19　本研究では，"Expertise"は，研究分野の場合は"熟達研究"，概念の場合は"熟達"または"熟達化"と訳している。
20　コンピュータの高水準言語の中で，Fortran, COBOL, Pascal, C, BASIC等は，「手続き型言語（procedural language）」の種類に属し，それに対比して，Lisp, Prolog, SmallTalkは，「関数型言語（functional language）」と呼ばれている。論理演算，推論等の人工知能研究では，サイモンが開発したInformation Processing Languageの後継のLISPが主に使われてきた。
21　ロシアの人工知能研究者 Alexander Kronrod の発言。

日本人工知能学会が提供するFAQサイトで紹介されている。このFAQは，MITやStanford大学で人工知能研究を牽引し，LISP言語を作ったJohn McCarthy教授の日本語訳。http://www.ai-gakkai.or.jp/jsai/whatsai/AIfaq.html（2011年9月10日筆者確認）

22　この点，本書の事例研究である「神戸大学LISPマシン」や「第5世代コンピュータ」は，人工知能用のアプリケーションを高速演算するためのマシンであり，一方，このマシンの開発者である瀧和男氏については，ハードからソフトに専門領域を拡大しながら，自ら経験のない起業という新しい領域に挑戦していった結果，日本における大学発ベンチャーの先駆けとなった，というのが本事例研究の位置付けである。

23　ヒューバート・ドレイファス（Hubert L. Dreyfus）は，カリフォルニア大学バークレー校の哲学教授である（2013年7月現在）。

24　ファイゲンバウムの著書「第5世代コンピュータ」（Feigenbaum, 1983）は，本研究で取り上げる瀧和男氏が若手研究者として参画した第5世代コンピュータプロジェクトを大きく紹介したものであった。一方，ドレイファス（1986）は，サイモンやファイゲンバウムだけでなく，第5世代に関しても，哲学の立場から人工知能研究に対して，大きく批判を展開した（Dreyfus and Dreyfus, 1986）。実際，1980年代に輩出された人工知能関連の大学発ベンチャーはほぼ失敗に終わり，また，世界レベルの人工知能研究拠点として注目を集めた第5世代コンピュータプロジェクトも200人以上の研究者輩出という点では成果は見られたものの，短期的な商用化という点においては期待された以上の成果を出せずに終了した，という経緯がある。したがって，形式規則の操作による計算での限界を指摘した点においてドレイファスの人工知能批判は一定の評価をされるべき，と筆者は考える。

25　iPS細胞に関連する特許管理会社として，iPSアカデミィア・ジャパン株式会社が設立されている。詳細は，以下を参照のこと。http://ips-cell.net/j/about/development_view.html（2013年1月19日確認済）

26　再帰的（recursive）とは，ある手順の中でその手順全体と同じような事項を入れ子構造のようにおこなうこと。ハノイの塔の課題などが典型であるが，「他者」に与えられた「課題」の多くは，いつかどこかで誰かがおこなった手順を忠実に実行すれば解決されることが多いので，再帰的課題と考えられる。したがって，再帰的課題は，創造的（creative）思考・課題と対照的な概念である（田中，2008, 129頁）。

27　ここで"熟達した起業家"という定義が不明瞭であるため，やや詳しくサラスバシー（2001）の行ったプロトコル分析の実験研究の詳細を述べる。彼女の"熟達した起業家"の選考基準は，①個人・チームに所属していたかどうかに関わらず，1つ以上の会社を創業し，②10年以上の年数において，フルタイムの創業者／起業家であり続け，③少なくとも1つ以上の上場に参画した経験がある，というものであった。

　母集団は，①著名ベンチャーキャピタリスト：シルバー（1985）の著書で紹介された1960年から1985年までの25年間に最も成功した100人の起業家，②大手会計事務所アーンスト・ヤング（Ernst & Young）によって米国で実施されたアントレプレナー・オブ・ザ・

イヤー（Entrepreneur of the Year）の受賞者，である。この2つのサンプルから，1960年から1996年までの成功した米国の起業家の母集団が作成された。この母集団に対して先の選考基準を参照し，245名の起業家を郵送調査依頼（シルバーから43名，アーンスト・ヤングから202名）を行った。55通は住所変更により不達となったため，起業家への郵送依頼総数は190通であった。その結果，71通の返事があり，26通はお断りの連絡であった。その理由は，「時間がない」，または，「参加によって仕事に負荷がかかってしまう」のどちらかであり，残りは，「研究そのものに参加したくない」というものであった。ここで，返事があった起業家（71名）と返事がなかった起業家（119名）の比較検討をおこなったが，サイズ，バイアス，産業等の点で違いが見られなかった。

したがって，45通が調査協力への承諾の返事であったが，この最終的なサンプルは，17州からなる米国在住の男性で，90％が米国籍，41歳から81歳まで，3分の2が，大学院卒であった。このサンプルには女性がいないが，最初の選考基準の段階で，クリアした女性起業家は1％以下であったためである。以上から，この45名の起業家の母集団を，熟達した起業家を代表するサンプルとしている。

この45名の熟達した起業家は，多様な起業経験を持っている。例えば，複数の企業を創業または経営していたり，起業に成功した前後に失敗を経験していたり，企業売却や買収，大成功や大災害，上場や破綻等，様々である。また，この熟達した起業家の会社の年商は，1997年の時点で，2億ドルから65億ドルであり，小売，家庭用品，テディーベア，アイスクリーム，剃刀，警備，独立系プログラミング，コンピュータ，ソフトウエア，通信，メディア，バイオテクノロジー，環境，製鉄，鉄道，発電等，様々な産業にわたっている。

調査に必要な時間は，約2時間程度で，内訳は，起業時の意思決定に関する10からなる典型的な課題について1時間半，インフォーマルインタビューに30分であった。したがって，30人に対して調査をおこない，15人は予備にあてた。その理由として，プロトコルが明確なパターンとして収束するのに必要なサンプル数は20であって，それ以上の調査は既存研究（Ericsson and Simon, 1993）を踏まえ，この30人という調査数を決定している。

起業家30名に対しての調査の内，2名は，高齢または言語の問題のため，1名は，参加是非の判断の理由で，課題を行う前に全ての課題を読むことを要求したため，調査が実施できず，結局，適切に調査ができた熟達した起業家の総数は，27名であった。

この調査において，起業時の意思決定に関する典型的な10の課題を，"Venturing"と名付けた仮想の商品を製作する起業ゲームに反映させた。この起業ゲームを製作するにあたり，ピッツバーグの地元起業家に対してパイロットスタディーを行い，地元起業家が，最も多く言及し，かつ，幅広く記述されている起業時の意思決定に関する課題を起業ゲームの課題に選択し，妥当性のチェックをおこなった。ちなみに，地元の起業家は，27名の熟達した起業家に含まれていない。

この起業ゲーム"Venturing"について，熟達した起業家全員とも，この起業ゲームが現実の起業をよく反映していると評価している。熟達した起業家の内，18人はこのゲーム

によって自身の経験を思い出したと述べ，6人からは，この起業ゲームを使って自社の採用や研修への利用依頼があった。

　最後に，調査参加者27名は，研究結果を読むことを希望し，さらに質問表や電話インタビュー等の追加調査に協力することに合意した。(この起業ゲーム「Venturing」については，付録I参照のこと)

28　Entrepreneur of the Yearの詳細については，以下のリンクを参照のこと。(2012年9月3日筆者確認済) http://www.ey.com/US/en/About-us/Entrepreneurship/Entrepreneur-Of-The-Year/US_EOY_Home_update

29　サラスバシーによれば，エフェクチュエーションの定義は，「a logic of entrepreneurial expertise, a dynamic and interactive process of creating new artifact in the world」(直訳すれば，"起業家的熟達の論理であり，世界において新しい人工物を創造する，ダイナミックで対話的なプロセス") としている (Sarasvathy, 2008)。

第3章 調査方法

3.1 本研究の分析枠組

　これまで，大学発ベンチャー起業家に関する議論をするために，起業家研究，熟達研究の2つの領域の先行研究を検討してきた。まず，起業家研究については，第1に，近年，熟達研究の知見を応用し，起業家個人の「機会の認知」に着目することで，起業家研究は，大きな展開を見せていること（Shane and Venkataraman, 2000；Shane, 2003），第2に，大学発ベンチャー起業家は，技術と市場の「二重の創業リスク」の担い手（西澤, 2012）として想定されていること，第3に，大学発ベンチャー起業家は，科学の方法論として「人工物科学」（Simon, 1969）を採用していること，以上，3点に言及した。

　そして，熟達研究については，第1に，「熟達の比較研究」と「熟達化プロセス」の2つのアプローチ（Chi, 2006）が存在すること，第2に，大学発ベンチャー起業家を，熟達研究における「創造的熟達者」（横地・岡田, 2012；田中, 2008）の範疇として捉えること，第3に，起業家の意思決定の特徴である「エフェクチュエーション」の研究（Sarasvathy, 2008）が，起業家研究における研究潮流の1つとなっていること，以上，3点に言及した。

　これを踏まえ，本節では，本研究で分析の参照となる大学発ベンチャー起業家の熟達に関する分析枠組を，【図6】のように提示する。まず，大学発ベンチャー起業家「個人」の認知的側面に焦点をあてて，起業家による「機会の特定・評価・活用」を，起業家活動（entrepreneurship）とし，認知科学，特に，熟達研究の知見を応用することを，本研究における分析枠組の前提として理解する（Shane, 2003）。

　次に，「創造的熟達」（横地・岡田, 2012），「エフェクチュエーション」（Sarasvathy, 2008）の先行研究を踏まえ，複数領域（研究・起業）の熟達の

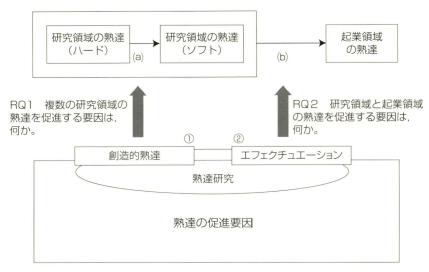

【図6】大学発ベンチャー起業家の熟達に関する分析枠組（筆者作成）

促進要因に関して検討する。本研究は，大学発ベンチャー起業家特有の，(a) 複数の研究領域を統合する「人工物科学」(Simon, 1969) に関する熟達化プロセス，(b) 起業機会における技術と市場の「二重の創業リスク」(西澤, 2012) に関する熟達化プロセスに着目する[1]。そして，①複数の研究領域における熟達の促進要因は，「創造的熟達」(横地・岡田, 2012)，②研究領域と起業領域における熟達の促進要因は，「エフェクチュエーション」(Sarasvathy, 2008) が理論的に関連する，と想定する[2]。

一方，熟達研究の先行研究では，第1に，複数領域を対象にした熟達研究，第2に，ある固有領域の熟達者による異なる領域への熟達化プロセス，すなわち，研究から起業への熟達化プロセス以上について，着目した研究がなされていない。したがって，本研究では，ライフヒストリー法を用いて，経営学の視点から，大学発ベンチャー起業家の研究と起業に関する複数の知識・スキルの熟達化プロセスとその要因を明らかにする[3]。ここで，技術と市場の「二重の創業リスク」(西澤, 2012) に対応して，研究に関しては，「技術の不確実性」，起業に関しては，「市場の不確実性」に対応するものとする。

3.2 本研究の研究課題

前節では，本研究の分析枠組を明らかにしたが，本節では，本研究の研究課題を提示する。

本研究は，システムLSI設計分野において本格的な事業化後，代表取締役として事業に専念して，大学教授が退職したケースを取り扱った日本における大学発ベンチャーの先駆的事例であり，方法論的にはライフヒストリー研究を志向し，理論領域としては，起業家の意思決定，創造的熟達に鍵概念を定めた試みである。

本研究の目的は，自身の研究成果を基に起業した大学発ベンチャー起業家個人を対象に，複数の熟達領域（研究・起業）における熟達化プロセスを明らかにすることであり，コンピュータ史を踏まえ，インタビューや研究論文・著書等の複数のデータ源を用い，研究遍歴まで遡り，大学発ベンチャー起業家の熟達化プロセスに関する仮説探索をおこなう。より具体的には，

【RQ1】瀧和男氏のキャリアにおいて，複数の研究領域の熟達を促進した要因は何か

【RQ2】瀧和男氏のキャリアにおいて，研究領域と起業領域の熟達を促進した要因は何か

以上，2点を明らかにすることが，本研究の研究課題である。

第1の研究課題【RQ1】は，瀧和男氏の研究に関する問いである。瀧氏は，コンピュータ分野におけるハードとソフトの2つの領域における熟達者と考えられるが，大学研究者の場合，自身の専門の研究領域を超えて，異なる研究領域に挑戦し，複数の研究領域に熟達していく人材は，きわめて稀である。その点，ライフヒストリー法による事例研究を通じて，ハードとソフトの複数の研究領域の熟達を促進した要因について検討する。

第2の研究課題【RQ2】は，瀧和男氏の起業に関する問いである。瀧氏は，システムLSIの設計分野において大学研究者の立場で起業したが，研究成果を事業化し，特許権実施料から安定した事業収入を得たエイ・アイ・エル（株）の案件は，きわめて稀な事例である。その点，ライフヒストリー法による事例

研究を通じて，研究領域と起業領域の熟達を促進した要因について検討する。

3.3 本研究の調査方法

本研究は，大学発ベンチャー起業家の熟達に着目した，ライフヒストリー法（life history approach）[4]による個別事例研究（single case study）である。ライフヒストリー法は，個人の人生，すなわち，その人の過去から現在にいたる体験および主観的意味付けの記録であるライフヒストリーのデータを第1次資料として，新たな知見，仮説，理論を構築する研究の方法である（谷，2008）。本研究においては，瀧や恩師にあたる金田悠紀夫氏以外にも，知人や関係者10名にもインタビュー調査に協力を頂いた[5]。その調査プロセスは，インタビューに対して瀧氏から言及のあった幼少期からの知人に対して，瀧とのエピソードを聞き，また，そのエピソードを瀧に再度インタビューをする方法であった。その点，瀧の主観だけでなく，その周辺の知人との証言を併せて，より妥当性のある記述をすることに努めた。また，中野・桜井（1995；8-9頁）によれば，ライフヒストリー研究法は，個人のパースペクティブ，すなわち価値観，状況規定，社会過程の知識，体験をとおして獲得したルールなど，にアクセスする方法である。その資料源は，「個人的資料（personal documents）」という言葉に総称されているが，具体的には，手紙，日記，個人の公的記録，自叙伝，自由なインタビューによる記録である。

社会学の初期シカゴ学派のトーマス（William I. Thomas）による「トーマスの公理（Thomas theorem）」（Thomas and Thomas, 1928）「もし，その人が状況を現実と定義するならば，その結果として現実となるのである」（pp.571-572）[6]は，状況の定義（definition of the situation）とも言及されるが（Merton, 1968；Becker, 1966），起業家による状況の定義，すなわち，「事業機会の認知」（Shane, 2004）についても同様に適用可能と考えられる。つまり，起業家自身が起業するかどうかは，起業家自身が起業可能であると状況を定義した結果であり，起業の是非について客観的な判断材料は存在するものの，最終的には起業家の主観的な判断に委ねられるのである。Merton（1968）は，ノーベル賞受賞者自身がインタビューで答えた「累積的優位性のプロセス」を

「マタイ効果（Mathew effect）」と述べたが，研究機会・事業機会や，資金へのアクセスという点において，研究者も起業家も状況の定義に関して，同様の側面があると考えられる。

ここで，ライフヒストリー法による個別事例研究を採用した理由[7]は，以下，3点である。まず，第1の理由は，2000年から過去10年間，文部科学省によって大学発ベンチャー企業の全数定量調査がなされているが（文部科学省，2010），一方で，大学発ベンチャー起業家個人を対象に，起業家個人の視点にたって研究遍歴を遡り，その研究と起業との関係を明らかにしようとした先行研究がきわめて少ない点である。ライフヒストリー法による個別事例研究の嚆矢は，シカゴ社会学の代表的作品である，幼少期からの非行の経緯について少年自身の手記を元に書かれた「ジャック・ローラー（Jack Roller）」（Shaw, 1930）とされている（Becker, 1966；中野・桜井，1995；Goodson and Sikes, 2001）。このライフヒストリー法による定性調査は，シカゴ大学社会学部による体系的なシカゴ近郊の非行に関する定量調査と共に並行して行われており，結果として，定性的・定量的な観点から相補う形でのリサーチ・デザインとなっていたことが知られている（Becker, 1966；藤澤，2010）。その後，ライフヒストリー法[8]は長らく停滞をしていたが，歴史分野におけるオーラルヒストリーの興隆もあり（Bertaux, 1981；Thompson, 1978），新たな問題領域や停滞しつつある研究領域における仮説探索的な調査方法として，近年では再評価されている（Becker, 1966；谷，2008）。

日本の大学発ベンチャーの場合，大学に対して正式に申請があった企業を対象に，文部科学省によって定量調査は毎年実施されているものの，参与観察やエスノグラフィー等の定性調査は，リサーチサイトである大学発ベンチャー企業へのサイトアクセスの問題もあり，ほとんどなされていない状況にある（文部科学省，2010）。特に，創業者個人の追跡調査，研究と起業との関連に着目した起業以前の調査はほとんどされていない。よって，ライフヒストリー法による本研究は，大学発ベンチャー起業家の熟達に関する仮説探索を目的とする研究との位置付けが可能であり，定量調査を補完する取り組みの1つと考えている。

第2の理由は，経験豊かな熟達した起業家の直観的な意思決定を明らかにするために用いられる「プロトコル分析（protocol analysis）」の発話プロトコ

ル・データ[9]を，ライフヒストリー法における「個人的資料（personal documents）」[10]と位置付けることが可能と考えた点である（Allport, 1942）。その結果，本人による，論文，著書，メール，インタビュー等の1次資料，コンピュータ関連の先行研究，新聞記事，第三者による言及等の2次資料を，綜合的に用いることで複眼的な分析が実現できると考えた。特に，コンピュータ史を背景にすることで，瀧和男氏のこの分野における業績，貢献を明確にすることが可能となり，大学発ベンチャー起業家の実像を，熟達化プロセスに着目して明らかにすることが期待できる。

第3の理由は，上記の瀧氏の研究遍歴を踏まえると，技術の「経路依存性（Arthur, 1994）」に関して，歴史的観点から分析が可能と考えられる点である。瀧の研究業績には，「①神戸大学LISPマシン」，「②第5世代コンピュータ」，「③システムLSI設計（論理データセル）」と大きく3つの研究プロジェクトが含まれており，これらの成果は，コンピュータ史において，既に一定の評価を得たものとなっている[11]。よって，本人の著書・研究論文だけでなく，他の研究者や新聞記事等からの引用，言及の2次資料が残されており，コンピュータの科学・技術の歴史的蓄積が反映されたコンピュータ史を背景として，瀧和男氏本人の主観的解釈を尊重した回顧的インタビュー（retrospective interview）が可能と判断した。特に，起業するにあたっての「機会の認知」（Shane, 2004）は，起業家本人の知識やスキルの熟達の結果である限界合理性に基づいてなされ（Shane, 2000），その製品やサービスは，起業家による経路依存的な意思決定の蓄積の結果と考えることが可能である（Arthur, 1994）。その点，日本の大学発ベンチャーの先駆的事例である瀧和男氏による起業を記録として残しておくことは，歴史的意義のあることと考えている。

3.4　複数のデータ源

3.4.1　資料収集

既に，大学発ベンチャーの源流はDECであること（Shane, 2004；Etzkowitz, 2008）には言及したが（2.1.3節），その創業者であるケン・オルセン（Ken Olsen）は，フライトシミュレーターを開発する軍事プロジェクトである，プ

ロジェクト・ホワールウィンド（Project Whirlwind）のリーダー格であり，その研究成果であるホワールウィンド・コンピュータ（Whirlwind Computer）の真空管をトランジスタに設計変更するのを担当したMITの主任研究員であったことが知られている（Ceruzzi, 2003；Rifkin and Harrar, 1988）。一方，瀧和男氏は，日本における第5世代コンピュータプロジェクトの主任研究員であり，並列アーキテクチャに大きな影響を与えたことで知られている（瀧, 1993）。つまり，日米両国で違う時代ではあるが，ケン・オルセンも瀧和男氏も，研究者による起業という点では前例がない，ロールモデルが見当たらない中で創業した大学発ベンチャーの先駆者であり，国家プロジェクトのリーダー格を経験していたという共通点を持っていたことが資料収集を通じて理解される[12]。

　彼らの起業プロセスは，選択した技術に対して経路依存的（Arthur, 1994）であり，熟達化プロセスを明らかにするにせよ，本研究においては，起業機会に直結したプロジェクトの成果である技術の存在や，その時代のコンピュータ科学者が置かれていた歴史的文脈に配慮する必要がある。例えば，チェスや芸術家，営業職の熟達者の場合，複数の熟達者に対してのプロトコル分析や回顧的インタビューによって，熟達の特徴が明らかにされるが（Ericsson, 2006；横地・岡田, 2012；松尾, 2012），この場合，熟達に必要とされる知識やスキルに大きな変化が見られない点において，歴史的文脈への配慮は最小限である。

　以上を踏まえると，瀧和男氏の場合，日本における大学発ベンチャーの事業化に至った先駆的事例であり，熟達に焦点をあてるにせよ，必要とされる知識やスキルに大きな変化が見られるコンピュータ研究の歴史的文脈に配慮する必要がある。したがって，大学発ベンチャー起業家を対象に，複数の熟達者に対してリサーチ・デザインは困難であると判断し，本研究では，個別事例研究を選択した。

　本調査研究は，調査協力者本人への回顧的インタビューがその中核になるが，大学発ベンチャーの創出につながった瀧和男氏の情報通信分野の研究遍歴に言及することが必須である。そのため，その研究の中身について理解することが必要不可欠であった。特に，コンピュータ史において，その研究成果がどのような位置付けになっているのか，例えば，上記のDECの起業事例等，事前に

予備知識がなければ，インタビュー実施，そのものが継続することが困難であった。このような理由から，瀧和男氏の研究論文約40本，特許15件，著書1冊等の1次資料，新聞記事や，知人からの瀧和男氏のへの言及等の2次資料にあたり，インタビュー用に準備をおこなった[13]。特に，第5世代コンピュータに関しては，国家プロジェクトであったこともあり，研究論文のみならず，啓蒙的なインタビューも含め，比較的多くの資料が残されており，インタビューにおける研究背景の理解を可能とし，質問をおこなうにあたっての基礎資料となった。

コンピュータ史においては，1971年，マイクロプロセッサ（Micro Processor）のインテル4004の登場が，後のパーソナルコンピュータの誕生を促したとされ（Ceruzzi, 2003），マイクロプロセッサは，「新市場型破壊的イノベーション」の事例（Christensen and Raynor, 2003）とされている。元々，マイクロプロセッサは，日本の電卓メーカー・ビジコン社から電卓の演算装置用にインテルに対して発注されたものであったが，日本においては，マイクロプロセッサを用いたコンピュータ・ゲームによる創業が数多く見られたことが知られている（高橋, 1996）。つまり，1970年後半において，マイクロプロセッサが登場してから，どのような活動をおこなったか，という問題意識は，起業家の「機会の認知」に大きく関連している（Baron, 2006；Shane, 2003）。

コンピュータ史は，演算素子に着目して，①真空管→②トランジスタ→③IC→④LSIと世代論で語られてきた（渕・赤木, 1984；瀧, 1993）。これらの演算素子は，結果として，旧世代における技術の知識・スキルを陳腐化させてきた。そして，技術の端境期においては，新しい技術を持った世代の人材が，創造的破壊によって生じた事業機会に参入したと考えられる。例えば，1970年代後半から80年代にかけて，マイクロプロセッサの登場によって生み出されたコンピュータ・ゲーム市場は，当時の大学生を中心とした愛好家によって開拓され，また，その中でも，プログラミングの技術を持った人材が，ゲーム会社を起業した事例も数多く知られている（相田, 1991）。つまり，この端境期において，社会人と大学生のプログラミング・スキルの逆転現象が起き，数年間にわたって，大学生に対して起業可能な事業機会が生じたと推測されるのである。このような資料収集から導かれた疑問点は，本研究におけるインタビュー調査

に反映され，技術面の熟達としてデータとして採録されている。

　本研究においては，コンピュータ史を本研究の背景として設定することによって，新しい技術や市場を踏まえて，起業機会がどのように登場したのか，という問題意識について，イノベーションの観点にも配慮する。その上で，本研究は，将来，起業することになる大学研究者が，どのようにそれらの機会を認知していたのか，どのように新しい知識・スキルを身につけたのか，以上の熟達化プロセスを明らかにする。したがって，本研究では，起業家個人による事業機会の認知の背景として，コンピュータ史を位置付け，3.1節において提示した分析枠組を用いて，詳細の記述を試みることとする。

3.4.2　インタビュー調査

　Zuckerman（1977）は，ノーベル賞受賞者にインタビューをするにあたり，ノーベル財団の公刊物，一般読者向けの出版物，その他，2次資料を入念に調べ，ノーベル賞受賞者一人一人に対して文献目録を作成したことに触れている。そして，入念な準備作業をおこなうメリットを，第1に，ノーベル賞受賞者からその熱心さが認められ，インタビューを正当なものと認めさせることができたこと，第2に，準備段階で集めた資料に基づく質問が，次から次へと発展していく答えを呼び起こしたこと，2点に言及している。特に，ノーベル賞学者が使用する「専門的用語」に慣れ親しんでおくことは，インタビューを成功する上で重要であると述べている（邦訳358頁）。その点，本調査研究も同様であり，調査協力者に質問をする上で，最低限レベルのコンピュータ史とコンピュータ科学分野の「専門的用語」の理解は不可欠であった。

　元々，インタビューにあたっては，調査協力者と筆者は，情報知能工学科に在籍していた学部時代から，「先生と学生」という関係にあり，既に信頼関係（ラポール）が構築されている状態にあった。したがって，技術的な話題については，詳細をお伺いすることが可能であった。しかしながら，ある程度，技術的に高度な話題についても理解され得るだろう，との調査協力者の期待とは裏腹に，最初の数回のインタビュー調査は，人工知能，並列コンピュータ，システムLSIに関する，筆者による，基本的な「専門的用語」の理解を促すための質疑応答となった[14]。

その後、本人の手紙や電子メール、談話等の録音データ、公開論文や著書を「1次資料」としてインタビューをする際の参考資料を作成し、コンピュータ史については、疑問点を本人やかつて同僚であった情報知能工学科の教員にメール等で質問をし、それらを「2次資料」としてアーカイブを作成した。インタビュー調査は、瀧和男氏本人以外にも神戸大学同僚の多田幸生氏等、長男の瀧大補氏等、10名に対してインタビューを実施し、メールにて確認作業をおこなっている。その結果、瀧和男氏の研究業績を踏まえた質問、特に、起業につながる出来事と、その出来事と出来事の連鎖、本人の回顧的意味付けに着目した質問をすることが可能となった。

　また、瀧和男氏の大学院生時代の指導教員である金田悠紀夫氏（神戸大学名誉教授）に対して、別途インタビューを実施し、瀧和男氏とのエピソード、特に、神戸大学LISPマシン、第5世代コンピュータプロジェクトについて詳細をお伺いしている。日本のコンピュータ史を踏まえると、金田悠紀夫氏は神戸大学初の電気試験所出身者であり、通産省が主導した国家プロジェクトに参画し、日本初のオペレーティング・システムであるETSSの開発に参画した経験を持っている。したがって、金田悠紀夫氏へのインタビューデータは、当時の神戸大学のコンピュータ関連の研究教育についての詳細データであり、「2次資料」として本研究に採録している。その他、瀧和男氏が在籍した金田研究室（システム工学第4講座）に、西久保愼一氏（当時、スカイマーク株式会社・代表取締役）も研究生として在籍しており、システム工学第4講座における研究・教育活動について、起業家輩出の観点から「焦点化インタビュー（focussed interview）」[15]を実施した（Merton et al., 1990）。

3.4.3　現場（フィールド）での観察

　2010年4月～12月にかけて、筆者は、調査協力者の瀧和男氏が新たに手掛けたLEDサインパネルの新規事業への協力を要請され、週3回程度、毎回2時間程度の新事業に参画した。その際、瀧和男氏の長男である瀧大補氏、高校からの友人である澁谷茂樹氏、エイ・アイ・エル（株）の監査役である小津規美雄氏が、この事業に参画しており、彼らに対して、非公式にインタビューをする機会を得た。一方、この新規事業において、筆者は、ECサイト構築、顧客

の紹介等，販売促進に関する業務遂行，助言が求められたが，瀧和男氏との仕事のやり取り，会議の中で会話等は，大学発ベンチャー企業の実際の業務に関しての知識・スキルや事業に関しての考え方を知る機会となった。つまり，筆者にとって，非公式な会話から得られた知識は，仮説や問いを立てるための基礎となった。

このフィールド調査は，事務所への滞在時間が比較的短かったが，このような起業現場における業務経験は，瀧和男氏ならびに関係者と信頼関係を得る重要な機会となり，その後の瀧和男氏ならびに関係者へのインタビュー調査を進捗させるきっかけとなった。特に，瀧和男氏自身の解釈だけでなく，ベンチャーに参画した他のメンバーからどのように思われていたのか，家族の立場から，大学教授である父親の起業がどのように映っていたのか，という点は，きわめて貴重なデータであったと考える。この点，調査において，より詳細の疑問点があった際，インタビューとは別に，現場にて口頭にて質問をさせていただき，その回答のメモを作成することができた。これらのメモは，当時の状況を再現した上で文章化し，本人へメールによる確認作業を行い，別途，「1次資料」「2次資料」として採録した。

3.5 本研究における調査・執筆プロセス

本研究の調査・執筆プロセス[16]は，①既存の著書・研究論文等の1次資料を元に，起業家にインタビューを行い，適宜，②当時の出来事を共有した大学教員の同僚や知人等への追加インタビューをおこなった上で，③筆者がコンピュータ史を踏まえ解釈，ケース記述を行い，④そのケースを起業家からチェックならびにコメントをもらい，再度，加筆修正をおこなうという作業であった。その後，プロトコル分析やフォーカスグループ・インタビューをおこなっているが，それらは，再度，1次資料に採録する形で，再度，①から④のプロセスを繰り返す作業をおこなっている。

近年，政治学の分野で，政治家や官僚に対してオーラルヒストリーがなされているが（御厨，2002）[17]，起業家に対してもオーラルヒストリーが実施されている（松島・竹中，2011）[18]。御厨（2002）は，オーラルヒストリーを，「公人の，

専門家による，万人のための口述記録」（5頁）としているが，歴史研究の一環として行われ，史料を補完する目的で行われることが多い（Yow, 2005）。オーラルヒストリーのインタビューは，研究者と起業家の対談形式であり，基本的には，回顧的インタビューと同様の形式である。その点，歴史より個人の経験や心理的側面に焦点をあてたインタビューの方法は，ライフストーリー・インタビュー（life-story interview）（Atkinson, 1998；小林, 2010）とされる[19]。そして，ライフストーリー・インタビューのデータを用いて，インタビューの聞き手である研究者が，歴史的背景，その他の資料を踏まえ，分析枠組を設定し，研究者の主観で分析，ならびに記述をおこなうのが，ライフヒストリー（life-history）とされている（中野・桜井, 1995；Goodson and Sikes, 2001）[20]。

したがって，本研究は，起業家の直観的な意思決定を明らかにするプロトコル分析をおこなった上で，大学研究者の幼少期からのライフストーリーの聞き取り作業を行い，これらをインタビューデータとして1次資料を採録した，熟達研究の知見から分析をおこなったライフヒストリー研究と考えている。つまり，研究者の主観，分析枠組で，コンピュータ史を背景に，ライフストーリーをライフヒストリーに変換する作業をおこなう点に特徴がある。その点，幼少期からのライフストーリーを熟達の観点から分析することによって，大学発ベンチャー起業家が対峙する「二重の創業リスク（西澤, 2012）」や，研究と起業の関係性を明らかにすることが可能と考えている。

本研究は，コンピュータ史を背景に，大学発ベンチャー起業家の先駆者である瀧和男氏の熟達に焦点をあてたライフヒストリー研究であるが，起業以前に，①神戸大学LISPマシン，②第5世代コンピュータ，③システムLSIの設計，を手掛けており，大きく3つのプロジェクトを含む事例研究という側面も持つ。この3つのプロジェクトは，何らかの形で技術移転されており，製品として瀧和男氏の熟達において統合されていると推測される。特に，瀧が大学院生時代に手掛けた神戸大学LISPマシンについては，1979年当時にNTTや富士通に技術移転をされた記録が残されており，また，2011年度の情報処理学会技術遺産に認定され，コンピュータ史において高く評価されているマシンである。

一方，第5世代コンピュータプロジェクトは，通産省が主導した10年600億円の国家プロジェクトであったものの，その期待とは裏腹にそこで開発された

技術は，商業化には至らず，国内外から多くの批判を浴びた記録が残されている（高橋，1996）。瀧が起業した遠因について，第5世代コンピュータの商業化の失敗であることを瀧自身は述べているが，実際には，瀧が手掛けた並列アーキテクチャのマシン設計と，実際に起業したシステムLSIの設計の間には，必要とする知識・スキルには大きな違いがある。よって，瀧和男氏の異なる熟達領域の知識・スキルを吸収する能力には，特筆すべきものがあるが，その熟達化プロセスは，5.3節にて後述する，3つのプロジェクトの詳細を記述する作業を通じて明らかにされるものである。

執筆プロセスにおいては，ケース記述に対して，瀧和男氏自身からチェックならびにコメントをもらい，再度加筆修正したが，疑問点については，研究論文やコンピュータ史に関する資料を再度精査した上で，さらにインタビューを行い，ケース記述を繰り返し，3つのプロジェクトをより忠実に記述するように配慮した。したがって，本研究の位置付けは，コンピュータ史を背景とし，回顧インタビューを含む複数のデータ源を基に実施された，日本における大学発ベンチャー起業家の先駆者1名を対象にした3つのプロジェクトを含むライフヒストリー法による事例研究であると考えている[21, 22]。

● 注────────

1 本文の（a）(b) は，【図6】の水平方向の矢印に対応している。
2 本文の①②は，【図6】の垂直方向の矢印に対応している。
3 本研究では，大学発ベンチャー起業家が担う，技術と市場の「二重の創業リスク」（西澤，2012）に対応して，新しい技術を追求する個人の行為として「研究」，新しい市場を創造する個人の行為として「起業」と定義する。その上で，大学発ベンチャー起業家個人の熟達の領域固有性を説明するにあたり，読者へのわかりやすさを尊重し，本研究の分析枠組では，技術と市場の「二重の創業リスク」に対応して，「研究領域の熟達」「起業領域の熟達」を用いている。
4 3.5節において，あらためてオーラルヒストリーについて言及するが，ライフヒストリーとオーラルヒストリーとの違いについて以下に述べる。ライフヒストリーは，1920年代以降，シカゴ大学社会学部に源流があるが，オーラルヒストリーは，第2次世界大戦後，録音機器の普及に伴って，口述記録が可能となったことによって広まったとされる（Yow, 2005）。ライフヒストリーは，個人の内的，経験的側面に焦点がおかれ，主に，社会学者，心理学者がその研究の担い手であるが，オーラルヒストリーは，歴史的叙述に焦点がおか

れ，主に，歴史学者が担い手である。ライフヒストリーの研究対象は，移民や非行少年，マイノリティーが多いが，オーラルヒストリーは，政治家，官僚，起業家などの公人が対象になることが多い。ライフヒストリーの方法は，手紙，口述，インタビュー等の「個人的資料」を踏まえた，対象者の主観的意味付けに対する研究者の概念レンズによる解釈であるが，オーラルヒストリーは，概ね25年以上経過し評価の定まった公文書，企業内資料などの史料を補完する位置付けである（谷，2008；林，2010）。『ジャック・ローラー』（Shaw, 1930）において，シカゴ大学社会学部の研究者であったショウは，監察員の立場で，非行少年のその経緯に関する生活記録を，更生を目的として記述させたが，その点，ライフヒストリーは，内省的であり，臨床的側面に意義がある。一方，オーラルヒストリーは，歴史的証言として後世に残すという点に意義がある（Goodson and Sikes, 2001）。

　以上を踏まえると，大学発ベンチャー起業家個人の熟達化プロセスに関する心理的側面に研究関心があり，回顧的インタビューやプロトコル分析を熟達に関する「個人的資料」と位置付けて分析をしている点，また，ある特定の歴史的出来事ではなく，瀧和男氏の幼少期から半生を扱っている点において，本稿をライフヒストリー法による研究と位置付けている。

5　松島（2010）によれば，具体的には，一個人の人物の職業生活における経験（できれば，学生時代に遡って）について，インタビュー（1回2時間程度×5～10回程度）を重ねていく方法としている。

6　原文は，以下の通りである。「If men define situations as real, they are real in their consequences.」（Thomas and Thomas, 1928）

7　Yin（2009）によれば，個別事例研究になる場合について，①批判的，②例外的，③代表的，④新事実，⑤経時的の5つの場合があるとしているが（p.52），本事例の場合は，大学発ベンチャーの先駆的事例であり，現職の大学教授が兼業から専業となった日本で唯一の事例，かつ，幼少期からの研究遍歴を扱う点において，②例外的，④新事実，⑤経時的に該当すると筆者は考える。

8　この点，ハワード・ベッカー（Howard Becker）は，個別事例研究（シングルスタディー）を科学的研究のモデルとする規準として，「個別事例研究によってなされた発見が，仮説を承認したり否定したりするための根拠となっていること」を挙げている（Becker, 1969, 邦訳12頁）。

9　会計の監査判断におけるプロトコル分析を用いている小澤（2011）によれば，「人間の思考過程を抽出し，検討する方法であり，具体的には，ある課題を与えられた人が，その課題を解く過程で考えたり，感じたりしていることをそのまま発話し，その発話の内容をデータとして蓄積し，これを分析するものである」とプロトコル分析を定義している。

10　Allport（1942）による「個人的資料」の定義は，「意図的にせよ意図的でないにせよ，書き手の精神生活の構造とダイナミクスと機能に関する情報をもたらす，いっさいの自己表示的な記録」（邦訳，Ⅵ頁）である。しかしながら，バイアスの点から，1970年代までは，

回顧的インタビューの利用は長らく困難であった（桜井, 2012）。一方, プロトコル分析は, 回顧的インタビューにおけるバイアスに配慮して開発された経緯もあり（Ericsson and Simon, 1993）, プロトコル分析のデータは, 個人の熟達に関する直観に基づく発話データであり, 主観的な自己表示的な記録という点において, ライフヒストリーの「個人的資料」に含まれると本研究では考えている。

11 Yin（2009）では, 個別事例研究においても複数のサブの分析単位が存在する場合に,「埋め込み型事例研究設計（embedded case study design）」となると説明している（p.50）。本研究の場合, この個別事例研究には, 3つのプロジェクトを対象にした事例研究が含まれる。瀧和男氏個人の技術基盤としては3つの研究プロジェクトは相互関連しているが, プロジェクト経験は, 研究領域に関する熟達のみならず, 経営領域に関する熟達も促していると考えられ, これら研究プロジェクトにおける経験の総体が, 結果として, 瀧和男氏の起業に統合されていると推測される。したがって, 本研究は, 埋め込み型事例研究という側面もあると考えている。

12 1966年のDECの上場によって, 日本においては, 清成ら（1971）によって「ベンチャービジネス」の概念が, 和製英語として紹介され, その代表的事例としてDECが知られるようになるが,「大学発ベンチャー」の先駆的事例として, 日本に紹介したのは, 西澤（2012）である。ここで, ケン・オルセンと瀧和男氏を比較した理由は, 上場を経験した日米の起業家という観点ではなく, 日米の先駆的な大学発ベンチャー起業家という観点である。

13 本稿は, 大学発ベンチャーの熟達化プロセスに研究関心を持っていることから, ライフヒストリーの「個人的資料」にあたる瀧和男氏本人の資料を,「1次資料」と定義し, 瀧氏以外の第三者による資料を,「2次資料」と定義した。一方, 歴史研究の場合, 本人のインタビューやオーラルヒストリーは, バイアスが避けられないため, あくまで補助的な史料としての位置付けであり, 25年以上経過し, 評価の定まったものを史料と考えるのが通例である（Yow, 2005；林, 2010）。

14 元学生 対 元教授の起業家へのインタビューであり, 調査協力者が, 大学院生にすぎない私よりも, はるかにステイタスが高い点において, エリート・インタビュー（Dexter, 1970）の側面があると考えられる。

15 Merton and Kendall（1946）によれば,「焦点化インタビューは, 以前に調査者によって分析されたある状況に対して, 個人の反応を見るために設計されたインタビュー方法であり, その主な機能は, ①全体の状況の反応が起こった重要な側面, ②予想されたものと実際の効果の差異, ③母集団から逸脱したサブグループの反応, ④実験的な誘発効果におけるプロセス, を発見すること」と定義している。

16 ライフヒストリーの特徴であるとも考えられるが, 本調査は, 瀧和男氏が掲載されている当時の新聞, 写真, 論文等の資料を本人に見せて, その当時の出来事に対して感想を聞く形で, 回顧的インタビューをおこなった。特に, インタビューの冒頭に, 当時の写真を見せることはきわめて効果的であり, 本人自身が当時のことを思い出すことに役立った。

17 ライフヒストリーは，本人が亡くなっている場合でも，著書，日記，手紙等の個人的資料が残されている場合は，研究者がライフヒストリーを執筆することは可能である。一方，オーラルヒストリーは，研究者との対話に基づく口述記録であり，本人が亡くなっている場合は，口述を収録することができない点に明確な違いがある。

18 松島・竹中（2011）によれば，この著書の特徴として，「歴史研究において，歴史記述と平行して意識的にオーラルヒストリーが用いられたのは，おそらくこれが初めての試みであろう。バブル／デフレ期という変化の時代の中で企業経営者，経済政策の決定に関わる政治家，大蔵官僚，日銀関係者がそれぞれ，環境や状況をどのように捉えて，どのように決断し，行動したのかというプロセスは，文書記録の形ではなかなか残りにくいものである。これを明らかにするためには，当事者に対するインタビューによって，記憶しているところを語っていただき，それをオーラルヒストリーとして記録に残すという方法が有効である。」（ix頁）と述べている。

19 桜井（2012）によれば，「ライフストーリーは，個人のライフ（人生，生涯，生活，生き方）についての口述の物語である。また，個人のライフに焦点をあわせてその人自身の経験をもとにした語りから，自己の生活世界そして社会や文化の諸相や変動を全体的（ホリスティック）に読み解こうとする質的調査法の1つのことでもある」（6頁）と，ライフストーリーを定義している。一方，ライフヒストリーとの違いについては，ライフヒストリーは，「その描かれている人生が，主に時系列的に編成されている点が異なる」（9頁）としている。典型的には，「幼年期，教育期，就職，結婚などのライフ・ステージや人生で遭遇したさまざまな出来事を含むものであり，一つの描き方のパターンがある」（9頁）。また，資料としても，「インタビューによるオーラル資料のほかに，自伝，日記，手紙などの個人的記録を主要な資料源として利用する。（中略）オーラル資料はライフストーリー研究と共通する点も多いが，ライフストーリーがそのままライフヒストリーになるわけではなく，そこには編者のテーマや枠組みによる編集あるいは構成作業が含まれる。ライフヒストリーはこういうものだ，という一定のジャンルがあるという仮説にもとづいて特定の事象が選択されて構成されているのである。」（10頁）としている。その点，本研究は，瀧和男氏の起業家的熟達にテーマや枠組みがある点において，ライフヒストリーであると考えている。

20 桜井（2012）によれば，オーラルヒストリーとライフストーリーの違いについて，「オーラルヒストリーが，通常，過去の出来事や経験について人々にインタビューをおこない録音して収集される資料である点では，たしかにライフストーリーと変わらない。ただ，語りは個人の人生や過去の出来事の経験に触れるが，あくまでも研究関心は個人の人生や生活にあるのではなく歴史叙述にあるところが，オーラルヒストリーの特質である。歴史的な出来事やさまざまな身近な変化が，個人の「証言」として歴史叙述に利用される。従来の政治史にもっぱら見られる公文書などの文字記録による「上からの歴史」に対して，あまり文書記録がない民衆史や生活史などの「下からの歴史」叙述に利用されることが多

い。」（11-12頁）と述べている。
21　Yow（2005）によれば，ライフヒストリーは，「テープ録音や文書などの方法によって記録される，個人による自身の人生についての語りであり，これは他者にむけて語られるものである。そして，その他者が語られたものを編集し，発表するものである」（邦訳274頁）と定義している。一方，オートバイオグラフィー（自伝）は，「他者の質問に答えるのではなく，自発的に個人によって語られる記述である」（邦訳275頁）と定義している。
22　桜井（2012）によれば，1970年代のライフヒストリー法のリバイバルまでは，口述（オーラル）資料，回顧的インタビュー資料は，社会学研究における個人的資料としても懐疑的対象であったとされる。この点，本研究では，熟達化プロセスに関する分析枠組・概念レンズから，口述（オーラル）資料，回顧的インタビューだけでなく，エフェクチュエーションに関するプロトコル分析のデータを補完的に用いることで，瀧和男氏のライフヒストリーを分析した。

　この点，起業家の意思決定に関する分析枠組・概念レンズから，プロトコル分析，回顧的インタビュー等の個人的資料を複合的かつ重層的に用いるライフヒストリーは，長らく停滞してきた企業者史（entreprenurial history）に対して，然るべき方法論を提示していると考える。したがって，起業家研究における方法論としてさらに議論をする予定である。

第4章 大学発ベンチャー起業家のライフヒストリー

4.1 ライフヒストリー概要

　本研究事例の調査協力者である瀧和男氏は，日本における大学発ベンチャーの先駆的事例となったエイ・アイ・エル（株）の創業者である[1]。この社名から，事業そのものを察することは難しいが，インターネットのアドレス[2]にすれば，分かりやすい。AI Labo すなわち，AIラボ（人工知能研究所：AI = Artificial Intelligence）という意味である。彼自身，「鉄腕アトムを創る会社にしたい」「自分たちの技術を生かして子供の頃の夢をかなえたい」[3]と，彼の会社にかける思いを述べているが，1995年当時は，国立大学の教員に対する兼業規定が緩和されておらず，役員としてではなく，学外の技術移転先の特許管理会社として会社設立を要請したものであった。

　会社名がAI Laboになった理由は，有限会社エー・アイ・エルの初代代表取締役 溝口豪氏が別に経営していた人工知能のソフト開発会社の研究開発部門としての設立であったためであるが，瀧によれば，「人工知能（の事業）に半導体が役立てる事ができればという思いもあったので，AI Laboは悪くないと思っていた」と述べている[4]。

　1993年に神戸大学工学部助教授として編纂した瀧の著書『第五世代コンピュータの並列処理：汎用並列処理への道，言語・OS・プログラミング―』に記載されている略歴は，【表6】の通りである。有限会社エー・アイ・エルの会社設立は，阪神大震災の翌日1995年1月18日であるが，当時，会社設立要請の事実を知っているのは家族や親しい友人に限られていた。

　当時，神戸大学工学部システム工学科第2講座には，多田幸生教授（前・神戸大学大学院システム情報学研究科長）が，助教授として在籍していた。多田幸生教授（以下，敬称略）と瀧は，出身高校の長田高校では同学年であり，中

【表６】瀧和男氏の略歴（1993年当時）

瀧　和男（たき　かずお）神戸大学　工学部助教授・工学博士	
1952年	神戸生まれ
1979年	神戸大学　大学院工学研究科　修二課程修了
同　年	(株)日立製作所入社　制御用計算機HIDICの開発に従事
1982年	(財)新世代コンピュータ技術開発機構（ICOT）に出向
	逐次型および並列型推論マシンと並列応用プログラムの研究開発に従事
1986年	同機構主任研究員
1990年	同機構第一研究室室長
1992年	現職着任（工学部　情報知能工学科），現在に至る
並列マシンのアーキテクチャ，並列プログラミング，LSI CADなどに興味をもつ。並列オブジェクトモデルに基づく並列処理システムと，LSI CAD分野の応用について研究中。	

学校からの知人であった。つまり，瀧は，学部は電子工学科，大学院は新設のシステム工学専攻に進学し，多田は，機械工学科の学部・大学院と，別の学科に進学したが，お互い母校工学部システム工学科（情報知能工学科に改組）の教員に着任したことになる。神戸市人工島・ポートアイランドに設置される次世代スーパーコンピュータを活用した研究教育をおこなう大学院システム情報学研究科長の現職である多田[5]に対して，40年来の友人である瀧についてのコメントを求めたところ，「彼（瀧）は，私が今まで出会った人材の中で最も突出した天才」[6]という最大級の評価であった。

　一方，エイ・アイ・エル（株）の会社概要，事業内容は，【表７】【表８】の通りである。これらの資料から，瀧は大学院卒業後，日立製作所で工場勤務の後，国家プロジェクトである第５世代コンピュータに参画し，研究領域としては，コンピュータの設計からその開発したコンピュータを活用したシステムLSIに，徐々に軸足を移してきたことがわかる。そして，1995年頃は，第５世

【表7】エイ・アイ・エル株式会社　会社概要

エイ・アイ・エル　株式会社
http://www.ailabo.co.jp
・本社：東京都中野区本町2丁目2番地13号
・神戸事業所：神戸市灘区桜口町3丁目1番1号
・設立日：1995年1月18日
・代表取締役：瀧　和男
・資本金：1億3670万円
・事業内容：低消費電力・小面積・高速化LSI技術開発・販売

出所：エイ・アイ・エル（株）公式サイト（2011年6月1日アクセス）

【表8】エイ・アイ・エル株式会社　事業内容

◇　事業内容
→　Hyper LSI Design
低消費電力，小面積，高速LSIモジュールの受託開発
→　汎用コアの低消費電力，小面積，高速ハードニング
汎用CPU/DSPコアの低消費電力，小面積，高速化等
→　オリジナルライブラリ／IPの販売
低消費電力，小面積，高速算術演算器，複合IP
→　LSI受託開発

出所：エイ・アイ・エル（株）公式サイト（2011年6月1日アクセス）

代コンピュータプロジェクトの後期で手掛けたLSI CAD研究やLSIの設計技術の研究に尽力しており，その研究成果の商業化が念頭にあった。

　第5世代コンピュータプロジェクト（以下，省略して，第5世代と記す）で手掛けた瀧によるLSI CADの研究についての詳細はここでは立ち入らないが，1990年代中頃から後半のLSI分野の重要な技術背景として，以下の2点を挙げることができる。

- HDL（ハードウエア記述言語：Hardware Description Language, Verilog HDLやVHDL等）が1990年代後半に普及し，ANDやOR等の論理ゲートを使って回路図を入力する設計スタイルは限定的な利用になってしまったこと。
- 知的財産の意味から転用されて，IPコア（intellectual property core）もしくは，IP（intellectual property）と呼ばれているが，そのプログラム化された回路情報は，再利用可能な形で機能ブロック毎にまとめられ，他の製品に流用されるだけでなく他の会社との間で流通されるようになったこと。

【図7】【図8】は，エイ・アイ・エル（株）の会社案内からの抜粋である。この資料から，エイ・アイ・エル（株）は　高速化が求められる大型コンピュータ向けのLSIではなく，低消費電力や小面積が求められる携帯電話等の

【図7】AILの強み

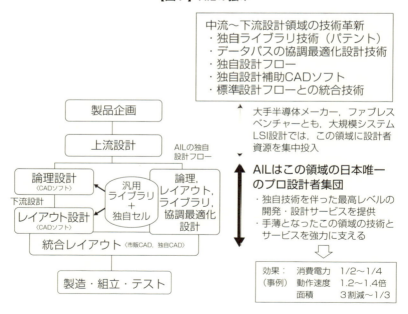

出所：エイ・アイ・エル（株）公式サイト（2011年6月1日アクセス）

小型機器をターゲットにして，モジュール化によって生じたシステムLSIの下流工程におけるブラックボックスを逆手に取り，事業展開を進めたことがわかる。

その結果，1995年，特許管理会社として技術移転先であった段階では，人工知能研究をおこなう（AI labo）という技術指向の事業戦略の漠然とした状況から，2000年9月期には松下電器産業や三菱電機から受注し，年商約5000万円の株式会社に事業化させることに成功したのである[7]。

【表9】は，瀧の起業から大学退職に至るまでの出来事の詳細を2005年の時点で説明した資料である。この資料から読み取れる大きな特徴は，通常の起業の場合，既に事業モデルが固まった段階で，すぐに一定レベルの売上が求められるのに対して，瀧の場合，起業から事業モデルを確立するまでに10年間の長期にわたって，準備期間があった点である。つまり，瀧は，1995年から，大学研究者の立場として，一方で，共同研究先の特許管理会社から，経営に関する知識を実践的に学ぶことが可能であったのである。その点，「二足のワラジ」

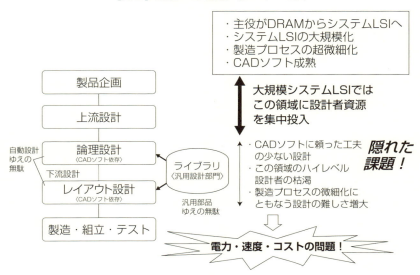

【図8】最近のLSI設計（システムLSI）

出所：エイ・アイ・エル（株）公式サイト（2011年6月1日アクセス）

【表9】 瀧和男氏の起業に関する年表（2005年）

▶1977～1991	思いの醸成期	
▶1992～1994	大学での研究から技術シーズへ	
▶1995.1.18	<u>決断＝小さな会社のスタート</u>	
▶1995～1999	研究，技術の蓄積，特許出願	
	技術売り込みの苦労，1つ目の商談	
▶2000	<u>第二の起業＝株式会社化</u>	
	大学発小企業から大学発ベンチャーへ	
▶2000～2001	二足のわらじ期と事業の立上げ	
	事業モデルの模索	
▶2002～	大学休職と社長就任，事業の拡大	
	コアコンピタンスの明確化	
▶2005	大学退職，株式公開を目指す	

と自ら名付けている大学教授と経営者を両立させている時期が存在していることは，きわめて重要な点であり，通常の起業家とは異なる視点が必要である。

【表10】は，2005年の時点の大学発ベンチャー起業家としての瀧の自己紹介であるが，1993年の自己紹介【表6】と比べると，LSI CADがなくなっている一方，システムLSIとは関連が少ないコンピュータ・アニメーションやニューラルネットワークが追加されており，研究領域が拡大していることがわかる[8]。

瀧は2002年に大学教授を休職した理由について，「『二足のワラジ』を続けるのが無理になってきて，教育研究か事業かを選ばないといけなくなってきたため」と述べているが[9]，トップクラスの研究者になれば，基礎研究から派生した複数の応用研究領域を持っており，既存の研究領域の成熟化を，新たな研究領域の拡大によって補える基礎研究の地力を持っていると考えられる。このことは，仮にトップクラスの研究者が起業し，1つの事業が成熟した場合でも，次の事業に展開することも可能であることを示しており，通常の起業家に比べて，新規事業や事業多角化を比較的おこないやすいことが推測される。どちらにせよ，「システムLSI（低消費電力等）の研究が忙しくなったので，他の研

【表10】瀧和男氏自身による経歴紹介（2005年当時）

■　自己紹介
　瀧　和男（神戸大学工学部　情報知能工学科　教授　2005年9月30日退職）
　エイ・アイ・エル株式会社代表取締役社長
■　技術的バックグラウンド
　計算機アーキテクチャ，並列計算，低消費電力LSI設計技術とCAD，コンピュータ・アニメーション，ニューラルネットワーク
■　略歴　1979年　神戸大学大学院工学研究科修了
　79～82　（株）日立製作所
　82～92　ICOT（第5世代コンピュータプロジェクト）
　92～05.9　神戸大学工学部　　　　　95.1　有限会社エー・アイ・エル
　98～00　AIL社技術指導職員兼務
　00～02　AIL社取締役兼務　　　　　00.5　エイ・アイ・エル株式会社
　02.4～現在　同社代表取締役社長

究をたたんだ」と瀧が述べたように[10]，研究のライフサイクルが事業化のタイミングに関連している。

　以上，瀧の経歴の概略を，彼が創業したエイ・アイ・エル株式会社を軸に素描した。通常の起業家の場合，事業に必要な技能や顧客に信頼を得るため，一定の準備期間や何らかの失敗を経験した後に成功に至った，というようなストーリーの型が存在する。しかし，瀧の起業の場合，起業に至るまでの研究遍歴は複数の領域にわたっており，また，起業してから本格的事業に至るまでも，大学教授と経営者を兼業している期間もある点，大学発ベンチャーには，通常の起業とは異なる論理が存在しているように思われる。この点について，「起業の準備にあたって，他の起業家が書いた自叙伝等を読んでみたものの自分の起業とは全く別物。全くあてにならなかった」と，瀧は述べている[11]。以上を踏まえ，本研究では，ライフヒストリー法を用い，通常の起業家との違いに着目し，起業につながる研究遍歴を熟達の観点から分析していくことによって，大学研究者による起業について何らかの洞察を得ることができると考えている。

4.2 幼少期から高校まで

4.2.1 幼少期から中学まで

　瀧和男は，父 五郎，母 清子の長男として，1952年4月神戸市垂水区で生まれている。起業家の場合，家族や親族に自営業者や経営者が存在していたケースが見受けられるが，瀧の場合，父親の五郎氏からの科学技術に関しての手ほどきについて述べており，家族からの影響は，起業家ではなく技術者としてのものと考えられる。この点につき，筆者が，瀧に対して「他人から起業家，技術者，研究者と，どんな呼ばれ方をされたいか」尋ねたところ，「技術者，もしくは，システム屋と呼んでほしい」[12]と答えている[13]。

　現在（2013年），瀧は，親子孫と三世代で同居しており，瀧和男氏の長男である瀧大補（だいすけ）氏によれば，大補氏の祖父にあたる（つまり，和男氏の父の）五郎氏は，経理担当をしていた商社を定年退職後にも関わらず，「MS-DOSを使いこなし，自作経理ソフトを制作するほどの腕前」[14]で，同じく理系大学院に進んだ大補氏自身も含め，「理系一族」と述べている。そして，和男氏も，孫の大補氏も，幼少期について，休みになると，父親に連れられて六甲山に山歩きに出かけ，昆虫採集を楽しんだ思い出を語った[15]。

　瀧和男氏は，幼少期について，「小学校のとき，自分がまさか起業するとは全く思っていなかったけど，10歳位に親父から買ってもらって自身で組み立てた電気工作の光を見て，自分は将来エレクトロニクスの分野の仕事がしたいということを考えていた」[16]と述べており，キャリアの選択という意味では，趣味の電気工作の延長という線で幼少期にはほぼ固まっていた。その他，母親からの影響として，近所のお絵描き教室に連れて行ってもらったことを挙げ，「これが意外と回路設計などに役立っている」[17]と述べた。

　瀧の取材記事が多数残されているが，幼少期にふれている「我が志の第五世代コンピュータ　渕一博とICOTの技術戦士たち」（今岡, 1989）では，以下のように紹介されている[18]。

第4章　大学発ベンチャー起業家のライフヒストリー　91

　四研からはまず，主任研究員で，ICOT[19]発足以来のメンバーである瀧和男に登場してもらおう（日立製作所，36歳，神戸大学工学部電子工学科，同大学院修士課程，工学博士）。小柄，細面の顔に顎鬚を生やしている。なかなかの雄弁家でもある。
　神戸生まれ。典型的な「電気少年」で，小学校高学年の頃は，父が買ってきてくれたトランジスタのキットを組み立てていた。中学生になると，手作りのセンサーを用いたアラームをつくった。夜明けを告げるもの，雨が降ると知らせるもの，風呂の水が満杯になると知らせるものなどだが，家で使っていたというからもういっぱしの技術者である。音楽を奏でる玄関ブザーや，電子サイコロ（マイクに向かって発声すると，その波長によってサイコロの目が変わる）までつくっていた。コンピュータに興味をもったのも中学時代だ。夏休みの課題で，『ピタゴラスから電子計算機まで』[20]という本の読書感想文を書き，何かの賞をもらったのがきっかけだ。岩波新書の『電子計算機』[21]を読んで論理回路の勉強をしたりした。
　長田高校では，数学部というクラブに入り，トランジスタ回路を使った"足し算器"をつくった。近くに三洋電機の研究所があり，不要となった部品などが廃棄物として出る。それから回路を取りはずしていたそうだ。彼の影響で，数学部はほとんどコンピュータ部になってしまった。

（出所：今岡（1989），259-260頁）

　瀧にこの記事を見せて確認を求めたところ，「これらの玩具の多くは，最初からの自作ではなくて本の製作事例をまねたもの」[22]と筆者に語ったが，彼自身の見解として，「エレクトロニクスの発展と自身の半生がほぼシンクロしており，時間的余裕をもって遊びながら学ぶことが出来たという意味では幸運だった」と述べている[23]。

4.2.2　長田高校

　高校時代については，先の紹介記事でも既にふれているが，瀧によれば，多田幸生教授とは，「神戸の地元中学の生徒会長の会合で，隣の中学校の生徒会長同士として知り合った」と述べ，多田について「リーダーとして何かをする

ということに向いている」と評している[24]。一方，多田は，瀧について「ともかくズバ抜けていた」と評しており[25]，「産学連携における神戸大学代表」として，同僚である瀧とのエピソードを情報知能工学科の卒業謝恩会の挨拶で毎年述べているほどである[26]。

　瀧の出身校である長田高校は，ダイエー創業者中内㓛氏，ウシオ電機会長牛尾治朗氏，アサヒビール元社長瀬戸雄三氏，等，多くの財界人を輩出し，神戸大学への進学者数が全国1位になることの多い比較的自由な校風の学校である。瀧が高校に入学した1968年は，まだマイクロプロセッサが登場する前のICチップの時代であったが，課外活動を通じて，電気・電子部品を使ってのアマチュア無線や鉄道模型の制作に没頭していたという。瀧によれば，「近所の三洋電機の研究所から出た廃品をバラしてICチップを拾い，神戸駅や三宮にあったアマチュア無線等のショップに行ってはカタログを取り寄せ，ICチップのデータシートを見ながら実験をして新しいネタを試す，ということを繰り返していた」と述べ，「中学時代は理科クラブであり，学校の校旗を掲げる柱が理科室の近くにあって無線アンテナを揚げラジオを制作したし，高校時代は，数学部に所属していたけど，鉄道模型の速度制御装置をサイリスタでつくったり，友人のいる放送部や工作部の連中とよく遊んだ」と語っている[27]。

　先程の取材記事と同じ時期の1989年1月6日の日本経済新聞朝刊（31面）では，第5世代の特集記事で瀧の学生時代から第5世代への参加にいたるまでの経緯が詳しく紹介されている[28]。

　　◇「モノマネ日本」脱皮 "考える電算機" 開発競う
　　　「新世代コンピュータ技術開発機構（ICOT）」は東京・三田の高層ビル内にある。机上に並んだ端末の数と，背広に交じってセーター姿などラフな服装の人が目をひく程度。十年間に一千億を注ぎ込む国家プロジェクト「第五世代コンピュータ」の開発現場は，普通のオフィスとほとんど変わらない。研究員は二十代，三十代の若手ばかり。メーカー，研究機関などの寄り合い所帯で，出入りが激しい。八十二年のICOT創立以来の研究員は第四研究室主任研究員の瀧和男さん（36）ら三人だけだ。
　　　昨年十一月末から十二月初めにかけ都内のホテルで開いた「第五世代コ

ンピュータ国際会議」で瀧さんは，ICOTが開発した並列推論計算機「マルチ・プサイ」の実演実験に立ち会い，説明役を務めた。何台ものプロセッサ（演算処理装置）をつないで，効率よく仕事をさせるのが並列処理。どのマシンにも均等に仕事を負担させることで，処理時間を飛躍的に速めるのがミソでそのソフト開発が瀧さんのテーマだ。

開発目標の「第五世代」の雛型機では一千台のプロセッサを接続する計画。六十四台をつないだマルチ・プサイはそこにいたる中間段階の試作機である。「最初は雲をつかむような話で，やみくもに何かを試している，という感じ。かっこうがつきだしたのが，ここ三年ぐらい」という。

瀧さんは，マイコン世代の"草分け"の一人だ。

中一の夏休みの課題図書が「ピタゴラスから電子計算機まで」。読書感想文に「今に掌（てのひら）に乗る電算機ができる」と書いた。「大阪の日本橋や東京の秋葉原のジャンク屋（パーツの安売り店）の通信販売で，ジャンク基板をごそっと買う。トランジスタ，ダイオードのいいとこ取りして，自分でいろいろ組んで，足し算のできるヤツを作った」。

神戸大工学部の頃，初めて出た4ビットのマイクロコンピュータに飛びついた。電動タイプや紙テープ読みとり機などの中古を買い，入出力装置に仕立てた。大学で同好会の電子計算機研究会を旗揚げし，仲間に手製のマシンを使わせた。大学院でもコンピュータの研究を続け，日立製作所に入社。出向でICOTにきた瀧さんは「これは，自分のプロジェクトだ」と思ったという。

（1989年1月6日　日本経済新聞　朝刊31面　から抜粋）

第5世代の中期から後期にかけての時期にあたる1989年の今岡和彦氏による記事と，日経新聞朝刊の記事では，それぞれ，「電気少年」「マイコン世代の草分け」と瀧のことを紹介し，単に勉強ができて成績の良い少年というよりも，自ら電気工作やコンピュータの分野を選択し，マシン作りに没頭しつつも，仲間を誘って何か新しいことに挑戦していた学生時代を端的に描いている。

高校時代からの親友の一人である澁谷茂樹氏によれば，「夏休みに兵庫コミュニティーカレッジというオリベッティーを使った社会人向けのコンピュー

タ入門講座があり，そこに参加を申し込んだところ，高校生ということもあり一旦断られてしまったが，瀧が事務局担当者に食い下がり，周りの社会人の方に迷惑にならないよう質問をしないという条件で参加が認められた」[29]というエピソードを述べている。また，「その時に知り合った田中さんというオリベッティーの担当者の方に交渉して，次の年の春の文化祭では，オリベッティーからマシンを借りてきて，実際にボコーダーのような自作マシンを展示した」[30]と語っており，多田も「高校生の時分から企業と交渉したこと」[31]をエピソードに挙げ，高校の友人による瀧の評価は，「大人顔負けプレゼン能力と実行力」を持っていた点で，ほぼ一致している。澁谷氏は，「瀧君と一緒に，甲南大学に真空管タイプのIBM650[32]を見に行って，その他，色々な大学の計算機を見学に行った」と述べているが，1970年代中期以降に出現したマイコン世代よりも前の時期に，高校生の段階でエレクトロニクスからコンピュータに興味を広げていた点は，驚嘆に値する。この点，多田研究室所属（システム設計）の花原和之准教授[33]は，瀧について，以下のようなコメントをしている。

　　自分（花原氏）の世代では，徐々にシステムが複雑になり，高校生では自作のマシンを作るのは無理になってきた。少なくとも，キットを買ってきて組み立てることはできるけれども，例えば，マシンのハード関連の知識だけでなく，ソフトウエアの言語レベルまで理解するのは，すでに厳しかった。なので，瀧先生の時代に，修士のレベルで，自作のLISPマシンを製作して，合計7作目というのは，ちょっとレベルが違う。自分の目の前にあるマシンの全て（ハードウエアやソフトウエアを含めて）を理解していた（ブラックボックスがない）というのは，凄いこと。

　　　　　　　　　　　　　　　　　　　　（2009年12月18日・電子メール）

花原和之准教授は1964年生まれであり，瀧の12歳下であるが，マイクロプロセッサが登場した1970年中頃以降の「マイコン少年」世代とその前の「電気少年」世代との違いを示したものである。瀧の「電気少年」世代（1955年生まれ迄）では，高校の段階で，電子工作の趣味が高じて汎用のICチップからコンピュータの機能の一部を自作していた人材がいたと推測されるが，それ以降の

「マイコン少年」世代（1955年生まれ以降）では，マイクロプロセッサの利用するにとどまり，また，マイクロプロセッサの設計の複雑化・大規模化に伴いブラックボックス化したこともあり，ハードウエア・ソフトウエアの両面から理解し，自作マシンを制作できる人材が少なくなったことを示唆している。

マイクロソフト（Microsoft）創業者ビル・ゲイツ（Bill Gates, 1955年生まれ）は，瀧の3つ年下であるが，ワシントン大学（Washington University）のタイムシェアリングのコンピュータを利用し，高校の段階で一度起業しており，きわめて早い中学高校の段階で，学校教育とは関係なしにコンピュータに没頭して自ら学んでいた点で，瀧と共通している。その結果，世界初のマイクロプロセッサであるインテル4004（Intel4004）の登場前の時点（1971年から1973年頃）で，瀧はICチップの機能詳細，ビル・ゲイツはプログラミング言語 BASICを理解している熟達レベルにあり，彼らは，マイクロプロセッサとそれに続くパーソナルコンピュータの登場という新しい技術による機会の到来を，学生の段階で迎えた世代といえるであろう。

4.3 神戸大学・学生時代（神戸大学LISPマシン）

4.3.1 神戸大学工学部電子工学科

1971年，瀧は神戸大学工学部電子工学科に入学する。筆者が「何故，神戸大学を受験したのか」と尋ねたところ，「自分のやりたいエレクトロニクス＝電子工学そのままを学科名に掲げた大学は，関西近辺では神戸大学しかなかった。でもそれは自分が良く知らなかっただけで，京大には電子工学科はなかったけど研究室単位ではエレクトロニクスに関連したところがあったんだけど」[34]と述べた。

瀧は，大学入学後，鉄道模型・アマチュア無線などの課外活動に熱中し，自作マシン作りに没頭する。瀧の2学年下にあたる神戸大学経営学部で交通論を専攻する正司健一教授によれば，「大学入学した時に，（瀧に）鉄道研究会に猛烈に勧誘された」[35]と述べており，きわめて活発な学生であった。偶然にも，瀧が第5世代コンピュータの米国出張で見学したLISP MachineInc.やSymbolics等，MITの人工知能研究所をスピンオフした大学発ベンチャー起業

家達は，TMRCというMITの鉄道模型クラブ（Tech Model Railroad Club；略称TMRC）のメンバーであり，彼らは，電子回路やコンピュータに没頭して知的悪戯に興じる学生という意味で「ハッカー」と呼ばれた[36]。1960年頃から1970年中頃までのMITの人工知能研究所やパーソナルコンピュータ黎明期のルポルタージュであるSteven Levy（1984）による「Hackers」では，コンピュータに熱中するあまり大学を中退してしまうTMRC出身の学生らの姿を描いているが，瀧も留年して「人より少しだけ長く学部生活を楽しんだ」と語っている[37]。

多田によれば，同じく課外活動に没頭して，留年を経験した本論文の筆者にも触れ，「例えば，高瀬君ぐらいの世代までは，システム工学科でもある日突然大学に来なくなる学生が毎年何人かいた。要は，システム関連のアルバイトをしていて，納期が近くなり急に忙しくなって，大学の講義どころではなくなってしまうためだ」と述べ[38]，花原和之准教授は，「当時は，学生がある程度稼げる環境にあった。瀧先生の世代は，大学を卒業する間近で，インベーダーとか，コンピュータ・ゲームが出てきた時代（1979年，1980年頃）なので，アスキーとか元気な時だった。当時，『平安京エイリアン』というゲームがあって，あれは，東京大学のパソコンクラブの学生が作ったゲーム。だから，学生時代にある程度儲かった経験があれば，それで起業したいという学生が出てきても全くおかしくない時代」[39]と述べた通り，当時は，マイクロプロセッサを使用したアプリケーションやその周辺機器の制御関連でそれに習熟した学生にとってビジネスに挑戦する機会が存在したといえる。

瀧によれば，「工学部の一番高い塔に，アマチュア無線機があり，クラブの部室があった」[40]という。当時は電子工学科の助手で，高橋豊名誉教授（兵庫県立大学）が，神戸大学のアマチュア無線クラブの顧問を引き受けており，4回生の研究室配属前から瀧にとっては，遊び道具が転がっているクラブの部室や研究室に頻繁に出入りしていたのである[41]。「インテル4004の英語マニュアルが平野浩太郎教授の研究室にあり，それで英語を勉強した」[42]と述べたが，その後，電子計算機研究会を立ち上げ，さらにコンピュータにのめり込んでいったのは，先述した1989年の今岡によるインタビューや日本経済新聞朝刊（1989年1月8日）の記事での記載通りである。

第4章　大学発ベンチャー起業家のライフヒストリー　　97

　初めて仕事として携わったマシン制作は，平野浩太郎教授に紹介してもらった京都のシステムハウスにおける路線バスの社内の料金表示システムであり，その時のことを，「京都の事務所に午後に挨拶にいったら，そのまま『呑みに行こう』と社長に誘われて，横丁の呑み屋に入った。一頻り飲んで終電も近くなったので，そろそろ帰ろうとしたところ，『さあやるぞ』と仕事が始まり一晩徹夜した。二日目も仕事が終わらず，結局，三日目で完成した。それで，給料は現金じゃなくて，石（ICチップ）と引き換えてもらった」と瀧は語った[43]。

　瀧によれば，「この（京都の）システムハウスの人がマイコンに強い関心があり，チップやら機材を調達してきたので私がそれをマイクロコンピュータのシステムに仕立てた。これが1台目のコンピュータ。バスの料金表示はコンピュータが入っていなかったので，これは台数には入らない」[44]とコメントをしているが，その後，大学院修士論文研究の「神戸大学LISPマシン」（別名；Taki-TAC 7）[45]に至るまで，合計七作のマシンを制作している。

　マイクロソフト創業者　ビル・ゲイツ（1955年生まれ），アップル・コンピュータ（Apple computer）創業者　スティーブ・ジョブス（Steve Jobs, 1955年生まれ），孫正義（1957年生まれ），西和彦（1956年生まれ），古川享（1954年生まれ）と，1952年生まれの瀧よりも3歳から5歳下の世代に，パーソナルコンピュータ関連の起業家が多数輩出しているが，これは，インテル4004やNECから発売されたTK-80などマイクロプロセッサ登場前の「電気少年」世代とマイクロプロセッサ登場後の「マイコン少年」世代の違いである。瀧がインテル4004に出会い，学生サークルとして電子計算機研究会を立ち上げたのが学部上級生の時であり，一方，ビル・ゲイツらマイコン少年世代の起業家の場合は，高校もしくは大学入学時点でインテル4004に出会っている。そのため，瀧の「電気少年」世代の場合，エレクトロニクスの影響も受けたハードウエアに強みがある一方，「マイコン」世代の場合，マイクロプロセッサを使ってのゲームやその他のアプリケーション等のソフトウエアに軸足がある点に特徴がある。

　したがって，高校・大学時代の最も時間的余裕があり，自分の好きなことに没頭できる時期とマイクロプロセッサによって生じた起業機会という点では，瀧の場合は「電気少年」世代であり，ゲーム等ソフトウエアの分野において

「マイコン少年」世代の代表として学生起業をするには，数年だけタイミングが早かったと推測される。しかしながら，瀧にとっては，世の中に出ているマシンよりも自作の方がより高性能のマシンが制作できるという状況が高校時代から続いており，エレクトロニクスやコンピュータに没頭するためのモティベーションという意味では充実した学生生活を送ったのである。

4.3.2 大学院システム工学専攻への進学

　瀧が大学院に進学したのは，1977年である。先述した通り，学部は電子工学科，大学院は1976年に新設されたシステム工学専攻である[46]。工学部システム工学科はコンピュータを活用したシステムを軸に学際的な分野の研究をおこなうことを目的とした学科で，当時の最先端の充実したコンピュータ設備を擁していた。瀧は「計算機設備がいいので」[47]という理由で進学した。当時のシステム工学科は，講座数が4つで，第1講座（経営工学），第2講座（システム設計），第3講座（制御理論），第4講座（電子／電気工学）となっており，第1講座は新設。第2講座は機械工学，第3講座は計測工学，第4講座は電気／電子工学科出身の教員が移籍して学科を立ち上げている。つまり，コンピュータそのものを扱う研究室は，第4講座であり，その他は，コンピュータを利用して，何かを分析したり設計をしたりする研究室である。したがって，他の講座出身者は主にメーカー・製造業に就職しているが，第4講座はコンピュータ業界に就職している者が比較的多く，コンピュータ関連で起業した人材もこの第4講座出身者に集中している。例えば，瀧だけでなく，アップル・ジャパン元代表取締役の山元賢治氏や，研究生として在籍したスカイマークエアラインズ前代表取締役の西久保愼一氏等もこの第4講座出身者である。

　瀧の指導教官は，金田悠紀夫教授（現在，名誉教授）であるが，システム工学科設置に伴い，電気試験所から神戸大学に赴任したばかりであった[48]。金田教授は，昭和41年（1966年）に神戸大学大学院電気工学科を修了後，通商産業省管轄の電気試験所に入所し，後に第5世代のリーダーとなる渕一博氏の下，日本で初めてのTSS（タイム・シェアリング・システム）を行うOS（オペレーティング・システム）開発に参画したメンバーの一人である[49]。電気試験所は，戦時中にレーダー等の開発等をおこなっていた旧逓信省電気試験所の流れを汲

み，戦後，旧電電公社の中央研究所と分割され，通商産業省傘下となる。そして，トランジスタやコンピュータの基礎研究において，日本の科学技術をリードする存在となる。特に，1960年以降は通商産業省と連携し，IBMに対抗するため国内コンピュータ産業を保護しながら，国家プロジェクトを通じて国内コンピュータの基礎研究を主導する立場となる。つまり，電気試験所に入所した研究者は，学会を通じて一本釣りされた能力の高い有望な研究者であることを意味し，国家プロジェクトに参加し実績を上げた後，多くは大学に転籍し，後進の育成にあたるという役割を担った人材であった[50]。

金田教授は，日本における初期のタイムシェアリング・システムであるETSSの開発を経験したことから，プログラミング言語からオペレーティング・システム（OS）のレベルまで理解している当時きわめて数少なかったソフトウエア工学の研究者であり，したがって，金田教授が，神戸大学にシステム工学科新設を機に赴任してきたことによって，本格的なコンピュータ科学の研究・教育が神戸大学において可能になった，とも言えるだろう[51]。

先の今岡（1989）による第5世代の取材記事において，「金田先生の最初の学生が僕でした。先生は電総研とつながりが深いから，色々と情報が入ってきて，『MITやゼロックスでLISPマシンの研究をやっているようだけど，面白そうだからやってみようか』とか云うのです。先生はソフトウエアが専門だし，僕がハードウエアをやることになって，16ビットのマシンの設計を始めた」（260頁）と，瀧は答えているが，瀧にとってはハードウエア分野を主としながらも，金田教授の下，ソフトウエア分野の研究にも慣れ親しんでいくことになる。

瀧が大学院時代に手掛けたマシンは，「神戸大学LISPマシン」であり，現在，日本情報処理学会が提供するコンピュータ博物館にて紹介されている[52]。LISPは，数値計算以外の例えば論理演算や記号処理を行う関数型のプログラミング言語であり，1958年に，MIT人工知能研究所のジョン・マッカーシー（John McCarthy）と世界初のコンピュータ・ゲームの「宇宙戦争（Space War!）」を制作した鉄道模型クラブ（TMRC）出身のハッカー　スティーブ・ラッセル（Steve Russell）によって開発された。元々は，サイモンがコンピュータに数学の定理証明を行わせるために開発した「情報処理言語（Information

Processing Language)」の後継のプログラミング言語である[53]。この神戸大学LISPマシンは，瀧にとって7台目の自作マシンであったことから，「Taki-TAC 7」と名付けられた。このマシンは，当時の大型汎用機のLISPコンパイラと同等以上の速度を出す性能を持ち，また，このTaki-TAC 7のアーキテクチャは後のFACOM-αとNTTのELIS等の後継のLISPマシンに継承されている日本コンピュータ史における重要なマシンである。どちらにせよ，大学院修士の時に制作したマシンが学会に認められ殿堂入りしていること自体異例のことであり，花原和之准教授が指摘した通り，瀧は大学院の段階で，既に日本でトップクラスのハードウエアの設計能力を持つ技術者であったといえるであろう。

　瀧にとって金田教授は神戸大学での恩師にあたるが，瀧と金田教授の共通点は，共に国家プロジェクトに参画した点であり，電気試験所（後の電総研）の渕一博氏が，それらの国家プロジェクトのリーダーであり，直接の上司であった点である。渕氏は，日本における商用コンピュータのプロトタイプとなったトランジスタ型コンピュータであるETL-MarkⅣの開発に東京大学の学生時代に参画したコンピュータ黎明期の人物である。渕が残した資料には，瀧や金田教授と共同で執筆した論文も存在するが，その中に，彼が第5世代コンピュータプロジェクトを率いていた時期の1984年におけるコンピュータの研究・開発の人材像についての世代論が残されており，当時の技術的背景と新進気鋭の若手研究者であった瀧の世代についての期待が記載されている。この記事は，渕氏が第1世代，金田氏が第2世代のソフトウエア専門，瀧が第3世代の若手研究者であることを念頭においた，NHK解説委員の赤木昭夫氏と渕一博氏との対談（渕・赤木, 1984）である。この対談では，通産省・電気試験所を軸とした日本の大企業によるIBM追随のコンピュータ産業の事業システムの中で，ハードウエア・ソフトウエアの研究・開発の相互依存関係から専門領域の固定化が起こった経緯を明確に説明されている。したがって，長文ではあるが，以下に引用する（以下100-104頁）[54]。

　　◇　コンピュータ屋の世代論
　　赤木：日本でコンピュータを手がけた人たちの世代としては，どういうふ
　　　　　うに整理されますか。

（中略）

渕：初めから体験したということでは僕なんかが最初の世代のうちの一人かなと思っています。ほかのほうをやっていたほうが視野が広くなってよかったかもしれないけれども，強いてわけるとすると，ぼくたちは，コンピュータから体験を始めたという世代の始まりですね。

赤木：そういう意味では渕さんたちのところから第一世代なんですね。その前はゼロ世代ですな。その次はどこに線があるんですか？

渕：その次は，ハードというか，アーキテクチャを含めてですけれども，マシンのほうに行くグループと，ソフトウエアに分かれた時代があるんですね。

赤木：全部やらなかった世代ですね。

渕：それがいつごろから始まったのかな。六十年代（1960年代）の後半……。メーカーのほうの人たちは，とくにそうですね。配属された先がハードかソフトかで分けられるという時代になっていますね。その後はどこに線が引かれるのかな。ちょっと時間は長いけれども，次におくとしたら，マイコン少年の時代，あそこが一つの時代の変わり目でしょうか。

赤木：そうすると，ゼロ世代，第一世代，それから第二世代はソフトとハードに分かれた人たちと，マイコンで育ってきたハッカーといわれるような若い人たちが第三世代[55]。

　（中略）

赤木：渕さんたちの第一世代は，ハードとソフトの両方を一体としてやられた世代ですね。次の第二世代は，入ったときからハードだ，ソフトだと分かれていた。この第二世代の人たち，ハード屋さん，ソフト屋さんというのは，どういうふうに動くわけですか？

渕：第二世代というか，ぼくらのしばらく後からは，コンピュータが企業化されたというか，コンピュータ産業が一応動き出した時代ですね。だから，会社のほうに入っても，学校に残ってもそうかもしれないけれども，ある程度体制ができていて，そこにはめ込まれているわけですね。お前はソフトのほうをやれとか，お前はハードに向いているからハード

をやれとか。そういうなかで第二世代の連中はよく仕事をしたんだろうと思うけれども，相手方が前提になって動かせないということはあると思いますね。ソフト屋にしてみれば，コンピュータハードのイメージがあって，それが前提になってしまう。不満だと思っていても，そこに非常に切れ目があって，ソフト屋としては，こっちの岸で仕事をすればいいのだという態度がとにかく定着したわけですね。それから，ハード屋さんにしてみれば，基本設計はこうだというのは確立されているし，場合によってはコンパチブル路線というもっと厳格な意味でのお手本があるわけですから，その下で少し安く，速くするとか，ということに専念すればよろしいということになる。そして，こっちの岸で仕事をすればいいというふうなことになってきて，相手方のことを体験的に，実際的に体験するチャンスが減ったのは確かなんですね。ですから，その壁を乗り越えようというのは意外と弱い。それから，そういう分業がうまくいった時代に育っているから，それでいいんだという固定観念もあるわけですね。十数年近くそれでやってきて，それなりにうまくいったわけですから。

赤木：それで，渕さんの世代を飛び越えて第二世代というのは，パラダイムが決まっているもとでノーマルサイエンスをやったことになりますか？

渕：その傾向は結構強いですね。自分が慣れ親しんだパラダイムをまた崩そうではないかという提案に対して，自分がせっかく慣れてきて，そこで仕事もしてきたパラダイムを崩されると，何か自分の存在を否定されたように受け取る人が結構多いんですね。まだ四十前後などは歴史というか，大きな流れからすれば変わって行ってもいいし，変わるのも，来年突然，過去と訣別せよといっているわけではないんだけれども。

赤木：そうすると，渕さんの世代，つまり，ハード，ソフトが一緒の時代という世代は，どういう役割をもっているんですかね。

渕：あるべき姿からすると，一応，歴史的な幸運もあって両方の体験があったわけですから，それをふまえて次の時代のリーダー，もしくはサポーターであってもいいわけですよね。

赤木：やはりハードウエアで入ってハードウエアで育ってきた，ソフトウエアで入ってソフトウエアで育ってきた人は，相互にはわかりあえないところがどこかにあるものですか。

渕：本来そういうことはないはずですね。それからコンピュータの歴史は浅いから，その気になればそこはそれほどのギャップにはまだなっていないと思うんですね。たかだか三十年なわけですか。その人の置かれた立場とか，キャラクター，素質に関係すると思いますけども，原理的には超えられないほどの距離ではないですね。われわれの世代の後の連中でも，そこのところは見直そうという動きは出てきているわけですね。

（中略）

赤木：マイコン少年として，ハードとソフトを一緒にやってきたそういう世代というか，今の若い人ですね，そういう人たちはまた何か違った姿勢を持っていますか。

渕：先ほど簡単に割り切ったけれども，必ずしもそうではなくて，<u>マイコン世代のなかにも，一世代というか，非常に層の薄い世代があるんですね。両方体験できたというのが</u>。しかし最近のマイコン少年はたぶんハードはいじらない層が増えているのでマイコン世代というのは，まったく新しい時代かどうかとも言いにくくて。マイコンというのは，コンピュータの歴史のパターンがあるとすると，その中のサブパターンで，全体のミニチュアになっている，ということを言ったこともあるんですが。ですから，<u>そのなかで自分で回路をいじった世代もあれば，たちまちマイコンソフトの時代になってしまった</u>[56]。マイナス面を言うと，マイコンの分業のほうが難しいんですね。自分でチップを作ろうという少年が出てきても，<u>ワンチップコンピュータを自分で設計するのはとてもできないんですね</u>[57]。アメリカのほうがそこでは少し頑張っているところがあるんですね。<u>アメリカのほうは，例えば自分でチップを設計して作る。設計をわりと教育制度のなかに取り入れているんですね</u>[58]。それ最高級とか最前線のチップではないわけだけれども，そういう体験させようという体制はアメリカのほうが進んでいるんですね。日本のほうはそれはまだ少ないのですが，ですけれども，<u>可能性としては，CADが</u>

進むとかいうようなこともあるから，今のマイコン世代か，その次のマイコン世代では「自分でチップの設計もして」ということができる世代がでてくると思うんですね。日本のマイクロエレクトロニクスは最近は非常に進んだようにも言うけれども，そういうところを見るとまだ後進的だと僕は思っているんです[59]。

赤木：今，大学を出てきたばかりのような，あるいは大学院を出てきたような若い人たちが前の世代よりかいいところ，何か買うべきところはありますか。

渕：前の世代を踏み台にできるというのはまず有利なわけですね。ハードだソフトだといっても相当蓄積ができているから，勉強しようという立場からすると両方勉強できる状況にもなっているわけですね。そのなかで彼らが将来をみたときの未来像は何かというのを考え始めているんじゃないかと思うんです。今のままでずっとマイコンのプログラムづくりで時代が推移するというよりは，もう少し何か先に自分たちにはまた別の世界が待っているんじゃないかという，そんな予感みたいなものを持つ若者がふえているんじゃないかという感じもありますよね。人数的に言うと，何倍かずつふえているわけです。

〈引用終わり〉

(出所：渕・赤木（1984），90-101頁)

　この対談は，第5世代の前期から中期にかけてにあたる1984年であるが，瀧は，自作マシンの制作や電子工学の専門教育を通じて，学部時代には既にハードウエアには精通しており，また，大学院は，当時数少ないソフトウエア専攻の金田教授（当時，助教授）の研究室に進学したこともあり，この対談で示唆された「マイコン世代」の中でもハードとソフトを両方体験した非常に薄い世代である。実際，瀧は1995年にシステムLSIの設計で起業しており，渕が予想した通り，「自分でチップの設計もして」ということができる世代である。コンピュータの歴史を辿ると，1971年，世界初のマイクロプロセッサ・インテル4004発売，1973年，国産初のマイクロプロセッサ・NEC μcom-4発売，1975年，世界初のパーソナルコンピュータAltair8800発売，1976年NECトレーニン

グキットTK-80発売と，瀧の大学・大学院時代は，マイクロプロセッサ登場からパーソナルコンピュータ登場にいたるまでの大きな技術変化が起きた時代にあたる。結果として，マイクロソフトが開発したAltair8800向けのBASICを日本に紹介したアスキーや，日本語化を担ったジャストシステム，TAITOや任天堂などのゲーム会社を核に，1979年，NECのPC-8001の発売を機に，関連のソフトウエア周辺から日本でも米国でも多数のベンチャー企業が輩出されている。

しかし，1984年段階で「日本のマイクロエレクトロニクスは後進的なところがある」(104頁) と渕が指摘していた通り，その後の日本は，学生サークル出身者のマイコンのプログラム作りによるゲーム会社や出版社の起業で時代が推移した。また，大学教育においては，コンピュータの機能がマイクロコンピュータにチップ化されると，さらに分業が難しくなり，ソフトウエア（情報系学科）・ハードウエア（電子工学）と分業関係が固定化されたまま，インターネット普及に相まって，全国の大学で情報系講座が開設されていった。

渕が「チップの設計を教育制度に取り込んでいる」(103頁) と指摘した米国の事例は，スタンフォード大学コンピュータシステム研究所（Computer Systems Laboratory）のことと推測される。シリコンバレーのお膝元，起業に頓挫したウィリアム・ショックレーを教授として迎えていたスタンフォード大学は，半導体産業の集積によるハードウエアの研究・教育のニーズが高かったこともあり，ハードウエアとソフトウエアを統合的に研究・教育するためのコースとして，コンピュータシステム研究所を1968年に設立させた。つまり，学部教育レベルの電気工学（Electric Engineering）とコンピュータ科学（Computer Science）を統合したカリキュラムを学部から独立させ，研究所レベルで充実させている点に特徴がある[60]。その後の歴史を辿ると，この学際的研究コースから，現スタンフォード大学長でRISCチップを開発したMIPSテクノロジー社（MIPS Technologies）の創業者のジョン・ヘネシー（John Hennessy）が輩出されていることを考えても，渕がソフトとハードを統合した基礎研究の人材育成強化を示唆していた点は，慧眼であったと考える。

一方，神戸大学の場合を例に取ると，金田教授によってソフトウエア専攻の研究室（システム第5講座）が開設されたのが1988年以降であり，また，ハー

ドとソフトの統合が必要なコンピュータ・アーキテクチャ論の講座を開設するのは，瀧自身が神戸大学に赴任してからの1993年以降である。したがって，大学の研究室レベルでは，神戸大学は，スタンフォード大学コンピュータシステム研究所設立の1968年に遅れること約25年の差があったことになる[61]。

瀧によれば，学部3回生（1974年）の時に，「電子計算機研究会」を設立し，自作マシン作りに没頭したことを述べているが[62]，一方，瀧の3歳下のマイコン世代（1955年生）から，各大学でマイコンの学生サークルが多数設立され，そこから多数の起業家が輩出されている[63]。当時は，ソフトウエアの知識や経験があれば学生でも稼げる状況になったこともあり，起業の啓蒙という点では学生サークルには一定の役割があったことを評価すべきであろう。しかしながら，それらの起業は，大学の研究活動とは無縁であり，また，学園紛争の影響もあり，国家や企業の資金提供による産学連携ではなかった。つまり，学生の自主活動の延長で，参入資金が比較的少なくて済むソフトウエアを中心に起業がなされた点が，この時期の大学生や中退者による起業の特徴である。

一方，瀧の興味の対象は，マイコンを通じたプログラムやゲームの開発ではなく，彼が設立したサークルの名の通り「電子計算機」であった[64]。そして，瀧は，自作マシン制作を通じてハードウエアを熟知していたこともあり，ハードとソフトの分業が成立した第2世代の代表的なソフトウエア研究者である金田教授が神戸大学に赴任した際，瀧と金田でハードとソフトの役割分担を行い，その後，コンピュータ博物館に殿堂入りをする「神戸大学LISPマシン」[65]を1979年に制作したのである。以上が，瀧の大学院時代の最も端的な説明であろう。

3歳年下の1955年生まれのマイコン世代と違い，瀧が学生の時点で起業を選択しなかった点については，プログラミング言語の問題も考慮に入れる必要がある。マイコンのプログラミング言語は，世界初のマイコンAltair8800用にマイクロソフト創業者のビル・ゲイツ（1955年生）が開発したAltair8800用BASICが既に主流であったが，瀧は，大学院で金田研究室に在籍している間は，人工知能研究で主流であるプログラミング言語であるLISPを習得していた。つまり，当時，アルバイト先や仕事の引き合いが多かったBASICではなく，実用性が未知数であったLISPを大学院の研究として学んだことになる。LISP

第4章　大学発ベンチャー起業家のライフヒストリー　107

を使ったアプリケーションは，サイモンによる数学の定理証明や科学的発見のプログラムや，人工知能研究を錬金術[66]と批判していたドレイファスを破ったコンピュータ・チェスなどが当時存在していたが，少なくとも日本においては，商用目的のLISPアプリケーションやエキスパート・システムは，まだ数少なかった[67]。瀧は，「この時期は全く将来起業することを想定していなかった」[68]と述べているが，結果として，MIT人工知能研究所からスピンオフした元祖ハッカーの大学発ベンチャー起業家達が開発したLISPマシンを参考にして，大学の研究の一環として，オリジナルなLISPマシンの製作に没頭することになったのである。

　当時，日本の大学の理系研究室は，教授推薦で就職先が大方決まっていたが，瀧は，自分の親戚に日立の関係者がいたこともあり，金田先生の紹介を受けることなく，日立製作所に就職を決めた。当時，旧逓信省管轄の電気試験所の流れを汲む電電公社中央研究所，通産省の国家プロジェクトの中核であった電子技術総合研究所の周辺には，ファミリー企業といわれる日立製作所，日本電気，富士通，三菱電機等の大企業が，IBMに対して参入障壁を組むような形でコンピュータ産業を形成しており[69]，その中でも，旧国鉄の座席予約システム「マルス（MARS）1」[70]の基幹システムを受託開発し，コンピュータHITACシリーズを持つ日立製作所は，コンピュータの研究開発を希望していた瀧にとっては，妥当な選択であったといえるだろう。

　瀧は，「後から，『実は，NTTの中央研究所を紹介しようと思っていたんだけどな』と金田先生からポツリと言われた」と述べているが，金田教授からすれば，一番弟子の瀧を，自分と同じ電気試験所の流れを汲む電電公社中央研究所に紹介しようとした点は，それだけ瀧に対して高い評価をしていたことを裏付けている。その後，金田教授の電気試験所の元上司である渕一博氏が第5世代コンピュータプロジェクト構想を立ち上げた際，金田教授は人工知能向けLISPマシンの制作実績を持つ瀧を真っ先に渕に紹介したことにつながっている[71]。

　「システム工学科の1期生の同窓会の名前は『いばらの会』という名前だが，当時は，システム工学といわれても，何の教育をしている学科なのかメーカーの人事部からすればよく分からず，1期生の就職は大変厳しかった」[72]とシス

テム第3講座の平井一正名誉教授は述べているが,「システム工学科初期の学生は,よく『システムとは何だろうか』という議論を先生らと一緒にしていた。その点,志が高かったし,優秀な学生が多かった」[73]と,瀧は述べている。その点,瀧自身も同じように,神戸大学在学中に「電子計算機研究会」を立ち上げ,新設の「システム工学科」に転入し,新しい組織の立ち上げや組織の理念がまだ固まっていない組織に加入する経験をしている。

　瀧によれば,当時のシステム工学科は,「コンピュータを道具として,経営・機械・計測・電気電子の工学分野の寄せ集めで立ち上がった新学科であり,どのような研究をすべきか,何をどの程度教えるべきか,先生方も学生も模索状態」であった[74]。その中で,少なくともICチップやマシンのハードウエア関連の領域については,瀧の方が,大学の研究者や民間企業の技術者よりも詳細スペックを良く知っている状況であり,金田教授(当時,助教授)と役割分担する形でマシン作りに関わり,瀧は指導教官からも一目置かれる存在になっていた[75]。さらに研究活動に没頭するというモティベーションを研究環境から得るだけでなく,研究領域もハードウエアだけでなくソフトウエアまで拡張する,という瀧にとって好循環を得る絶好の機会となった。

　その後,学部システム工学科は改組され,情報知能工学科となり,また,大学院は博士課程まで設置され,自然科学研究科,システム情報学研究科と,大学院として独立した研究科にまで成長した。しかしながら,情報科学という学問としての成熟とは逆に,現役の学生のモティベーションは高いものでなくなっている。この点,初代のシステム情報学研究科長の多田教授は,以下のように述べている。

　　　(近年は)コンピュータに対して好奇心をもってもらうために,2回生の後期から演習をしているが,今の学生は,ケツを叩かないと勉強せん学生が沢山いる。少なくとも,システム関連のアルバイトが忙しくて,突然,大学に来れなくなる学生はいなくなった。例えば,インベーダーゲームを自作するような演習は十分可能だけれども,技術がブラックボックス化してしまったことと,仮にシステムを自作しても,そのことが技術の最先端に届くような(当時の瀧先生や自分の学生時代のような)状況にはない。

なので，今の学生は，なかなか好奇心を持てなくなっている状況がとても残念だ。

(2009年12月15日　インタビューから引用)

4.4　日立製作所から第5世代コンピュータ前期まで

4.4.1　日立製作所大みか工場勤務

先の第5世代における今岡（1989）による紹介記事によれば，日立製作所大みか工場への配属，それから第5世代への参加の経緯について，以下の通り記載されている。

> 79年4月に日立に入社，制御用コンピュータの大みか工場（茨城県）に配属され，設計を担当することになる。瀧としては，汎用コンピュータ研究の総本山である中央研究所か，開発拠点の神奈川工場に行きたかったのだが，システム工学専攻ということで，システムの取りまとめをする大みか工場にまわされたようだ。工場の仕事は勉強になったが，「自分にはもっと何かできることがあるのではないか」と考えないこともなかった。そろそろ丸三年もたとうかというとき，部長に呼ばれて，「変な話があるぞ」といわれた。発足直前のICOTから，研究員を出してほしいという依頼がきているというのだ。渕が金田を通じて瀧のことを知り，本社に話を持ち込んだものらしい[76]。

（出所：今岡（1989），261頁）

瀧に当時のエピソードを聞くと，「会社から帰ってから特許の明細書の書き方を勉強した」[77]と語り，瀧にとって，日立製作所の勤務は，企業人としての基本的な知識・スキルを学ぶ機会となった。日立製作所に在籍したことは，社会人としての信用という点で，起業にとってプラスであった。例えば，大学発ベンチャー起業家として紹介される際も「日立製作所出身の瀧　和男教授」と言われることが多く，神戸大学の大学発ベンチャーの担当窓口で多くの起業事例に関わった連携創造本部・客員教授の石井昭三氏は，「瀧先生は日立出身で

民間企業での経験もあり，他の先生と違って，かなりしっかりしている」[78]という評価をした。一方，瀧の長男の大補氏は，「オヤジは，日本の大企業のことをあまり評価していないみたいで，大企業に就職しろ，と言われたことはない」[79]と語っており，起業に関して，瀧なりの大企業についての課題を自覚していることが推測される。

　第5世代の時に，瀧は法律や囲碁ゲームのエキスパート・システム開発プロジェクトに参画した経験を持ち，人工知能研究者としてサイモンをよく知っていることから，熟達の「サイモンの10年ルール（Ericsson, 1996；Simon and Chase, 1973）」の話題を上げたところ，「今から考えると，僕はちょっと長めの学生生活をしたので，大学入学してから日立の頃で10年選手だった。だからハードウエアは熟達者のレベルまでだったと思う」と述べ，「大みか工場で制御用のコンピュータを作ったけれども，1年目の新人としてはできすぎだと，かなりお褒めの言葉を頂いたことを覚えている」と筆者にエピソードを語った[80]。

　以下は，瀧の恩師の金田教授と同じ電気試験所のETSSプロジェクトに1967年に参加した古川康一氏（現在，慶応大学名誉教授）によるもので，瀧が日立製作所で目立つ存在であり，第5世代側から直接，一本釣りで指名された経緯（下線部）について述べている。

　　　産業界の支援のもうひとつの形は，ICOTへの研究者への派遣である。その際，渕が打ち出した方針は，年齢制限であり，出向時に35歳以下であることを条件とした。この条件により，ICOTには常に研究者として最もその能力を発揮できる時期を迎えた研究者がそろった。また，場合によっては，一本釣りといって，ICOT側から直接指名して，優秀な人材を集めもした。並列推論マシンのアーキテクチャを設計した瀧　和男は，日立で目立っていたのを引き抜いた。また，言語処理系やOSの開発にあたった近山隆は，大学から富士通を経由してICOTに送られてきたし，並列論理プログラミング言語GHCを開発した上田は，同様に大学からNECを経由して，ICOTに派遣された。ちなみに彼らはともに東大工学部計数工学科の出身であり，それは渕も，さらに古川も同じである。

　　　　　　（古川康一編著『渕一博―その人とコンピュータサイエンス』

近代科学社，2010年，66頁）

　その後の瀧の経歴を辿ると，1982年に国家プロジェクトである第5世代に引き抜かれ，1986年には第5世代のマシン開発についての博士論文を神戸大学に提出し，1992年に神戸大学に赴任している。つまり，渕一博氏や金田悠紀夫教授等の電気試験所出身者がしいたレール上で，研究者としてキャリアを歩んだといえる。しかし，瀧の場合，新しい研究テーマを求めて基礎研究に向かうのではなく，コンピュータのハードウエアを本拠地に，大学院時代は金田教授の下で人工知能向けプログラミング言語のLISP，日立製作所ではコンピュータの製品化と，コンピュータの関連領域を幅広く手掛けている。つまり，技術者として，様々な技術を統合すること，すなわち，システム化を意識している点に特徴がある。その点，大学卒業後，企業勤務経験もなく入所した電気試験所出身者と比べると，瀧の場合は，工場の現場経験や学生時代の自作マシン開発経験もあり，実際のものづくりの経験に裏付けられた守備範囲の広さと洞察の深さがある点，異色な存在である。

　この点，日立製作所の新人配属から約5年後，第5世代のマシンPSI（プサイ）の開発において，瀧は大みか工場でのコンピュータの製造現場の勤務経験が直接活かされた経験を，以下の通りに述べ，大企業での現場経験の意義を認めている。

> 　PSIは，みんなが使うツールになるマシンだから，信頼性やメンテナンス性，デバッグ（虫取り）には特に気を使いました。その際，工場に勤務していたことがすごく役立った。ICOTのハードウエア部隊では，純粋の工場経験者は僕ぐらいのものなんですが，工場には一種独特のスタイルがあって，それを知っていると再委託メーカーと一緒になって物をつくるときにスムーズにいくんですね。
>
> （出所：今岡（1989），262頁）

　一方，日本の大企業において，自らが大学や第5世代で学んだLISPやPrologを使ったマシン技術は活かす場がなく，技術のミスマッチを起していた

ことに対しての当時の苦悩を，以下のように述べている。

　　　僕は，メーカーというものにあまり合わない面がある。これまでのメー
　　カーの研究は，いかにして物をつくるか，ハウ・トウ・メイクということ
　　に重点が置かれていた。これからは，何をつくるか，ホワット・トウ・メ
　　イクが重要になると思う。その場合，インスピレーションの豊かさと，平
　　均パワーよりもピークでどれだけの力が集中できるかということがポイン
　　トになる。僕は，そこを得意としていると自分では思っているんですね。
　　会社の方もそういう状況になるのであれば，僕の働き場所はまだまだある
　　はずなんですが。

　　　　　　　　　　　　　　　　　　　　　　（出所：今岡（1989），265頁）

　これらの資料について，「人事には，出向から早く帰って来ないと，会社で
の評価（点）が上がらない，出世できないよ，と声をかけてもらったけど，
やっぱり日立には戻りたくなかった」[81]と，瀧は語り，大企業勤務経験の良い
点も悪い点も理解した上での瀧なりの違和感を表現した。この違和感こそが，
ハードウエアの技術者の熟達者としての瀧を第5世代に向かわせ，結局，研究
者として神戸大学に赴任させる引き金になった。
　瀧の場合，1982年に民間の日立製作所から国家プロジェクトの第5世代に参
画したが，電気試験所で渕一博氏の直属の上司であった高橋茂氏[82]は，瀧とは
逆に1962年に電気試験所から日立製作所に転籍し，国産コンピュータの商業化
に寄与した人物である。高橋氏の著書によれば，電気試験所で開発された日本
初のトランジスタ型コンピュータETL-Mark IVの商業化を目的とした日立製作
所の開発メンバーが，1958年6月頃から高橋茂氏の研究室の傍に常駐し，高橋
茂氏と相磯秀夫氏で日立側の論理設計図をレビューをした，というエピソード
が残されている（高橋，1996）。つまり，米国の場合は，ペンシルバニア大学か
らのUNIVAC，MITからのDECと，軍の資金援助を得た大学研究者による起
業によって商業コンピュータが誕生している一方，日本の場合は，電気試験所
からの大企業への技術移転で商業コンピュータが誕生したことが記されている。
　渕は，当時は東大助教授だった元岡達，電気試験所の先輩である相磯秀夫が

派遣されていたイリノイ大学に1961年9月に留学したが，渕を電気試験所に引き入れた直属の上司である高橋茂を追って，日立製作所に転籍を画策した経緯を以下のように語っている。

> 10ヶ月の留学体験で，渕は大学あたりでコンピュータをつくるのはもう限界ではないかということを感じていた。イリノイ大学デジタルコンピュータラボラトリーは，20人位のチームで，IlliacⅡに取り組んでいたのだが，開発はなかなか進まなかった。帰国後，それは電気試験所にもいえることではないかと思った。実際，MarkⅥの開発も計画通りにいっていなかった。渕はコンピュータ産業の興隆を予見していたが，"5年たてば，技術の主流は産業界に移行する"というのが最初からの見通しだった。こうしたことから，電気試験所をやめて民間企業に移ることを真剣に考え始めるのである。同じ考えだったのかどうか，帰国したときには高橋が既に日立製作所に移っていた。
>
> (出所：今岡（1989），92-93頁)

それから20年後，1980年頃の日立製作所のコンピュータの開発現場は，IBMコンパチブル路線を追随しており，技術的には成熟していた（高橋, 1996）。少なくとも，電気試験所出身の金田教授の下，最先端の技術を必要とする人工知能向けLISPマシンの開発経験のある瀧にとって，既存技術の追随をせざるを得ない日立製作所の工場勤務は，技術の方向性が異なるものであった[83]。旧国鉄のみどりの窓口の発券システム等，メインフレーム市場で国産メーカーとして存在感があった日立製作所であるが，その後，1980年代以降の個人所有によるパソコンやゲームの時代になると，徐々に存在感が低下していったことを考慮すると，第5世代への出向は，瀧にとって大学時代の経験を生かせる絶好の機会であった。

第5世代は，10年間1000億円の通産省主導の国家プロジェクトの下，各メーカー8社に対して協力を要請し，瀧のような優秀な人材を一本釣りで確保した結果になった。また，渕一博氏は，この時期の日本のコンピュータの課題として，①新しい研究を見極め評価する力と，②基礎研究の層の厚さ，を挙げてお

り（渕，1984），コンピュータ分野の研究者の育成が，コンピュータ産業にとっても最優先課題であった。その点，一本釣りされた人材は，いずれ研究者として大学に戻り，コンピュータ関連の人材育成に寄与することが期待されていた。しかしながら，人材育成についての貢献よりも，第5世代の協力企業の事業化や製品化への成果に乏しかった点で，第5世代終了後，国家プロジェクトの是非について，多くの批判を浴びる結果となった（高橋，1996）。

どちらにせよ，日本におけるコンピュータの商業化を意図した1961年の高橋茂氏の電気試験所から日立製作所への転籍から20年後の1982年，瀧和男は日立製作所から第5世代コンピュータプロジェクトへ出向し，日本を代表する若手研究者として次世代のコンピュータの開発に尽力することとなった。

4.4.2　第5世代コンピュータプロジェクトに対しての批判

既に述べたとおり，瀧は，1982年に日立製作所から出向し，日本における最大規模の国家プロジェクトであった第5世代コンピュータプロジェクトに参画する。以下の引用では，瀧は第5世代コンピュータのことを「自分のためのプロジェクト」と表現しているが，研究者として最も充実した時期の30歳代の10年間を第5世代で過ごすことになる。

> <u>僕は，このプロジェクトは自分のためにあるんじゃないかと思っている</u>（笑）。物をつくるのが昔から好きだし，形のないところから新しいものをつくり出すというのは性に合っているんです。メーカーにいたら，こんな仕事はまずできません。ここにいても，やりたいことを全部やれるわけではないが，自分を燃やせるという意味では，最高の環境だと思います。僕は自分をいつでも燃やしていたいんですね。
>
> （出所：今岡（1989），261頁）

瀧が第5世代に一本釣りによって参画した経緯については既に述べたが，大学発ベンチャー起業家である瀧和男氏との関係で第5世代を記述するという本節の趣旨からすれば，国家プロジェクトとしての第5世代は論者の立場によって評価の分かれるきわめて難しいプロジェクトである。

例えば，瀧と同じく日立製作所で技術者として勤務経験のある，人工知能批判論者である西垣通氏は，第5世代の失敗こそが研究者としての問題意識であるとして，以下のように述べている。

> 「人工の脳」に私が興味を持ったきっかけは，1980年代に通商産業省が立ち上げた「第五世代コンピュータ開発」という国家プロジェクトと関連しています。これは当時の日本の第一線の研究者が官民一体で取り組んだ，画期的なコンピュータだったのです。目的は，世界に先駆けて斬新な国産コンピュータをつくること，とりわけ言葉を理解するコンピュータの開発でした。<u>論理型言語を直接ハードウエアで並列処理する</u>という，今までなかった考え方や概念の提案，そしてそれを実際に作った，というところがすごい。それなのに，第五世代コンピュータはなぜ，ほとんど使われないものとなってしまったのか。
>
> 一方，ちょうどそのころ，大量生産型のパソコンやワークステーションなど，今我々が使っているようなコンピュータが出始めました。今のパソコンはハードウエア自体はシンプルで，ソフトウエアが複雑になっている。人間の言葉を理解するというよりは，人間とのインターフェースに重点がおかれています。そして，こちらが主流になりました。どうして第五世代コンピュータは挫折してしまったのか，心を持つコンピュータはできないのか──これが私の問題意識です。
>
> （西垣通著『身体化された心と人工の脳』2008年6月28日　講演録[84]）

西垣は，実際に日立製作所の技術者として第5世代に参画した経験があり，その後，大学研究者として人工知能批判に転回するのであるが，西垣が述べた，「論理型言語を直接ハードウエアで並列処理する並列アーキテクチャを設計」した担当者こそが，瀧であったのである。

瀧も西垣も日立製作所に勤務するが，瀧は神戸大学から1979年に制御用コンピュータの製造現場に赴任し，一方，西垣は1972年に東京大学計数工学科を卒業後，中央研究所に赴任し，スタンフォード大学に留学後，1982年に東京大学から工学博士号を取得している。その後，第5世代コンピュータの中期にあた

る1986年に日立製作所を退職し，明治大学に赴任した。西垣は日立製作所を退職した経緯について，以下のように語っている。

　　私は東大工学部計数工学科を出てすぐに日立製作所に入って，サラリーマン生活をおくっていたのですが，実は工場で体を壊したのです。研究所から工場に派遣されたときのことでした。工場に派遣されたのは決して悪いことではない。研究所長の親心でした。メーカーでは，研究所にずっといるだけでは絶対に本社の幹部になれない。研究所の人間は工場に行って，そこでものづくりを体験して，工場との人脈もつくる。そうしなければいいマネージャーになれないのです。

　　研究所長は私に言いました。「お前は留学もして，学術論文も書いて，博士号もとって，学問的にはいいかもしれないが，少し実地の苦労もしてこい」と。そこでものづくりの最前線に駆り出されたわけですが，大変きつい仕事でありました。朝八時から夜十二時過ぎまで仕事をするわけです。日立の人だけでなく，下請けの会社の人や，あるいはそのさらに下請けの会社の人たちと一緒に仕事をする。

　　人間関係には苦労しました。こちらが新しい方式がいいと理論的に主張したところで，現場の人には経験的に従来方式がいいという。古いかもしれないけど，それでやってきたんだという自負を持っています。たたき上げのエンジニアなんていうのは，研究所から急に来た人間の言うことなんか聞きやしません。

　　こちらが上司なので，表向き「はい，はい」と言いますが，全然違うことをやっている。そんな中で一生懸命に仕事をしていて，腰の椎間板ヘルニアになってしまったんです[85]。幸い手術が成功して治りましたが，今も無理はききません。そういうこともあって，転職して大学にいったわけです。

　　　　　（西垣通著『情報学的転回　IT社会のゆくえ』春秋社，2005年，87-88頁）

　瀧の場合，趣味の延長から自作マシンを手掛け，独学でハードウエアをマスターした感があり，日立の製造現場の工場でもハードウエアの技術者として既

に10年近くの経験を積んでいた一方，大学院で学んだ人工知能関連の研究を活かす場が日立にはなかったことに不満をもっていた。西垣の場合，大学の正規のカリキュラムの中でコンピュータ科学を学び，日立でも中央研究所，それからスタンフォード大学への研究員としての留学した，いわゆる研究者としてのキャリアを歩んでおり，マシン製作の現場の経験が足りなかったため，技術開発や管理業務への適応に苦労したことがわかる。

その後，瀧は，モノ作りを突き詰めて起業家になり，一方，西垣は，文理融合型の「情報学」[86]を提唱し，積極的に評論活動をおこなうようになるが，彼らの問題意識は「第5世代コンピュータ」であり，彼らなりの答えの出し方が彼らのキャリアに反映されているといえるだろう。

1980年代の10年間は，コンピュータの技術面からいえば，メインフレームからワークステーションへ転換した時期にあたり，「第5世代コンピュータ」は，政策面からいえば，国家主導の大企業によるIBM追随から，基礎研究からの新しい技術の創出へと転換したプロジェクトであった。

4.4.3　論理実証主義者，人工物の科学者としての瀧和男

瀧には，第5世代コンピュータの並列処理における研究成果をまとめた著書があるが，その本を読む限り，彼の研究者として依拠するパラダイムは論理実証主義である。しかしながら，ポッパー（Karl Popper）のような反証主義ではなく（Popper, 1959），新たな理論モデルの提示と仮説検証をおこなうサイモンによる「人工物科学」が彼の立場に最も近い。以下に，彼の編著（1993）のまえがきを記載するが，議論の展開は，概念モデルから設計された人工物に対して仮説検証をおこなう論理実証主義に依拠したものである。したがって，長文ではあるが，以下に引用する（109-110頁）。

編者まえがき

　第五世代コンピュータプロジェクトは，知識情報処理に適する近未来の新しいコンピュータ技術を目指して，1982年から開始された11年間の大国家プロジェクトであった。

そこで，論理プログラミングという新しい技術を研究開発の理論的基礎として採用した．それに基づいて，知識処理と並列処理というともに難しい技術を基本から再構築し，それらを結びつけた新しいコンピュータ技術を創造しようと試みたのである．

<u>プロジェクトを始めるにあたっては次のような仮説を立てた</u>[87]．すなわち，「論理」に基づいて技術を基本から再構築することによって，従来問題とされた数々の課題が解決され新しい展望が開けるというものであった．

プロジェクトの目的は，知識情報処理のための新技術開発であるとともに，上記の仮説を証明することでもあった．これを進めるため，計算機技術のほとんどすべての部分について，論理プログラミングに基づきゼロから作り直す作業を本当に実行したのである．その中には，中核となる論理型言語，それを実行する並列処理ハードウエアと言語処理系，オペレーティング・システムをはじめとするシステムソフトウエア，推論や知識処理の基礎技術，そして応用ソフトウエアとそれらのプログラミング技術に至るまで，具体的なもの作りを伴った数多くの研究開発項目が含まれていた．そうしてでき上がったシステムを実際に使い込んで評価しようという，とてつもなくスケールの大きい計画だったのである．（中略）

従来技術を越えた手応えは，じつはプロジェクト中期の終わりに既にあった．プロジェクト後期の3年間は，その手応えを確実なものにし，さらに確かめる作業だったかもしれない．そこで確認された第5世代コンピュータの並列処理技術は，従来の数値計算しか対象にしなかった並列情報処理技術に比べて，柔軟性が高く，知識処理に代表されるような動的な性質や不均質なデータを扱う計算問題にこよく対応でき，高い性能を引き出せるということだった．本書の副題である「汎用並列処理への道」は，そのような技術により，並列処理の適用領域と適用可能性が大幅に広がることの予想と期待を表現したものである．

<u>それでは実現された技術がどのくらいすばらしいか，あるいは従来技術を超越しているかについては，まだ，定性的な評価段階である</u>．しかし各種の本格的応用プログラムの記述性や本書でも示す性能測定結果を見る限り，第5世代コンピュータの並列処理技術がもつ優位性，将来性は，ほぼ

疑う余地のないものだと考えられる。(以下略)

1993年4月
瀧　和男
(出所：瀧 (1993), まえがき)

　瀧がこの編著を書いた1993年4月は，彼がプロジェクト後期に中心になって手掛けたLSI CADについては大きな成果を上げたこともあって，公には内密にして大学教員の傍ら起業を検討している段階であった時期である。西垣による第5世代に対する批判とはきわめて対照的であるが，以上の彼の編著から推測する限り，彼の起業にいたる論理は「自らが開発した新技術は世の中に受け入れられる」という自らの仮説に対しての証明という位置付けであり，自ら開発した技術に対しての絶対的な自負によるエネルギーが彼の研究の原動力である。瀧は筆者とのインタビューにおいて，「起業家」と呼ばれることについては，「俺をその辺の技術も何もないベンチャー起業家と同じにしないで欲しい」と嫌がり，また，世の中に役に立たない研究をしていると暗喩される「研究者」と呼ばれることについても違和感をあらわにした。そして，「技術者」と呼ばれることについては，「まあ，そんなところ」とようやく納得をした経緯がある[88]。したがって，瀧のストイックなまでの技術への没頭は，自らの技術に対しての信念・価値前提があると考える。

　また，神戸大学工学部システム工学科が，1994年に大講座制に移行し，計測工学科と合併したことについても，「システム工学というのは，これからの研究のあり方だと思っていたので，私にとっては少し残念だった」[89]と語ったことからも，ある仮説モデルに対して人工物（システム）としてのマシンを創造し，それをシミュレーションによって検証をする，という，サイモンが主張した「人工物科学」(Simon, 1969) が，最も彼の意図に近い。

4.4.4　国家プロジェクトとしての第5世代

　先述したが，第5世代コンピュータプロジェクトは，通産省主導の国家プロジェクトであった。本節では，ベンチャーの輩出の点で国家プロジェクトを考

察しながら，第5世代の特徴に言及する。何故なら，米国でも初期の大学発ベンチャーは国家プロジェクトへの参加者であったからである。実際，瀧は，1982年から1992年までの10年間，第5世代コンピュータプロジェクトに参画するが，この10年間の期間は，サイモンが示唆した「固有領域における熟達期間」（Simon, 1996）に相当する。第5世代は，人工知能研究のビジネスへの応用を意図したエキスパート・システム用のマシン開発であり，ジョイント・チーム方式によるLSI CADや囲碁，法律相談等の様々な分野のエキスパートとの交流を通じて，瀧自身もエキスパート・システムの理論的背景としての熟達研究の概要を，理論的というよりも感覚的に理解していた[90]。

現時点（2011年）における瀧の第5世代の自己分析は，
- 後にグリッドコンピュータに結実する並列コンピュータのアーキテクチャを確立したこと
- 熟達者の直観的判断によってなされていたLSI設計に対して，LSI CADの研究を推進させたこと

以上であるが，その他，法律家，囲碁，数学の定理証明等のエキスパート・システムのハードウエアの責任者が，瀧であった。したがって，瀧自身，コンピュータ設計のエキスパートである自覚があり，熟達研究の概要についても感覚的に理解しており，自身の著書の編纂を通じて，彼が自身のキャリアを振り返り，何に苦労をして，どのように乗り越えていったのか，という内省もできている状態にあると考えるべきであろう。

上記を踏まえると，1992年以降の神戸大学教員時の経験そのものよりも，第5世代の経験，特に，LSI CADを手掛けた後期における応用研究成果が，瀧の起業において大きな影響を与えていると筆者は考える。つまり，瀧の研究成果を踏まえ，熟達研究の観点から，国家プロジェクトであった第5世代を詳細検討するのが妥当と判断した。

本研究の趣旨は，瀧の起業経緯を明らかにすることであり，国家プロジェクトの起業への影響を明らかにするものではないので，その概略を述べるにとどめる。ただし，その日米比較をすることによって，その問題点を明らかにすることは，重要であると考える。コンピュータの歴史を踏まえると，米国の場合，ENIACもホワールウィンド・コンピュータも軍の要請で大学教授をリーダー

にした開発プロジェクトに資金援助され，試験的なマシンが大学で製作されている。例えば，プロジェクト・ホワールウィンドに参加していたMITリンカーン研究所の研究者であったケン・オルセンによって，プロトタイプであるTX-0の商用化を目的に起業したのがDEC社である。一方，日本の場合，通商産業省とその傘下の電気試験所の研究者が中核メンバーになり，IBMに対して輸入参入障壁を作りながら，国内大企業メーカーの保護育成施策の一環で，国家プロジェクトが起案されている。

また，米国の場合，具体的なマシン開発は，リーダーの裁量に任されたが，日本の場合，税金投入の名目と国際競争力を持ち得るかどうかの観点から，幾つかの大企業を選抜して発注をする形が取られた。したがって，護送船団方式と揶揄された通り，通産省とその協力企業によって国家プロジェクトが実施されている。

つまり，米国は，軍と大学の連携によって国家プロジェクトが実施された一方，日本は，通産省と大企業の連携であった。そして，米国は，軍需による技術開発成果の民間移転を意図してベンチャー起業が輩出されたが，日本は，IBMに対しての大企業のキャッチアップが主たる目的であった。また，大学紛争もあり産学連携が不可能な状況でもあったため，大学の役割は，大企業への人材輩出にとどまった。したがって，日本においては，大学からベンチャー起業が輩出される状況ではなかったのである。

第5世代では，各企業出身者による派閥の弊害を極力避けるため，プロジェクトに参加する研究者は35歳以下に限定され，また，リーダーの渕一博の強い意向で，研究所には大部屋制度が導入された。

現時点（2011年3月20日）での，瀧による第5世代コンピュータプロジェクトにおける当事者の見解を，以下の通り述べている。

　　第5世代において，渕さんは，ある意味使い分けをしたと思う。通産省を通じて大蔵省に予算を獲得するために，「エキスパート・システム（のビジネス）で，日本は米国に勝つ。打倒IBM」と大義名分を言う一方で，渕さんは基礎研究における人材育成を第5世代で担うことを見据えていたところがある。ファイゲンバウムら米国の研究者は，人工知能のビジネス

で米国は日本に負けてしまうと危機感を煽って、研究予算獲得に奔走した感があり、彼らのメンツを守る点からして基礎研究も含めて決して日本の研究成果を認めない部分があった。一方、ヨーロッパの研究者はビジネス抜きで、純粋に研究を評価してくれたと思う。

(2011年3月10日　口頭メモ)[91]

　第5世代についての文献を調べると、1980年代中旬頃までは、第5世代を国家プロジェクトとして紹介する記事がほとんどであったが、プロジェクトの中間報告にあたる1987年の国際会議におけるこのプロジェクトの主たるテーマである並列推論マシンということから言えば、「並列は成功するだろうが推論は難しい」と示唆したサイモンの基調講演[92]以降（Simon, 1988）、多くの論者から批判を受けることになった。

　ここで第5世代に対しての賛否両論を簡潔に整理すると、第5世代を推進した研究者側の論理は、「コンピュータ関連の研究者を200人以上育成した」[93]というものであり、人工知能批判は、「意味を理解するコンピュータを創造するという目的は壮大過ぎた」[94]というものである。筆者が瀧に西垣氏について尋ねたところ、「全く面識がなく著書や評論も読んだことがない」と答えているが、ここでの第5世代についての批判については、コンピュータ・チェスを通じての「サイモンとドレイファスの対立」という人工知能批判における構図を、「日立製作所出身の瀧と西垣」に置き換えると、きわめて分かりやすい。

　どちらにせよ、基礎研究から応用研究というリニアモデルの典型である国家プロジェクトは、第5世代以降、税金投入の根拠と成果を常に問われ、懐疑的対象にされることになった。その点、1988年に開催された第5世代の国際シンポジウムにおけるサイモンによる基調講演が、通産省主導による米国へのキャッチアップを目的とした国家プロジェクトの転換期であった[95]。

4.4.5　米国視察出張と米国の大学発ベンチャー

　以上のようなきわめて評価の難しい第5世代コンピュータプロジェクトであるが、瀧にとっては米国のコンピュータ、特に、大学からスピンオフしたベンチャー起業が製作したマシンや起業家に直接接触した機会となった。以下は、

瀧の編著（1993）からの抜粋であり，下線部は，大学発ベンチャー起業家やそのマシンに瀧が接したことを示すエピソードである。この点，プロジェクト最初の米国視察出張に選ばれた3名に，瀧が含まれていることからすると，当初から，エキスパート・システムのハードウエア開発の中核を担うことを期待されていた，日本を代表する若手研究者であった。

◇技術調査を命ず[96]

　1982年6月末，ICOT研究所がスタートしてひと月もたたない頃，一つの海外出張命令が出された。「論理型言語専用のワークステーションを開発する。手本は米国で商用化されているLISPマシンである。ついては関連技術を調査し報告すること。」出張命令を受けたのは，言語開発グループに配属されていた近山　隆，自然言語処理の安川秀樹，ハードウエア開発の瀧　和男であり，いずれも28歳から30歳の若手研究者だった。人工知能と知識処理研究の動向調査を兼ねた米国出張であった。

　最初の訪問地ピッツバーグでは，AI関係の大きな国際会議であるAAAI[97]が開かれており，デモンストレーションのブースでは，発表されたばかりの各社のLISPマシンを目のあたりに見ることができた。第5世代コンピュータプロジェクトのスタートとともにAIブームが登り坂で，会場は活気に溢れていた。そこではXEROX社のLISPマシンシリーズ3種類（Dolphin, Dandelion, そしてECLデバイスを使った超高速LISPマシン Dorado）をはじめとして，<u>MIT出身の人たちが作った二つのLISPマシン会社　SymbolicsとLISP Machine, Inc.からは，MITでプロトタイプが作られたCADRマシンの商用版，そして，まだ部分稼動状態のSymbolics3600が展示実演されていた。</u>ほかにLISPマシンの保守用に，ワークステーションの原点として名を馳せていたXEROX社のAltoマシン（非売品）が片隅に置かれていたのも印象的だった。（中略）

　西海岸に移って，<u>サンフランシスコ近郊では，設立後4ヶ月しかたたないSun Microsystems社を訪れた。</u>われわれが作るワークステーションにもマルチウィンドウシステムを装備することが必要条件とされており，そのためにビットマップディスプレイのハードウエアが必要だった。（中

略）けれどもSun-1の試作品を見た結果は，信頼性に問題ありということになった。思い出すのは，いかにも町工場で組み立てたようなキーボードを押すと，キーがひっかかって戻らなかったことである。当然，この時点では，同社とUNIX文化の今日の興隆を予測することは困難であった。

ロスアンゼルスでは，<u>SymbolicsとLISP Machine, Inc.をそれぞれ訪れて歓待を受けた</u>。技術的な質問に答えてもらうとともに，工場見学もさせてもらった。結論は，「ハードウエアは特に驚くほどのものではない」「ソフトウエアは触って使い込んでみる必要がある」「ビットマップディスプレイは自前で何とかする必要がある」ということだった。ちなみに，瀧はLISPマシンを作った経験があり，近山は高速のLISP処理系の開発者でもあり，安川は自然言語分野でのLISPユーザーだった。後にICOTではSymbolics3600を購入し，プロジェクト中期のはじめ頃まで使った。

（出所：瀧（1993），18頁）

この記述について，瀧に対して筆者が，「当時から起業することを念頭においていたのか」と質問したところ，「この時点では全く起業を考えていなかった。ともかく，新しいマシンを作りたかっただけ」と瀧は答えた[98]。しかしながら，当時，10年1000億円の日本史上最大規模の国家プロジェクトの中核メンバーとして米国を視察したベンチャー企業は，MITやスタンフォード大学のスピンオフベンチャーであり，エキスパート・システムで彼らを凌駕することを目標としている以上，瀧は，日本人で最も早い時期に米国の大学発ベンチャー企業を目の当たりにした3人中の1人と言えるだろう。

当時，米国のエキスパート・システムを牽引していたのは，カーネギー・メロン（Carnegie Mellon）大学のサイモン研究室の門下で，スタンフォード大学のファイゲンバウム教授であるが，上前淳一郎氏によるルポルタージュ「めざすは新世代コンピュータ」（1985）において，以下の通り紹介されている。下線部は，ファイゲンバウム教授による，大学発ベンチャーに関するエピソードについてである。当時，日本においては，国立大学教員による大学発ベンチャーの兼業は認められておらず，一方，米国の大学教授は，大学発ベンチャーの兼業が認められていたことを示す資料である。

第4章　大学発ベンチャー起業家のライフヒストリー　　125

　この"人工知能"という新しい言葉を，学生生活の終わるころに聞いたファイゲンバウムは，すっかり夢中になり，その研究を生涯の仕事にすることを決めた。カリフォルニア大学バークレー校で教鞭をとりはじめた彼は，間もなくジョン・マッカーシー教授に招かれてスタンフォード大学コンピュータ科学部の教授に就任する。
　ここで学部長をつとめるかたわら，1980年（昭和55年）に「インテリ・ジェネティクス」，翌1981年には，「テクノノレッジ」社を，共同研究者たちとともに設立した。ちょうど日本から第5世代の報告書が送られてきた時代である。2つの会社はともに，人工知能を応用した専門家システムを売る，新しいタイプのソフト企業だ。専門家システムの典型的な例としては，医療診断システムを挙げることができる。コンピュータに症状と対処法を覚えこませておけば，症状を入力してやるだけで素人にも病名と治療法がわかる。
　同じように，化学プラントなどの故障診断システムをつくることができる。さらにマシン相手に法律相談をする弁護士システムや，経営戦略を決めるシステムなども作成可能だ。ファイゲンバウムの会社は，そうしたシステムをつくって，販売する。システムには，LISP言語を使うが，従来型のコンピュータに端末をつないでやればいい。
　「インテリ・ジェネティクス」社には，設立と同時に問い合わせが殺到し，主として生物学，生化学などを手掛ける企業や研究所へ向けて，システムは飛ぶように売れていった。学者たちが始めたベンチャービジネスは大当たりをして，同社は株式市場に上場されて，成長株としてもてはやされることになった。日本で学者が，自分の専門知識を生かして会社をつくり，大儲けしたりしたら，たちまち爪はじきされるだろうが，ファイゲンバウム教授はいっこう頓着した様子がない。「アメリカでは，大学教授は週のうち1日だけ，ほかの仕事をすることが認められています。州立，私立大学を問いません。」賢明なファイゲンバウム教授は，二つの会社の経営にその一日を使う。もちろんいくら儲けてもかまわない。教授は注意深く，どのくらい報酬をうけているのかの言明は避けているが。（中略）
ファイゲンバウム教授の会社はさすがスタンフォード大学の構内にはなく，

二つとも大学のすぐそばのユニバーシティー・アベニュー（大学通り）に置かれた。二つの会社には，ファイゲンバウム自身や，彼の研究室の教授陣が出資している。どちらも社員は100人足らず，いくら成長企業といっても，年間売り上げはまだ300万ドルに満たない。しかし教授は意気軒昂たるものがある。

　「両社とも，将来は必ずビッグ・ビジネスになります。1990年にアメリカのAI市場は，ハード，ソフトを含めて少なくとも50億ドルの規模に達するでしょうからね。」人工知能は，日本の第5世代コンピュータの重要なテーマの一つだ。非ノイマン型のマシンに，Prolog言語を使ってそれを実現させよう，と日本は考えている。しかし，ファイゲンバウム教授は，従来型のLISP言語を使って人工知能時代を先取りしてしまっている，といえた。

（出所：上前（1985），140-142頁）

　スタンフォード大学のファイゲンバウム教授の公式サイト[99]を参照すると，彼が手掛けたエキスパート・システムの大学発ベンチャーは既に他社の傘下となっており，また，日本の第5世代コンピュータも，商用化には至らなかった点では，AIブームと共に潰えてしまったというのが，2013年頃の人工知能やエキスパート・システムの評価であろう。つまり，1980年代，彼らが描いたコンピュータの近未来予想は大きく外れ，LISPマシンによる人間の代わりに考える（推論）コンピュータではなく，当初，LISPマシンに付属していたネットワーク機能を利用して誕生したインターネットが1990年代に全世界を席捲したことになる。

　しかしながら，第5世代に参画していた時代の瀧の置かれた状況を考えると，
- 彼自身が手本とした，MIT人工知能研究所発のベンチャー企業が開発したLISPマシンと元祖ハッカーの大学発ベンチャー起業家達との交流
- 日本の第5世代に対して科学者として米国内で危機感を煽り，その一方で，自身がリードするエキスパート・システムの研究活動に対して予算獲得に奔走しながら，大学発ベンチャー企業を経営するスタンフォード大学のファイゲンバウム教授の起業家活動

以上を瀧は目の当たりにしていたことになる。

4.5 第5世代コンピュータ中期から後期（LSI CAD）

4.5.1 コンピュータアーキテクトとしての瀧和男

　第5世代を瀧和男に焦点をあてて歴史的に記述するとなると、彼の専門領域であるハードウエアシステムの研究開発について扱うことになる[100]。そこで、ここでは若干、コンピュータの技術史に触れることにする。コンピュータ・アーキテクチャ論は、コンピュータの要素、すなわち、①入力装置、②出力装置、③記憶装置、④中央演算部のサブシステムから構成されるシステムと捉える、サイモンが提唱した「情報処理モデル」[101]がその基本である。そして、この「情報処理モデル」に基づいて予めプログラムが記憶装置に備わっているコンピュータ、すなわち、「プログラム内蔵型コンピュータ」は、レポートをしたゲーム理論で著名なフォン・ノイマンの名から、長らく「ノイマン型コンピュータ」と呼ばれていた。ここで技術詳細は述べないが、コンピュータアーキテクト 瀧和男について議論する際にその前提となる予備知識は以下の通りである。

　すなわち、コンピュータ全体の設計図が理解できていれば、その機能（サブシステム）を半導体のチップに集積することが可能であるが、コンピュータ全体の設計を理解できていなければ、その機能（サブシステム）を半導体のチップに集積することができない。したがって、プログラム内蔵型コンピュータである以上は、ハードウエアのみならず、プログラム、すなわち、ソフトウエアの理解がなければ、コンピュータ全体の機能のミニチュア版を半導体チップに集積することができない、というのが、コンピュータ・アーキテクチャ論の大前提である（Baldwin and Clark, 2000）。そして、その中で、最も重要なソフトウエア（サブシステム）が、オペレーティング・システム（OS）であり、そして、世界初の商用OSが、IBMによって1964年に発売された「OS/360」なのである。

　結論を先取りすれば、瀧は、第5世代の前期・中期の間に、ハードウエアの責任者の立場から、ソフトウエア分野にも習熟しながら新しいマシンの設計を

リードし，そして，第5世代後期に，LSI CADの応用研究を手掛け，そこからコンピュータのミニチュア版を半導体チップに集積するシステムLSIの分野で1995年に起業する。もちろん，東京大学・元岡教授，京都大学・萩原教授に引き続き，コンピュータ・アーキテクチャ論の新講座を神戸大学に開設するため，1992年10月に教員として母校に戻ることになった訳であるから，この段階で既に，瀧和男は第5世代での研究実績を持つコンピュータ・アーキテクチャ分野のトップレベルの研究者であったことを意味している。「コンピュータを設計する」ということは，そのマシンのハードとソフト（プログラミング言語，OS）を理解し，ブラックボックスとなっている領域がきわめて少ない状態であることであり[102]，そして，ブラックボックスが無い状態であることが如何に難しいことであるかについては，花原和之准教授が筆者との電子メール書簡[103]で示した通りである。

　余談になるが，奇しくも世界初のコンピュータENIACを作った当時，ペンシルバニア大学准教授のジョン・モークリー（John William Mouchly）と大学院生のジョン・エッカート（John Presper Eckert）は，「プログラム内蔵型」のアイデアをフォン・ノイマンに先にレポートされたが故「ノイマンが発明したノイマン型コンピュータ」と言われるようになったこと，大学当局が「プログラム内蔵型コンピュータ」の特許権を彼らに認めなかったこと，以上の事実に激昂して，ENIAC後継のペンシルバニア大学のEDVACプロジェクトから離脱し，1947年12月22日，世界初の大学発ベンチャー Eckert-Mauchly Computer Corporation[104]を立ち上げる。

　つまり，彼らは，「コンピュータの設計図」とその中核にある「プログラム内蔵型」の特許権の帰属を巡ってプロジェクトの主導権を持つフォン・ノイマンらと争い，大学を離れ起業したのである。

　コンピュータのデザイン（設計）そのものが，コンピュータ産業のデザイン（設計）を変えてしまったインパクトについて，ENIAC以降の「プログラム内蔵型」にもふれて，コンピュータ史に基づいて書かれた大著が，「デザイン・ルール──モジュール化パワー」（Baldwin and Clark, 2000）であるが，この第5世代コンピュータのハードウエアのアーキテクチャに対して，事実上，プロジェクトをリードしたのが，若干30歳，神戸大学LISPマシンを設計した経験

を持つ，瀧和男氏であった。

第5世代コンピュータプロジェクトは，対外的には，日本が米国，特にIBMを凌駕することを画策し，対内的には，コンピュータの基礎領域の研究者を育成することを意図し，数値計算に適した「ノイマン型」コンピュータを越えた，論理演算や推論に適した「非ノイマン型」[105]のアーキテクチャの並列コンピュータを作ることを目標とした。そのような経緯から，彼ら若手研究者に与えられたミッションは，「コンピュータにおいて，フォン・ノイマンを越え産官学からなるオールジャパンの連合体を作り，日本のメーカーに対してIBMを凌駕するマシンの基礎技術を提供すること」になった。

そして，第5世代コンピュータのハードウエアの設計は，事実上，瀧 和男に委ねられたのである。第5世代における瀧のエピソードが掲載されているジャーナリストの今岡和彦による「我が志の第五世代コンピュータ　渕一博とICOTの技術戦士たち」では，瀧の研究開発について記載されている。下線部は，瀧和男氏が，ハードとソフトと複数領域の熟達者として評価されていることを示すエピソードである。したがって，長文になるが，以下に，引用する（129-131頁）。

　　瀧がICOTで最初に手がけたのは，個人用逐次推論マシンのPSI（プサイ：Personal Sequential Inference machine）である。Prologを改良した論理型言語のKL0（核言語第0版）を機械語として，推論を逐次的に実行するマシンで，プロジェクトを進めるための研究用のワークステーションとなるものであり，早急な完成が期待されていた。ICOT側メンバー四人を中心に，三菱電機，沖電気が開発に参加した（OSは別チームが担当）。瀧は，<u>LISPを知り尽くしていたが，「LISPとPrologは，近い親戚」</u>とはいえ，Prologに慣れるには時間がかかった。

　　本格的な設計を開始したのは82年度晩秋で，開発完了は，「83年中に厳守」と区切られていたが，目標は高いところに置いていた。大型汎用機DEC2060で動くDEC10prologという処理系と処理速度は同等の30キロLIPS，メモリ容量は64倍というものである（LIPSは，Logical Inference Per Secondの略で，1秒間に実行可能な推論操作の回数を

示す。すなわち，30キロLIPSとは，1秒間に3万回の推論操作を行う）。論理言語を実行するマシンの設計技術を蓄積するという目的もあったから，「プロセッサの隅から隅まで，全部自分たちで新規開発しようという意気込みで，1年間シャカリキになってやった」という。製造を担当した三菱電機から，「ICOTの皆様へ　クリスマスのプレゼントをお届けします」というカードとともに第1号マシンが届いたのは，まさに期限ギリギリの83年12月5日であった。（中略）「PSIは，みんなが使うツールになるマシンだから，信頼性やメンテナンス性，デバッグ（虫取り）には，特に気を使いました。その際，工場に勤務していたことがすごく役立った。ICOTのハードウエア部隊では，純粋に工場経験者は僕ぐらいなものですが，工場には一種独特のスタイルがあって，それを知っていると再委託メーカーと一緒になって物をつくるときにスムーズにいくんですね。」

　瀧たちがPSIを完成した後で，DEC10prologのウォーレンが新しいPrologマシンを発表した。このWAM（Warren Abstract Machine）は，PSIがファームウエアで処理系のメカニズムを実現していたのに対し，それを新考案のコンパイラによって行い，より性能を高めたマシンだった。これに触発されて，コンパイラも使える命令セットを組み込んだPSI-Ⅱをつくろうという機運が出てくる。

　85年4月の終わり，熱海にある三菱電機の研修所を借りて，2泊3日の合宿が行われた。集まった関係者は十数人で，口角泡を飛ばしての激論が戦わされ，PSI-Ⅱの大筋が決められた。合宿が終わったのは土曜日の午後だが，瀧はそのままICOTに直行し，興奮さめやらぬうちに，激論を物語るかのように何枚もの模造紙に書かれた議論を整理してレジメを作成した。この作業に月曜までかかったが，「あの数日のことは，強烈な思い出として頭に焼きついている」という。PSI-Ⅱは，86年春に製造着手，翌年には完成した。

　「技術というのは，システマテックに考えられやすいけど，僕にとってはアートのイメージに近いですね。新しいマシンをつくるときには強くそれを感じます。学生の頃のLISPマシンにしても，ソフトウエアに書いた処理の流れを長い間眺めていると，頭の中に処理手順が染み込んできて，

<u>マシンの理想図といったものが浮かんでくる。その理想図の上で，部分部分が勝手に動きまわって，細部が自動的につめられていくという感じになる。自分の頭脳がいきいきと動いているということが実感できる。何か右脳と左脳が一緒になって動いているというような感じで，非常に気持ちがいいんですね。僕の原点はその辺にあるようです。」</u>

(出所：今岡（1989），263頁）

　上記の記述は，主に前期（3年）から中期（4年）にかけてのPSIからPSI-Ⅱの研究開発において，瀧が関与した領域について語ったインタビューがベースになっている。この記事を2009年の12月頃に見せたところ「若い頃は，随分生意気なことを語っていたので，かなり恥ずかしい」と筆者に語ったが，「（2010年）現在，東京大学工学部電気系工学専攻の近山隆教授[106]がオペレーティング・システム等のソフトウエアを担当し，瀧がハードウエアを担当する，という二人三脚で，第5世代のコンピュータの開発は進んだ」と述べた[107]。近山と瀧は，米国出張で一緒だったこともあり，瀧は近山氏からソフトウエアを学び，近山氏は瀧からハードウエアを学ぶという関係であった。瀧はハードウエアを専門としつつも，コンピュータの研究開発プロジェクトを成功させるため，大学院時代は金田教授から，第5世代の時は近山氏から，プログラミング言語やOS等のソフトウエアについて学び，結果として，ハードとソフトの相互依存関係にある知識・スキルに対して，熟達領域を拡大していったのである。また，次の引用も今岡（1989）のインタビューであるが，下線部は，ハードウエアとソフトウエアが相互依存関係にあり，瀧和男氏がハードウエアとソフトウエアの領域をリエゾンしながら，巧みにマシンの研究開発をリードしているエピソードを示すものである。したがって，長文になるが，以下に，引用する（123-125頁）。

　　瀧たちは，PSI-Ⅱの設計と併行して，マルチPSIの計画立案を行っていたのだが，ここでマルチPSIの開発意義について述べておこう。
　　ICOTの最終目標とは，要素プロセッサ（CPU）を千台規模で結合する並列推論マシンのPIM（Parallel Inference Machine）を開発すること

にある。そのために前期では、PIMの要素技術として、論理型言語をデータフロー方式やリダクション方式などのモデルで並列実行するアーキテクチャの研究が行われた。また、中期では PIM用の高性能プロセッサの試作と、これを百台規模でつなぐPIMハードウエアの試作も進められた。当然のことながら、そのOSのPIMOS（パイモス）の研究開発も併行的に行ってきた。ところで、並列ハードウエアと並列ソフトウエアの研究開発は、鶏と卵の関係に似ている。

並列ソフトウエアの研究は、世界的にいってもほとんど本格的に行われたことがなく、したがって参考にできる研究蓄積は皆無の状態だった。これは、ソフトウエア研究者が利用できる並列ハードウエアがないことが大きな理由となっている。一方、並列ハードウエアも、画像処理のような専用ハードウエアは別とすれば、並列OSを持つ本格的なものは皆無である。なぜなら、汎用並列マシンを設計するとすれば、設計者はその上で動く並列ソフトウエアの挙動を知っていなければならない。すなわち、並列ハードウエアの設計以前に並列ソフトウエアが存在していなければならないのだが、それがどこにもないからだ。このように、ハードウエアとソフトウエアが互いに相手を先に必要とするのである。

この問題を解決するために、中期計画では、並列ハードウエアと並列ソフトウエアを相互に規模を拡大しつつ開発していくという段階的な手法を採用した。つまり、前期に開発したPSIを要素プロセッサとする並列マシンとしてマルチPSIを開発し、これを並列ソフトウエア研究のツールとして活用しようというのである。マルチPSIの上で、PIMOSの研究も進められることになる。マルチPSIは、まず、PSIを6台接続した第1版と、PSIのCPUを小型化し、それを要素プロセッサとして64台つなぐ第2版（マルチPSI- ver.2）の2段階で開発することにした。マルチPSIは、本来の並列マシンのPIMからいえば、擬似並列マシンといっていいもので、その開発プランには批判もかなりあったらしい。回り道せずに、PIMに全力投球すべきではないかというわけだが、瀧は大賛成であったという。

「ICOTがやっているのは、外部からは論理プログラミングの専用マシンと考えられたりする。しかし、並列処理も大きなターゲットとしてある

わけで，並列の問題を深めていくには，マルチPSIのようなツールが絶対必要なんですね。マルチPSIの開発は順調にいって，国際会議でのデモンストレーションに向けて，いまラストスパートをかけているところです。」
　<u>国際会議では，マルチPSIのデモがひときわ注目を浴びていた。マイク片手に，大勢の研究者たちに説明する瀧の顔が誇らしげに見えたものだ。</u>もう一つ，多くの観衆を集めていたのは談話理解実験システムDUALSⅢのデモだが，素人の私が見てもこの二つは興味深かった。

（出所：今岡（1989），265頁）

　上記の記述を踏まえ，コンピュータ設計者としての瀧を考えると，ある程度，ハードウエアの設計ができるようになれば，「鶏と卵の関係」の例の通り，相互依存関係からソフトウエア開発チームとの調整が発生する。その際，ハードウエア開発の重要なポイントをソフトウエア開発チームに伝えることがハードウエア開発リーダーに求められる。また，ハードウエア開発リーダーに，ソフトウエアの開発経験や知識があれば，問題点や課題の把握が容易になり，プロジェクト全体の進捗がスムーズになる。この点，瀧は，研究用のプロトタイプの神戸大学LISPマシン，日立製作所大みか工場でのマシンの開発現場において，ハードウエアについて習熟しながら，金田教授や同僚の近山氏との高頻度の接触から，プログラミング言語やOS等のソフトウエアについて熟達領域を広げていった。その結果，瀧は，ハードとソフトの開発チームの調整・リエゾン役を担うようになり，プロジェクト全体のリーダーシップを発揮することになる。

4.5.2　プロジェクト・リーダーとしての瀧和男

　第5世代コンピュータの特徴は，プログラミング言語・OS・ハードウエア，において，日本で初めて同時に新しいアーキテクチャのマシンを作ったことである。ここでWindows等のOSを考えてもらえば分かりやすいが，例えば，OSを新しくすれば，古いOSを前提に製作されたハードウエアと不具合が生じることがある。その際，事後的に新しいOSに対応したアップデートソフトが提供される。本来，ハードウエア会社とOSを提供する会社同士で事前に調整が

できれば良いが，全てを網羅して調整できないとエラーが発生する。一方，アップル社のように，ハードとOSを同じ会社で提供する場合，事前調整が比較的可能でありエラーが発生する頻度が少ない。

その点，第5世代コンピュータは，新言語・新OS・新ハードウエアを同時開発したプロジェクトである。新しいハードウエアの提案は，OSや言語にも影響を及ぼし，上記のような不具合の発生が不可避であるため，基本的にはその提案そのものが反対される。その中で，OSや言語のチームを納得させる提案が出せるかどうかがポイントであり，メンバーによる複数の提案の中からコンペに勝ち残ったものが採択される。そのような第5世代における研究開発における基本的な考え方について，第5世代のリーダーであった渕一博氏は，瀧の編著（1993）のまえがきを書き残している。この資料の下線部は，創造的熟達に関する個人のあり方，基礎研究に対しての考え方，基礎研究におけるプロジェクトマネジメントのあり方，国家プロジェクトについての位置付けに関して，渕氏の意見を述べているものであり，瀧に大きく影響を与えている。長文になるが，以下に引用する（134-136頁）。

プロジェクト雑感―それぞれの第五

渕　一博

東京大学工学部　電子情報工学科教授
前ICOT研究所所長

プロジェクトの成果を総括するこの特集の原稿を眺めて改めてさまざまな感慨が去来するが，最も強く感じるのは，よくここまで成果が有機的にまとまったものだということである。当事者の私が言うと自画自賛になるけれども，この絵は私一人で描いたわけではない。一人では描き上げることは不可能だった。これは何百人の研究者，技術者の合作による超大作なのである。

これはプロジェクトにかかわった研究者たちがそれぞれの思いを込めたものである。ある監督の指揮のもと黙々と作業を続けた結果でなく，むしろ各人が「それぞれの第五」のイメージに従って伸び伸びと筆をふるって

くれた結果の総体である。(中略)

　研究というのは創造の営みである。外から与えられた計画書，指示書，マニュアルなどを粛々と生真面目に実施していけば期待の成果ができ上がるというものではない。能力もさることながら研究者個人の自発性，うちに秘められたテーマに賭ける情熱と意欲こそが創造的研究にとって本質的要件なのである。

　創造が個人の主体的活動にかかわるとすれば，それをプロジェクトとして組織化しスケジュール化することは可能なのだろうか。研究プロジェクトという概念には自己矛盾的要素がありそうである。通常のプロジェクト管理論には創造的研究とは本質的に相反するものが多いと思われる。そもそも有効な研究管理論なるものがアルゴリズミックに存在しうるものだろうか？

　私たちのプロジェクトは既存技術の改良発展ではなく，コンピュータの新技術の創出を目指したものだった。それは，開発技術ではなく，まさに基礎技術であった。(ついでに言えば，基礎研究というのは，論文や学位を目標にするものではない。理論研究だけでもない。それらは副産物に過ぎない。技術分野における基礎研究というものは，技術としては未だ存在していないものの創造を目指して，試作，実験，評価，理論化などのサイクルを，ときには試行錯誤的に，執拗に繰り返す努力の総体である。)

　技術的ストーリーの中身はさておいて，そのような大規模な基礎研究プロジェクトが存立しうるものなのか，組織論的に不安や不信を感じるシニカルな訳知りたちがいても不思議はないのである。

　命令による強制労働ですめば，こんな楽なことはない。しかし，それでは馬でさえ水を飲まない。まして研究者にはまさに逆効果である。

　実際，研究者を集団化するとかえってマイナスになることが多い。それは下手な並列プログラミングの効果と似ている，1台の効率に劣ることさえある。それは研究者人種にわがままな性格とか規律訓練の不足に起因するというより，創造の組織化ということに内在する二律相反にむしろかかわっているのである。

　とはいえ，一個人の力には限界がある。研究者もそれぞれが孤立的に存

在しているわけではない。並列プログラミングでは台数以上の効果を本当に出す方法は見つかっていないが，人間の場合はどうか，ときには協調によるスーパーリニア効果が現出することがある。<u>私たちのプロジェクトは，一面において，技術分野でも基礎研究プロジェクトが有効に成り立ちうることの実践的存在証明の試みだったと言える。</u>

プロジェクト発足前の準備的議論の段階から，十数年間のプロジェクト期間中，プロジェクトの中核研究者たちの言動にはなぜか整然とした統合性があった。ときには，「言論統制」があるのかという揶揄もあったらしい。しかし，人一倍理屈好きで意欲的な研究者たちに上から統制が利くはずがない。遠くからは同じようなことを言っているように見えても，近づいてみれば，それぞれの育ち，教養，思想を反映した多様な個性的意見の表出が見て取れたはずである。

そのそれぞれの「第五」のイメージは結果的に大きく厚く重なり合っていた。内部に豊富な多様性を含んだ統一は，官僚的統制や一人の人間のカリスマ性によって実現できるものではない。それは，歴史に潜在する未来への必然の流れを，研究者一人ひとりがそれぞれに予感したものの総和によって醸出されたのだろう。

<u>30歳代という研究者人生の最盛期のすべてをこのプロジェクトにささげてくれた研究者も数多い。しかし当人たちにとって，それは滅私奉公，自己犠牲の類ではなかった。今の世の中それを強制できるはずもない。それぞれが自己の見通しと決断によって選んだ道だった。ここはそのような情熱的な人たちに自己表現の場を提供するものだったのである。</u>
そのような場を用意できたこと自身，ここにも研究者だけでなくそのほかの多くの人たちの情熱的な協力があったのだが，これも歴史的必然という僥倖に恵まれたからなのだろう。(以下略)

（出所：瀧（1993），まえがき）

この瀧の編著（1993）に対してのかつての上司である渕一博氏による第5世代の回顧的記述は，基礎研究のような創造性が求められるプロジェクトでの一

つのリーダーのあり方を示している。瀧の編著では，渕のまえがきに引き続き，瀧のまえがきが続くが，下線部は，渕が示した，ビジョンに対して，瀧なりの方針を考え研究者メンバーに提案し，「それぞれの第五」世代プロジェクトを瀧自身で切り開きリードしたエピソードを示すものである。

> プロジェクト開発当初は，例えば「1000台のプロセッサを接続した超高性能な並列推論マシンを最終目標にする」といわれても，それがどんな姿になるのか，そこにはどうやって辿り着けばいいのか，皆目見当もつかなかった。プロジェクトの責任者たちは，そこに至る要所と思われる中間地点に，あいまいな中間目標を設定してくれたけれども，そこに至る具体的な道筋は，研究員の一人ひとりが自ら提案し信じるところに従って切り開いたのである。これは渕先生の言葉を借りるならば「それぞれの第五」の営みにほかならない。
> 第五世代コンピュータプロジェクトを他に比べようがないほどエキサイティングなものにしたのは，「それぞれの第五」を許したプロジェクト管理だったかも知れない。そうして築いた大きな成功もそして失敗も，すべて忘れ得ない思い出であった。「論理プログラミングに基づいて技術を再構築すれば，すばらしい新技術が得られる」という仮説は，一種の神の声であった。信じれば救われ，信じなければ何もうまれない，編者がこれを受け入れたのはプロジェクト前期の終わりであった。信じれば仮説を証明したくなるのであり，それは大きなエネルギーとなった。
>
> （出所：瀧（1993），まえがき）

しかし，ここで留意する必要があるのは，瀧がリーダーとしての素養が元々あったということを示しているのではない。瀧が，第5世代の若手研究者の中でリーダーとして頭角を表したのは，
- 日本でも黎明期の人工知能向けマシンである「神戸大学LISPマシン」の経験者であり，ハードウエア設計，人工知能用言語LISPの熟達者レベルの知識を持っていたこと。その結果，米国視察出張のメンバーに選抜されたこと。

- プロジェクト前期のPSIの開発時において，若手研究者のほとんどが大学や研究所出身で工場現場経験者がおらず，瀧以外はマシン製品化の知識・スキルを持っていなかった結果，瀧が，マシン製品化を担当した三菱電機との折衝をリードすることになったこと。
- ハードウエアのアーキテクチャを提案する上で，相互依存関係にある，OSやプログラミング言語等のソフトウエアの領域も他部門のメンバーと交流しながら学習し，徐々に熟達領域（知識領域）を広げていったことから，最初は反対されたものの，最終的には瀧の提案が採用されていったこと。

以上が，理由である。つまり，瀧がプロジェクトをリードできるだけの知識・スキル，すなわち，熟達領域の深さと広さを，同世代のメンバーでは誰よりも早く持ちうるに至ったため，と考えるのが妥当と思われる。逆に言えば，熟達領域以外のところでは，リーダーシップが発揮できない可能性があるとも言えるだろう。この点は，瀧が起業するにあたり，どのように経営領域の知識を得ていったのか，という問題意識に大きく関連する。

瀧がリーダーシップを発揮した出来事は，①熱海合宿，②マルチPSIの提案，③エキスパート・システム構築用プログラミング言語KL1講習会の開催，等が残されているが，ここでは，②マルチPSIの提案についての瀧（1993）の記述を下線に示す。

> 当時第三研究室室長代理だった内田（俊一）からマルチSIM（当時は，マルチPSIと呼ばずに，Sequential Inference Machineの頭文字をとってマルチSIMと呼んでいた。）の開発提案があったのは，1984年11月はじめの国際会議FGCS'84が無事終了したすぐ後だった。PSIを何台も接続することによって，並列ソフトウエアの研究開発環境として早期に利用できる簡便な並列マシンを作ろうというものだった。
> <u>この計画は当初，関係研究員から総反対を食った。PSIに使われている逐次推論の技術とこれから開発せねばならない並列推論の技術が随分異なるからであろうこと，技術的な見通しがほとんど立っていないことなどが理由であった。</u>

けれどもこの計画への賛同を表明したのは瀧であった。このとき瀧が提案したのは、PSIを接続したマルチPSIの実行環境を、1台のPSIの上できわめて忠実にシミュレートできるシミュレーターだった。これをシュード（pseudo）・マルチPSIと名付けた。マルチPSIとPSIでは、ベースとなるハードが同じであることを利用しており、マルチPSIが出来上がる前からマルチPSI用の言語処理系やソフト開発が始められることを利点としていた。これはハードとソフトの研究開発を協調させながら段階的に拡大してゆくのに適していた。

シュード・マルチPSIから始まるマルチPSI計画は、そこで開発することになるKL1や並列ソフトの技術が、最終的にPIMに移行しやすいものになるかどうかの見通しは別として、マルチPSIハード、KL1言語処理系、並列OSを含めた総合的な開発がスムーズに運びそうな点が受け入れられ、これから数ヶ月かけての計画の肉付けと詳細化が進められた。

(出所：瀧（1993）、29-30頁)

以上の記述のポイントを簡単に説明すると、瀧はマシンのハードウエア設計が担当であるにも関わらず、ハード・ソフトと相互依存する研究開発環境を改善するために、畑違いのソフトウエア分野のシミュレーターの提案をしている点である。しかも、上司の内田の提案は、全員反対の案であったにも関わらず、その上司を助けるべく、問題解決の提案をしているのである。これは、プロジェクト中期頃の出来事であるが、この出来事以前は、ほぼハードウエア設計に関する活動であったが、この頃からソフトウエアに関する提案も増えてくる。

特に、1987年に神戸大学に提出した博士論文「人工知能向き高級言語マシンの方式研究」[108]は、大学院修士の時のLISP言語による「神戸大学LISPマシン」と、第5世代でのProlog言語による「初代PSI」のマシンの比較研究であり、ハードもソフトも含めたシステム全体の比較をおこなった研究になっている。

つまり、日立製作所の大みか工場勤務から第5世代に出向した時期は、LISP言語は知っていたものの、ハードウエア設計が専門領域であり、この領域での活動に限られていた。しかし、中期以降は、マシンの研究開発プロジェクトを通じて、ソフトウエアに関する提案も出るようになり、その結果、プロ

ジェクト全体をハードウエア設計の専門領域を軸にリーダーシップを発揮し始める。

シミュレーターを提案した経緯について，筆者が瀧に尋ねたところ，「内田さんはこの案件では随分お困りだったと思うけど，もし現在もご存命で，"瀧に大分助けてもらえた"と思っていてくださっているとしたら，少しだけ嬉しい。」と述べた[109]。

4.5.3　プロジェクト後期：応用研究

瀧の起業にいたる経緯を明らかにするという本研究の趣旨からいえば，今まではコンピュータ・アーキテクチャ分野の基礎研究における熟達プロセスを明らかにしてきたと言える。瀧自身，日立製作所からの出向であるように，第5世代コンピュータプロジェクトは通産省と大企業との連携プロジェクトであり，試作機の製作を受託した協力企業によって，第5世代コンピュータの製品化が，プロジェクトの計画に盛り込まれていた。よって，第5世代の場合，オースティンなど米国で見られた国家プロジェクトの参画者が起業するというようなシナリオではなく，米国に比べて質的・量的に見劣りのするコンピュータ分野の研究者を多数輩出することを第一義としていた。それ故，第5世代の経験者から200名以上の大学研究者が輩出されているが，瀧以外，起業した研究者は現在のところ，確認できていない。その点，何故，瀧が研究者の立場で起業したのか，疑問が残る点である。

【図9】[110]は，第5世代コンピュータプロジェクトが成功すれば，どの領域において，どのような波及効果があるかについて，イメージを示したものである。この対外的な広報資料は，第5世代の初期の1982年頃のものであるが，2012年現在の時点から約30年前の資料を判断すると，1990年代のインターネットの勃興，それから2000年度以降のグリッドコンピュータの普及もあり，①日本語マシン，②スーパーパーソナル・コンピュータ，③自動翻訳，④データベースの自動作成，⑤音声タイプライター，⑥オフィス・オートメーションの進展は，実現していると言える。特に，自然言語処理は，Google翻訳が分かり易い事例であるが，残念ながら，第5世代で開発された技術ではない。一方，①意思決定支援システム，②医療コンサルタントシステム，③各種専門家シス

【図9】第5世代コンピュータ波及効果の樹

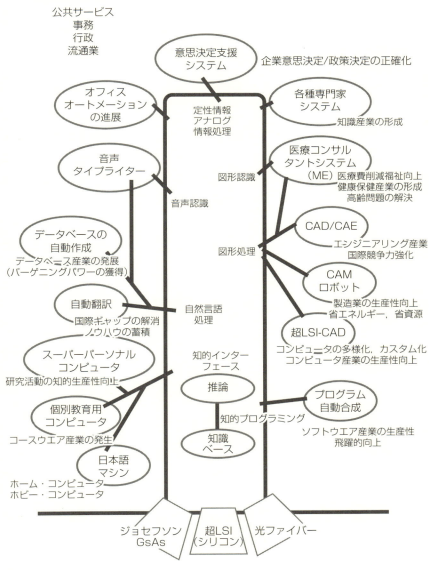

出所：上前（1989），83頁。

テムといったところは，プロトタイプのマシンの製作にとどまり商用化には至らなかった。例えば，コンピュータ・チェス等がこの事例にあたるであろう。

その中で，プロジェクト前期・中期において，並列アーキテクチャの基礎研究に目処をつけたことから，プロジェクト後期に入って瀧が手掛けたのが，【図9】の波及効果の樹でいうところの「超LSI CAD」の応用研究[111]である。瀧によれば，LSI CADの応用研究を手掛けた経緯について以下のように語っている。

> 第5世代の後期で，LSI-CADを手掛けた。僕は自分自身のことを慎重な方だと思っているけど，その慎重な僕が，初めて大きくジャンプした案件がこれ。この応用研究を手掛けた大きなジャンプに比べれば，起業したことなんか大したことはない。僕は，この時，飛ぶことを覚えてしまった。だから，その後は慣れ。
>
> （2009年1月22日　インタビュー）

つまり，瀧にとって，基礎研究から応用研究へ転進した経験が，起業することよりも重大なキャリア上の意思決定であったことを意味している。瀧は，その後，LSI CAD研究の延長線でシステムLSI設計の分野において起業をするが，半導体分野において米国を凌駕しつつあった日本の大企業を顧客にしたLSI CADの応用研究分野への転進は，ビジネスを見据えた大きな決断であった。その点，瀧は，基礎研究では飽き足らず応用研究に向かった理由について，以下のように述べている。

> 例えば，神戸大学LISPマシンは作ったけど，ようやく完成したと思ったら卒業で，そのマシンを使って何かアプリケーションを見せることができなかったのが残念だった。だって，普通の人にとって，高速マシンかも知れないけど，高速マシンで何ができるのかを具体的に見せないと，意義がよく分からないでしょう。
>
> （2009年1月22日　インタビュー）

第4章 大学発ベンチャー起業家のライフヒストリー 143

　瀧が多くの人を驚かすような技術を披露することに純粋に喜びを感じる点については，高校時代にオリベッティーを使ったデモをしたことや，第5世代の初期のPSIにおける，単音を和音に変換し自動演奏をするデモを作成したエピソードが残されており，既に応用研究を通じた事業化を成し遂げる大学発ベンチャー起業家としての萌芽がみられるが，瀧の編著（1993）に，基礎研究から応用研究に軸足を移した経緯について，詳細の記述が残されている。下線部は，応用研究を手掛けるに至ったエピソードについてであるが，応用研究を推進するために，ジョイント・チーム方式を採用した経緯についても言及している。

　　◇　並列応用開発を立ち上げる
　　FGCS'88が大成功のうちに終了し，プロジェクト後期の仕事を考えていた瀧は，自分が最も力をいれるべきは並列応用の開発を立ち上げることだろうと思うようになった。「ほうっておくと，並列処理に興味ある計算機アーキテクチャ屋やシステムソフトウエアの人たちを除くと，一番ユーザーになってほしい応用問題を持っている人たちはKL1を使ってくれないのではないか」という危惧があった。これは，1986年から87年のKL1-TGや，1988年のデモプログラム開発の経験から感じていたことだった。
　　知識処理をはじめとする応用問題をもっている人は，その応用がうまくプログラム化でき速く走りさえすればいいのであって，べつにKL1で書いたり苦労して並列実行はしてくれないものである。そして効果は明瞭になっていないのが普通である。
　　これでは，誰かに応用プログラム開発を頼るなどというのは無理な話である。そうすると，最終的な並列推論マシンの評価作業もままならない。瀧は，デモプログラムのPAXと詰め碁の開発で試みたジョイント・チーム方式をこれからの並列応用開発に全面的に取り入れることを考えた。
　　アイデアは簡単である。開発すべき並列応用のテーマを決めると，マシンやOSを作ってきた並列処理の専門家と，応用領域の専門家を合わせてジョイント開発チームを作るのである。これを応用テーマごとに立ち上げる。そこで出てきたアイデアや工夫はKL1-TGなどを活用して相互流通

させる。この過程で，並列ソフトウエアの基本的な研究テーマである負荷分散や並列アルゴリズムなどについて議論し研究を深める。アイデアは簡単であったが，これを実施するにはたいへんな努力とサービス精神を必要とした。

(出所：瀧 (1993)，43頁)

　以上の記述をふまえると，第5世代は，マシンそのものはプロジェクトに協力した関係会社から製品化され発売される予定になっていたが，一方，応用ソフトの不足については，当初から懸念されていたのである。つまり，いくら高性能のマシンであっても，応用ソフトがなければ，マシンが売れないことから，瀧は，エキスパート・システムの応用ソフトの開発が重要であると認識し，瀧自身が先頭に立って応用研究に取り組んだのである。以上の経緯から，瀧は，日本の半導体メーカーにおいて，熟練した半導体設計者によって直観でなされていた設計業務を，科学的かつ簡便に操作可能にするLSI CAD研究に取り組んだのである。瀧の編著 (1993) による，LSI CAD研究に関する瀧自身の見解を示すが，下線部には，ワーキンググループの立ち上げ，技術の相互学習，営業についてのエピソードも含まれており，応用研究への挑戦は，技術と経営に関する経験学習を促していると考えられる。以下，長文であるが，引用する。(144-146頁)

　◇　並列LSI CAD を例にして
　並列応用開発のプロジェクトの方法論にはテストケースが必要である。成功例を見せないと誰もついてきてはくれない。以前からLSI CADをやってみたいと考えていた瀧は，思い切って自分で並列LSI CADソフトの開発チームを率いることを決心した。瀧はCADの専門家ではない。ICOTには以前から，知識処理研究の一環としてLSI CADを取り上げているグループがあったが，CADそのものの専門家というわけではなかった。
　応用開発チームを作るのに，LSI CADそのものの勉強から始めるという，最も手間のかかる方法をとることになってしまった。あとで聞くと，このようなアプローチを冷ややかにみていた人もいたようだ。「LSI-CAD

第4章　大学発ベンチャー起業家のライフヒストリー　145

といえば，従来の計算機でそれなりに成功を収め，たいへんなノウハウの蓄積している分野である。そこにまったく新しい計算機と新しい言語を引っさげて，素人が乗り込んだところで勝ち目がない。もっとPIMやKL1が得意とする分野でたたかうべきだ。」確かにそういう考え方もある。けれどもPIMやKL1が得意とする分野は自明なのだろうか。瀧は，「LSI CADは大量計算を必要とする問題を多く含んでいて並列処理に適当だし，だいいち結果の良し悪しがはっきり出るのがよい。目いっぱい頑張って，それで従来の計算機に勝てないようなら，PIMはたかだかその程度のマシンだ」ということまで考えていた。

　ICOTは勉強の場をアレンジするにはこのうえないところである。<u>瀧は1988年から，並列LSI CADのワーキンググループ（WG）を設立した。</u>WGとは，メーカーと大学から専門家に出てもらって定期的な会議を開き，講演や勉強会，調査研究，特定のテーマでの技術討論，ICOTの研究紹介とそれに対するアドバイスを受けること，などを目的とした委員会の一種である。<u>協力メーカーからCADのプロに来てもらうことに成功し，こちらからは並列処理の事を伝え，むこうからはCAD技術，ないしはその勉強の仕方を教えてもらった。</u>CADについてのちょっとした疑問があったとき，質問できる人と顔つなぎができたことが一番ありがたかった。

　<u>WGのツテを頼りに，さしあたり目標にしようと考えていたLSIのレイアウトの問題の勉強にメーカーの研究所を訪ね，ついでに並列推論マシンの売り込みをやったりもした。</u>これはあとになって，メーカーがLSI CADのプロを出向者として出してくれるという思いがけない効果を生んだ。1989年度に入って，WGでは基礎的な勉強のための講演が一巡し，そろそろICOT側からの研究提案もほしい時期になっていた。このころ考えついたのが，並列オブジェクトモデルに基づく配線方式であり，基本となるアイデアをWGで紹介した。（中略）

　<u>並列LSI CADの研究開発が，何も下地もないところから開発チームを起こして短期間のうちに成果をあげ始めたことは，他の並列応用開発に大きな刺激を与えたとともに，開発方法論として一つの手本を示すことにもなった。</u>その後並列推論マシンPIMへの移行，配置配線一貫処理プログラ

ムの開発，タイムワープ配線方式の考案など，CADグループは少人数ながら活発な活動を1992年まで続けた。特に第5世代コンピュータ国際会議FGCS'92においては，LSI CADはICOTの代表的な並列応用の一つとして，論文発表やデモンストレーションで重要な役割をはたすことができた。

(出所：瀧（1993），43-44頁)

　ここでは瀧が立ち上げたLSI CADの研究の技術詳細を述べないが，並列コンピュータ設計の基礎研究からLSI CADの応用研究に研究の軸足を移すにあたり，プロジェクト経営管理上の工夫をしていることが分かる。瀧は，「ジョイント・チーム方式」と表現しているが，基礎研究から応用研究への移動経緯については，研究者が経営分野について学習し，起業に至るかどうかの重要な点であると考えられる。したがって，この点をもう少し詳細記述することにす

【図10】ジョイント・チーム方式の説明図

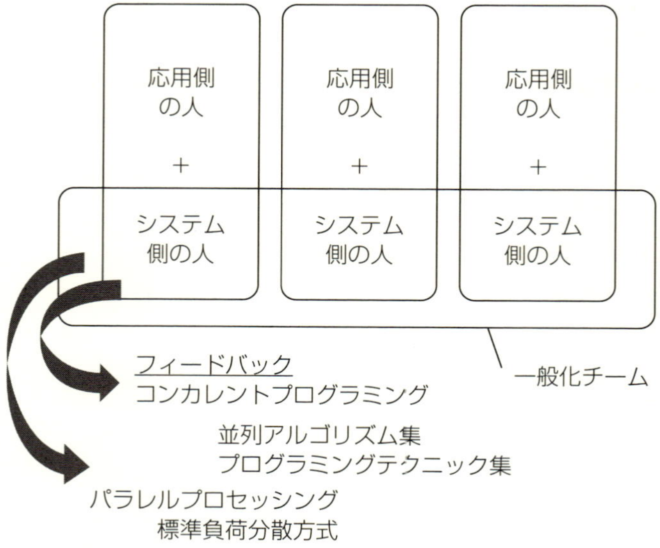

応用側の人	応用側の人	応用側の人
+	+	+
システム側の人	システム側の人	システム側の人

フィードバック
コンカレントプログラミング
並列アルゴリズム集
プログラミングテクニック集
パラレルプロセッシング
標準負荷分散方式

一般化チーム

出所：瀧（1993），158頁

第4章　大学発ベンチャー起業家のライフヒストリー　　147

る。以下の引用（147-148頁）は，瀧がLSI CADの研究を行うにあたって用いた並列ソフトウエア研究の進め方について，初心者向けに解説をしたものである。下線部は，ジョイント・チーム方式の組織化の詳細を説明している部分である。

　◇研究と開発の進め方
　　問題を並列プログラム化しようというとき，応用問題の領域で日常の仕事をしている人たちは，「えっ，負荷分散？　聞いたことがない」「書きたくないなあ」という。一方システムを作っている人たちは，「システム評価用にプログラムは書きたいけど，アプリケーションについては暗くて」と，ついいってしまう。これでは実用レベルの応用問題の並列化はおぼつかないし，技術の蓄積もままならない。<u>小さくても応用プログラムを書き，走らせては結果をシステムの改良に反映して，ちょうど雪だるまをころがすように技術を太らせてゆかなくてはならない。</u>
　　そのために図112のようなアプローチを取ってきた。<u>並列化したい応用問題があるとき，応用側の人とシステム側の人が共同チームを作る。応用1，応用2，応用3というように，問題ごとに共同チームを配置する。さらにそのなかに含まれるシステム側の人は，個々の応用から生まれた技術の一般化をおこなうための，横断的なチームを形成する。</u>ここでは，生まれてきたコンカレントプログラミングの技術，パラレルプロセッシングの技術を並列アルゴリズム集やプログラミングテクニック集にまとめる。また標準の負荷分散方式をOSのレベルでサポートするなど，システムに対していろいろなフィードバックがかかるように努力してきた。
　　一方で並列処理の研究の立場からは，どの問題を題材に研究しようかと迷うことがある。問題の選定にあたっては，「何をやりたいか」「どうすれば解けるのか」がよくわかっている問題を選ぶことが重要である。負荷分散や通信の局所化など，並列処理自体の難しい課題があるので，知識処理などで解き方のよくわからない問題をもってくると，わからないものだらけで手がつけられなくなることが多い。<u>並列処理の研究には「早く解けるとありがたい問題」「やりたいことがよくわかっている問題」を選ぶこと</u>

が重要である。並列処理で「賢く解きたい」という場合は，賢く解くための方法が定まってから並列化するのが順序であろう。解き方のよくわからないものをいきなり並列プログラム化するのは，同一人物が問題領域のプロと並列処理のプロを兼ねるときだけチャレンジ可能な，ぜいたくなアプローチといえるだろう。

(出所：瀧（1993），158頁)

　この記述において，瀧は，「システム側」・「応用側」と少し抽象的な言い方をしているが，基本的には，「システム側」＝「基礎研究（コンピュータ設計側)」，「応用側」＝「応用研究（応用ソフトの開発）」に対応している。1990年4月のICOT後期プロジェクト体制への組織替えにおいて，瀧は，第1研究室長（プロトタイプ・ハードウエアシステム）をしながら，第7研究室（並列応用システム，知識利用ソフト）室長代理を兼任することになる。つまり，瀧は，システム側の責任者として応用側のニーズに対応しつつ，元々ICチップには幼少期から馴染みがあったこともあり，LSI CADのソフトウエア開発の応用研究の責任者として，「二足のわらじ」を履き始めたのである。

　第7研究室では応用研究として，①法的推論，②遺伝子情報処理，③LSI CAD，④囲碁，⑤並列アルゴリズム，の5つのグループを置いた。下記の下線部は，LSI CADだけでなく，囲碁や法律，数学定理証明等の応用ソフトウエアの開発をシステム（ハードウエア）側の立場で「ジョイント・チーム」に参画し，瀧自身も応用ソフトウエアを開発したエピソードを述べたものである。5つの応用研究のプロジェクトの担当について，瀧は，以下のように記述している。

　法的推論は事例ベース推論の応用であり，遺伝子情報処理と合わせて新田が指揮した。囲碁は，計算機と人で囲碁対局するシステムの並列版の開発であり，CADと共に瀧が取りまとめた。（中略）
　法的推論，遺伝子，CADの研究開発は，苦労を重ねながらおおむね順調に推移し，1991年6月の段階で，法的推論システムHELIC-Ⅱの刑法を扱う基本システムや，タンパクのアミノ酸配列解析に関するマルチプル

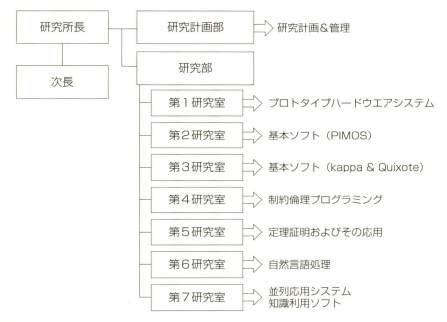

【図11】第5世代コンピュータ 後期プロジェクト 組織図

出所：瀧（1993），13頁。

アライメントプログラムなどが稼動した。これらはFGCS'92までにさらに改良や方式の追加を重ね，論文発表やデモプログラムとして大活躍をした。

　囲碁対局プログラムは，プロジェクト中期からCGS（Computer Go System）として電総研の実近氏の指導の下に研究が進められたが，後期に入るとKL1を用いてその並列版も開発するという方針で瀧が加わり，未来技術研究所の沖，7研の清らにより開発が進められた。最終的に，逐次版でコンピュータ囲碁の世界大会で準優勝程度までいったが，残念ながら並列処理で棋力を大幅に向上させるには至らなかった。最大の理由は，チェスと違って囲碁を強くする知識処理の方法論がまだ確立されておらず，単なる探索問題として扱っては時間がかかりすぎて解けないこと，そしてそのような状況下ではたとえ並列で100倍高速化できてもまだ不足で，

<u>新しいヒューリステックスを見つけるほうがもっと計算時間を短縮するのに役に立つといったことが普通に起こるためである。これは未成熟な知識処理領域で並列処理を試みることの難しさを物語る象徴的な例となっている。</u>

（出所：瀧（1993），45頁）

　上記は，瀧が手掛けた，エキスパート・システムの開発の詳細についての記述である。ここでは，どんなに演算能力の高いマシンであっても，囲碁の定石に関する知識（チャンク）[113]が一定量なければ，囲碁名人には決して勝てない根拠を，瀧は明らかにしている。つまり，下線部のコンピュータ囲碁についての瀧の発言は，エキスパート・システムの研究開発における熟達者であることを裏付けている。

　本節では，瀧のLSI CADの応用研究を手掛けた経緯や，基礎研究（システム側）と応用研究（応用側）との「ジョイント・チーム方式」について詳細を述べたが，大学院時代の「神戸大学LISPマシン」から「LSI CAD」の応用研究に至るまで一貫している卓越した能力は，瀧のパートナーとの協力関係を作る力である。この点，パートナーに恵まれるには，少なくとも一つの領域において熟達者である必要があるが，瀧は，幼少期から趣味の自作マシン製作で培ったコンピュータのハードウエア設計領域において大学院生の時点で既に熟達者であった。それが故，金田悠紀夫教授の目に留まり，ハードとソフトの役割分担から「神戸大学LISPマシン」を製作し，第5世代では，OS担当の近山隆氏（現東京大学名誉教授）をパートナーにして，並列推論マシンのプロジェクトをリードしたのである。

　LSI CADの応用研究への転進についての記載は1992年頃のものであり，神戸大学に着任間もない時期である。一方，この時期には，周りの大学関係者には一切相談せず，瀧は，会社設立を画策していたのである。その上で，瀧自身，「起業」よりも「基礎研究から応用研究への転進」の方が大きな意味を持っていることを述べている[114]。この発言には，基礎研究から応用研究への転進が，研究者としては重要なハードルであり，応用研究でそれなりに成果を出せば，研究者による起業は困難ではないことが示唆される。一方，応用研究をみた場

合，ビジネスの見込みのある分野と，見込みが殆どない分野が存在する。その点，瀧の場合，LSI CAD と囲碁のどちらかを選択する際，ビジネスとして見込みがあり，応用範囲の広いLSI CADを選択している。

ここで，再度，141頁に掲載した【図9】「第5世代コンピュータ波及効果の樹」を確認すると，瀧の基礎研究としての熟達領域は，樹の幹にあたる「推論と知識ベースを結ぶアーキテクチャと知的プログラミング（ハードとソフト）」の領域である。その上で，瀧は，応用研究として「超LSI CAD」を選んだ。通常，大企業における実務経験の豊かな人材が起業する場合は，既に起業する事業領域は決まっており，応用研究の視点から基礎研究に裏付けられた技術を活用して起業するのが通常であると思われる。つまり，【図9】の波及効果の概念図からすれば，枝から見て幹にある技術を活用するのである。一方，瀧の場合，樹の幹にあたる基礎研究の熟達者であり，「どの枝にある応用研究領域を選択すべきか」という点では，システム側担当者としてエキスパート・システムの設計は可能である。しかし，「どの枝が儲かるのか」，つまり，「どの応用研究領域が事業として見込みがあるのか」という点は，瀧にとっては未知数であり，また，選択肢が多数あるが故，該当する分野の研究開発に対する時間投下量が拡散してしまう，という問題点があった。その点，通常の起業家とは異なる「基礎研究の視点から応用研究領域の選択」という大学発ベンチャー起業家固有の課題を抱えていたと言える。

どちらにせよ，瀧は，第5世代のプロジェクト後期に，瀧自身が考案した「ジョイント・チーム方式」を通じて，基礎研究から応用研究への転進を果たした。そして，第5世代の研究者の中でもこの転進を果たしたメンバーはごく少数であり，その点からも，瀧は，コンピュータ科学分野における熟達した研究者であったと言える。

しかしながら，第5世代コンピュータと瀧たちが手掛けたエキスパート・システムは，基礎研究としては大きな成果を出したものの，商業的成功には至らなかった。第5世代のリーダーの渕一博氏の電気試験所時代の直属の上司である高橋茂氏による通産省主管の国家プロジェクトへの批判もあり（高橋，1996），瀧にとっては，「科学としての成功，ビジネスとしての失敗」というきわめて総括の難しい第5世代コンピュータプロジェクトを1992年に離任し，母

校である神戸大学工学部システム工学科に赴任することになるのである。

4.6　神戸大学・研究者から現在まで（システムLSI）

4.6.1　システム工学第6講座

　既に言及した通り，瀧は，1992年10月の40歳の時に，神戸大学工学部システム工学科に赴任する。1979年3月に大学院修士を修了してから13年ぶりに母校神戸大学に戻ってきたのである。学科設立当初は4講座制でスタートしたシステム工学科も，この時期には，金田悠紀夫教授がコンピュータのソフトウエアを扱うシステム第5講座を立ち上げており，5講座制で学科運営がなされていた。その中で，瀧は，コンピュータ・アーキテクチャ論を専攻とする，新設のシステム第6講座担当の助教授に就任する。

　日本のコンピュータのルーツが電気試験所にあることや，瀧の研究業績に言及しながら，彼の恩師や上司にあたる高橋茂氏，渕一博氏，金田悠紀夫教授という日本のコンピュータ黎明期における研究者の業績との関連については，既に前節までに紹介した。したがって，電気試験所にルーツを持つ国家プロジェクト経験者である金田悠紀夫教授，そして彼の神戸大学における最初の弟子であり，同じく国家プロジェクト経験者である瀧が，神戸大学に赴任したことによって，金田教授がソフトウエア，瀧がハードウエアの役割分担をして，コンピュータに関する本格的な研究教育をおこなうことが可能になったのである。

　瀧にとって，第5世代に参画している間に，博士論文を完成させ，母校の神戸大学に研究者として戻るというキャリア選択は，規定路線であった。例えば，第5世代の時の瀧の上司である，渕一博氏の1995年4月10日，日本経済新聞朝刊「交遊抄」の記事は，以下の通りである。

　　　若い研究者魂——渕　一博（東京大学教授，前ICOT研究所長）
　　　居心地の良い既存組織から飛び出して未踏の研究に挑む気力は何から生まれたのか。それは若い研究者の間にあふれていた「自発的な情熱」という一言に尽きるのだろう。
　　　古巣の工業技術院・電子技術総合研究所を飛び出し，ICOT（新世代コ

ンピュータ技術開発機構)という新組織のもとで新しい超並列型の計算機技術の開発に取り組んだのは十三年前のことである。第五世代コンピューターと称された通産省のこのプロジェクトは,それまでの実用重視型のものとはまったく異なり,先の先を見た新技術を創成しようという野心的な基礎研究であった。

　このプロジェクトの発足時に,同じ電総研から,今は慶応大教授である古川康一君,日本電子化辞書研究所の所長になった横井俊夫君,私の後任の研究所長をし今もICOTで皆の面倒を見ている内田俊一君の三人が,電総研での将来のポストも省みず欣然(きんぜん)と参加してくれた。(中略)ICOTにはその他,メーカーなどから延べ二百人以上の若い研究者が集まった。神戸大助教授に進んだ瀧和男君,東京大助教授になった近山隆君,慶応大助教授の向井国昭君,京都大助教授の横田一正君——。彼らは自ら選んで研究者人生のもっとも大事な三十代のすべてをプロジェクトに捧げてくれた。こうした若い情熱を抜きにして,行政サイドから長期にわたり全面的支援を引き出すことはできなかっただろう。

　このプロジェクトは初期の目標を達成できた。十年前後,研究の担い手になってくれた彼らの努力と理解には,いまでも頭が下がる思いである。

(日本経済新聞　1995年4月10日　朝刊「交遊抄」)

　つまり,第5世代に最初から最後まで在籍していた若手研究者は,瀧,近山隆氏を含め3名であったが[115],この回顧録を書いている渕を含め,この記事で紹介された第5世代の若手研究者は出身母体の大企業には戻らず,母校の大学研究者となっている。この点,第5世代に出向予定で一旦大企業に就職し,そのまま出向母体企業には戻らず,大学研究者になってしまう,いわば「通り抜け」というような人材も少なからず存在したことを,瀧は述べている[116]。

　ここで,再度,瀧のこの時期までの研究業績やプロジェクトについて,起業につながる観点から整理する。まず,瀧の研究遍歴を辿ると,彼が研究のモデルとしたコンピュータは,DECも含め,大学発ベンチャー起業家の手によるものであったことがわかる。また,人工知能研究をビジネスへの応用としてエキスパート・システムの研究を進めていたスタンフォード大学のファイゲンバ

ウム教授が，自ら研究の傍ら大学発ベンチャーを起業し，積極的に人工知能研究の実用化を進めていた事実について，瀧を含めて，第5世代コンピュータプロジェクトに参加した研究者は，把握している状況にあった。したがって，研究者の立場といえども，彼を取り巻く環境は，大学発ベンチャー起業家の手によるコンピュータやエキスパート・システムに囲まれていたことになる。

さらに，1992年に，瀧が神戸大学システム工学科に赴任し，コンピュータ・アーキテクチャ論のシステム第6講座を開いた後も，この分野の標準的テキスト「コンピュータ・アーキテクチャ」「コンピュータの構成と設計」を執筆した現スタンフォード大学総長のジョン・ヘネシーによる大学発ベンチャーのMIPSテクノロジー社が登場してきたこともあり，瀧にとっては，米国の研究をモデルとする限りは，「殆どが何らかの形で研究者による大学発ベンチャーが手掛けた人工物」，という様相を呈していた。

次に，研究環境としての大学の存在である。筆者が何故，日立製作所ではなく神戸大学に戻ってきたのか，尋ねたところ「それは間違いなく，研究テーマ設定の自由度。第5世代の時もそれなりに充実していたけど，本当にやりたい研究ができたかどうか，と言うと，そうではなかった」と答えており[117]，第5世代の後期に手掛けた半導体の設計分野のLSI CADの延長で，神戸大学においては，主に携帯電話向けの低消費電力のシステムLSIの研究にフォーカスすることになる。

一方，瀧が神戸大学に赴任したのは1992年10月1日であり，特許管理会社としての位置付けで有限会社エー・アイ・エルが設立されたのが，阪神大震災の翌日の1995年1月18日であるから，赴任してから会社設立までは，2年3ヶ月しか期間がない。また，瀧の編著（1993）のあとがきによれば，神戸大学赴任後の10月からすぐに講義を開講し，また，編纂作業を並行して出版に漕ぎ着けた経緯を記載していることから，大学における教育活動に慣れる時間を考慮すると，神戸大学における研究成果を基盤に起業したのではなく，神戸大学赴任以前の研究成果が起業の基盤になっていると推測される。

2011年5月13日の時点で[118]，特許庁サイトにて「瀧和男」で検索すると，瀧が関与した特許の件数は15件であり，最も初期の特許は，第5世代の時の並列アーキテクチャに関する特許で，名義は「工業技術院」となっており，三菱

電機からの出向社員と共同出願となっている。これ以降は，シャープの社員との共同出願の特許もあるが，彼が設立の協力要請をした（有）エー・アイ・エル，2000年の株式会社化以降はエイ・アイ・エル（株）での名義での出願となっている。つまり，瀧は，神戸大学工学部教授としての肩書きはあったものの，特許については，神戸大学との共同出願したものは一切ないのである。その点，特許を巡る利益相反の問題とも無縁であるし，出資に関しても，大学関係者からの援助も全くなかった。

　したがって，大学における研究の特徴を語る上で，きわめて一般的なコメントである「研究テーマの自由度」については，瀧に限って言えば，ファイゲンバウム教授による第5世代への批判に対しての瀧なりの答え方の一つとして，「会社設立が構想された」と考えられる。つまり，ファイゲンバウム教授の第5世代における応用ソフトの不足についての批判は，瀧の技術者としての強烈なプライドに火を点けてしまい，それが結果として彼の会社設立への原動力となったのである。「第5世代については，米国はあまり評価してくれず，ヨーロッパは評価してくれた」というコメントを瀧は前述しているが[119]，これには，上記の事情が背景にある発言である。

　同じ日立製作所出身で，第5世代コンピュータプロジェクトへの参加者である西垣通氏（元東京大学教授）は，工場での現場経験に対しての適応の問題から明治大学に移籍するが，彼はその後，第5世代への批判を通じて，社会学も含めた文理融合型の情報学に転回をしていく（西垣，2005）。瀧と西垣は，第5世代批判という同じ問題意識は持っているものの，幼少期から自作マシン作りや工場現場勤務経験を通じてのコンピュータ・アーキテクチャ分野の熟達者である瀧は，「大学教員をしつつ起業」というキャリア選択をする。一方，研究者としてきわめて優秀でスタンフォード大学への留学経験もありながらも，工場現場での適応に苦慮した西垣は，「積極的に評論活動をしつつ大学教員にとどまる」という，お互い異なるキャリア選択をしたのである。

　瀧と西垣のキャリアを比較すると，①幼少期から自主的な活動に没頭した経験，②工場の現場経験の違いが見られ，「大学教員をしつつ起業」という瀧のキャリア選択に関しては，研究以外のこれらの経験が重要な要因と推測される。

4.6.2　特許管理会社設立

1992年10月に，第5世代コンピュータプロジェクトの第1研究室長兼第7研究室長代理から，神戸大学システム工学科の助教授として母校に赴任した瀧であるが，当時は，大学教員が起業をするというキャリア選択は全く想定されておらず，そもそも国家公務員である大学教員にとって，起業すること自体，国家公務員の兼業規定に違反する行為であった。

1992年10月に瀧が神戸大学に赴任後，すぐに開講された「第5世代出身の若手の瀧助教授の講義」は，コンピュータそのものに関心のある学生に人気が高く，1993年4月に新設された瀧助教授のシステム工学第6講座は，多数の応募があった講座であった。

1993年10月からシステム工学科事務室で勤務し，10年間にわたり瀧の日常業務をサポートしていた黒田教子氏によれば，「1995年頃に瀧先生が会社を設立していたことなんて，全く知らなかった」と述べており[120]，筆者も2000年頃までは，瀧の起業について全く知らない状態であった。したがって，瀧の起業の事実について，身内以外は完全に隠密行動であったと言える。

筆者が，瀧に起業の理由を聞いたところ，「特許も取れつつあったし，その特許を管理する会社を何となく作ってみた」という返事であり，「具体的な事業計画があった訳ではなかった」と述べた[121]。瀧によれば，有限会社エー・アイ・エルの法人設立時の協力者であり，代表取締役を務めた溝口豪氏とは，「第5世代コンピュータの時代に外注として事務所に出入りをしていた方で，人工知能の応用領域として物流システムを検討していたことがあり，その件で意気投合し，それがきっかけで会社の設立に協力してもらった」と述べている。また，筆者が瀧に対して，家族の反対について聞いたところ，「別に大学研究者を辞める訳ではないし，収入が途絶える訳でもないので，（妻からは）『いいんじゃないの』の一言で済んだ」と述べた[122]。

阪神大震災の翌日の1995年1月18日が会社設立日になった経緯については，以下の通りコメントし，阪神大震災が起業のきっかけであることを否定している。

　　私（瀧）の場合，阪神大震災がきっかけで起業を志した，というような

皆さんが期待するようなストーリーがあって起業をした訳ではなく、ともかく研究は順調だし、特許も取れそうだし、こういうの（会社）があれば、将来的に何か面白そうだ、という理由でしかない。（大学院で）LISPを研究したのも、何となく面白そうなので、本屋でLISPの本を見つけて（自分の）本棚に入れておいた。その後、大学院に入って金田先生と一緒に研究を始めて、「そう言えば、本棚に（LISPの本が）あったな」といってゴソゴソ探した。（会社設立も研究テーマの探索と同じで、）そんなもんでしょ、大体。会社設立の準備を東京でしてもらっていて、「1月18日に登記しますよ」と（東京から）連絡があって、私が「よろしくお願いします」って、地震の数日前に話をしていたら、いきなり（17日に）地震があった。東京は全く地震の被害がなかったから、粛々と登記事務をしてもらった。それで会社設立が18日になった。

(2009年12月15日　インタビュー)

したがって、例えば、経営理念やビジョンが、明文化された設立趣意書があるわけでもなく、「大学での研究をより面白くしていくための一つの布石といった位置付け」[123]での会社設立の協力要請であった。有限会社エー・アイ・エルの経営に関して、初代の代表取締役を務めた溝口豪氏は、本業の人工知能のソフトウエアの開発の事業があったため、会社の設立をしたとはいえ最初から収入が必要であった訳ではなかった。また、設立当初は、有限会社エー・アイ・エルからの収入も、溝口氏にも瀧にも一切なかった。瀧によれば、起業経緯について、以下の通りコメントをしている。

学生時代から、本当はLSIそのものをやりたかったけれどもその当時はアプローチの仕方さえ分からなかった。本も無かったし大企業の奥の院に隠されていたから。LSI CADは、LSIそのものに近づくための一つの中継地点だった。なので起業時点では、LSIの設計技術の研究開発と面白いLSIの開発ということが念頭にあった。

(2011年6月10日　瀧氏の電子メールから引用)

学生時代からの希望は，あくまでLSI関連の研究開発であり，起業家になりたかった訳ではなかったことがわかる。あくまで，彼のLSI関連の研究開発を実現する手段としての起業であり，瀧の場合，複数のビジネスプランから最も適切なビジネスを選択する，というような起業家行動ではない。瀧の研究領域は，第5世代コンピュータの設計からLSI CAD，そして商用のシステムLSIの設計にいたるまで，研究領域が大きく変遷している一方，コンピュータのハードとソフトを幅広く手掛けながらも，常に一貫してLSI設計に関連した研究をおこなっている。その点，研究領域が拡散しているようで，応用領域としては常にLSIに収斂している点が興味深い。

　2005年における瀧による事業フェイズについて説明した資料【表9】(88頁)によれば，1995年から1999年の間は，「研究，そして技術の蓄積，特許出願，技術売り込みの苦労，1つ目の商談」と記しており，研究者個人としても会社としても，きわめて重要な時期であったことがわかる。2000年は，「第二の起業＝株式会社化，大学発小企業から大学発ベンチャーへ」としており，瀧自身は，1995年＝起業，2000年＝事業化と，明確に区別していることがわかる（但し，1995年は役員ではなく，技術移転先の特許管理会社の設立要請をしたに過ぎない）。通常の起業の場合，会社設立後から売上が求められるが，大学教員であった瀧の起業の場合，事業化の準備とも言える5年間の猶予期間があった点，大きな違いであろう。

　一方，研究室の運営の点においては，「研究室の人数が30人を越えると，目が行き届かなくなり，かなり厳しくなった」と述べているが，起業したシステムLSIに直接関連のない研究（コンピュータ・アニメーションやニューラルネットワーク）も進めており，システムLSI関連で取得した特許で事業化可能かどうかも，1995年から1999年の間までは瀧自身も半信半疑であったのが実態である。この点，瀧は，研究テーマの取捨選択に関して，以下のコメントを述べている。

　　　　コンピュータ・アニメーションやニューラルネットは，以前からやりたかったことの一つで，1997年から2002年付近で研究していたことだが，いささか研究領域を広げすぎて学生指導だけでも大変になり，2002年頃

に研究を休止している。LSI CADは，従来の並列処理研究としてのLSI CADは休止したが，LSI設計技術の研究として，より実用に近いレベルのものは継続していた。

(2011年6月10日　瀧氏の電子メールから引用)

　この点，瀧和男氏は，新しい研究テーマを発掘し同時並行で数多くの研究をおこないながら，研究テーマの成熟化に対応していることがわかる。つまり，事業化可能な技術の蓄積をしながら，一方で，事業機会を窺っていたのが，この時期の瀧の活動であった。
　株式会社化した2000年を境に従業員を採用するようになるが，その前の時期は，研究室に在籍する大学院生と進めた研究の成果を積極的に学会発表すると共に，一方で，出願した特許の売り込みと商談を属人的に活動していた時期である。瀧の高校時代からの友人で会社経営をしている澁谷茂樹氏は，以下のように答えており，瀧の営業力や交渉力を高く評価している。

　　高校時代にオリベッティーの田中さんを説得した頃からそうだけど，彼(瀧)は最高の営業マンだと思う。だって自分の技術に対して絶対的な自信があるから，技術的な疑問があったとしても明快に答えを出す事ができる。まあ，瀧君と一緒にいると，通常の人ならあっと言う間に説得されてしまう。例えば，長田高校の数学部がコンピュータ部になってしまったのもそういうこと。(笑)

(2010年2月5日　インタビュー)

　この点は，瀧の技術や研究に対してのプレゼンテーションの明快さとも関連しており，例えば，筆者の大学学部時代の友人の間での瀧の講義評価は，「議論明晰」「講義は迫力があって，メチャメチャ面白かった」というものが多数であった。よって，大学の研究・教育活動にプラスして，特許出願，研究成果の企業への技術移転，後に営業活動等の事業活動まで，事実上，大学研究者と事業活動の「二足のワラジ」であったことがわかる。
　2000年以降，エイ・アイ・エル株式会社に監査役として勤務した小津規美雄

氏によれば，瀧の事業化に最も貢献した特許は，発明の名称「論理ゲートセル」[124]であり，その元になった研究は，情報処理学会論文誌に掲載された「低消費電力CMOSセルライブラリの設計と評価」[125]というシステム第6講座の瀧研究室のメンバーと連名で提出された論文であることを明らかにしている[126]が，「研究室による科学的発見から，大学発ベンチャーによる商業利用を目的とした特許」という流れがきわめて明確であり，大学発ベンチャーの典型的な事例と言える。しかしながら，通常の起業とは異なり，「事業化の前段階で特許管理会社の設立要請をした」という点が本事例の特徴であり，大学発ベンチャー特有の現象であると考えられる。既出の通り，特許庁のホームページによれば，2011年6月の段階での瀧和男名義の特許は15件であるが（154頁），1995年の特許管理会社設立以降，学会への論文発表と特許取得が同時並行で進んでいることからも，売上に直結しないまでも，事業に関連した特許の積み重ねは会社設立の目論見通りに実現したと言えるだろう。

4.6.3　本格的な事業化と大学休職

　瀧（2005）の講演資料【表9】（88頁参照）によれば，1995年の有限会社設立要請と2000年の株式会社化は明確に区別されており，有限会社を「大学発小企業」，株式会社を「大学発ベンチャー」と表現している。これについては，瀧は以下の通り述べている。

　　　日本の場合，大学発ベンチャーの多くは研究成果の地域連携や社会貢献を目的としていて，事業化まで至っていないのが通常で，それはベンチャー企業というよりは小企業と言うべきで，きちんと事業化されているベンチャー企業の経営者に対して申し訳ないと思う。その点，私自身も成功しているとはとても言えないし，「ベンチャー起業家」と言われることに違和感がある。私が思うに，研究開発型の企業であれば，中小企業とベンチャー企業を分けるのは特許の存在の有無だと思うが，有限会社の頃は，明らかに「大学発小企業」だったと思う。

　　　　　　　　　　　　　　　　　　　（2009年12月15日　インタビュー）

既出の小津氏によれば,「私が会社に入ったのは2000年からですが,瀧さんは,色々な案件やら試行錯誤はなさったみたいですけど,結局,商売になったのは,4階建ての論理ゲートセルの特許で（商売の）相手としてはX社でした」と述べている[127]。そして,大学発小企業から大学発ベンチャーへの脱皮を促したのは,1999年4月に情報処理学会論文誌に掲載された論文「低消費電力CMOSセルライブラリの設計と評価」から書かれた「論理ゲートセル」の特許（特許公開2000-77635）が,大手家電メーカーX社の携帯電話用システムLSIに応用され,小面積,低消費電力を実現したことである,と示唆した。

> 私（瀧）が出入りできるところはそんなに多くなくて,学会とかがどうしてもメインになるが,そこで知り合った研究者の方と意気投合をして共同研究をするということになる。大体,学会にいる人は研究者で決裁権をもっていない。なので色々な試行錯誤があったけど,研究者でかつ決裁権を持った非常に稀な方が,X社にいらっしゃったということ。それが数多くの試行錯誤の失敗を重ねた中で,産学連携が成功した数少ない事例。
>
> （2011年6月11日　口頭メモを元に,本人にメール確認）[128]

と,瀧は述べており[129],その後の瀧自身の講演資料（2009）においても「個人的な関係作りが産学連携を進めるポイント」であることを述べている。

このX社との産学連携のパートナーになった人物は,現在,T大学の教授であるA氏であり,当時,X社の半導体事業部の決裁権を持つ人材であった。「思いがけず,先方（X社）からニーズの打診があった」と述べているが[130],企業側に瀧の研究内容を理解した上で事業化の可能性を見出せる人材がいたことが重要な点であり,一方,その他の案件が不調に終わった理由は,ほとんどの企業側の人材は研究内容と事業化の可能性の間の知識ギャップに対して架橋することができなかったことを,瀧は述べている。A氏は,母校のH大学にて1997年に博士号を取得しており,その後,2003年3月にX社を退職し,4月にT大学の教授に就任することになる。

以上の経緯から,2000年の「論理ゲートセル」の特許公開の時期を境に,瀧は大学の研究教育活動と産学連携の両立で多忙をきわめるようになる。そして,

もう1つ，瀧の事業化にとって重要な出来事は，同時期の1999年11月29日の「国立大学教官等の民間企業役員兼業に関する対応方針について」[131]の閣議決定である。この件について，高校からの友人である澁谷茂樹氏は，「国立大学教員の兼業規定の緩和について日経新聞の朝刊にでているのを確認して，すぐに瀧君に電話をしてファックスで送った。そうしたらすぐに瀧君は大学に掛け合ったようで，しばらくして株式会社化して取締役に就任した」と述べているが[132]，1995年の会社設立後の5年後の2000年に，単なる共同研究先の特許管理会社であった有限会社エー・アイ・エルから，低消費電力のシステムLSIの研究開発を事業目的としたエイ・アイ・エル株式会社に組織体制の拡充を行い，正式に，瀧は技術担当の取締役に就任する。その結果，1995年の起業時点で瀧の起業を知る者は限られた知人のみであったが，1999年11月29日の「国立大学教官等の民間企業役員兼業に関する対応方針について」と有限会社の株式会社化，そして瀧本人自身の取締役就任によって，「神戸大学　大学発ベンチャー起業家」として多くの人が瀧のことを知るようになった。

　2000年2月には，瀧の研究室があったシステム工学棟から徒歩1分ほどの食堂である「LANS BOX」の真前にあるマンションの一室を借り，平日昼間の時間帯は大学研究室，夕方以降の時間帯は会社事務所を使って，大学と会社の「二足のワラジ」の研究活動を開始する。その際，瀧は正社員を2名採用し，大学研究室の在籍メンバーは30名程，会社事務所には瀧研究室の学生アルバイトを含め5人程度在籍する体制であった。したがって，瀧の研究活動を中心に全てのオペレーションが回る体制であり，昼食時の「LANS BOX」の食堂で研究室や会社メンバーの一団が，瀧を中心に頻繁に議論をしている姿が見られた[133]。

　2000年当時はIT関連のベンチャー起業が台頭しており，神戸大学の卒業生でも瀧とほぼ同世代の金丸恭文氏（現・フューチャーアーキテクト（株）代表取締役社長），西久保愼一氏（前・スカイマークエアライン（株）代表取締役社長）等，1学年50人程度であった情報知能工学科の卒業生からIT関連で上場を経験した起業家が輩出され，新聞各紙に取り上げられることが多くなった。しかしながら，瀧の日常活動は，決して立派とはいえない築30年近くになる中古マンションの一室を借りて，昼間は大学研究室，夕方以降はマンションの一

室で研究活動をおこなう，きわめて地味なものであった。

　エイ・アイ・エル（株）関係者によれば，2000年の株式会社後の従業員は5名程度であり，その後，2005年に瀧が大学教授職を休職する頃には10名程度に増加したが，それ以降は最大20名程度の規模で推移した。この従業員メンバーの中で瀧研究室出身者は4名程度であり，彼らは大手企業に就職した後であったが，瀧氏の呼びかけに応えてエイ・アイ・エル（株）に入社している。その中で1名は瀧研究室で博士号取得者であり，研究部門の中核メンバーとなった。

　先述した通り，2000年度には5000万円程度だった売上高は2005年頃には数億円規模に成長し，カスタムチップの受注によるノウハウの蓄積と，特許が核になったシステムLSIのライブラリからの収入がうまく相乗効果を生み出す事業モデルを確立することに成功する。その結果，エイ・アイ・エル（株）は，研究開発型が多い大学発ベンチャー企業の中で，特許権実施料による安定的な事業収入を得ている数少ない黒字経営の大学発ベンチャーとなった。

　瀧和男氏は，2002年にエイ・アイ・エル（株）の代表取締役に就任するが，同時に，大学教授職を休職することを決意する。この瀧の休職は，現職の国立大学教授の初めての起業による休職事例であった。瀧は，休職の理由として，多忙で大学教授職と企業経営の選択を迫られた経緯を述べているが[134]，研究活動をシステムLSI関連に集中することで，株式会社における開発に活動内容の重点を大きくシフトさせた。そして，2005年には，瀧和男氏は大学教授職を完全に退職し，企業経営に専念することになったのである。

4.6.4　瀧和男氏のその後

　その後，エイ・アイ・エル（株）は順調に成長するかに見えたが，日本のデジタル家電メーカーそのものが不況に見舞われることになり，家電メーカー毎にあったシステムLSI部門は売却対象となっていった。その結果，第5世代コンピュータに参画した，日立，三菱電機，NEC，富士通を含め，システムLSI部門を分離独立させ，国内一社体制で事業再生が検討されている状況となっていた（2012年11月現在）。つまり，エイ・アイ・エル（株）のビジネスモデルは，顧客企業が，ルネサス・エレクトロニクス（株）を中心に統廃合されつつある状況下において，その前提から覆されることになっていたのである[135]。

このような事情から、瀧和男氏は、エイ・アイ・エル（株）の代表取締役を退任し、神戸大学連携創造本部産学連携担当の特命教授として、2012年11月から神戸大学に戻るキャリア選択をした。2012年11月時点での職務は、逆浸透膜の技術に関連した水関係の研究プロジェクトの産学連携と人材育成であったが、水に関するセンサー周辺のシステム化やワンチップ化は、エイ・アイ・エル（株）で手掛けたシステムLSIや以前手掛けていた計算機アーキテクチャ分野の基礎研究の知識・スキルが活用できる分野であり、リエゾン活動のみならず、境界領域における研究プロジェクトに対する貢献も期待されるものであった[136]。

　以上が、瀧和男氏の大学発ベンチャーの起業後、再度、大学に復帰するまでのライフヒストリーである。次章以降、本事例に基づき、大学発ベンチャー起業家の熟達に関して、検討、考察をおこなう。本来であれば、大学退職や復職にいたる経緯について、きわめて興味深い経営現象であると考えられるが、関係者の諸事情に配慮して、本研究では調査対象としなかった。この点につき、ご了解いただきたい[137]。

● 注─────────────
1　瀧和男氏は、エイ・アイ・エル（株）の代表取締役を辞任し、神戸大学の産学連携部門特命教授に復職した（2012年11月現在）。
2　エイ・アイ・エル（株）の公式サイトは、http://www.ailabo.co.jp である。会社概要・事業内容（図7，図8，表7，表8）は、公式サイトからの引用である。（2011年6月1日　筆者確認）
3　2001年3月21日　日経産業新聞　27面　のインタビュー記事より。
4　2009年12月15日　インタビュー
5　多田幸生教授の初代・大学院システム情報学研究科長就任にあたってのインタビュー記事（2010年6月29日：神戸大学ニュースネット委員会）は、以下の通り。
　　http://home.kobe-u.com/top/newsnet/baknews/newsbak201006b.html#news_6592
6　筆者は、2009年12月15日に多田幸生教授・花原和之准教授と昼食を同席した。その席で、瀧氏についてインフォーマルにインタビューし、そのメモを電子メールで送付し、12月18日にメールにて確認した。
7　日経産業新聞　2001年3月21日　27頁
8　瀧は、研究領域が拡大した点について、以下のコメントをしている（2011年6月10日）。
　「コンピュータ・アニメーションやニューラルネットワークは、以前からやりたかったこ

第4章　大学発ベンチャー起業家のライフヒストリー　　165

との一つで，1997年から2002年付近で研究していたことだが，いささか研究領域を広げすぎて学生指導だけでも大変になり，2002年頃に研究を休止している。LSI CADは，従来の並列処理研究としてのLSI CADは休止したが，LSI設計技術の研究として，より実用に近いレベルの研究は継続していた」

9　2010年2月9日　インタビュー
10　2009年12月18日　インタビュー
11　2009年12月18日　インタビュー
12　2009年12月18日　インタビュー
13　本研究における主たるインタビュー調査は，①2009年12月〜2010年3月にかけて計4回のインタビュー，②2010年4月〜12月にかけて，エイ・アイ・エル（株）事務所常駐時の質疑応答の口頭メモである。その後，適宜，質疑応答の口頭メモを追加した。①のインタビュー1回のインタビュー時間は約2時間，合計8時間程度であった。また，②の常駐時の質疑応答は，①のインタビューを行った上で明らかになった点について，史料を読み込んだ上で再度質問を行い，その点についての瀧教授からの返答の口頭メモを，瀧和男氏にメールして確認を取る作業をおこなった。

　つまり，「インタビュー→史料読み込み→質問→口頭メモ→メールでの確認」が，本研究の調査プロセスである。本調査は，研究遍歴と起業との関連の調査になったため，瀧氏の既存の研究論文・著書を読んだ上で，技術面で質問をすることが多かった。

　本事例研究における，引用元が記載されていないデータソースは，2010年4月〜12月までの常駐時の口頭メモからの質問について，瀧和男氏から対面・電子メールでの確認返答を頂いたデータである（瀧氏の長男である大補氏，友人・同僚である多田幸生教授，花原和之准教授，正司健一教授，渋谷茂樹氏等についても，同様の調査プロセスをおこなっている）。

14　瀧は，実父の五郎氏について，「五郎がテレビのキットを組んだのは私が小学生の頃，ソフトをいじっていたのは私が社会に出てから（1980年にNEC社から発売されたパーソナルコンピュータ：PC8001を使った趣味のソフトウエア製作）」とコメントしている（2011年6月11日　電子メール）。

15　2010年5月12日　口頭メモ，電子メールにて確認
16　2009年12月18日　インタビュー
17　2009年12月18日　インタビュー，2012年12月13日　追加インタビュー
18　本調査では，瀧和男氏本人に対して当時の出来事について聞き取りをする際に，新聞記事や写真を提示した上で，回顧的インタビューをおこなった。したがって，新聞記事や写真は2次資料であり，それに対しての本人のコメントは，当時の出来事に関する解釈という点において1次資料という位置付けと考えている。歴史研究の場合，現存する過去の手紙や口述を1次資料として研究者が執筆するが，ライフヒストリー研究の場合，現存する過去の手紙やインタビュー，写真を1次資料として，再度，本人に回顧的インタビューを

実施可能である点に強みがあると考えている。

19 ICOTは、1982年に発足した（財）新世代コンピュータ開発機構（Institute for New Generation Computer Technology）のこと。「第5世代コンピュータ開発プロジェクト」の中核組織。
20 板倉聖宣著（国立教育研究所・元研究員），国土社，1964年
21 坂井利之著（京都大学名誉教授），岩波新書，1968年
22 2009年12月18日　インタビュー
23 瀧は，トランジスタキットの組み立てについて，「回路を自分で設計したのではなく雑誌に載っていたものを組み合わせて設計し，部品は自分で調達してきたのが，初期のやりかた。その後設計もオリジナルのものをやるようになった」と，追加コメントしている。（2011年6月10日・電子メール抜粋）
24 2009年12月18日　インタビュー
25 2009年12月15日　インタビュー
26 2010年3月25日に開催された神戸大学システム情報学研究科謝恩会に筆者が出席した際も，多田は瀧についてのエピソードを挨拶で述べていた。
27 2009年12月18日　インタビュー
28 ライフヒストリーにおける2次資料である新聞記事を掲載した理由は，第5世代コンピュータプロジェクトの若手リーダー格であった瀧に対しての社会的評価になっていることと，この資料を本人に提示することによって，瀧自身が当時の出来事について思い出し，回顧的にエピソードを述べていること，の2点である。
29 2010年2月5日　インタビュー
30 2010年2月5日　インタビュー
31 2009年12月15日　インタビュー
32 当時の甲南大学のコンピュータ関連施設にIBM650があったことについて，以下の甲南大学のサイトで紹介されている。http://www.konan-u.ac.jp/ku-kinds/outline/enkaku/index.html（2011年6月1日　筆者確認）
33 花原和之・准教授のサイトは，以下の通り。http://robot.cs.kobe-u.ac.jp/contents/staff/hanahar/
34 2010年2月5日　インタビュー
35 2010年5月12日　口頭メモ・電子メール確認
36 本来のHackerの意味は，1960年代，マサチューセッツ工科大学の鉄道模型クラブ（TMRC；Tech Model Railroad Club）に在籍していたコンピュータに没頭する学生のことであり，Space War!, LISPの開発者であるスティーブ・ラッセル（Steve Russell）ら，人工知能研究所に出入りしていたメンバーである。なお，瀧は，ハッカーの語感について以下の通りコメントしている。「もともとはコンピュータソフトの趣味的超熟達者のことで，悪い意味は無かった。」（2016年5月30日）

第4章　大学発ベンチャー起業家のライフヒストリー　　167

37　学部時代にマシン作りに熱中し過ぎた点について，瀧は以下の通り，追加コメントを述べている。「正確には，学部には5年いて，電子（工学科）からシステム（工学科）の大学院を受けるために1年間，研究生（前川研：システム第4講座）として在籍した。この間はずっとシステム工学科に出入りして，システムの最新のコンピュータをいじりまわした。たしか4つの研究室でそれぞれ違うコンピュータがあったので，それを全部（使い倒して），ソフトを書いてあげたりハードを作ってあげたりした。」(2011年6月10日）
38　2009年12月15日　インタビュー
39　2009年12月15日　インタビュー
40　2010年2月5日　インタビュー
41　瀧によれば，「1回生から高橋先生の研究室と無線部には出入りしており，3回生ぐらいからマイクロコンピュータをいじりだして，無線研究会の部室が電子計算機研究会になっていった」と，コメントしている。(2011年6月10日）
42　2010年2月5日　インタビュー
43　2010年2月5日　インタビュー
44　2010年2月5日　インタビュー
45　神戸大学LISPマシンの別名のTaki-TAC7の意味は，瀧による7台目の自作コンピュータの意味であり，マシン設計やハードウエアについては，事実上，瀧が製作したことの瀧なりの意思表示でもある。
46　神戸大学工学部システム工学科の設立経緯については，「神戸大学百年史：部局史」(p.770-789) を参照した。
47　2010年2月5日　インタビュー
48　金田悠紀夫教授は，1976年4月，電気試験所の後継：電子技術総合研究所研究員から神戸大学に赴任し，前川禎男教授の下，電気／電子工学専攻のシステム第4講座：講師に就任する。その後，1988年4月ソフトウエア工学専攻のシステム第5講座を設立する。詳細は，付録Ⅱを参照のこと。
49　例えば，金田(1970)「TSSにおけるページングの効率について」，電子情報通信学会論文誌C,Vol.53-C No.8 pp.538-545　を参照のこと。
50　日本のコンピュータの歴史については，(高橋, 1998) を参照のこと。
51　これらの経緯についての詳細は，付録Ⅱを参照のこと。
52　神戸大学LISPマシンの詳細は，以下のコンピュータ博物館のアーカイブを参照のこと。
　　http://www.ipsj.or.jp/museum/computer/other/0001.html （2011年6月10日　確認）
53　Information Processing Languageについては (Newell and Simon, 1956) を参照のこと。
54　引用部における下線は，本研究にとって重要な論点についての言及であり，注において，その詳細の議論をおこなっている。
55　この対談の文脈から言えば，第一世代が渕一博，第二世代が金田悠紀夫，第三世代が瀧和男である。既に述べてきた通り，渕は，日本最初のトランジスタ型コンピュータETL-

MarkⅣの製作に参画し，金田は，日本最初のオペレーティング・システムのETSSの製作に参画した。ここで述べられている通り，渕の第一世代は，ハードとソフトが未分化であったが，金田の第二世代は，ハードとソフトが分化した最初の世代であり，専門分野としてソフトウエア工学を先導する。

　日本の商用コンピュータが登場してきたのは，渕が参画したETL-MarkⅣの日立・富士通・NECへの技術移転によるもので，1957年（昭和32年）以降である。金田が神戸大学電気工学科を卒業し，電気試験所へ入所したのが1966年（昭和41年）であり，通産省が国内メーカー育成のため，大型プロジェクト制度を導入した時期にあたる。

56　後述するが，1971年世界初のマイクロプロセッサであるインテル4004登場の前の「電気少年」世代と，その後の「マイコン少年」世代の違いについての言及である。1952年生まれの瀧は「電気少年」として自分で回路（ハード）をいじった世代。「マイコン」世代は回路をいじった経験がなく，BASICでのプログラミング（ソフト）をして，特に日本においては，コンピュータ・ゲームを製作した世代である。

　瀧が「システム工学科の研究室にある色々なコンピュータをいじくり回した」という発言は，様々なコンピュータを使って，その上で走るソフトウエアの開発を試したという意味であり，「ハードとソフトを両方体験できた第3世代の中での非常に薄い世代の代表格」と，渕は瀧のことを評価していたと推測される。

57　この点は，筆者とのインタビュー（2009年12月15日）において，花原和之准教授が，「ブラックボックスが進んでいく」と発言した点と同様である。

58　米国のコンピュータの教育制度については後述するが，スタンフォード大学コンピュータシステム研究所（computer system laboratory）について，渕は言及していると考えられる。「後進的」と指摘している点は，この時期の日本におけるコンピュータ科学の研究拠点は，電気試験所の後継の電子技術総合研究所等，ごく少数であり，スタンフォード大学コンピュータシステム研究所のようなハードとソフトを総合的に研究する拠点がなかった点についてであると推測される。

59　実際，第5世代の後期では，自身が開発した第5世代マシンのユーザーとなってLSI CADを手掛け，チップの設計分野に研究領域を拡張し，その後の起業につながっていることから，渕の1984年の時点でのこの発言は，あたかも瀧のその後のキャリアを予期したかのような発言である。

　1984年の時点では瀧はまだLSI CADの応用研究を手掛けていないが，渕は瀧らの第3世代のコンピュータ科学者への期待を込めた発言である。

60　スタンフォード大学コンピュータシステム研究所の公式サイトは以下を参照のこと。
　http://csl.stanford.edu/（2011年6月1日　筆者確認）

61　東京大学，京都大学には，1977年の時点では，コンピュータ・アーキテクチャ論の研究室は存在していた。この点について，「京大には，私の修士の頃から，コンピュータ・アーキテクチャの講座はあった。萩原（宏）先生だったと思う。東大も同様で元岡先生。元岡

第4章　大学発ベンチャー起業家のライフヒストリー　　169

先生は第五世代の重要な顧問」とコメントしている。京都大学・萩原宏名誉教授，東京大学・元岡達名誉教授については，情報処理学会が提供している日本のコンピュータ博物館のサイトを参照のこと。(2011年6月1日　筆者確認)
62　2010年2月5日　インタビュー
63　花原和之准教授は，大阪大学の学部時代に，大阪大学コンピュータクラブに在籍していた。1980年中頃「近畿コンピュータ学生連合」という関西の大学のコンピュータ関係サークル団体が存在し，ソフトバンク創業者の孫正義氏や，アスキーの西和彦氏の講演をしてもらったことを，筆者とのメールのやり取りで述べている（2009年12月18日）。
64　筆者の学部生だった1990年代には，マシン制作を行う「神戸大学電子計算機研究会」は既に存在せず，「情報統計部」の名称で，プログラミングやソフトウエアを主とした活動をしていた。近年は，「神戸大学コンピュータ部」の名称で活動している。公式サイトは，http://home.kobe-u.com/kisc/（2011年6月1日　筆者確認）
65　神戸大学LISPマシンについて，瀧は，以下の通り，追加コメントをしている。(2011年6月10日)

　「LISP言語の処理系，インタープリタも瀧が全面的に設計しており，神戸大学LISPマシンは，インタープリタをハードウエアに近いレベルのマイクロプログラムで実現するという独自のアーキテクチャを取っていた。金田先生からはあまり細かい指示はなく，好きなようにやらせてもらった。研究会の発表計画だけ，（金田先生が）どんどん予定を入れてくれて（入れられてしまって）修士2年の間に3回，卒業後に1回講演した。」
66　Dreyfus (1967)「錬金術と人工知能」(Alchemy and Artificial Intelligence) を参照のこと。原本は，RAND研究所か直接ダウンロードして入手することができる。http://www.rand.org/pubs/papers/P3244.html（2011年5月15日　筆者確認）
67　瀧によれば，「(LISPアプリケーションの商用化を目的として) 電総研とNTTの武蔵野通研では，MITやXeroxのLISPを超えようと，盛んに研究開発されていた。」とコメントしている。(2011年6月10日)
68　2010年2月5日　インタビュー
69　高橋　茂（2003）「通産省と日本のコンピュータメーカ」を参照のこと。
70　国鉄みどりの窓口のマルス（MARS）1の詳細説明は，コンピュータ博物館の解説を参照のこと。1960年の時点で，座席を指定して管理システムを実現したマシンは世界でも初めてであった。
　http://museum.ipsj.or.jp/computer/dawn/0030.html（2011年5月15日　筆者確認）
71　渕一博氏にとって，大学院生時代の瀧は，神戸大学LISPマシンの製作実績のある能力の高い大学院生として認識されていたと考えられる。その後の日立製作所から第5世代に出向するにあたり，古川康一氏（慶応大学名誉教授）の「一本釣り」証言と合致する。

　瀧によれば，「渕さんには大学時代からお世話になっていて，渕さんが室長を務めていた（電総研）推論機構研究室の島田さん，山口さんに（神戸大学）LISPマシンの構想およ

び設計概要を見てもらいに2回ほど（電総研に）足を運んでいる。」とコメントしている。（2011年6月10日）
72　2010年10月3日　電子メール
73　2010年2月5日　インタビュー
74　2010年2月5日　インタビュー
75　付録Ⅱの金田悠紀夫氏オーラルヒストリーにおける，瀬口先生からのコメント。
76　この記事（今岡，1989）に対して，瀧は「（神戸大学）LISPマシンの評価結果が大変良かったので電総研にも報告に行っており，渕さんはそのときのことをよく覚えてくれていたので（第5世代コンピュータプロジェクトに）呼んでくれたのだと思う。」とコメントしている。（2011年6月10日）
　　後述の古川康一氏（慶応大学名誉教授）の「一本釣り」のエピソードや，米国視察メンバーの3人中の1人であったことからも，渕一博氏は，第5世代の構想段階で，瀧をハードウエアの担当の若手研究者の最有力候補にしていた可能性が高いと推測される。
77　2011年2月5日　インタビュー
78　2011年2月16日　口頭メモ，電子メールにて確認
79　2010年5月12日　口頭メモ，電子メールにて確認
80　2011年2月5日　インタビュー
81　2011年2月5日　インタビュー
82　高橋茂（1921年4月1日—2005年11月22日）は，東京工科大学名誉教授。慶應義塾大学電気工学科卒業。工学博士。日本におけるコンピュータ黎明期を代表する研究者。電気試験所から日立製作所に転籍し，日本の商用コンピュータの発展に大きく貢献する。その後，筑波大学教授を歴任。詳細の経歴は，コンピュータ博物館を参照のこと。http://museum.ipsj.or.jp/pioneer/sigtak.html（2011年5月15日　筆者確認）
83　瀧は，技術の方向性の違いに関して，以下の通りコメントしている。「瀧が日立に戻る場合には，プロセスコンピュータの大みか工場となるはずだったので，IBMコンパチ路線の神奈川工場や中央研究所とは別ラインだった。プロセスコンピュータの追求していたのは，計算機としての性能より信頼性，ノンストップ運転と保守性，制御用システムの組み易さ等であったため，計算機そのものの追求をしたかった瀧の方向とは異なっていた。」（2016年5月30日）
84　『身体化された心と人工の脳』（2008年6月28日　西垣通氏の講演録）のアーカイブは，以下のリンク
　　http://d.hatena.ne.jp/k16/20080425/p1を参照のこと。（2011年6月1日　筆者確認）
85　この西垣通氏の日立製作所から明治大学への転職の経緯について言及したところ，瀧は「私も（日立製作所）大みか工場勤務時代に椎間板ヘルニアをやりました。幸い手術はせずに済みました」とコメントしている。（2011年6月10日）
86　東京大学大学院情報学環・学際情報学府　西垣通教授の紹介サイト：

http://www.iii.u-tokyo.ac.jp/professor.php?id＝367（2011年6月1日　筆者確認）

87　この瀧（1993）による編者まえがきは，技術課題に対しての仮説・検証という立場を明らかにしているものであり，瀧の立場が顕著になっている記載部分を下部点線で示している。これに対して，瀧は，「これらは渕さんの考えを実践したもの」と追加コメントを残している。（2013年1月7日　手書きメモ）

88　2009年12月18日　インタビュー

89　2010年2月5日　インタビュー

90　付録Ⅰのプロトコル分析　実験データ冒頭

91　2011年3月13日に，電子メールによる確認済

92　第5世代コンピュータ国際会議 1988　招待基調講演「認知科学の展望」の全文訳を参照のこと
http://www.jipdec.or.jp/archives/icot/ARCHIVE/Museum/FGCS/FGCS88jp-rpt/88jINVT1.pdf

93　例えば，『人工知能大事典』（2005）丸善出版「第5世代コンピュータ」の項目（執筆者；近山隆氏，172頁）を参照のこと

94　これらを踏まえ，最も影響力のある批判は，第5世代以降通産省が主導した国家プロジェクトに対する懐疑であり，しかも，この主張は，情報処理学会の歴史部会の重鎮にあった渕の恩師にあたる高橋茂氏によるものであり，学会としての"第5世代は失敗"が，公式見解となったといえる。詳細は，『日本のコンピュータ発達史』1998，情報処理学会歴史特別委員会を参照のこと。

95　2006年に逝去した渕一博氏を回顧するために2007年に開催された「渕コロキアム」において，科学哲学者である林（2007）は，渕の研究遍歴にそって人工知能研究を概観している。

　渕に影響を与え，「第5世代」としてプロジェクトの発起を決意させた1970年のスタンフォード大学のテリー・ウィノグラード（Terry Winograd）教授による意味理解を意図した自然言語の研究から，1998年にウィノグラード教授の研究室から起業したGoogle 創業者のラリー・ペイジ（Larry Page）による実用化にいたるまでの概観であるが，現時点では，プロジェクト終了後20年程度である。よって，まだ歴史的評価が定着しておらず，「Wikipedia上での第5世代の評価がネガティブなものから少しずつ変化している状況である」と林はコメントしている。

96　瀧はこの資料について，以下の通り，追加コメントを残している。「二つの時期が混ざってしまっているかも知れない。1982年当時，XeroxのLISPマシンは，まだ無かったはず。Xeroxスピンアウト組の作ったPERQという初期のワークステーションは存在した」（2013年1月7日　メモ）

97　Association for the Advancement of Artificial Intelligence　の略。人工知能の国際学会組織。

98　2011年2月5日　インタビュー

99 スタンフォード大学のファイゲンバウム教授のサイト：http://ksl-web.stanford.edu/people/eaf/（2011年5月1日　筆者確認）

100 経営学研究において第5世代コンピュータプロジェクトについての事例研究は，野中，松田他（1993）「組織間における知識創造過程のダイナミズム」や，松田（1995）「組織的研究開発のメカニズム」等があり，これらは，第5世代コンピュータプロジェクトに対して知識創造（SECI）モデルの概念で説明した事例である。第5世代は，エキスパート・システム，すなわち，知識処理に関する基礎研究（広く言えば，知識工学）のプロジェクトであったため，創造性やイノベーションの観点から知識創造（SECI）モデルの一連の研究と第5世代コンピュータプロジェクトは，非常に近い問題意識を持っていたと推測される。

　松田（1995）の調査では，瀧は1992年8月3日に第一研究室長の立場でインタビューに協力しており，したがって，松田（1995）による知識創造（SECI）モデルの事例研究は，本研究における2次資料という位置付けにあたる。松田（1995；372頁）は，第5世代について，研究者個人が新しい知識を生み出すための創造の場づくりとして，①明快なビジョンを提示する。②志を同じくする者が集まり，役割分担を決める。③創造の自由と研究者の自律性を尊重する。④知のレベルを向上させる。以上が実行されたと述べている。

　"①の明快なビジョンの提示"は，渕のビジョンの提示と瀧によるビジョンの受け入れやリーダー行動を，渕氏や瀧による1次資料を用いて，「4.5.2 プロジェクト・リーダーとしての瀧和男」（133頁）で説明している。"②の同志による役割分担"について，松田（1995；364頁）は，「研究分野も，上田主任研究員は言語，近山研究室長はOS，瀧研究室長はハード，新田研究室長は応用ソフトと分担され，それらのつながりも非常にうまくいった」と説明しており，瀧が第5世代のハード分野の第一人者であったことを裏付ける資料となっている。"③創造の自由と研究者の自律性の尊重"は，基礎研究のプロジェクトとして，渕氏が主張する理念・ビジョンに基づく，テーマの絞り込みのプロセスの詳細についてであり，"④知のレベルの向上"は大企業から"一本釣り"の出向や国際学会の開催等の人事交流について述べたものである。特に，瀧がLSI CADの応用研究で言及している「ジョイント・チーム方式（146頁）」は，違う分野の研究者同士の対話を通じての"暗黙知の共有（共同化）"の事例となっており，知識創造の主体が個人から集団，集団から組織と広がっていく際に，研究成果とし，論文やプログラム，試作機等を通じて発表することが推奨された点で，知識の言語化（表出化）の事例となっている。

　野中（1985他）は，研究開発における組織的知識創造プロセスの本質を，"自己組織化システム"であると述べているが，松田（1995；369頁）に，瀧はハードの開発責任者の傍ら，応用プログラムの開発を手掛けている（つまり，第1研究室長兼第7研究室長代理）ことも述べられている。つまり，基礎研究のプロジェクトにおいては，研究テーマや研究方法などの研究計画は自主的に設定して，研究を進めていくやり方が知識創造の本質というのが，野中（1985他）の主張である。後述するが，瀧の後期プロジェクトの研究領域のジャンプの経験は，研究テーマの設定に関連して起業とも関連している重要なポイントで

ある，と筆者は考えている。

101　組織としての情報処理モデルは，既に経営行動（1947）に記載されているが，人間の情報処理モデルについては，Simon（1979）が詳しい。

102　瀧は，ブラックボックス化の議論について，以下のとおりコメントしている。「1980年代，すでにコンピュータのハードウェア，システムソフトウエア，アプリケーションソフトウエア各階層の複雑度は十分に高まっており，その全てを知り尽くしたブラックボックスの無い状態ということは難しくなっていた。階層間のインタフェースが規定できる，あるいはインタフェースの善し悪しが議論できる程度に，自分が専門としない階層の内容を知っていることが，新しいシステムの構築には重要だった。」（2016年5月30日）

103　94頁参照のこと。2009年12月18日　電子メール抜粋

104　Ceruzzi（2003）に，研究者による大学発ベンチャーの先鞭となったEckert-Mauchly Computer Corporationの創業の経緯は詳しく記載されている。

105　瀧（1993）によれば「ノイマン型計算機の実行モデルは，記憶装置と処理装置との間の細かい接続路を命令とデータが往来するものであって，これが計算機の処理性能向上を阻害する隘路（フォンノイマン・ボトルネック）であるといわれており，1980年頃は，"非ノイマン・マシン"という言葉が流行していた」と記載されている。

106　近山　隆教授（東京大学工学部電気系工学専攻）の大学公式サイトは，以下を参照のこと。http://www.logos.t.u-tokyo.ac.jp/www/home/chik/chik-j.html（2011年6月1日　筆者確認）

107　2010年2月5日　インタビュー

108　神戸大学博士論文「人工知能向き高級言語マシンの方式研究」瀧　和男（1987）
　　http://www.lib.kobe-u.ac.jp/infolib/meta_pub/G0000003gakui_D2001059（2011年6月1日　筆者確認）

109　瀧の直属の上司であった内田俊一氏と糸井重里氏の対談（ほぼ日刊イトイ新聞）が残されている。http://www.1101.com/boss/index.html　ここでは「第5世代に参画したメンバー200人の内，世界に通用する研究者が3分の1程度」と述べている。（2011年6月1日　筆者確認）

110　「第5世代波及効果の樹」は，上前（1989）「めざすは新世代コンピュータ」角川書店，83頁。

111　瀧（1993：188頁）は，LSI CADについて，「LSIの表面に配置されたトランジスタなどの素子間をどのように結線するかを設計すること」と説明している。1993年の時点で，マイクロプロセッサにはトランジスタが100万個を超えており，高速なLSI配線プログラムの開発が望まれていた。

112　【図10】ジョイント・チーム方式の説明図のこと。

113　チャンク（Chunk）の代表的な定義は，「人間が情報処理を行なう際に最小限に意味を持つ単位のこと」（例えば，田中，2008：132-133頁）。G. Miller（1956）は，人間の短期記

憶を"The Magical Number Seven, Plus or Minus Two（7±2）"であることを明らかにし，この単位を"Chunk"とした。また，Simon（1996）は，短期記憶である1チャンクを長期記憶に移すのに約10秒必要とし，チェスのグランドマスター等，それぞれの領域のエキスパートは5万チャンクの知識を持っている，としている。

114　142頁参照のこと。2009年1月22日　インタビュー
115　110頁を参照のこと。
116　2009年12月15日　インタビュー
117　2010年2月5日　インタビュー
118　2011年5月13日現在。特許庁検索サイトは，特許庁電子図書館：http://www.ipdl.inpit.go.jp/
119　122頁を参照のこと。2011年3月10日　インタビュー　注91参照のこと。
120　2009年12月15日　インタビュー
121　2009年12月15日　インタビュー
122　2009年12月15日　インタビュー
123　2009年12月15日　インタビュー
124　特許公開2000-77635
125　情報処理学会論文誌，1999年4月号，pp.1670-1678
126　2011年6月15日　インタビュー
127　2011年6月15日　インタビュー
128　瀧和男氏は，この点について以下の通り，コメントしている。
　　「対シャープが先駆的に成功し，その後，対X社でビジネスにつながった。」（2013年1月7日・メモ）
129　2011年6月10日の瀧和男氏との口頭メモを元に談話を再現した。その後，本人にメール確認（201年6月11日）している。
130　2011年6月10日の瀧和男氏との口頭メモを元に談話を再現した。その後，本人にメール確認（201年6月11日）している。
131　1999年11月29日の閣議決定「国立大学教官等の民間企業役員兼業に関する対応方針について」
　　詳細は，http://www.kantei.go.jp/jp/kakugikettei/991130kengyo2.html である。（2011年6月1日　筆者確認）
132　2010年2月5日　インタビュー
133　元同僚の多田幸生教授によるコメント。2009年12月15日に多田幸生教授・花原和之准教授と昼食を同席した時の会話を元に，12月18日にメールにて確認した。
134　2009年12月18日　インタビュー
135　2010年には試験的にLEDサインパネル事業を手掛けていた。筆者は，その事業に参画しながら，本調査を実施していた（3.4.3節）。

136 　2012年11月時点での瀧の新しい所属は，神戸大学連携創造本部であった。詳細は，以下のリンクを参照のこと（2017年2月10日確認）。http://www.innov.kobe-u.ac.jp/index.html
137 　本事例研究は，神戸大学経営学研究科の博士論文の調査として，主に2009年〜2013年のフィールド調査に基いて実施したものである。したがって，本書が出版される大学へ復職して3年以上経過した2017年の時点では，状況が変化していることに留意する必要がある。エイ・アイ・エル株式会社の社名は，人工知能研究所（AI Labo）に由来するものであるが，主として，低消費電力や小面積が求められる携帯電話向けのシステムLSIの設計の分野において事業化したものであった。一方，例えば，日経エレクトロニクス2017年1月号の特集記事は，「AIチップ創世記」という表題であり，人工知能やロボット分野の機械学習向け，特に自動車の自動運転用途の画像認識における低消費電力，高速なチップが必要とされており，「AIチップ」の開発が本格化してきていることを伝えている。

　本事例研究について違った視点による説明になるが，1990年代の第5世代コンピュータプロジェクト以降の「AI冬の時代」に，AIの応用を意図していたものの，大手家電メーカーの携帯電話向け用途を出口として，システムLSI設計分野で大学発ベンチャーを想起した案件が，本事例の瀧和男氏のスタートアップの取組みであった。一方，自動車の自動運転用途の画像認識における「AIチップ」が事業化の新しい出口として到来しており，瀧氏が神戸大学LISPマシン，第5世代コンピュータの研究として取り組んでいた人工知能の処理を高速化するマシンを，さらに専用チップ（AIチップ）として開発する世界レベルの競争が起こっているのが，2017年の状況である。第5世代コンピュータの構想が40年を経て現実となりつつあり，まさに，「AI春の時代」が到来したといえるだろう。

　一方，2000年以降，大学の研究者ポストがプロジェクトベースの有期限のものが増加し，長期的な視野にたった研究が困難な状況に置かれている。大学発ベンチャーの場合は，さらに，ベンチャーキャピタルによる出資額に応じた有期限で計画通りの研究成果のみならず，利益を出す，という状況下に自らを置くということであり，大学研究者にとっては，きわめて困難な取組みである。それを工学や医学等の理系研究者だけ担い，経営学研究者は調査対象である大学発ベンチャーの現場から距離をおいて批判的に検証をする，というリサーチデザインは，結果的に，先方からの信頼を失う点において困難になっていくであろう。MITのエド・シャイン先生がDECに対してプロセス・コンサルテーションを実施したように，何らかの経営責任の一端を担うことで同じ目線からプロジェクトに貢献する，ということが本来あるべき経験的（empirical）な経営学研究である。大学発ベンチャーのフィールド研究を実施するのであれば，現場の何らかのベターメントを意図したアクションリサーチが不可欠であり，リサーチとコンサルティング併用，適切な方法論の導入という技術論を越えた研究者としての姿勢の問題が大きいであろう。その点，まだまだ筆者は研究者として未熟である。

　本事例研究は，恩師と教え子という20年以上の信頼関係（ラポール）があって実現したものである。しかし，ステークホルダーに対する配慮，経営における感情の問題にどのよ

うに寄り添えばよいか，恩師やそのスタートアップに参画した関係者の真摯な取組みをどのように記録して残せば良いのか，現状では，その答えを筆者の力量不足のため持ちあわせていない。不正確，かつ，配慮不足と思われる記述の非は，調査協力者ではなく，全て筆者の責任である。この場を借りて，関係者にお詫びするとともに，改めてこの問題に取り組むべく場をお許しいただければと考えている。大学発ベンチャーの現場に対しての，しかるべく経営学研究のあり方を提供することが，調査協力者でもあり，恩師でもある瀧和男氏のみならず，本研究に協力していただいた方々への筆者の責務でもあり，残された大きな課題であると考えている。

第5章 大学発ベンチャー起業家の熟達に関する検討

5.1 コンピュータ史から見た瀧和男氏の位置付け

5.1.1 国家プロジェクトと大学発ベンチャー

　文部科学省（2010）の調査は，日本における大学発ベンチャーの網羅的な調査となっているが，瀧和男氏のライフヒストリーにおける議論を踏まえると，特に，人工知能の分野は，国家プロジェクトとの関係を無視できない。既に，4.4.4節において，DECの事例や国家プロジェクトの日米の違いに言及しているが，米国の場合，大学発ベンチャーの源流は，軍事技術の商用化が背景に位置付けられている一方，日本の場合は，大学教員個人による研究成果の事業化に限定された範囲で，大学発ベンチャーが議論されており，議論の背景が大きく異なることを理解する必要がある。

　世界初の大学発ベンチャーの成功事例であるDECの場合，フライトシミュレーター用のコンピュータ開発を目指したホワールウィンド・コンピュータの後継であるTX-1を商用化する目的で，1957年にMITリンカーン研究所からスピンオフした。彼らの場合，既にリアルタイム処理に不可欠な記憶装置である「磁気コアメモリ」（米国特許3161861号）の特許を取得しており，ジョージ・ドリオ（George Doriot）教授が創設した世界初のベンチャーキャピタルから出資を得て，起業が実現したのである。つまり，軍事目的の国家プロジェクトを受託したMITから大学発ベンチャーが創出され，軍事技術の商用化を意図して創設されたベンチャーキャピタルの出資による初めての成功事例がDECであり，まさに世界初の大学発ベンチャーとベンチャーキャピタルが同時に誕生した事例であった（Ceruzzi, 2003；Rifkin and Harrar, 1988）。

　一方，日本の場合は，第1に，IBM・DEC等，最先端コンピュータ科学・技術の電気試験所研究者によるベンチマーク，第2に，通産省と大企業による

護送船団方式の国家プロジェクトの導入，第3に，証券会社等の金融機関によるベンチャーキャピタルの創設が，米国から日本に個別の文脈で導入された（高橋，1996；清成・中村・平尾，1971）。その後，米国IBMを凌駕する革新的コンピュータ技術を開発することを目標に，通産省主導で画策された国家プロジェクトが，1982年から10年600億の予算規模となった第5世代コンピュータプロジェクトであった。瀧は，第5世代のハードウエア分野での事実上の責任者となり，複数台のマシンを接続する「並列アーキテクチャ」の設計者として，世界レベルのコンピュータ科学の研究を牽引する。しかし，日本の場合は，軍事目的等の国家プロジェクト中核拠点を大学が担うことにはならず，少なくとも1980年代までは，国家プロジェクトに協力をした大企業への技術移転による商用化というシナリオであった（高瀬・伊藤，2011）。カーネギー・メロン大学のサイモン教授の人工知能研究の後継者であり，エキスパート・システムの分野で大学発ベンチャーを起業したスタンフォード大学のファイゲンバウム教授は，日本が大学発ベンチャーに対して消極的である点に対して長らく警鐘を鳴らし続けている（Feigenbaum and David, 2002）。

　つまり，ファイゲンバウム教授に代表される，第5世代コンピュータプロジェクトに対しての失敗の評価と，第5世代等の競争的な研究活動を通じて瀧が見聞した「米国の大学発ベンチャー」の存在が，既に日本を代表するコンピュータ科学の研究者であった瀧を，大学発ベンチャーの構想を想起させたのである。

　瀧は，自身のことを「起業家」と呼ばれることを嫌がり，「技術者，もしくはシステム屋と呼んでほしい」（80頁）[1]と述べていることに関連するが，第5世代コンピュータのプロジェクト経験を「自分のためのプロジェクト」[2]と語った通り，瀧にとって，第5世代コンピュータは，アイデンティティと不可分の存在となった。一方，瀧と同様，日立→第5世代への出向→大学研究者というキャリアを歩んだ西垣通氏[3]が明らかにした「何故，第5世代コンピュータは，失敗してしまったのだろうか」という問題意識は，大企業における先端的研究・開発の難しさと相まって，西垣の場合は，文理融合型の情報学分野の創出につながり，瀧の場合は，日本初の大学発ベンチャー起業の創出につながった，と推測される。

瀧の場合，第5世代のLSI CADの研究では，起業に至らなかったが，神戸大学赴任後，「システムLSIの低消費電力設計」において研究業績を挙げ，特許化をすることによって起業した。瀧は，LSI CADからシステムLSIの研究開発を行うにあたり，既に，コンピュータのハード・ソフトに関して10年以上の研究開発の経験を持つ，卓越した日本で数少ないコンピュータ科学者であった。したがって，事後的な説明として，「新市場型破壊的イノベーション創出に必要な起業準備期間としての国家プロジェクト」と位置付けることも可能である。しかし，瀧の場合は，将来的な起業を目的として第5世代に参加したわけではない。第5世代の後に自身の研究成果・製品を世に問う手段として起業を想起したのである。

5.1.2　電気試験所・通産省による国家プロジェクトの起案と選抜制度

『株式会社・日本：政府と産業界の親密な関係』と邦題が付いた米国商務省による1972年（昭和47年）のレポートにおいて，ジェームズ・アベグレン（James Abegglen）の指導で書かれた日本のコンピュータ産業に関する事例研究が残されている（Kaplan, 1972）。このレポートによれば，1954年（昭和29年），初めて米国からコンピュータが輸入され，日本電気，富士通，日立，松下，東芝の5大メーカーがトランジスタのライセンス生産を始めたという。これらの大手メーカーは，外国のメーカーによって，日本のコンピュータ市場が支配されることを恐れ，通産省に対して，国産技術の開発テンポを早めるように要望を出した（Kaplan, 1972；邦訳135頁）。

それに対して，1955年（昭和30年）4月，通産省は電波技術協会に「電子計算機開発委員会」を発足させ，翌年，予算80万円で海外コンピュータの調査を始めた。1957年（昭和32年）5月，900万円を計上し，当時人気のあった中型機IBM650の性能を上回るコンピュータの分担開発が国内大手メーカーの協力を得て，試みられた。この一連の動きは，事実上，通産省傘下である電気試験所電子部長の和田弘が推進役となった（高橋, 2003）。1957年（昭和32年）6月，通産省は計算機を含む電子工業振興のために，電子工業振興臨時措置法を立案する。この法案に対しても，和田弘は強い関心を持ち，通産官僚を指導し，法

案骨子を策定，国会答弁に立った。同年8月，法案公布に伴い，通産省重工業局に電子工業課が設置された（高橋, 1996, 2003）。

それ以降，1960年（昭和35年）10月29日に締結するIBMとの特許を巡る契約交渉，政府・民間折半出資によるレンタル会社である日本電子計算機株式会社の設立，大型工業技術研究開発制度（大型プロジェクト）の創設など，通産省が主導的立場を担い，日本のコンピュータ産業の保護や育成に尽力したことが記録に残されている（Kaplan, 1972）。

つまり，米国の場合，軍事研究の範疇であったコンピュータ開発の国家プロジェクトを積極的に引き受けたMITやスタンフォード大学において，その商業化の文脈で大学発ベンチャーが想起されたが，日本の場合，軍事技術の範疇であるコンピュータを大学で研究することは難しい事情もあり，通産省傘下の電気試験所が研究開発の中核となり，大企業へ技術移転をすることで商用コンピュータが誕生したのである。その際，通産省が主導的立場を担い，コンピュータ産業育成のため，法制度を整備したのである。

瀧の恩師にあたる金田悠紀夫氏は，昭和41年（1966年）に神戸大学電気工学科を修了し，神戸大学の卒業生としては初めて電気試験所に入所する。同年，「大型工業技術研究開発制度」によって国家プロジェクトは制度化され，それに伴って実施された「超高性能電子計算機プロジェクト」（予算規模120億円）に参加した若手メンバーであった。このプロジェクトの目的は，事実上，世界で初めて開発されたオペレーティング・システム（OS）であるIBMのOS360に対抗するために，国産OSを作ることが至上命題であったことが知られている（高橋, 1996）。この点，筆者とのインタビューにおいて，金田氏は「たまたま予算が付いたから，私みたいなのが（電気試験所に）引っ掛かった」[4]と謙遜をしたが，金田氏の指導教官であった仲上稔教授は，現在，携帯電話等のアンテナ設置における確率分布の1つとして使われるNakagami-distribution（仲上m分布）の研究（1947）で世界的に知られている業績を持つ研究者であり，金田氏は，仲上稔教授の推薦で電気試験所に入所したことを考慮すると，電気試験所を中心とした優秀な研究者の選抜システムが存在していたことの裏付けと考えることが出来る。

その後，電気試験所，その後の電子技術総合研究所にて，幾つかの国家プロ

ジェクトに参加しながら，10年程度の期間，研究に没頭する期間を与えられ，研究業績を出した後，母校に赴任して後進の教育にあたる，というのが，日本におけるコンピュータ分野の研究者育成システムとして定着したと考える（古川，2010）。それは，現在の産業技術総合研究所に在籍する研究者にとっても同様であり，新藤（2006）による産総研発ベンチャーのフィールド調査は，日本における研究者選抜制度，ナショナル・イノベーション・システムの実態に深く関連する点において貴重なデータ源にもなっている。

日本における商用コンピュータの黎明期においては，電気試験所のコンピュータ部門の中核メンバーであった高橋茂氏が日立に転籍し，トランジスタ部門の中核メンバーであった菊池誠氏，鳩山道夫氏がソニーに転籍し，彼ら電気試験所出身者が，転籍先の基礎研究部門を支えたことが知られている（相田，1991）。しかしながら，その後，通産省が主導した大型プロジェクトから産み出された研究成果は，IBMの規格に準じたコンピュータを提供していたプロジェクトへの参加企業にとっては，国家プロジェクトは重荷になっていたと考えられ，必ずしも好意的ではなかった（高橋，1998）。これは，基礎研究からのラディカルな技術（Shane, 2004）であったのがその遠因であり，日本のコンピュータメーカーは，大型プロジェクトに対して自社の延長線上のIBMコンパチブルの技術を求めたため，通産省とプロジェクト参加企業との間で離齬が生じたと推察される。

一方，米国では，独占禁止法の恐れがあったため，国家プロジェクトに多くの企業が参画してコンソーシアムを作ることは長らく困難であった（西澤，2012）。しかし，1980年代に入り，第5世代コンピュータプロジェクトを日本が起案したことが明らかになると，危機感を感じた米国は，第5世代に対抗すべく規制緩和を行い，対日戦略上のコンソーシアムMicroelectronics and Computer Technology Corporation（MCC）を設立し，産官学連携に実績のあるオースティンに拠点をおいた。MCCは，当初は基礎研究を重視し，技術移転を推奨していたが，日本と同様に，参加した大企業にとってはラディカルな技術であったため，技術移転は進まなかったという。その後，1991年に，スピンオフを推奨するように方針転換がなされ，次々とMCC発ベンチャーが誕生し，その結果，デル・コンピュータ（Dell computer）を筆頭に，オース

ティンにIT関連企業のクラスターが形成されるようになった（西澤・福嶋, 2005）。

　つまり，日本の場合，国家プロジェクトの存在は，通産省が資金的な後ろ盾になることによって，優秀な研究者の選抜制度となり，結果として，電気試験所とその後継の電子技術総合研究所は，優秀な大学研究者への登竜門としての位置付けになったと推測される。しかし，国家プロジェクトの成果に，インクリメンタルな技術（Shane, 2004）を望む既存のコンピュータメーカーにとっては，その効果は限定的なものであり，第5世代コンピュータ以降は，商業化に頓挫するようになったと考えられる。一方，米国の場合，国家プロジェクトの存在は，当初は軍事研究であったが，1980年以降になると，第5世代に対抗するため，対日戦略上のコンソーシアムのMCCや半導体の基礎研究を実施するSEMATECH（Semiconductor Manufacturing Technology）がオースティンを拠点に形成され，新市場型破壊的イノベーションの担い手としてMCC発ベンチャーや，テキサス大学オースティン校発ベンチャーが創出され，その創業の連鎖から地域クラスターが形成された（西澤, 2012；西澤・福嶋, 2005）。

　したがって，日本の電気試験所・通産省による国家プロジェクトの形成と優秀な研究者の選抜システムは，米国へのキャッチアップを目的としていた1970年代までは機能していたと言える。しかし，1980年代の第5世代コンピュータプロジェクト以降は，米国において，ベンチャーキャピタルの整備も含め，新市場型破壊的イノベーションの担い手としての大学発ベンチャー創出の基盤が形成されたこともあり，通産省主導の新技術の商用化における日本の優位性がなくなったと推測される。

　本事例の瀧和男氏による日本の大学発ベンチャーの先駆的試みは，第5世代コンピュータプロジェクトの文脈において検討し，対日戦略上のコンソーシアムであったオースティンを拠点としたMCCの活動とも併せて検討することで，日本の情報通信分野における人材育成システムの課題が明らかにされる可能性がある。つまり，日本の場合は，第5世代コンピュータプロジェクトを通じて，200人以上の大学研究者が輩出されたことに比べ，米国の場合は，MCC発ベンチャーや大学発ベンチャーを通じて，新技術の商用化を目的に起業した人材が輩出されるようになった可能性が高い。

5.1.3 神戸大学システム工学第4講座

　2011年度の情報処理技術遺産に瀧和男氏と金田悠紀夫氏による「神戸大学LISPマシン」が登録された。1979年に製作されたので，既に30年以上の月日が経過したことになる。しかしながら，金田悠紀夫氏によれば，近隣の関西圏には大阪大学や京都大学があった事情もあり，「神戸大学のコンピュータ研究教育は大きく遅れをとっていた」という（付録Ⅱ，82行目）。それは，旧帝大系の大学の場合，1960年代後半にコンピュータ産業の勃興と共に，情報工学科が設置されていったことに対して，旧高商系の神戸大学の場合，情報工学科は設置されず，1970年代に入ってから，コンピュータを用いた学際研究を目的としたシステム工学科が設置された事情を述べている（付録Ⅱ，82行目）。

　今でこそ，「コンピュータ科学」という言い方をしても違和感がないが，1969年当時は，カーネギー・メロン大学においても，コンピュータが科学であるかどうかについて，科学者の中でも懐疑的対象であり，サイモンは，コンピュータを学問領域として説明し得る原理原則を述べるために，分析方法ではなく設計方法に関する科学的方法として，「人工物科学」を提示したことが知られている（Simon, 1969；Ceruzzi, 2003）。その点，コンピュータが，学問として完全には成立していない状況の中，電気試験所出身の金田悠紀夫氏が1976年に神戸大学に赴任してから，ようやく本格的なコンピュータ科学の研究教育が実施されるようになったのである[5]。

　旧帝大系の場合，電子工学と情報工学は，そのルーツは応用物理と応用数学の研究領域であり，コンピュータにおける，ハードウエアとソフトウエアの個別の研究領域として発展してきた[6]。その事情は，日本のコンピュータメーカーの実務においては，IBMに対して追随することに主眼が置かれ，ハードウエアとソフトウエアの分業体制にて研究開発されてきた経緯がある[7]。その点，神戸大学システム工学第4講座は，前川禎男教授がハードウエア，金田悠紀夫助教授がソフトウエアの大きなカテゴリーとして役割分担し，同じ研究室の中でハードとソフトの境界領域における研究テーマの設定が可能であった。このことは，神戸大学が情報工学科の設立から漏れてしまったが故，情報工学のサイロが出来なかった偶然の産物とも言えなくもないが，金田悠紀夫氏の場合，日本初のOSの開発者の一人であり，先端的なハードとソフトの境界領域の研

究を行う素地があったのである。

　また，金田悠紀夫氏に対して，電気試験所は充分な予算と恵まれた研究環境であったことに比べ，神戸大学におけるコンピュータ科学の研究教育について赴任当初の苦労についてのエピソードを聞いたところ，「1970年代後半になると，自作コンピュータに必要な部品がきわめて安価に入手出来る状況になったこともあり，研究資金不足の問題はほとんどなかった状況にあった」ことを述べている[8]。これは，1971年のインテル4004の登場以降，それより以前の技術に大きく頼らなくても，自作コンピュータが可能になった状況が産み出されたことを意味しており，学生に対して起業機会が到来したことに重なっている。そのような状況下，神戸大学システム第4講座は，前川禎男教授・金田悠紀夫助教授の体制によって運営され，1970年代後半から1980年代後半までの10年間は，瀧に引き続き，多くの研究者や起業家人材を輩出したのである。

　しかしながら，システム工学第4講座に出現したハードとソフトの境界領域における研究環境は，1989年に金田悠紀夫氏がシステム工学第5講座のソフトウエア工学の教授になったことによって，終焉を迎えることになったのである。それは，システム第4講座がハードウエア，システム第5講座がソフトウエアと研究室毎の役割分担が可能となったことを意味するが，それ以上に，1990年代に入ると，人工知能の主要なプログラミング言語であるLISPやProlog用の専用マシンのニーズは薄れ，それらは，既製品のワークステーションやパーソナルコンピュータで研究可能な状況になっていたことが大きい。例えば，瀧和男氏は第5世代の時に並列アーキテクチャの研究を手掛けたが，コンピュータを並列化することで高速化することを目的とするスーパーコンピュータの研究は，ひとつの大学研究室の予算規模では限界があり，1990年代に入ると，神戸大学においても，コンピュータにおけるハードウエアとソフトウエアは別々の研究室で，その範疇における研究テーマを設定することで研究を深化させる時期を迎えつつあったのである。

　以上を鑑みると，神戸大学は，情報工学科が設置されなかったが故，ハードウエアとソフトウエアの研究環境が未分化の状況下にあった。その点，1971年のインテル4004の発明以降に出現した，パーソナルコンピュータやコンピュータ・ゲーム等の起業機会に対して，神戸大学システム工学第4講座はソフトと

ハードの境界領域の知識・スキルを提供したのである。それは，瀧和男氏や和田耕一氏（筑波大学），小畑正貴氏（岡山理科大学），田村直之氏（神戸大学），松田秀雄氏（大阪大学），中條拓伯氏（東京農工大学）等の研究者だけでなく，西久保愼一氏（スカイマーク（株）前・代表取締役），山元賢治氏（アップル・ジャパン（株）元・代表取締役）等の情報通信分野の起業家人材を輩出している点に裏付けられる。また，大学発ベンチャーの分野においても，瀧和男氏以外にも，光ファイバーセンサーを手掛ける（株）コアシステム・代表取締役を兼任する崔龍雲教授（創価大学）がシステム工学第4講座の出身である。その点，当時の旧帝大系の研究室は，ハード，もしくは，ソフトのどちらかのテーマで研究を行ったため，現在60歳以上の同分野を比較した場合，研究者人材を輩出できていても，大学発ベンチャーを起業する人材はきわめて少なかったと推測される。したがって，神戸大学システム工学第4講座は，情報通信分野における研究者のみならず，起業家や大学発ベンチャー起業家の人材供給源にもなった点に大きな特徴があると考えられる。

5.2　瀧和男氏のライフヒストリーの分析

5.2.1　瀧和男氏の研究に関連したエピソード

　第4章において，瀧和男氏のライフヒストリーを記述し，前節（5.1）では，瀧和男氏のコンピュータ史における位置付けに言及した。本節では，以上のコンピュータ史の背景を踏まえ，瀧和男氏のライフヒストリーから，研究に関係のあるエピソード，起業に関係のあるエピソードを抽出し，詳細の議論を行う。ここで研究に関するエピソード，起業に関するエピソードと，2つのエピソードに分類する意図は，大学発ベンチャー起業家は，技術と市場の「二重の創業リスク」（西澤，2012）の担い手であることを踏まえ，複数の研究領域における熟達を促進した要因，研究領域と起業領域における熟達を促進した要因を検討することであり，研究に関しては技術の不確実性，起業に関しては市場の不確実性に対応するものである。

　まず，瀧和男氏のライフヒストリーにおける研究に関連したエピソードであるが，「（R1）お絵かき教室」「（R2）夏休みの宿題」「（R3）マシン製作に

【表11】瀧和男氏の研究に関連したエピソード

時期	年齢	エピソード	参照
幼少期	5～7歳頃	（R1）お絵かき教室	4.2.1
幼少期	7歳～	（R2）夏休みの宿題	4.2.1
高校生～	16歳～	（R3）マシン製作に関わる複数の研究領域への挑戦	4.2.2
大学院～	24歳～	（R4）異分野の研究者とのパートナーシップ	4.3.2
大学院	26歳	（R5）修士論文（神戸大学LISPマシン）	4.3.2
日立・大みか工場	26歳～	（R6）商用マシン製造経験	4.4.1
日立・大みか工場	26歳～	（R7）特許の書き方	4.4.1
第5世代・前期	30歳～	（R8）第5世代コンピュータ（PSI）設計	4.5.1
第5世代・中期	34歳	（R9）博士号取得（LISPマシンと第5世代の比較研究）	4.5.2
第5世代・後期	36歳～	（R10）新しい領域の応用研究へのジャンプ（LSI-CAD）	4.5.3
システム第6講座	40歳	（R11）大学教員への着任（研究テーマの自由）	4.6.1
システム第6講座	41歳	（R12）複数の研究プロジェクトの実行	4.6.2
システム第6講座	41歳	（R13）人工知能関連分野の事業化を見越した研究（AI Labo）	4.1
有限会社	45歳	（R14）事業の中核となる特許取得	4.6.3
有限会社	47歳	（R15）研究テーマの絞り込み（システムLSI）	4.6.3
株式会社	50歳～	（R16）IPライブラリの構築	4.1
株式会社	57歳	（R17）システムLSI以外の研究分野への挑戦	4.6.4
事業撤退	60歳	（R18）大学への産学連携部門への復職	4.6.4

関わる複数の研究領域への挑戦」「（R4）異分野の研究者とのパートナーシップ」「（R5）修士論文（神戸大学LISPマシン）」「（R6）商用マシン製造経験」「（R7）特許の書き方」「（R8）第5世代コンピュータ（PSI）設計」「（R9）博士号取得（LISPマシンと第5世代の比較研究）」「（R10）新しい領域の応用研究へのジャンプ（LSI-CAD）」「（R11）大学教員への着任（研究テーマの自由）」「（R12）複数の研究プロジェクトの実行」「（R13）人工知能関連分野の事業化を見越した研究（AI Labo）」「（R14）事業の中核となる特許取得」「（R15）

研究テーマの絞り込み（システムLSI）」「(R16) IPライブラリの構築」「(R17) システムLSI以外の研究分野への挑戦」「(R18) 大学への産学連携部門への復職」，以上，18のエピソードが抽出された。

　瀧のライフヒストリーに見られる研究に関連したエピソードの特徴は，科学的発見をするためにひとつの研究テーマを生涯かけて追い求めるというものではなく，自作マシン製作からシステムLSI設計の起業にいたるまで，浮かび上がってくるキーワードは，「マシン製作」であり，その点，研究者としては，自然科学を対象にした分析というよりも，人工物を対象にした設計に近い立場と考える（Simon, 1969, 1996）。

5.2.2　瀧和男氏の起業に関連したエピソード

　一方，瀧和男氏のライフヒストリーにおける起業に関連した出来事であるが，「(E1) 自作マシン製作への没頭」「(E2) 学生サークルの結成」「(E3) 大学のマシン使い倒し」「(E4) 人工知能用マシンの技術移転」「(E5) 大企業への勤務経験」「(E6) 米国出張での大学発ベンチャー起業家との出会い」「(E7) プロジェクト・リーダー経験」「(E8) ジョイント・チーム方式による新しい応用研究分野への挑戦」「(E9) 大学研究室の発足」「(E10) 特許管理会社の設立」「(E11) 特許取得後の顧客探索」「(E12) 大企業との共同研究」「(E13) IPライブラリの整備とビジネスモデル確立」「(E14) 有限会社の株式会社への転換」「(E15) 大学教授職の休職」「(E16) 上場を目的とした事業拡大」「(E17) 顧客のシステムLSIからの撤退」「(E18) 新規事業への挑戦」「(E19) 起業活動からの撤退」，以上，19のエピソードが抽出された。

　瀧のライフヒストリーに見られる起業に関連したエピソードの特徴は，「神戸大学電子計算機研究会」から「ジョイント・チーム方式」「特許管理会社の設立」にいたるまで，既に確立されている科学技術領域に対して初心者として弟子入りをするというものではなく，新しい科学技術領域に対して挑戦するというものであり，彼の生涯にわたって浮かび上がってくるキーワードは，「非公式組織の創造」であり，「二足のワラジ」にあたる兼業活動を有効活用している点に特徴があると考えられる。

【表12】瀧和男氏の起業に関連したエピソード

時期	年齢	エピソード	参照
中学生～	13歳～	（E1）自作マシン製作への没頭	4.2.1
高校生～	15歳～	（E2）学生サークルの結成	4.2.1
大学～	18歳～	（E3）大学のマシン使い倒し	4.2.2
大学院～	26歳～	（E4）人工知能用マシンの技術移転	4.3.2
日立・大みか工場	26歳～	（E5）大企業への勤務経験	4.4.1
第5世代・前期	30歳～	（E6）米国出張での大学発ベンチャー起業家との出会い	4.5.1
第5世代・前期	30歳～	（E7）プロジェクト・リーダー経験	4.5.2
第5世代・後期	40歳	（E8）ジョイント・チーム方式による新しい応用研究への挑戦	4.6.1
システム第6講座	41歳	（E9）大学研究室の発足	4.6.1
システム第6講座	43歳	（E10）特許管理会社の設立	4.6.2
有限会社	45歳	（E11）特許取得後の顧客探索	4.6.3
有限会社	47歳	（E12）大企業との共同研究	4.6.3
有限会社	47歳～	（E13）IPライブラリの整備とビジネスモデル確立	4.1
株式会社	48歳	（E14）有限会社の株式会社への転換	4.6.3
株式会社	50歳	（E15）大学教授職の休職	4.6.3
株式会社	51歳	（E16）上場を目的とした事業拡大	4.6.3
株式会社	58歳～	（E17）顧客のシステムLSIからの撤退	4.6.4
株式会社	58歳～	（E18）新規事業への挑戦	4.6.4
大学産学連携部門	60歳	（E19）起業活動からの撤退	4.6.4

5.2.3 瀧和男氏の研究と起業の関係

　前節において，瀧和男氏の研究と起業に関連したエピソードから，研究については「マシン製作」であり，起業については「非公式組織の創造」に特徴があることを明らかにした。本節では，瀧和男氏の研究と起業との関係について検討する。まず，瀧和男氏の研究の特徴である「マシン製作」であるが，コンピュータの場合，MITやスタンフォード大学，カーネギー・メロン大学等において基礎研究がなされ，試作機が製作され，それらが商用化されてきた経緯は先述した通りである（5.1.1節参照）。そして，コンピュータ科学における研

究活動は，自然物を観察し，分析することで，何らかの法則を発見をする，というものではなく，複数領域の知識・スキルを統合することで，人工物であるコンピュータを設計し，その中核的技術を特許化することで商用化を目指す，というものであった（Ceruzzi, 2003）。したがって，瀧和男氏の場合，「マシン製作」は，新しい技術，すなわち，新しい知識・スキルの獲得を伴う「人工物の設計」（Simon, 1969, 1996）であり，異なる技術体系を統合する「システム化」が，研究者としての重要なキーワードと考えられる。

　しかし，ここで留意すべきは，瀧和男氏が取組んだのは，新しい知識・スキルを伴う新しい設計仕様のコンピュータの製作であり，新しいマシンの設計は，コンピュータ科学における新しい研究領域を開拓することになった点である。例えば，瀧自身が幼少期から手掛けていた電子工作の場合，より規模が大きく，複雑性が高い鉄道模型の運行制御を行うには，プログラミング技術の習熟が必要である。よって，瀧自身の得意とするICチップ（ハードウエア）の理解を超えて，プログラミング（ソフトウエア）を含めたグループ活動が不可欠になったと推測される。したがって，瀧和男氏の場合，研究の目的が，人工物を対象にした設計であり，新しい技術，新しい知識・スキルの習得となったため，新しいグループや「非公式組織の創造」につながった点に特徴がある。

　本論文の冒頭で，起業家の役割が「組織の創造」から「機会の認知」に再定義されたことを述べた（Shane and Venkataraman, 2000）。その点，新しい人工物の設計をすることを目的に，新しい技術の追求をすることによって，新しい研究グループや非公式組織が創造された，という瀧和男氏の活動は，起業家活動の定義における「機会の特定・評価」に大きく関連している（Shane, 2003, 2004）。それは，「組織の創造」に先立ち起業家個人の「機会の認知」がなされる，という起業家活動に関するシェーンの主張とも適合的である（Shane and Venkataraman, 2000）。また，熟達研究の観点からすれば，新しい技術の追求は，必然的に，個人の熟達領域の限界を超えることを意味し，その点，サイモンは，組織論において，「認知限界」と「分業の発生」として個人の熟達領域の限界を説明している（Simon, 1947）。

　瀧のライフヒストリーを辿ると，彼が個人として手掛けた，大きな研究成果が存在する。それらは，①神戸大学LISPマシン，②LSI CAD，③システムLSI

（論理ゲートセル）[9]である。通常の起業家の場合，「事業」の目的が優先され，その事業目的を達成する手段として「技術」の話が出てくるが，瀧の場合，あくまで，新しい「技術」のための新しい「組織」という位置付けであり，この関係性は不変である。その点，瀧に対して「他人から起業家，技術者，研究者と，どんな呼ばれ方をされたいかどうか」尋ねたところ，「技術者，または，システム屋と呼んでほしい」（90頁）[10]と答えており，起業をしていたとしても，瀧の活動の主たる目的は，「研究」もしくは「新しい技術の追求」にある。

　以下，【表13】に瀧和男氏の研究成果と活動詳細をまとめたが，瀧にとってa．新しい技術課題に取組む際，自分の専門領域を補完する領域の知識・スキルを持つ熟達者とb．パートナーシップを構築し，c．非公式組織を立ち上げる，という活動を繰り返してきた。例えば，①神戸大学LISPマシンは，別名Taki-TAC7と名付けているように，瀧にとって7台目の自作マシンという意味であるが，瀧和男氏がコンピュータのハードウエア周辺，金田悠紀夫氏がオペレーティング・システムや人工知能言語であるLISP等のソフトウエア周辺のパートナーシップを構築することで，きわめて短期間にマシンが完成している。しかし，瀧は，それ以前に，自作マシン作り（E1），システム工学科にあった最先端のマシンの使い倒しに没頭するだけでなく（E3），学生サークルの神戸大学電子計算機研究会を創設しており（E2），マシン設計のプロジェクト管理の経験を自然に積んできていたと考えられる。

　また，瀧自身は，小学生の頃に，将来の進路をエレクトロニクス関連分野に進むことを決めていたことを述べているが（4.2.1節参照），決して，起業を志望していたわけではない。しかし，彼が，日本で大学発ベンチャーの制度が整っていない中で，彼を起業に向かわせたのは，彼が手掛けた研究成果の「d．手本（モデル）」となったマシンやシステムのほとんどは，米国の大学発ベンチャー起業家の手掛けたものであったことが，その背景として考えられる。

　瀧のライフヒストリーの中に見られる熟達化プロセスの特徴は，前節で明らかにしたように，研究については「マシン製作」，起業については「非公式組織の創造」であるが，神戸大学LISPマシンで例示したように，「a．人工物の設計，b．パートナー，c．非公式組織，d．手本（モデル）」という4点については，いわば，明確なセットになっており，萌芽的な研究を事業化に導い

第5章　大学発ベンチャー起業家の熟達に関する検討　　191

【表13】瀧和男氏の研究成果と活動詳細

a．人工物の設計	①神戸大学LISPマシン	②LSI CAD（第5世代）	③システムLSI
b．パートナー	金田悠紀夫（神戸大学・名誉教授）	近山隆（東京大学・教授）	A氏（T大学・教授）
c．非公式組織	神戸大学電子計算機研究会	ジョイント・チーム	エイ・アイ・エル㈱
公式組織	神戸大学システム第4講座	第5世代第1研究室	神戸大学システム第6講座
補完領域	LISP言語，OS	LSI関連，ソフトウエア	アナログ・デジタル変換
専門領域	コンピュータ設計，電子回路	第5世代ハードウエア	システムLSI設計
d．手本（モデル）	MIT人工知能研究所発LISPマシン・ベンチャー	エキスパート・システム関連ベンチャー	シリコンバレー，オースティン等

ていく瀧和男氏の研究戦略の特徴になっている。その点，本節では，研究者としてのエピソード，起業家としてのエピソードを検討したが，自身の専門領域を超えた新しい研究テーマへの挑戦が，新しいパートナー，新しい非公式組織の創造を促している点，研究と起業の関係は，瀧和男氏の中では不可分であり，統合されていると推察される。

5.3　瀧和男氏が設計した人工物

5.3.1　概　要

　前節において，瀧和男氏のライフヒストリーの分析をおこない，研究と起業に関連したエピソード【表11】【表12】を抽出した。これらを踏まえ，瀧氏が個人として手掛けた大きな研究成果として，「①神戸大学LISPマシン」「②LSI CAD」「③システムLSI」の3つの人工物に関するプロジェクトに注目すべきであることが明らかになった。瀧氏の熟達化プロセスの特徴は，研究については「マシン製作」，起業については「非公式組織の創造」であるが，【表13】で明らかにした「a．人工物の設計，b．パートナー，c．非公式組織，

d．手本（モデル）」という4要因については，いわば，明確なセットとして相互に関連している。そして，この4要因からなる全体像が，萌芽的な研究を事業化に導いていく瀧和男氏の研究戦略の特徴になっているのである。したがって，本節では，3つの人工物に関するエピソードに基づき，プロジェクト単位で分析することで，瀧和男氏の複数領域の熟達を促進する要因を検討する。

5.3.2 神戸大学LISPマシン

　神戸大学LISPマシンについては，5.2.3節で，若干言及しているが，再度，エピソードを時系列で整理したものが【表14】である。瀧和男氏の場合，既に，小学校高学年の時点で，趣味として「電子工作に没頭した経験」をもっており（E1），「電気少年」（90頁参照）として頭角をあらわした事実が資料として記述されている。ここで注目すべきは，通常の「電気少年」の場合，個人活動にとどまるが，瀧和男氏の特徴は，集団活動として「学生サークルの結成」をしてしまう点にある（E2）。つまり，瀧和男氏は，自作マシン製作を実行するために，その手段として，非公式組織を創造するのである。瀧和男氏のライフヒストリーでは，高校生の頃から，非公式組織を創造するエピソードが残されているが，瀧和男氏の熟達化プロセスにおいて，研究と起業は不可分であり，彼の中で統合されている視点に，本論文では注目するが，この統合に向けての兆候は，中学生の段階で表れつつあることを確認することができる。

　神戸大学LISPマシンを製作するにあたり，これらをプロジェクト単位で捉えると，「①個人，②個人対個人，③小集団，④プロジェクト」の4つの段階のサイクルであり，徐々に規模が拡大していることが分かる。これらは，「a．人工物の設計，b．パートナー，c．非公式組織，d．手本（モデル）」【表13】の4要因（193頁参照）に対応する。よって，神戸大学LISPマシンの製作プロジェクトを，1つのサイクルと考え，段階（ステージ）を追って説明する。【表14】のエピソードでは，「（E3）大学のマシン使い倒し」までが，自主的なマシン制作活動であり，本格的な研究活動は，大学院に入ってからである。

① 個人（a．人工物の設計）

　この段階は，瀧和男氏個人の「（R5）修士論文」向けの構想にとどまっている時期にあたる。瀧氏にとっては，7台目の自作マシン（Taki-TAC7）と

第5章　大学発ベンチャー起業家の熟達に関する検討　193

【表14】神戸大学LISPマシンに関するエピソード

時期	年齢	エピソード	参照
幼少期	7歳～	（R2）夏休みの宿題	4.2.1
中学生～	13歳～	（E1）自作マシン製作への没頭	4.2.1
高校生～	15歳～	（E2）学生サークルの結成	4.2.1
高校生～	16歳～	（R3）マシン製作に関わる複数の研究領域への挑戦	4.2.2
大学～	18歳～	（E3）大学のマシン使い倒し	4.2.2
大学院～	24歳～	（R4）異分野の研究者とのパートナーシップ	4.3.2
大学院～	26歳～	（R5）修士論文（神戸大学LISPマシン）	4.3.2
大学院	26歳	（E4）人工知能用マシンの技術移転	4.3.2

注：＊Rは，研究活動，Eは，起業家活動について関連したエピソードである。
　　＊＊太枠部分は，神戸大学LISPマシンの研究開発に直接関係するエピソードである。

いう位置付けであるが，瀧は，自作マシンの経験から，当時指導教員であった金田悠紀夫氏（当時，助教授）に，LSI素子の「ビットスライス」（AMD Am2903）を搭載する提案をしているエピソードが残されている（付録Ⅱ，94-100行目）[11]。

② 個人対個人（b．パートナー）

　当時，人工知能向き計算機言語であるLISPは，MITを中心に盛んに研究されており，金田悠紀夫氏は，瀧の提案を受けて，「LISPマシン」をテーマとして設定する。瀧氏の専門領域は，コンピュータ設計，電子回路等のハードウエアであり，金田氏の専門領域は，OSやLISP等のソフトウエアであった。つまり，お互いプロと自負する二人のパートナーシップによって，神戸大学LISPマシン製作のプロジェクトがスタートしたのである（R4）。

③ 小集団（c．非公式組織）

　神戸大学LISPマシンの開発は，瀧氏，金田氏以外に，前川禎男教授，修士1年，学部生2名の6名で実施された（金田他，2002）。瀧は，学部時代に，神戸大学計算機研究会を立ち上げており（E2），ここでの自作マシン製作の試行錯誤の経験蓄積があったこともあり（つまり，6台のマシン），その時のハードウエアに関する知識・スキルの経験が活かされた。その結果，下級生3名の協力を得て，LISPマシンのプロジェクトをリードしたのである。

④ プロジェクト(d. 手本(モデル))

　神戸大学LISPマシンは，約1年の製作期間を経て，1979年2月10日に完成する。彼らが開発したLISPインタープリタは，当時の汎用大型計算機上に実装されたLISPコンパイラと同程度の性能を示し，きわめて高い評価を得る。その後，神戸大学LISPマシンのアーキテクチャは，後のFACOM α とNTTのELISに技術移転されることになる（E4）。このプロジェクトは，MIT LISPマシンプロジェクトを「d．モデル（手本）」としてスタートしたが，このマシンの成功を受け，システム4講座においては，Forth，PASCAL，Prolog等のプログラム言語による後継の専用マシンの開発が積極的に行われた（金田他，2002）。

　以上，神戸大学LISPマシンの開発プロジェクトの進捗を段階を追って説明したが，これらをまとめたものが，【図12】の活動概念図である。「d．手本（モデル）」とした，MIT LISPマシンのプロジェクトは，その後，MIT人工知能研究所をスピンオフし，LISP Machine, IncやSymbolicsとなったことが知られている（Levy, 1984）。瀧和男氏は，この3年後，第5世代コンピュータの

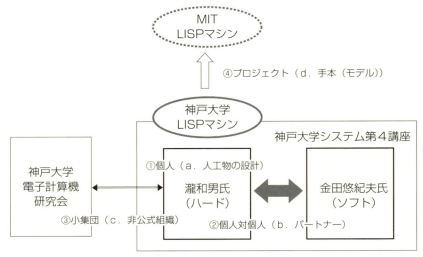

【図12】神戸大学LISPマシンの研究開発における活動概念図

米国出張で実際にLISPマシンの開発者と面会したことが資料として残されている（E6）。また，神戸大学LISPマシンは，技術移転も経験していることから，瀧和男氏の後年の大学発ベンチャーの萌芽的位置付けと考える。

5.3.3 LSI CAD（第5世代）

　LSI CAD（第5世代）については，4.5.3節で，詳細説明をしているが，再度，エピソードを時系列で整理したものが【表15】である。瀧和男氏は，大学院修了後，日立製作所大みか工場に勤務し，商用マシンの製造をしていたが，入社3年目にして，既に頭角をあらわしていたため，第5世代コンピュータプロジェクトに「一本釣り」されたことが資料（古川, 2010）として残されている（4.4.1節，110頁）。瀧和男氏のライフヒストリーでは，第5世代コンピュータのハードウエアの若手研究者のリーダーとして活躍したエピソードが残されているが，プロジェクト後期になると，新たに，第5世代コンピュータを活用したLSI CADの応用研究に着手する（瀧, 1993）。瀧和男氏にとっては，大学発ベンチャーを起業したことよりも，LSI CADの応用研究を手掛けた経験の方が，「大きなジャンプ」であったことを述べており（142頁参照），「応用研究のテーマ設定」は，将来，起業を検討する大学研究者にとって，きわめて重要な意思決定であり，経験学習の機会であることが確認できる（金井, 2002）。

　神戸大学LISPマシンと同様，LSI CADの応用研究も，「①個人，②個人対個人，③小集団，④プロジェクト」の4つの段階のサイクルが確認された。これらは，【表13】で明らかにした「a．人工物の設計，b．パートナー，c．非公式組織，d．手本（モデル）」の4要因（191頁参照）に対応している。よって，LSI CAD（第5世代）の応用研究プロジェクトを，1つのサイクルと考え，段階（ステージ）を追って説明する。【表15】のエピソードでは，「（R9）博士号取得」の時期まで，ハードウエアとソフトウエアの境界領域の基礎研究に専念しており，本格的に応用研究を始めたのは，プロジェクト後期に入ってからである。

① 個人（a．人工物の設計）

　この段階は，第5世代コンピュータのハードウエアの責任者として，並列アーキテクチャの設計に従事している時期に重なり合う。プロジェクト後期に

【表15】 LSI CAD（第5世代）に関するエピソード

時期	年齢	エピソード	参照
日立・大みか工場	26歳〜	（R6）商用マシン製造経験	4.4.1
日立・大みか工場	26歳〜	（R7）特許の書き方	4.4.1
日立・大みか工場	26歳〜	（E5）大企業への勤務経験	4.4.1
第5世代・前期	30歳〜	（E6）米国出張での大学発ベンチャー起業家との出会い	4.5.1
第5世代・前期	30歳〜	（R8）第5世代コンピュータ（PSI）設計	4.5.1
第5世代・前期	30歳〜	（E7）プロジェクト・リーダー経験	4.5.2
第5世代・中期	34歳	（R9）博士号取得（LISPマシンと第5世代の比較研究）	4.5.2
第5世代・後期	36歳	（R10）新しい領域の応用研究へのジャンプ（LSI-CAD）	4.5.3
第5世代・後期	40歳	（E8）ジョイント・チーム方式による新しい応用研究への挑戦	4.6.1

注：＊Rは，研究活動，Eは，起業家活動について関連したエピソードである。
　　＊＊太枠部分は，LSI-CADの研究開発に直接関係するエピソードである。

なると，第5世代コンピュータを用いた応用ソフトが望まれるようになったこともあり，瀧和男氏は，自ら志願して，LSI CADとコンピュータ囲碁の応用研究（R10）に乗り出す（144, 148頁参照）。

② 個人対個人（b．パートナー）

　第5世代コンピュータは，瀧和男氏が，並列アーキテクチャの開発を担当するハードウエア分野，近山隆氏（現東京大学名誉教授）がオペレーティング・システムの開発を担当するソフトウエア分野を担当した（R8）。彼らは，米国出張に一緒にいった間柄であったが（E6），相互学習的パートナーシップを構築することで，プロジェクト全体をリードした（E7）。プロジェクト後期になると，第5世代コンピュータの啓蒙活動が要請され，瀧と近山は協力して，これに対応している（瀧, 1993）。

③ 小集団（c．非公式組織）

　瀧は，第5世代の当初の課題であった，並列コンピュータの設計課題に見通しをつけたこともあり，第1研究室長（プロトタイプ・ハードウエアシステム）と第7研究室代理（並列応用システム，知識利用ソフト）を兼任すること

で，本格的に，第5世代コンピュータを用いた応用研究に取り組む（133頁参照）。その際，「(E8) ジョイント・チーム」を，応用側とシステム側とで結成し，プロジェクトをリードしたエピソードが残されている（【図10】，146頁参照）。

④ プロジェクト（d．手本（モデル））

　LSI CADの応用研究は，1988年頃にスタートし，1992年まで続けられたが，LSI CADで得られた知見は，システム側の横断チームを通じて，論理シミュレーション，遺伝子情報処理，定理証明等の応用研究にも適用し，一般化されることで，一定の成果を上げた（瀧，1993）。しかし，第5世代コンピュータは，ファイゲンバウム教授のエキスパート・システム関連の大学発ベンチャー（125頁参照）に触発されてスタートした国家プロジェクトであったが（Feigenbaum and McCorduck, 1983），多くの大学研究者の育成には寄与したものの，商業化には成功しなかったことから，大きな批判を浴びる結果となった（高橋，1996；木村，2009）。

　以上，LSI CAD（第5世代）の応用研究の開発プロジェクトの進捗を段階

【図13】LSI CAD（第5世代）の研究開発における活動概念図

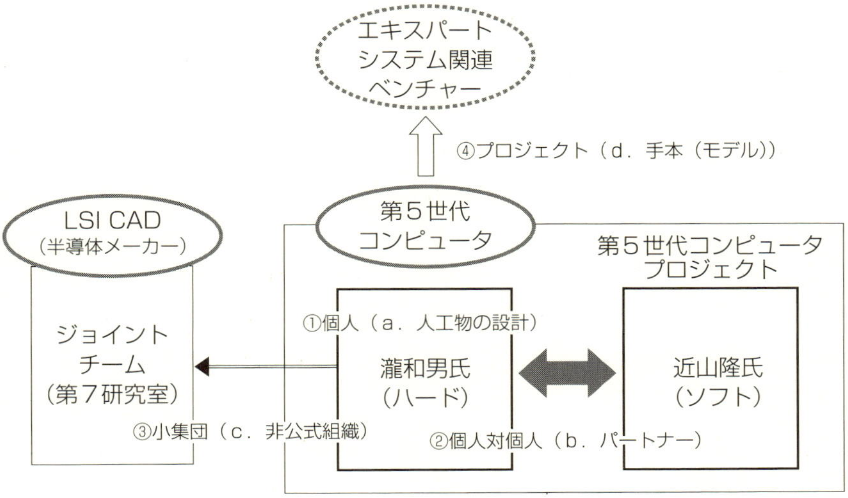

を追って説明したが，これらをまとめたものが，【図13】の活動概念図である。「d．手本（モデル）」とした，ファイゲンバウム教授が率いるスタンフォード大学のエキスパート・システムのプロジェクトの成果は，遺伝子工学を用いた創薬の基礎技術となり，この分野から多くの大学発ベンチャーが創出された（Feigenbaum and David, 2002）。一方，ファイゲンバウム教授に代表される，第5世代コンピュータプロジェクトに対しての失敗の評価（4.4.2）と，第5世代等の競争的な研究活動を通じて瀧が見聞した「米国の大学発ベンチャー」の存在は，既に日本を代表するコンピュータ科学の研究者であった瀧に対して，その後の大学発ベンチャーの構想を想起させることになったのである（4.6.2）。

5.3.4　システムLSI（大学発ベンチャー）

　システムLSIについて，4.1節，4.6.3節で，詳細説明をしているが，再度，エピソードを時系列で整理したものが【表16】である。瀧和男氏は，1992年10月の40歳の時に，神戸大学システム工学科に赴任し，新設のシステム第6講座を担当する（4.6.1節参照）。その後，1995年1月に，関係者には秘密裏に特許管理会社を設立要請するが，それは，「大学での研究をより面白くしていくための一つの布石といった位置付け」（157頁参照）の実験的な会社であった（4.6.2節参照）。

　瀧（2005）の講演資料【表9】（88頁参照）によれば，1995年の有限会社設立と2000年の株式会社化は明確に区別されており，有限会社設立を「大学発小企業」，株式会社を「大学発ベンチャー」と表現している。この点，1995年から1999年の間は，「研究，そして技術の蓄積，特許出願，技術売り込みの苦労，1つ目の商談」と記しており，研究者個人としても会社としても，きわめて重要な時期であった。

　日本における大学発ベンチャーの先駆的事例における中核技術となったシステムLSIに関して，神戸大学LISPマシン，LSI CADと同様，「①個人，②個人対個人，③小集団，④プロジェクト」の4つの段階のサイクルが確認された。これらは，「a．人工物の設計，b．パートナー，c．非公式組織，d．手本（モデル）」【表13】の4要因（191頁参照）に対応している。よって，エイ・アイ・エル（株）の事業化プロセスを，1つのサイクルと考え，段階（ステー

ジ）を追って説明する。【表16】のエピソードでは，「(E19) 起業活動からの撤退」まで扱っており，事業が成熟した際に，多角化を模索するのではなく，研究者に戻るキャリア選択をしている点において，一般の起業家とは異なる，大学発ベンチャー特有の意思決定プロセスがみられた。

① 個人（a．人工物の設計）

この段階は，神戸大学の研究者として（R11）（E9），人工知能の応用研究を意図して（R13），コンピュータ・アーキテクチャ論やLSI CADの基礎研究をしている時期にあたる（4.6.1節参照）。その一方，瀧和男氏は，具体的な事業計画もない状態で，自身の特許を管理する実験的な会社を設立するが

【表16】システムLSI（大学発ベンチャー）に関するエピソード

時期	年齢	エピソード	参照
システム第6講座	40歳	（R11）大学教員への着任（研究テーマの自由）	4.6.1
システム第6講座	41歳	（E9）大学研究室の発足	4.6.1
システム第6講座	41歳	（R12）複数の研究プロジェクトの実行	4.6.2
システム第6講座	41歳	（R13）人工知能関連分野の事業化を見越した研究（AI Labo）	4.1
システム第6講座	43歳	（E10）特許管理会社の設立	4.6.2
有限会社	45歳	（R14）事業の中核となる特許取得	4.6.3
有限会社	45歳	（E11）特許取得後の顧客探索	4.6.3
有限会社	47歳	（R15）研究テーマの絞り込み（システムLSI）	4.6.3
有限会社	47歳	（E12）大企業との共同研究	4.6.3
有限会社	47歳〜	（E13）IPライブラリの整備とビジネスモデル確立	4.1
株式会社	48歳	（E14）有限会社の株式会社への転換	4.6.3
株式会社	50歳〜	（R16）IPライブラリの構築	4.1
株式会社	50歳	（E15）大学教授職の休職	4.6.3
株式会社	51歳	（E16）上場を目的とした事業拡大	4.6.3
株式会社	57歳〜	（R17）システムLSI以外の研究分野への挑戦	4.6.4
株式会社	58歳〜	（E17）顧客のシステムLSIからの撤退	4.6.4
株式会社	58歳〜	（E18）新規事業への挑戦	4.6.4
大学産学連携部門	60歳	（E19）起業活動からの撤退	4.6.4

注：＊Rは，研究活動，Eは，起業家活動について関連したエピソードである。
　　＊＊太枠部分はシステムLSIの研究開発に直接関係するエピソードである。

(E10), その背景には，「(R15) LSIの設計技術の研究開発」が念頭にあった(4.6.2節参照)。

② 個人対個人（b．パートナー）

　1995年の有限会社における瀧和男氏のパートナーとなった人物は，溝口豪氏である。溝口氏は，第５世代コンピュータの時に，人工知能の応用領域として物流システムを検討していた際，知りあったエピソードが残されている（156頁参照）。一方，2000年の株式会社設立以降，携帯電話向け低消費電力のシステムLSIの事業パートナーとなった人物は，当時，X社において決済権を持つA氏である。2002年の大学休職と代表取締役就任までは，実験的な小企業を実際に経営しながら（R15）（E11），パートナーから学習することで，経営領域の熟達を促進させた。それ以降は，A氏を通じて，X社と戦略的パートナーシップを構築し（E12），モジュールのライブラリを充実することで安定的な収入を確保していった（R16）（E13）。

③ 小集団（c．非公式組織）

　瀧和男氏の特徴の１つとして，「(R12) 二足のワラジ」が挙げられるが，瀧和男氏にとって，大学研究室と大学発ベンチャーは，「大学研究室による科学的発見から，大学発ベンチャーによる商業利用を目的とした特許」（156頁参照）という相互補完的な関係であった。2000年２月，株式会社化を機に（E14），大学食堂の真横にあるマンションの一室を借りるが，その際，瀧は正社員を２名採用し，大学研究室の在籍メンバーは30名程，会社事務所には瀧研究室の学生アルバイトを含め５人程度在籍する体制であった。

④ プロジェクト（d．手本（モデル））

　大学発小企業から大学発ベンチャーへの脱皮を促した要因は，1999年４月に情報処理学会論文誌に掲載された論文「低消費電力CMOSセルライブラリの設計と評価」から書かれた「論理ゲートセル」の特許（特許公開2000-77635）が，X社に納入された小面積・低消費電力を実現した携帯電話用のシステムLSIに採用された点である（R14）。

　組織規模について，2000年の株式会社後の従業員数は５名程度であり，その後，2005年に瀧が大学教授職を休職する頃には10名程度に増加し，それ以降は最大20名程度の規模で推移した。また，2000年には5000万円程度だった売上高

は2005年頃には数億円規模に成長し，カスタムチップの受注によるノウハウの蓄積と，特許が核になったシステムLSIのライブラリからの収入が，うまく相乗効果を生み出す事業モデルを確立することに成功している（163頁参照）。

　以上，システムLSIの大学発ベンチャーの起業プロセスを段階を追って説明したが，これらをまとめたものが，【図14】の活動概念図である。この図には，システムLSIの事業が成熟した後，2012年11月に，大学に戻るキャリア選択をしているが，この点については，反映していない。しかしながら，大学教授を退職し，事業経営に専念することになった2005年頃は，ベンチャーキャピタルから出資を得て，上場を目的に事業運営をしていたことが資料に残されている【表9】（88頁参照）。

　日本において，特許権実施料からの数億円の事業収入を確保し，従業員20数名が在籍している大学研究者による大学発ベンチャーは，きわめて稀であり（文部科学省，2010），本事例は，日本の大学発ベンチャーの先駆的事例として，その後の手本となった（1.3節参照）。しかし，台湾等の国際的な水平分業を通じて，シリコンバレーやオースティンのシステムLSI関連のベンチャーが集積

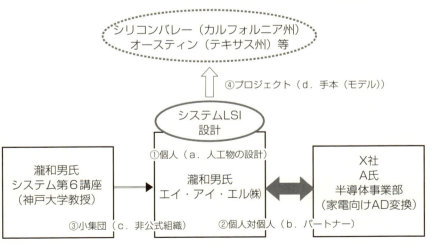

【図14】システムLSI（2000年頃）の研究開発における活動概念図

筆者作成。

していったのに対して（西澤, 2012），日本の場合，この分野の大学発ベンチャーはきわめて数が少なく，ルネサス・エレクトロニクス（株）を中心に，事業再編されている状況であり，その結果，2012年11月，瀧和男氏も，起業活動を断念し，大学に戻るキャリア選択をしている。

5.3.5 考　察

　本節では，瀧和男氏が設計した人工物（神戸大学LISPマシン，LSI CAD（第5世代），システムLSI）について検討したが，これら3つのプロジェクトは，「a．人工物の設計，b．パートナー，c．非公式組織，d．手本（モデル）」【表13】の4要因（191頁参照）が，「個人，個人対個人，小集団，プロジェクト」の4段階のサイクルとして対応していることを明らかにした。

　あらためて，「神戸大学LISPマシン」「LSI CAD（第5世代）」「システムLSI」の3つのプロジェクトを第2章で概観した先行研究を踏まえて検討すると，本研究では，4段階のサイクルを，4つの概念として説明できると考える。まず，第1段階の，「①個人（a．人工物の設計）」であるが，2.1.6節の「大学発ベンチャーと「人工物科学」」で議論した点である。学部において電子工学を専攻した瀧和男氏が，大学院においてシステム工学科に進学した背景でもあり，幼少期から自作マシン製作に没頭した点でもあるが，サイモンが，「人工物科学（the sciences of the artificial）」（Simon, 1969）で提示した概念であり，本研究では，自然科学を対象とする「分析志向性」の対概念として，「設計志向性」として定義する。

　第2段階の，「②個人対個人（b．パートナー）」は，2.3節の「起業家を対象にした熟達研究」で議論した点である。本研究では，設計志向性の高い瀧和男氏が，自身にとって専門外である技術や起業に関する熟達領域に対して，個人対個人のパートナーシップを構築していく個人の方略は，エフェクチュエーションで示唆された4つの中心的原則の「パートナーシップを構築せよ」に対応する（Sarasvathy, 2008；Sarasvathy et al., 2011；p.iv）。また，起業における「機会の特定・評価・活用」（Shane, 2003）と，研究における「(R10) 応用研究テーマ設定」は，自分自身が「課題」を設定する点において，同じく創造的熟達者（田中, 2008）の範疇である。よって，エフェクチュエーションは，

起業家活動における熟達者を対象にしている概念であるが（Sarasvathy, 2008），研究者や大学発ベンチャー起業家の熟達を説明する点において，重要な理論的概念と考える。したがって，本研究においては，先行研究をふまえ，「②個人対個人（ｂ．パートナー）」を「相互学習的パートナーシップ」と定義する。

　第3段階の，「③小集団（ｃ．非公式組織）」は，仕事等における実践的な個人の熟達を促進する組織特性や職場環境として，熟達研究において議論されている（楠見, 2012）。また，コンピュータの製作等，人工物の設計の取り組みについては，「実践コミュニティ（communities of practice）」（Wenger, 1998；Wenger et al., 2002）の概念で説明されている。実践コミュニティは，「あるテーマに関する関心や問題，熱意などを共有し，その分野の知識や技能を，持続的な相互交流を通じて深めていく人々の集団」（Wenger et al., 2002, p.4, 33頁）[12]と定義されるが，瀧和男氏の活動は，新たなマシンを創るために，新しいマシン製作の実践コミュニティを創造する活動である。この点，新しいマシンを創る環境そのものを創造する点への示唆は，「エナクトメント（enactment）」（Weick, 1995；1996）の概念にもきわめて近い。以上より，瀧の起業活動は，1999年の国立大学教員の兼業禁止規定が撤廃されるまで，役員には加わらず，非公式組織として，プロジェクトに参画していた経緯[13]は，「秘密裏の実践コミュニティ（bootlegged communities of practice）」（Wenger et al., 2002, p.28；邦訳63頁）[14]と説明するのが適切である。したがって，本研究においては，瀧和男氏の「③.小集団（ｃ．非公式組織）」の創設に関与する点を，先行研究をふまえ「実践コミュニティの構築」と定義する。

　第4段階の，「④プロジェクト（ｄ．手本（モデル））」は，先行研究において，主に，「実践コミュニティ」（Wenger et al., 2002）として議論されている。実践コミュニティは，「一連の問題を定義する知識の『領域（domain）』，この領域に関心を持つ人々の『コミュニティ（community）』，コミュニティ・メンバーが領域内で効果的に仕事をするために生み出す共通の『実践（practice）』の3つの基本要素のユニークな組み合わせ」である（p.28；邦訳63頁）。そして，3つの基本要素の内，「実践」は，「コミュニティ・メンバーが共有する一連の枠組みやアイデア，ツール，情報，様式，専門用語，物語，文書など」と定義

されている (p.29；邦訳64頁)[15]。

本事例研究では，瀧和男氏による第5世代コンピュータにおけるLSI CAD研究を取り上げ，「ジョイント・チーム方式」で用いられた，横断チームを通じて他分野の応用研究チームにもノウハウや知見を適用する「一般化プロセス」について言及した（【図10】，146頁参照）。この点，プロジェクトの成果である「アルゴリズム集やプログラムテクニック集」は，実践コミュニティの3つの基本要素である「実践」として説明することが可能である。また，「実践コミュニティ」は，知識に焦点をあてて，「多重成員性（multi-membership）」が学習のループを生み出している点を示唆している（Wenger et al., 2002, p.18；邦訳52頁）。これは，「神戸大学システム第4講座と計算機研究会」「第5世代の第1研究室と第7研究室」「神戸大学 教授と代表取締役」と，瀧和男氏が，常に「二足のワラジ」のキャリアを歩み続けてきた根拠を説明するものである。したがって，本研究においては，瀧和男氏の「④プロジェクト（d．手本（モデル））」を，実践コミュニティの先行研究をふまえ「プロジェクトベースの学習」と定義する[16]。

以上，本節では，瀧和男氏が設計した3つの人工物を3つのプロジェクトとして分析することで，先行研究を踏まえて，4段階のサイクルを，熟達を促進する4つの概念として定義した。本研究では，第6章において，この4つの概念を，大学発ベンチャー起業家の「熟達化プロセスモデル」の中核的概念として再度，提示する。

5.4　瀧和男氏の熟達に関する特徴

5.4.1　熟達に関する研究者と瀧和男氏との違い

本研究は，研究者による起業に焦点をあてたものであるが，熟達に関して，研究者と大学発ベンチャー起業家の違いを明確にすることが，本研究の重要な論点である。この点について，金田悠紀夫氏と瀧和男氏を比較することによって，研究者と大学発ベンチャー起業家の相違点がより鮮明に明らかになると，筆者は考えた。本研究では，以上の問題意識から，金田悠紀夫氏への単独インタビューを実施し，付録Ⅱにてデータを採録した[17]。

彼らは師弟関係にあたるが，金田悠紀夫氏の場合，研究者としてのキャリアをオペレーティング・システムの仮想メモリの研究からスタートしたことからも，主としてソフトウエア工学の分野で活躍をしてきた。一方，瀧和男氏の場合，神戸大学LISPマシン，第5世代コンピュータ等，主として計算機アーキテクチャの分野で活躍してきた。つまり，金田氏の専門は，ソフト，瀧氏の専門は，ハードである。しかし，瀧和男氏は，製品化に興味があったことから，金田悠紀夫氏や近山隆氏（東京大学）等のソフトウエアの分野の研究者とパートナーシップを結ぶことによって，ハードウエア・ソフトウエアの両方の分野に精通するようになった。

4.4.3節において，既に，人工物科学について言及をしているが，瀧がハードとソフトの2つの領域に熟達した理由としては，自然科学において用いる分析ではなく，人工物の設計に焦点があった点が大きい。研究者の場合，10年以上にわたって行う研究テーマを設定し，それを深化させていくことが研究者のキャリアとして求められるが，瀧にとっては，第5世代コンピュータの商業化の失敗と，第5世代を経験した200人以上の研究者人材の中で，瀧以外に大学発ベンチャーを起業していないという問題意識につながっている。

サイモンは，人工物科学の典型として人工知能研究を位置付けた（Simon, 1969）。そして，人工知能研究を日本が牽引することを目的とした，第5世代コンピュータは実用化には失敗したという評価になっている（木村, 2009）。しかし，例えば，実際には，分子生物学に人工知能を応用した遺伝子組み換えの実用化，ロボットに人工知能を応用したレスキューロボットの実用化，インターネットの検索に人工知能を応用した検索エンジンの実用化等，既存の研究領域に対して人工知能を応用することによって，大学発ベンチャーが創出されていることを考慮すると，ソフトウエア分野の中核である人工知能の技術を既存の研究領域に応用していくというのが，これまでの米国の大学発ベンチャーの1つのスタイルであったと考えられる（Feigenbaum and McCorduck, 1983）。

戦後，日本の大学において産学連携が敬遠されたことの背景として，軍事技術の商用化の文脈があったことは，既に5.1.1節において述べた。その点，基礎研究重視の科学施策は，自然科学の分析による研究スタイルを手本とした日本

の研究者の人材育成システムとして，1つの固有領域のおける研究者，熟達者の輩出には寄与したと考える（馬場・後藤，2007）。しかし，製品化に不可欠である設計に長けた研究者を育成する，例えば，人工知能に関連して複数領域，境界領域の熟達者を育成する，という点においては，日本の場合，大きな課題を抱えていると思われる（木村，2009：2011）。

　瀧和男氏の場合，コンピュータの並列処理による半導体への応用として，LSI CADを手掛け，その延長で，システムLSIの設計分野において事業化を成功させた。その点，新技術の製品化に取り組む際，必要な関連分野をある程度個人の中で統合する必要がある。一方，金田悠紀夫氏の研究テーマは，ソフトウエア分野であり，プログラミング言語等，基礎研究からの汎用的な技術である点に特徴がある。この点，事業化を念頭においた際，ハードウエア分野等の必要とする技術の全てを網羅することが難しい。このような背景から，大学発ベンチャー起業家は，結果として，複数の技術領域を横断した熟達者である可能性が高く，通常の研究者と比べて，分析よりも設計に強みを持つ研究者であると考えられる。

5.4.2　熟達に関する起業家と瀧和男氏との違い

　一方，起業家と大学発ベンチャー起業家との違いに関しては，同じシステム工学第4講座出身のスカイマーク（株）の西久保愼一・代表取締役（2012年当時）との比較が分かりやすいであろう。本研究においては，西久保愼一氏も含めて，瀧和男氏，金田悠紀夫氏のフォーカスグループ・インタビューを実施した[18]。西久保氏は，当時，パソコン分野のベンチャーであったソード（株）に勤務後，1985年に神戸大学システム工学第4講座に研究生として在学した。既に入学前にプログラミングの受託制作を行う「システム工学社」を起業していたが，その後，世界初の携帯電話による商用電子メールサービス「10円メール」を提供したマスターネット（株）の事業を展開し，2000年にナスダック・ジャパンに上場を果たす。その後，社名変更し，広告収入による無料プロバイダー「ZERO」の事業展開を行うが事業の成熟化に伴い，プロバイダー事業をGMOに事業売却し，2004年に航空事業におけるLCC（Low Cost Carrier）の先駆けとなったスカイマーク（株）の筆頭株主（顧問）に就任し，翌年2004年

から代表取締役として事業を手掛けている。この点，西久保氏の展開する事業は，情報通信技術をどのように経営に関連付け活用するか，という点に焦点がある。

西久保氏は，1985年に研究生としてシステム工学第4講座に編入した理由を，具体的には「起業に関連してC言語とファイルシステムの勉強のため」[19]と述べている。しかし，技術を究めて研究者として，この分野の熟達者を目指したわけではない。つまり，西久保氏の場合，起業家として，市場のニッチを発見することを通じて，情報技術を活用して事業を組み立てる点において特徴があり，また，彼が手掛ける事業領域は，携帯メールサービスから航空事業まで多岐にわたるため，西久保氏の起業家としての事業領域に対するこだわりは，あまり見られない。

一方，瀧和男氏の場合は，自身研究による発明や特許をどのように商用化するか，という点に焦点があり，研究成果の商用化の手段として，大学発ベンチャーを起業している。そのため，自分の手掛けたシステムLSIの技術や市場以外の分野の事業について，一切の関心がない状態にある[20]。逆に言えば，自身の研究を反映した事業領域に対するこだわりがきわめて強い点に，大学発ベンチャー起業家としての特徴がある[21]と考える。つまり，西久保氏は，ベンチャー企業を軌道にのせることを目的に，その手段として技術を捉えているが，瀧氏は，技術を事業化することを目的に，その手段としてベンチャー企業を捉える点に特徴がある。したがって，過度な一般化は慎むべきであるが，同じ起業であっても，起業するにあたっての手段と目的の関係が，起業家と大学発ベンチャー起業家の間には大きな違いが存在する可能性がある，と推測される。

本事例研究の調査中の2012年11月に，瀧和男氏は神戸大学の産学連携部門の特命教授に復帰した。瀧が会社経営を断念した理由は，システムLSI設計分野の構造不況と事業の成熟化に伴うものであり，数年前から，システムLSI以外の事業展開を検討している状態であった。例えば，LEDサインパネルの事業を試験的に実施していた時期があったことも事実である。しかしながら，瀧和男氏にとって，事業経営の源泉は，あくまで自身の研究成果の商用化であり，瀧和男氏は，「自身が研究を手掛けていない商品の事業化を手掛けることはすべきではない」と判断をした[22]。その結果，苦渋の選択であったことが推察さ

れるが，2002年の休職以降約10年ぶりに大学に復職したのである。

　起業家研究の先行研究において，起業家には，シュンペーターが主張した「創造的破壊」を担う人材（Schumpeter, 1926），カーズナーが主張した創造的破壊の結果生じた不均衡を是正するための「均衡への誘導」を担う人材（Kirzner, 1973），2種類のタイプの起業家が存在することが明らかにされている（金井，2002a）。本研究の場合，瀧氏が手掛けてきたシステムLSIの技術は，デジタル家電の製品アーキテクチャの技術変化を促す「モジュール」そのものであり（Baldwin and Clark, 2000），ラディカルな技術の範疇である（Shane, 2004；Utterback, 1994）。一方，西久保氏が手掛けてきた事業は，情報通信技術の実社会への応用を主眼にしたものである。

　大学発ベンチャーの先行研究では，大学発ベンチャー起業家の中でも，世界レベルの研究業績を持つ場合に，「新市場型破壊的イノベーション」を実現すると考えられている（Wright et al., 2008）。それに対して，通常の起業家の場合，例えば，トランジスタやマイクロプロセッサ等の新市場型破壊的イノベーション（Christensen and Raynor, 2003）によって生じた事業機会に対して，均衡への誘導をするように多数の起業家が参入すると考えられている（西澤，2012；清成，1998；Kirzner, 1973）。この点について，瀧氏の場合，1995年頃からシステムLSIの設計の事業を手掛け始め，比較的長期間にわたる10年程度は，特許取得を通じて，競争力のあるサービスを維持していたが，一方，西久保氏の場合，常に，市場における価格競争に対峙せざるを得ない点において，数回にわたって事業モデルの変更を余儀なくされ，複数回の起業を経験している。

　起業家の意思決定の特徴であるエフェクチュエーションの理論（Sarasvathy, 2008）の最も重要な点は，起業家も大学発ベンチャー起業家も，「パートナーシップの構築（Form partnership）」であろう（2.3節参照）。瀧和男氏はパートナーシップを通じて，技術や経営に関する自己能力の拡張を図る行為に特徴があり，この点は，起業家も大学発ベンチャー起業家も同じである。しかし，大きく異なる特徴は，「手段から始めよ（Start with your means）」の中核的な原則が示唆する点である（Sarasvathy et al., 2011；p.iv）。経験豊かな起業家は，手持ちの手段を用いて事業の目標を柔軟に組み替えるのに対して，自身の研究成果の事業化に目標がある大学発ベンチャー起業家にとっては，ベン

チャー組織の存在は，研究成果を事業化する手段であり，事業の目標を柔軟に組み替えることは難しいのである。

　以上について，西久保氏の場合，HISの創業者の澤田秀雄氏の紹介を通じて，無料プロバイダー事業から航空事業に事業転換を果たした。一方，瀧氏の場合は，システムLSIのベンチャーから撤退し，一旦，大学教授職に復帰した後，研究プロジェクトのリエゾン活動を継続しながら，研究成果の事業化を念頭に，新たな事業展開を模索している段階である。

　本研究では，エフェクチュエーションに関して，瀧和男氏にプロトコル分析の協力を頂いている。その結果は，補論にて採録をしているが，その発話プロトコル・データは，ライフヒストリー研究における個人的資料にあたる1次資料であり，特に，瀧和男氏の意思決定を明らかにする点において，重要な資料である（Allport, 1942；Becker, 1966）。本研究で用いたプロトコル分析（Ericsson and Simon, 1993）は，瀧和男氏の起業家としての問題解決，意思決定を明らかにするための調査の一環として，サラスバシー（2008）によって開発された"Venturing"と名付けた仮想製品による起業ゲームを用いた実験研究である。2011年7月段階における発話プロトコル・データの結果について，瀧和男氏の専門であるシステムLSI以外の市場については，直観的な意思決定による対応が困難である点を明らかにしている。したがって，システムLSIの市場の成熟化に伴い，2012年11月に，瀧和男氏が事業活動を一旦，断念することを暗示するデータであるとも考えられ，きわめて興味深い資料となっている。

5.5　小　括

　5.2.3節の【表13】（191頁参照）において，瀧が手掛けた人工物（マシン，システム）は，①神戸大学LISPマシン【図12】，②LSI CAD【図13】，③システムLSI【図14】の3つであり，それらにおいて，「a．人工物の設計，b．パートナー，c．非公式組織，d．手本（モデル）」という4要因は，相互に関連した複合体になっており，また，「個人，個人対個人，小集団，プロジェクト」の4段階のサイクルとして，萌芽的な研究を事業化に導いていく瀧和男氏の研究戦略の特徴になっていることを明らかにした。また，5.3節において，

【表17】瀧和男氏の熟達に関する分析結果

事実レベルの特徴	概念レベルの特徴
a．人工物の設計	設計志向性（Simon, 1969）
b．パートナー	相互学習的パートナーシップ（Sarasvathy, 2008）
c．非公式組織	実践コミュニティの構築（Wenger, 1998）
d．手本（モデル）	プロジェクトベースの学習（Wenger et al., 2002；Sarasvathy, 2008）

　瀧和男氏のライフヒストリーから見出された事実レベルの特徴を，熟達研究の概念で検討すれば，「a．人工物の設計」は「①設計志向性」，「b．パートナー」は「②相互学習的パートナーシップ」，「c．非公式組織」は「③実践コミュニティの構築」，「d．手本（モデル）」は「④プロジェクトベースの学習」にそれぞれ対応することを説明した。

　瀧和男氏の経歴は，日立製作所→第5世代→神戸大学教授→大学発ベンチャー起業家→大学教授（産学連携担当）と，バウンダリーレス・キャリア（Arthur and Rosseau, 1996）として示唆されたキャリア変遷であるが，基本的には，新しい「人工物の設計」のために全ての活動が考慮されており，新しい「非公式組織」を構築することで，自らの研究成果の事業化を手掛けている（Weick, 1996）。

　既に，5.2.1節において，分析を主とした自然科学系の研究者と瀧和男氏との違いを検討したが，「a．人工物の設計」と「b．パートナー」は，【表11】の瀧和男氏の研究に関連したエピソードの特徴となっており，それぞれ，先行研究では，「設計志向性」（Simon, 1969），「相互学習的パートナーシップ」（Sarasvathy, 2008）の概念として説明されるものである。また，既に，5.2.2節において，同じ神戸大学システム工学第4講座出身の起業家である西久保愼一氏との比較を通じて，起業家と瀧和男氏との違いを検討したが，「c．非公式組織」と「d．手本（モデル）」は，【表12】の瀧和男氏の起業に関連したエピソードの特徴となっており，それぞれ，先行研究では，「実践コミュニティの構築」（Wenger, 1998），「プロジェクトベースの学習」（Wenger et al., 2002；Sarasvathy, 2008）の概念として説明されるものである。

以上を踏まえ，瀧和男氏のライフヒストリーをコンピュータ史から分析すると，研究者人材については，電気試験所出身者を中核とした人材ネットワークが形成されたが，通産省主導の国家プロジェクトによる大企業への技術移転が念頭にあったため，日本においては大学発ベンチャーが輩出されない状況が1990年代初頭まで続いた。それは，ハード（電子工学）とソフト（情報工学）の分業によるメインフレーム事業を展開するIBMへの追随であり，大企業だけでなく日本の大学においても，ハードとソフトの分業体制が踏襲されていたと推測される（高橋, 1996）。

瀧和男氏は，神戸大学LISPマシン等のコンピュータ設計を通じて，金田悠紀夫氏や近山隆氏等のソフトにおける熟達者とパートナーシップを構築し，ハードとソフトの複数の研究領域における熟達者となった。そして，革新的マシン開発を目的とした第5世代コンピュータプロジェクトにおいて，必然的にリーダーシップを発揮する立場となったのである（瀧, 1993）。この背景には，神戸大学システム第4講座のハードとソフトの境界領域の先端研究を許容できた環境や，第5世代コンピュータの10年以上にわたって研究を可能にした恵まれた環境の影響もあるが，同時に，新しい研究プロジェクトを推進する経営管理能力を自然に身に付けた側面について考慮する必要がある。

瀧和男氏が，大学発ベンチャーを手掛けるようになった理由は，第5世代コンピュータの商業化までいたらなかった経験が大きい。しかし，それ以上に，瀧が手掛けた，①神戸大学LISPマシン【図12】，②LSI CAD【図13】，③システムLSI【図14】の「ｄ．手本（モデル）」とする米国のマシンの担い手が，大学発ベンチャー起業家であったことが，瀧和男氏に影響を与えている。例えば，瀧氏が神戸大学LISPマシンにおいて手本にしたLisp Machine Inc.は，MIT人工知能研究所におけるコンピュータ・チェス用の応用研究プロジェクトから派生したものであり，LISPマシンの研究者によって想起されたMIT発ベンチャーである（Levy, 1984）。したがって，先行研究においては，「実践コミュニティの構築（Wenger, 1998）」「プロジェクトベースの学習（Wenger et al., 2002；Sarasvathy, 2008）」の概念で説明されるが，「ｃ．非公式組織」と「ｄ．手本（モデル）」の2つの要因は，技術と起業の両方の領域における熟達に関連しており，これらの経験によって，日本の大学発ベンチャーの先駆者と

なる瀧和男氏の熟達基盤が形成されたと，筆者は考えている。

● 注
1 2009年12月18日　インタビュー，本文80頁を参照のこと。
2 瀧（1993）まえがきを参照のこと。
3 瀧は，西垣氏に対して，「西垣氏はICOTに出向と言う形で参加していたのか？　瀧には明瞭な記憶が無い。単に日立中央研究所の身分で，ICOTのワーキンググループ等に参加していただけではないのか？」とコメントしている（2016年5月30日）。一方，西垣の人工知能に関する書籍によれば，勤務先の方針で，研究所から工場に派遣されたこともあり，きわめて短期間，オペレーティング・システムのグループに在籍していた，と述べている（西垣，2016）。
4 付録Ⅱ　46行目の発言
5 付録Ⅱ　84行目の発言
6 瀧は，電子工学のルーツに関して，「電子工学が独立する以前は電気工学の中で教育研究が行われていた。」と述べている（2016年5月30日）。
7 4.3.2節において取り上げた，金田氏や瀧氏の上司にあたる渕一博氏による「コンピュータ研究者の世代論」の議論の中で，ハードとソフトの分業体制にのエピソードを明らかにしている。
8 付録Ⅱ　90行目の発言
9 特許公開2000-77635
10 2010年2月5日　インタビュー
11 金田他（2002）では，「高性能のTTL LSIが売り出され，研究室でも高性能な実験機が作れる時期であり，瀧はビットスライスRALUとマイクロプログラム制御を使って何かを作りたかった。」（114頁）と記載されている。
12 実践コミュニティの定義の原文は，以下の通りであり，熟達（expertise）が念頭に置かれていることが分かる。
　「communities of practice are groups of people who share a concern, a set of problems, or a passion about a topic, and who deepen their knowledge and expertise in this area by interacting on an ongoing basis.」
13 瀧は，「有限会社では金の出入りが1999年までほぼ無かったので，経営の必要が無く，「経営に参画」という表現は適当でない。なお1999年時点では非常勤の技術職員の形で兼業届けを出していた。」とコメントしている（2016年5月30日）。
14 公式組織との関係における「秘密裏の実践コミュニティ」についての特徴は，「『事情通の』人々が非公式に認識しているだけ」であり，典型的なチャレンジとして，「経営資源を獲得すること，影響力を持つこと，隠れた存在であり続けること，正当性を獲得するこ

15 「実践（practice）」の定義の原文は，以下の通りである。「The practice is a set of frameworks, ideas, tools, information, styles, language, stories, and documents that community members share. Whereas the domain denotes the topic the community focus on, the practice is the specific knowledge the community develops, share, and maintains.」

16 Wenger et al. (2002) によれば，プロジェクトと実践コミュニティは，明確に区別されている（82頁）。例えば，プロジェクトの目的は「継続的な業務やプロセスを担当」であり，実践コミュニティの目的は「知識の創造，拡大，交換，および個人の能力開発」である。また，実践コミュニティは「情熱，コミットメント，集団や専門知識への帰属意識」によって結びついているが，プロジェクトは「プロジェクトの目標とマイルストーン」によって結びついている，としている。しかしながら，本研究において，「コミュニティベースの学習」ではなく，「プロジェクトベースの学習」と定義した背景には，世界で初めての大学発ベンチャーであるDECの創業者ケン・オルセンや，日本の大学発ベンチャーの先駆者である瀧和男氏が，国家プロジェクトの若手リーダー格であったことに配慮したためである。

17 2012年5月26日実施

18 2012年6月12日実施

19 2012年6月12日 インタビュー

20 付録Ⅰ 28行目

21 瀧は，自身の研究を反映した事業領域に対するこだわりについて，「これは簡単に言うと，「事業をやりたいのか」「技術をやりたいのか」（または研究をやりたいのか）の違いだと思う。「技術をやりたい」というのは，大学発に限らず技術者あがりの起業家には良く見られるものだと思う。それでは大学発で「事業をやりたい」という人がいないのかというと，まれではあるが，いなくはないように思う。」とコメントしている（2016年5月30日）。

22 2012年12月6日 インタビュー

第6章 考察

6.1 発見事実の検討

　第5章では，瀧和男氏のライフヒストリーにおけるエピソードの分析をおこなったが，第6章では，熟達研究の理論的側面から考察をおこなう。ここで，先行研究から明らかになった課題について，本研究のライフヒストリーと関連付けながら述べておこう。まず，第1の課題は，複数領域における熟達化プロセスを明らかにする研究が必要とされている点である。経営実務において，複数領域の知識・スキルを用いて業務を遂行していると考えられるが（松尾，2011），一方，認知科学の熟達研究では，チェスを筆頭に，固有の熟達領域を特定し，知識・スキルに着目することで熟達を明らかにする研究が蓄積されてきた（Ericsson et al., 2006）。

　次に，先行研究から明らかになった第2の課題は，大学発ベンチャー起業家を対象に，技術と起業をつなぐ熟達化プロセスを明らかにする研究が必要とされている点である。2000年以降，起業家研究において，起業家個人の機会の認知に着目し，認知科学の知見が起業家に応用されるようになったが（Shane and Venkataraman, 2000；Sarasvathy, 2008），研究領域の熟達者である大学研究者を対象に，起業以前の経験を含めたライフヒストリー法を用いた個別事例研究はなされていない。本研究のライフヒストリーによる分析は，その間隙を埋めるものである。

　本研究は，先行研究を踏まえ，コンピュータ史を背景に，第1の研究課題として，複数の研究領域の熟達を促進した要因について，第2の研究課題として，研究領域と起業領域の熟達を促進した要因について明らかにしてきた。具体的には，前者は，瀧和男氏のマシン設計における，ハードとソフトの複数の研究領域の熟達化プロセスを促進した要因についてであり，後者は，研究成果の事

【表18】 瀧和男氏の熟達に関する発見事実

発見事実1（F1）	「設計志向性」の強さが複数の研究領域の熟達を促している
発見事実2（F2）	「相互学習的パートナーシップ」が複数の研究領域の熟達を促している
発見事実3（F3）	「実践コミュニティの構築」が研究領域と起業領域の熟達を促している
発見事実4（F4）	「プロジェクトベースの学習」が研究領域と起業領域の熟達を促している

業化につながる，研究領域と起業領域における熟達化プロセスを促進した要因について，詳細に記述し，分析をおこなった。

以上を踏まえ，【表18】で示した4点は，本研究で見出された瀧和男氏の熟達に関する発見事実である。本研究の第1と第2の発見事実は，第1の研究課題に対応し，第3と第4の発見事実は，第2の研究課題に対応している。

まず，本ライフヒストリー研究から見出された第1の発見（F1）は，瀧和男氏の設計志向性の強さが複数の研究領域の熟達を促しているという事実である。設計志向性は，2.1.6節で議論した「人工物科学」の特徴であるが（Simon, 1969），具体的には，幼少期の「（R1）お絵かき教室」，「（R2）夏休みの宿題」の経験と関連している。この点，分析志向性の強い自然科学者とは異なる志向性である。

本ライフヒストリー分析から見出された第2の発見（F2）は，相互学習的パートナーシップが複数の研究領域の熟達を促している事実である（Sarasvathy, 2008；Wenger, 1998）。相互学習的パートナーシップは，2.2.3節で議論した「エフェクチュエーション」の特徴であるが，具体的には，「（R5）修士論文（神戸大学LISPマシン）」「（R8）第5世代コンピュータ（PSI）設計」の経験と関連する。この点，幼少期からの自作マシンの経験を通じて，既にハード領域の熟達者であった瀧氏は，自身のそれまでの熟達領域（認知）の限界を超え（Simon, 1947），他の分野，つまり，マシン設計に不可欠なソフト領域の熟達者と共同研究に没頭することで，世界レベルの研究業績となるマシンを完成させている。

第3の発見（F3）は，実践コミュニティ（communities of practice）の構

築が研究領域と起業領域の熟達を促しているという事実である（Wenger, 1998；Wenger et al., 2002）。既に「非公式組織の創出」（5.2.3）について言及したが，「（E2）学生サークルの結成」「（E8）ジョイント・チーム方式による新しい応用研究への挑戦」「（R13）人工知能関連分野の事業化を見越した研究（AI Labo）」の経験が，これに関連している。この点，生涯にわたる研究テーマとしてLSI関連を設定し，基礎研究から大きく展開してLSI-CADの応用研究に着手したことが，瀧和男氏にとっては決定的な出来事であった（金井，2002；横地・岡田，2012）。

第4の発見（F4）は，プロジェクトベースの学習が研究領域と起業領域の熟達を促しているという事実である（Wenger et al., 2002）。具体的には，「（E12）大企業との共同研究」「（E13）IPライブラリの整備とビジネスモデル確立」「（R14）事業の中核となる特許取得」の経験が関連しているが，研究成果の事業化を目指したビジネスパーソンとの実務経験は，熟達した起業家の意思決定の特徴である「エフェクチュエーション」（Sarasvathy, 2008）で示された潜在顧客とのパートナーシップ構築と同様の相互学習的プロセスであり，その後の瀧和男氏による実験的な大学発ベンチャーの起業や，システムLSI設計分野における事業化に大きな影響を与えている。

6.2　大学発ベンチャー起業家の熟達化プロセスモデル

【図15】は，【図6】（66頁参照）で提示した分析枠組から導いた発見事実をもとに，大学発ベンチャー起業家の熟達化プロセスをモデル化したものである。大学発ベンチャー起業家の熟達化プロセスは，①設計志向性，②相互学習的パートナーシップ，③実践コミュニティの構築，④プロジェクトベースの学習，から成るサイクルが回ることによって促進される。

この4段階の熟達化プロセスモデルは，大学発ベンチャー起業家個人の熟達化を促す4つの要因に対応しており，それぞれ，①設計志向性は「個人」，②相互学習的パートナーシップは「個人対個人」，③実践コミュニティの構築は「小集団」，④プロジェクトベースの学習は「プロジェクト」が，熟達を促す基盤となっており，熟達促進のサイクルが進むにつれて，熟達を促す基盤が，

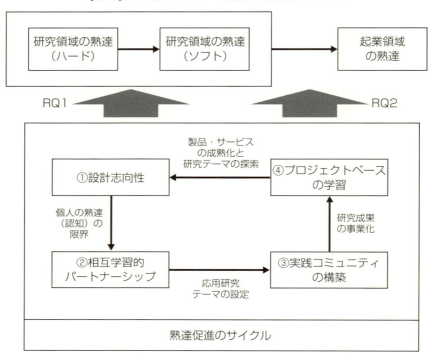

【図15】大学発ベンチャー起業家の熟達化プロセス

「個人」から「個人対個人」「小集団」「プロジェクト」と拡大していると考える。

　まず，第1段階の，①設計志向性が，②相互学習的パートナーシップを促進するプロセスは，個人の熟達の限界（Simon, 1947）を超えて熟達するためには，相互学習的パートナーシップが必要であったことを示している（Sarasvathy, 2008 ; Wenger, 1998）。この背景には，幼少期の工作経験が設計志向性を高めている点が考えられるが，製品・サービスの製作，すなわち，人工物の設計（Simon, 1969）には，学問領域を超えた複数の研究領域の知識・スキルの統合を必要とするため，その結果，複数の研究領域の熟達を促進する要因となっている。一方，通常の研究者は，自然科学を対象として，既存の学問領域の範疇の中で科学的発見を目指すため，分析志向性が高く，設計志向性は低い。その

ため，師弟関係の中で熟達していくことが通常であり，複数の研究領域の熟達はほとんど見られないのである。本ライフヒストリーの分析によれば，瀧和男氏は，幼少期から，自作マシンに没頭したエピソードを残しており（E1），また，大学発ベンチャーにいたるまで，金田悠紀夫氏や近山隆氏などの，主にソフトウエアの熟達者とパートナーシップを構築することで（R4），新しい人工物の製作をおこなっており，上記の第1段階の記述の妥当性を裏付けている。

第2段階の，②相互学習的パートナーシップが，③実践コミュニティの構築を促進するプロセスは，応用研究のテーマ設定に伴い，実践コミュニティの構築が必要であったことを示している（Wenger, 1998；Wenger et al., 2002）。この背景には，新しい研究領域の創出を目的としている点が考えられるが，応用研究のテーマ設定は，新たな技術を用いた人工物（製品・サービス）の設計を伴い，その結果，複数の研究領域から演繹的に導かれたモデルを基にプロトタイプ（試作）が製作されるのである。その点，相互学習的パートナーシップは，人工物の設計の基礎にあたる科学としての分析能力を高める点に特徴があり，応用される技術用途の汎用性に大きく関連する。一方，実践コミュニティの構築は，例えば，LSI設計者や囲碁などの応用領域の熟達者との連携を目的としたものであり，その結果，応用研究テーマから導かれた新たな領域，自発的なアイデアの共有を促す相互交流が活発な新たなコミュニティ，メンバーが共有する一連の枠組やアイデア，ツールなどの新たな実践が，大学発ベンチャーを導く研究者のリーダーシップによって構築されるのである。本ライフヒストリーの分析によれば，瀧和男氏は，神戸大学電子計算機研究会（E2）や，ジョイント・チーム（E8）による応用研究を先導したエピソードを残しており，上記の第2段階の記述の妥当性を裏付けている。

第3段階の，③実践コミュニティの構築が，④プロジェクトベースの学習を促進するプロセスは，研究成果の事業化には，プロジェクトベースの学習が必要であったことを示している。その背景には，特許取得が大きく関連しているが，当初，公式組織とは無関係の非公式の「秘密裏の実践コミュニティ（bootlegged communities of practice）」であった研究プロジェクトは，特許取得や法人の設立要請をすることによって，「正当化された実践コミュニティ

(legitimized communities of practice)」として認知され，徐々にプロジェクトの規模が拡大していく（Wenger et al., 2002）。大学発ベンチャー起業家は，技術と市場の「二重の創業リスク」（西澤, 2012）を抱えるため，創業当初から固定的な収入を得ることは難しい。しかしながら，大学発ベンチャー起業家は，プロジェクトに参加した顧客企業のニーズに対応し，問題解決を目的としたプロジェクトベースの学習を促すことによって，熟達領域固有の実践を伴う事業システムを生み出す（加護野・井上, 2004）。したがって，③実践コミュニティの構築と④プロジェクトベースの学習は，研究領域と起業領域の熟達を促進する要因と考えられる。本ライフヒストリーの分析によれば，瀧和男氏は，1999年10月の国立大学教員の兼業規定撤廃の約5年前の段階で，大学研究者の傍ら，第5世代で知りあった溝口豪氏の協力を得て，後に大学発ベンチャーとなる特許管理会社の設立を要請し（E10），その後，システムLSI事業の中核となる特許[1]を取得することで（R14），その特許権実施料から，年商で数億円規模の事業化に成功しており（E16），上記の第3段階の記述の妥当性を裏付けている。

　第4段階の，④プロジェクトベースの学習が，①設計志向性を促進するプロセスは，製品・サービスの成熟化に伴い，新たな研究テーマの探索が必要であることを示している。その背景には，自身の研究成果の事業化が起業目的である点に関連するが，通常の起業家であれば，事業が成熟した場合，多角化を促すことで新たな事業を探索する。一方，大学発ベンチャー起業家は，事業を継続するよりも，再度，研究活動に立ちもどり，新たな②相互学習的パートナーシップを研究者と構築することで，新たな応用研究の機会を探索するのである。大学発ベンチャー起業家のキャリア・アンカーは，「起業家的創造性」（Schein, 1990）に特徴があり，彼が手掛けた人工物（製品・サービス）は，彼の「自己拡張」（Schein, 1978）として位置付けられる。この点，①設計志向性は，大学発ベンチャー起業家の自己拡張を反映しており，4段階からなる熟達促進のプロセスを経験することで，さらに強化されるのである。本ライフヒストリーの分析によれば，瀧和男氏は，システムLSIの事業の成熟化に伴い，エイ・アイ・エル（株）の代表取締役を退任し（E19），産学連携担当の特命教授として，2012年11月から神戸大学に戻るキャリア選択をしてされており（R18），上記の第4段階の記述の妥当性を裏付けている。

第6章 考　察　　221

　本研究の分析枠組【図6】（66頁参照）において，大学発ベンチャー起業家の特徴である，(a) 複数の研究領域を統合する「人工物科学」（Simon, 1969）に関する熟達化プロセス，(b) 起業機会における技術と市場の「二重の創業リスク」（西澤，2012）に関する熟達化プロセスに着目した上で，研究課題として，①複数の研究領域における熟達の促進要因は，「創造的熟達」（横地・岡田，2012）が理論的に関連し，②研究領域と起業領域における熟達の促進要因は，「エフェクチュエーション」（Sarasvathy, 2008）が理論的に関連すると想定した。この点，前節（6.1）において，第1の研究課題（RQ1）に対応して，「設計志向」の強さ（F1）と「相互学習的パートナーシップ」（F2）が，複数の研究領域の熟達を促していること，第2の研究課題（RQ2）に対応して，「実践コミュニティの構築」（F3）と「プロジェクトベースの学習」（F4）が，研究領域と起業領域の熟達を促していることを明らかにした。

　ここで，熟達研究の観点から，本研究の分析枠組【図6】（66頁参照）と熟達化プロセスモデル【図15】（218頁参照）を比較すると，①複数の研究領域における熟達も，②研究領域と起業領域における熟達も，自らが追求するべき課題を設定する点において「創造的熟達」（横地・岡田，2012）に関連しており，また，その課題を解決するために，パートナーシップを構築する点において「エフェクチュエーション」（Sarasvathy, 2008）にも関連していることがわかる。この点，先行研究では，「創造的熟達」は，芸術家や科学者を対象とした熟達化プロセスに着目した概念であり，「エフェクチュエーション」は，起業家を対象とした，熟達者と初心者における直観的な意思決定の特徴の違いに着目した概念である。したがって，大学発ベンチャー起業家個人を対象にした場合，Chi（2006）が熟達研究の2つの方法として示唆したように，熟達化プロセスに着目し，回顧的インタビューを用いたアプローチが「創造的熟達」であり，熟達者と初心者における直観的な意思決定の特徴の違いに着目し，プロトコル分析を用いたアプローチが「エフェクチュエーション」と，研究アプローチを理論的に位置付けることができる。

　本節（6.2）において，本研究の発見事実から，大学発ベンチャー起業家の熟達化プロセスは，①設計志向性，②相互学習的パートナーシップ，③実践コミュニティの構築，④プロジェクトベースの学習の4段階のサイクルであるこ

とを示した．以上を踏まえると，これらの4つの熟達の促進要因は，複数領域（研究・起業）の熟達に関連して，「創造的熟達」「エフェクチュエーション」によって支えられており，この2つの概念は，大学発ベンチャー起業家の熟達化プロセスの理論的基盤として説明可能であると考える．

6.3 概念モデルの検討

6.3.1 新しい人工物の創造を通じた経験学習

前節で，大学発ベンチャー起業家の熟達プロセスモデル【図15】を提示したが，本節では，あらためて，瀧和男氏が手掛けた3つのプロジェクト（人工物），①神戸大学LISPマシン【図12】，②LSI CAD【図13】，③システムLSI【図14】を確認し（5.3節参照），概念モデルとして検討する．大学発ベンチャー起業家の熟達プロセスモデル【図15】は，「設計志向性」「相互学習的パートナーシップ」「実践コミュニティの構築」「プロジェクトベースの学習」の4段階のサイクルモデルであるが，本研究では，この4段階（熟達の促進要因）の間の矢印の部分に，人工物の製作プロジェクトにおけるマイルストーン（里程標）として，「個人の熟達の限界」「応用研究のテーマ設定」「研究成果の事業化」「製品・サービスの成熟化と研究テーマの探索」を位置付けた．

一方，このマイルストーンは，大学発ベンチャーの起業プロセスにおける，組織のライフサイクルと考えることが可能であり（Aldrich, 1999），また，プロジェクトの立ち上げから次のプロジェクトへの移行まで（つまり，人工物の構想から完成まで）を，経験学習の1つの単位，1つの事例と考えることが可能である．

既に述べた通り，本研究は，複数の技術（研究）領域の熟達化プロセスと，市場（起業）領域の熟達化プロセスを，経営学の観点から詳細に検討をおこなう研究である．ここで，認知科学の観点から，これらの複数にわたる熟達領域を統合した形で，大学発ベンチャー起業家固有の領域が存在すると仮定するならば，新しい人工物を創造するプロジェクトの経験から得られた知識・スキルは，ベンチャーを成功に導く定石（チャンク）[2]として学習され，大学発ベンチャー起業家の直観的判断を支える知識基盤と考えることができる

第6章 考察　223

【表19】 瀧和男氏が手掛けた研究プロジェクトとマイルストーン

マイルストーン	①神戸大学LISPマシン	②LSI CAD	③システムLSI
製品・サービスの成熟化と研究テーマの探索	×（ワークステーション）	×（システムLSI）	△（E19）*
研究成果の事業化	△既存企業への技術移転	△既存企業への技術移転	○（E10）（E13）**
応用研究のテーマ設定	△金田悠紀夫氏と共同	○	○
個人の熟達の限界（パートナーシップ）	○金田悠紀夫氏	○近山隆氏	○A氏

注：1 *（E19）（E10）（E13）は，システムLSIに関するエピソード。詳細は，【表16】を参照のこと（199頁）。
　　2 **（E10）特許管理会社の設立，（E13）IPライブラリの整備とビジネスモデルの確立，（E19）起業活動からの撤退。

(Sarasvathy, 2008)。ここで，以上の議論をふまえ，4つのマイルストーンを念頭に，3つのプロジェクト（①神戸大学LISPマシン【図12】，②LSI CAD【図13】，③システムLSI【図14】）を検討したものが，【表19】である。

まず，第1のマイルストーンである「個人の熟達の限界」について，瀧和男氏は，3つのプロジェクトともに，自分の熟達領域以外の熟達者とパートナーシップの構築に成功している。しかし，③システムLSIに関して，有限会社をスタートアップした時期は，溝口豪氏，株式会社化した時期は，A氏，それぞれとパートナーシップを構築することに成功したが，2005年以降，大学を退職した後，③システムLSIの事業においてパートナーを見つけることができなかった。

第2のマイルストーンである「応用研究のテーマ設定」について，①神戸大学LISPマシンは，瀧和男氏の自主性を尊重しながらも，金田悠紀夫氏が，指導教員の立場でLISP専用マシンの研究テーマを設定している。この点，当時，瀧和男氏はOSやソフトウエアについて習熟しておらず，単独ではLISPマシンを研究テーマとするプロポーザルはできなかったと推測される。その後，②

LSI CADや③システムLSIについては，瀧和男氏個人の構想によって，応用研究のテーマ設定がなされている。

　第3のマイルストーンである「研究成果の事業化」について，瀧和男氏が手掛けた，①神戸大学LISPマシン，②LSI CADの搭載された最先端の技術は，当時，LISPマシンを製作していた富士通やNTT，それから，第5世代コンピュータプロジェクトに参加した三菱電機等の既存企業へ技術移転されている。一方，③システムLSIについては，大学発ベンチャーが事業体となり，IPのライブラリを整備することで（E13），明確なビジネスモデルを構築し，10年間にわたり毎年数億円以上の収入をもたらした。この点，瀧和男氏は，研究成果の事業化に成功したと判断できる。

　第4のマイルストーンである「製品・サービスの成熟化と研究テーマの探索」について，日本において大学発ベンチャーが本格化したのは2000年からであり，事業化に成功し，特許権実施料からの安定的な事業収入を確保できた研究者による大学発ベンチャーは，多くとも5社未満である[3]（文部科学省，2010）。また，国立大学の現職大学教授が退職して大学発ベンチャーに専念した例も，大学発ベンチャーの中核的な製品やサービスが成熟化したために事業を撤退して大学に復帰した例も，筆者が調べた限りにおいて，瀧和男氏が日本初の事例である。特に，③システムLSIの事業撤退には，様々な困難があったことが推測され，瀧和男氏は，事業経営の難しさを自ら経験を通じて学習したことがインタビューで確認されている[4]。一方，かつて，瀧が手掛けた，①神戸大学LISPマシンと，②LSI CADは，事業化を手掛けることなく，試作（プロトタイプ）段階にとどまった。その間，LISPマシンの市場はワークステーション[5]，LSI CADの市場はシステムLSI[6]に，それぞれ駆逐されてしまった。

　以上，瀧和男氏が手掛けた，3つのプロジェクトを，4つのマイルストーンからなる経験学習のサイクルとして検討した。その結果，瀧和男氏は，プロジェクトの経験を積むことによって，より多くの資源がプロジェクトに投入されるようになり，事業規模も拡大していることが確認された。特に，③システムLSIの研究が事業化されたことは，日本における大学発ベンチャーの先駆事例であった。しかも，前例のない試行錯誤の取り組みであったにもかかわらず，特許権実施料から最大数億円規模の安定的な収入を確保することで，研究成果

の事業化を成功させたのである。しかしながら，2008年以降は，顧客である日本の大手家電メーカーが，システムLSIから撤退する状況に追い込まれたことが大きな要因となり，上場にはいたらなかった。今後の展望として，瀧和男氏は，産学連携や大学発ベンチャー支援活動の一方で，研究テーマを探索し，場合によっては，再度，大学発ベンチャーを試みることが予想されるが，その際は，これまでの経験を活かして，新しい研究や新しい事業への取り組みをおこなうと考えられる。

6.3.2 大学発ベンチャー起業家の熟達化ステージ（段階）モデルの検討

前節では，瀧和男氏が主に手掛けた3つのプロジェクトにおけるマイルストーンの到達度を検討することで，大学発ベンチャー起業家の経験学習について言及した。この点，瀧氏は，プロジェクトの経験を積み重ねていくことによって事業規模を徐々に拡大させており，瀧氏自身の研究成果を事業化に導びつけるプロセスを明らかにした。これは，先行研究において2.2.4節で検討した，科学者の「累積的優位性のプロセス」と同様の現象と考えられる（Merton, 1968）。以上を踏まえ，本節では，マイルストーンを熟達の到達段階として捉えることで，大学発ベンチャー起業家の熟達化ステージ（段階）モデルを検討する。

先述した，大学発ベンチャー起業家の熟達プロセスモデル（【図15】，218頁参照）において，4つの熟達の促進要因として，「設計志向性」「相互学習的パートナーシップ」「実践コミュニティの構築」「プロジェクトベースの学習」を提示し，プロジェクトにおける4つのマイルストーンとして，「個人の熟達の限界」「応用研究のテーマ設定」「研究成果の事業化」「製品・サービスの成熟化と研究テーマの探索」を位置付けたが，この4つのマイルストーンは，一方で，大学発ベンチャー起業家の「熟達の達成課題」と考えることができる。

ここで，大学発ベンチャー起業家における熟達の達成課題と促進要因の関係を【表20】に示す。つまり，自身が手掛けたプロジェクトが成熟化し，「新たな研究テーマの探索」の必要性から「設計志向性」が促進され，「個人の熟達の限界」から「相互学習的パートナーシップ」が促進されるのである。同様に，

【表20】大学発ベンチャー起業家における熟達の達成課題と促進要因の関係

学習の単位	熟達を促進する要因	熟達の達成課題
プロジェクト	プロジェクトベースの学習 ⇐	研究成果の事業化
小集団	実践コミュニティの構築 ⇐	応用研究のテーマ設定
個人対個人	相互学習的パートナーシップ ⇐	個人の熟達の限界
個人	設計志向性 ⇐	製品・サービスの成熟化と研究テーマの探索

「応用研究のテーマ設定」の必要性から「実践コミュニティの構築」が促進され，「研究成果の事業化」の必要性から「プロジェクトベースの学習」が促進されるのである。

　以上，大学発ベンチャー起業家の熟達に関する達成課題を踏まえ，熟達化ステージ（段階）モデル【表21】を提示する。まず，初心者ステージ（段階）であるが，ある特定の技術や研究領域に関してある程度熟達しているものの，人工物を設計するには自身の持つ技術や研究領域では対応できない課題に直面している状態である。本事例であれば，コンピュータ製作におけるハードとソフトの関係であるが，「個人の熟達の限界」(Simon, 1969) は，研究者同士で「相互学習的パートナーシップ」(Sarasvathy, 2008) を構築することで課題を解決していく。

　次に，中級者ステージ（段階）であるが，基礎研究領域において複数の研究領域に熟達しているが，研究成果の事業化を念頭に，自分自身で，応用研究のテーマ設定をすることが課題になっている状態である。本事例であれば，LSI CADやシステムLSIの「応用研究テーマ設定」であるが，「実践コミュニティ」

【表21】大学発ベンチャー起業家の熟達化ステージ（段階）モデル

熟達のステージ（段階）	熟達の達成課題	エフェクチュエーション
熟達者	上場（事業システムの構築）	事業家とのパートナーシップ
上級者	研究成果の事業化	
中級者	応用研究のテーマ設定	研究者とのパートナーシップ
初心者	個人の熟達の限界	

出所：Dreyfus and Dreyfus (1986), p.50, 邦訳85頁を参考に，筆者作成。

(Wenger, 1998)の構築を通じて課題を解決していく。

　そして，上級者ステージ（段階）であるが，既に，該当する応用研究のテーマに関する科学的発見や中核的な特許を取得しており，「研究成果の事業化」が課題になっている状態である。本事例であれば，研究者だけでなく，事業家とパートナーシップを構築し，「プロジェクトベースの学習」(Wenger et al., 2002；Sarasvathy, 2008) をすることで課題を解決していく。

　最後に，熟達者ステージ（段階）であるが，既に，安定的な事業収入を確保しているが，人材育成も含めて，「事業システムの構築」（加護野・井上, 2004）が必要となっている状態である。ベンチャーキャピタルから出資を受けている大学発ベンチャーの場合，上場が当面の目標となるが，本事例の場合，残念ながら上場には至らなかった。現実には，どの企業も，事業の中核となる製品・サービスの成熟化は避けることができず，再度，研究テーマの探索をおこなうことになるが，「事業システムの構築」や「新しい研究テーマの探索」は，大学発ベンチャー起業家の「設計志向性」の強さによって課題は解決される。

　なお，この大学発ベンチャー起業家の熟達化ステージモデル【表21】は，いくつか留意点がある。まず，第1の留意点として，先行研究では，個別の特定の領域において熟達に到達するまで，最低でも約10年の期間を必要とすることが明らかにされている (Ericsson, 1996；Simon and Chase, 1973)。例えば，大学研究者は，個別の特定の研究領域では熟達者であるが，起業領域に関して初心者である。しかし，人工物の設計をおこなうには，個別の特定の研究領域だけでは対応できないため，研究者が起業するには，その前提として，複数の研究領域の熟達が必要不可欠である。

　第2の留意点として，本研究は，起業家の意思決定の特徴であるエフェクチュエーションについて (Sarasvathy, 2008)，パートナーシップ構築の適用範囲を，起業家だけでなく大学研究者にも適用している。本事例において，熟達の達成課題が「応用研究のテーマ設定」（中級者）までの場合，パートナーシップの相手先は研究者となっている。一方，熟達の達成課題が「研究成果の事業化」（上級者）以降の場合，パートナーシップの相手先は事業家となる。その点，エフェクチュエーションの理論【図4】は，大学発ベンチャーが置かれている状況に応じて，柔軟にパートナーを組み替えることの重要性を示唆し

ている（50頁参照）。

　第3の留意点として，本研究は，【表21】の大学発ベンチャー起業家の熟達化ステージモデルにおける，瀧和男氏の熟達ステージ（段階）を「上級者」と位置付けている（226頁参照）。本事例において，瀧和男氏を，研究者として世界レベルの「熟達者」と位置付けても，大学発ベンチャー起業家として「熟達者」として位置付けていない理由は，システムLSIの案件において上場できなかった点を考慮したためである。

　大学発ベンチャーの先行研究では，大学発ベンチャー起業家（研究者）とサロゲート（代理人）型起業家とのパートナーシップがきわめて重要であることを示唆している（Wright et al., 2008）。一方，本研究のシステムLSIにおける瀧和男氏の起業事例では，創業メンバーである溝口豪氏が退職した後，瀧の代わりに代表取締役を担う社内のパートナーを作ることができなかった。瀧は，この点，多くを語らなかったが，この社内におけるパートナーシップの問題が遠因となり，人材育成も含めた事業システムを構築するまでにいたらなかった可能性が高い。

　しかしながら，この問題は，瀧和男氏の一人の問題というよりも，大学発ベンチャーのマネジメントに関わる固有の問題について，日本の大学発ベンチャーの先駆者であるが故，周囲の理解が足らなかったと考える方が適切である。少なくとも，瀧和男氏が今まで手掛けたプロジェクトは，回を重ねるごとに，より多くの熟達の達成課題を克服してきていることを考慮すれば，次回の大学発ベンチャーのスタートアップは，人材育成を含めた事業システムの構築に成功すると考えられ，上場案件を手掛けることも可能であると思われる。

● 注
1　「論理ゲートセル」特許公開2000-77635。
2　チャンク（Chunk）の代表的な定義は，「人間が情報処理を行なう際に最小限に意味を持つ単位のこと」（例えば，田中, 2008：132-133頁）。詳細は，第4章の注113を参照のこと（176頁）。
3　文部科学省　科学技術政策研究所（2010）「大学等におけるベンチャーの設立状況と産学連携・ベンチャー活動に関する意識」詳細資料は，以下のリンク参照（2010年12月31日現在）。

http://www.nistep.go.jp/achiev/ftx/jpn/mat189j/idx189j.html

　2010年時点において，大学発ベンチャーは，累計1963社が設立されている。しかし，この文部科学省のサーベイ調査に参加していないベンチャー企業も存在しているため，本書では，「1億円以上の売上を3年以上継続している，大学研究者による大学発ベンチャーは，多くとも5社未満」とした。

4　2012年12月21日　インタビュー。瀧和男氏のコメント（165頁）を参照のこと。

5　瀧は，LISPマシンに関して「LISPマシンは米国と日本で一時期製品発売されたが，後にスーパーミニコンやワークステーション上のソフトウェアに駆逐された。」とコメントしている（2016年5月30日）。

6　瀧は，LSI CADに関して，「瀧が研究していたLSI CADは，並列処理によるLSI CADであったが，並列計算機がすぐには商用にならなかったこと，LSI CADに求められる機能がどんどん高度になり，それを実現するソフトウェア上の工夫は逐次型計算機（ワークステーション）の上でどんどん進んだこと，これらの2点により並列化LSI CADは製品化には至らなかった。なおワークステーション上のLSI CADは大いに成長し，米国を中心とした新興企業が世界を制覇した。したがって，並列処理によるLSI CADは，逐次処理による（ワークステーション上の）LSI CADに駆逐された。エイ・アイ・エル（株）では，道具としてワークステーション上のLSI CADを多用することになった。企業と同じ道具を持つことが事業上必須であった。」とコメントしている（2016年5月30日）。

第7章 結論

7.1 本研究の要点

　本書を締めくくるにあたって，本研究の要点を，ここで述べておこう。本研究は，自らの研究成果を基に起業した大学発ベンチャー起業家個人を対象に，複数の熟達領域（研究・起業）における熟達化プロセスを明らかにすることを目的とした経験的研究である。本研究は，特定の個人（瀧和男氏）の事例について，熟達面に焦点を合わせて，深いレベルで記述することを目指している。方法論的には，歴史的背景を踏まえ，特定の個人の人生を記述するライフヒストリー研究を志向し，理論的領域として，起業家の意思決定，創造的熟達に鍵概念を定めた試みである。

　本事例は，システムLSI設計分野において本格的な事業化後，大学教授職を退職し，代表取締役として事業に専念した日本の大学発ベンチャーの先駆的事例であり，インタビューや研究論文・著書等の複数のデータ源を用いている。本研究では，コンピュータ史を背景に，第1に，複数の研究領域の熟達を促進した要因，第2に，研究領域と起業領域の熟達を促進した要因に焦点をあてて検討をおこなっている【図6】（66頁参照）。

　【表18】（216頁参照）で示した4点は，本研究で見出された瀧和男氏の熟達に関する発見事実である。本ライフヒストリー研究から見出された第1の発見は，瀧和男氏の設計志向性の強さが複数の研究領域における熟達を促している事実である。この理論的背景は，サイモンの「人工物科学」に源流を求めることができるが（Simon, 1969），瀧和男氏の設計志向性は，分析志向性の強い自然科学者とは大きく異なる。

　第2の発見は，相互学習的パートナーシップが複数の研究領域における熟達を促している事実である（Sarasvathy, 2008 ; Wenger, 1998）。幼少期からの

自作マシンの経験を通じて、既にハード領域の熟達者であった瀧氏は、自身のそれまでの熟達領域（認知）の限界を超え（Simon, 1947）、他の分野、つまり、マシン設計に不可欠なソフト領域の熟達者と共同研究に没頭することで、世界レベルの研究業績となるマシンを完成させている。

　第3の発見は、実践コミュニティの構築（Wenger, 1998；Wenger et al., 2002）が研究領域と起業領域の熟達を促している事実である。瀧和男氏にとって、生涯にわたる研究テーマとしてLSI関連を設定し、基礎研究から大きく展開してLSI-CADの応用研究に着手したことが、後の起業に繋がる決定的な出来事であった（金井, 2002；横地・岡田, 2012）。

　第4の発見は、プロジェクトベースの学習が研究領域と起業領域の熟達を促している事実である（Wenger et al., 2002）。研究成果の事業化を目指したビジネスパーソンとの実務経験は、熟達した起業家の意思決定の特徴である「エフェクチュエーション」（Sarasvathy, 2008）で示された潜在顧客とのパートナーシップ構築と同様の相互学習的プロセスであり、その後の瀧和男氏による実験的な大学発ベンチャーの起業や、システムLSI設計分野における事業化に大きな影響を与えている。

　以上、4つの発見事実【表18】（216頁参照）を踏まえ、本研究は、①設計志向性、②相互学習的パートナーシップ、③実践コミュニティの構築、④プロジェクトベースの学習の4段階のサイクルからなる、大学発ベンチャー起業家の熟達化プロセスを提示した【図15】（218頁参照）。この4段階の熟達化プロセスモデルは、大学発ベンチャー起業家個人の熟達化を促す4つの要因に対応しており、それぞれ、①設計志向性は「個人」、②相互学習的パートナーシップは「個人対個人」、③実践コミュニティの構築は「小集団」、④プロジェクトベースの学習は「プロジェクト」が、熟達を促す基盤となっており、熟達促進のサイクルが進むにつれて、熟達を促す基盤が、「個人」から「個人対個人」「小集団」「プロジェクト」と拡大していることが確認された。

　また、あらためて瀧和男氏が手掛けた3つのプロジェクト（人工物）である「神戸大学LISPマシン」【図12】、「LSI CAD」【図13】、「システムLSI」【図14】を確認し（5.3節参照）、プロジェクトにおける4つのマイルストーンとして、「個人の熟達の限界」「応用研究のテーマ設定」「研究成果の事業化」「製

品・サービスの成熟化と研究テーマの探索」を位置付けた。この4つのマイルストーンは，一方で，大学発ベンチャー起業家の「熟達の達成課題」であり，それぞれ，4段階の，①設計志向性，②相互学習的パートナーシップ，③実践コミュニティの構築，④プロジェクトベースの学習，の「熟達の促進要因」と対応している【表20】（226頁参照）。以上を踏まえ，初心者から熟達者にいたる「熟達の達成課題」として，「個人の熟達の限界」「応用研究のテーマ設定」「研究成果の事業化」「上場（事業システムの構築）」の4つのステージ（段階）を挙げ，大学発ベンチャー起業家の熟達化ステージ（段階）モデルを提示した【表21】（226頁参照）。特に，「エフェクチュエーション」（Sarasvathy, 2008）に関連して，熟達の達成課題が「研究成果の事業化」になると，パートナーシップの相手が，研究者から事業家に柔軟に変化していくことを明示した。

7.2 理論的貢献

7.2.1 大学発ベンチャー起業家の複数領域における熟達化プロセス

本研究の第1の理論的貢献は，起業家の熟達研究をさらに発展させ，大学発ベンチャー起業家の複数の研究領域と起業領域の熟達をつなぐ熟達化プロセスを明らかにした点である【図15】（218頁参照）。既存の熟達研究は，チェスを筆頭に，固有の熟達領域を特定し，知識やスキルに着目することで研究が蓄積されてきたが（Ericsson et al., 2006），経営実務においては，複数の熟達領域の知識・スキルを用いて業務を遂行していると考える方がより現実的である（松尾，2011）。この点，シカゴ社会学に源流を持つライフヒストリー法を用いた本研究は，プロトコル分析を含む瀧和男氏の個人的資料を中心に複数のデータ源を用いることで，認知科学における既存の熟達研究に対して，経営学的観点から複数領域の熟達化プロセスを明らかにする新たな方法論と分析枠組を提供した。また，既存の起業家研究に対しても，大学発ベンチャー起業家を対象にして，個人の認知的側面や熟達に関して分析することで，新たな理論的知見を見出したと考える。

本研究は，大学発ベンチャー起業家の熟達化プロセスを，①設計志向性，②

相互学習的パートナーシップ，③実践コミュニティの構築，④プロジェクトベースの学習の4段階のプロセスモデル【図15】（218頁参照）として提示したが，研究も起業も含めた複数領域の熟達を促す最も重要な要因は，「個人の設計志向性」である。設計志向性の理論的背景は，人工物科学（Simon, 1969）であるが，人工物の設計に伴う新しい知識・スキルの獲得を目的として，熟達促進プロセスが実行される。この点，設計志向性と分析志向性は，2.3節で言及した，エフェクチュエーションとコーゼーションに対応しているが（Sarasvathy, 2008），設計志向性と分析志向性も，エフェクチュエーションとコーゼーションも，思考における合理性の否定を意味するものではない。技術の問題解決も，経営の意思決定も，事例ベースの推論を通じて学習するものであり，経験ならびに学習の蓄積の差と考える。つまり，将来，大学発ベンチャーの起業を検討している研究者も，まだ経験の浅い起業家も，初心者の時点では，合理性に基づいて，分析的思考によって意思決定を試みるが，熟達者になると，分析的思考による意思決定の経験や知識に基づいて，マシンや事業計画などの人工物を念頭に，設計的思考によって意思決定を試みることを示しているのである（Simon, 1969；1996）。

　ある固有分野の熟達者は，自分の持ち得る知識・スキルだけでは対応のできない人工物や技術課題に対峙した際，他分野の熟達者を求める。それは，潜在市場を求める起業家も同様であり，市場における熟達者と考えられるリードユーザーを求めるのである。つまり，エフェクチュエーションが説明する「パートナーシップの構築」は，個人の熟達の限界に起因するものであり（Simon, 1947），設計志向性の強い研究者に対しても，同様の「パートナーシップの構築」の特徴がみられる。この点，大学発ベンチャー起業家のパートナーシップは，熟達者同士の相互学習的な関係であり，既存の学問領域や成熟した事業領域における熟達者に対して，初心者として正統的周辺参加（Lave and Wenger, 1991）を求める師弟関係ではない。また，この相互学習的なパートナーシップの相手先は，新しい応用研究に取り組む場合には，隣接分野の研究者が相手となり，研究成果の事業化を目的とする場合には，実務領域の熟達者が相手となり，状況に応じて相手先が変化する。したがって，本研究で提示した大学発ベンチャー起業家の熟達化プロセスモデルによって，技術と市場にお

ける異なる不確実性に対応して、熟達の領域が異なる相手と相互学習的なパートナーを構築する特徴が明らかになった。

7.2.2　創造的熟達者としての大学発ベンチャー起業家

　本研究の第2の理論的貢献は、既存の創造的熟達研究では対象とされていなかった大学発ベンチャー起業家を事例として取り上げ、先行研究との相違点を明らかにした点である【表19】（223頁参照）。創造的熟達の先行研究では、科学者と芸術家が対象とされてきたが、研究者による「応用研究テーマの設定」は、芸術家による「ビジョンの明確化」と同様の創造的熟達の特徴である（横地・岡田, 2012）。一方で、大学発ベンチャー起業家は、科学者（研究者）として熟達し、将来の起業に関連した「応用研究テーマの設定」した後も、自らの研究成果を普及することを目的とした実践コミュニティを構築し、その実験的試みを起業活動を通じてリードすることで、起業領域の熟達がさらに促進されていることが本研究では明らかとなった。

　創造的熟達者（田中, 2008）は、「課題を自ら策定し、そこからアイデアを生成し、それを具体化するための知識・スキルを持つ人材」であることを先述したが（2.2.5）、「応用研究テーマの設定」は、課題を自ら策定する点において、創造的熟達者の特徴となる活動である。特に、応用研究テーマの設定は、研究成果となる人工物（製品・サービス）が、どのように社会に役に立つのか、その意義を示し、汎用的な技術として社会に幅広く受け入れられるビジョン（構想）を明らかにする点において、きわめて重要な活動と考える。

　創造的熟達者が、「ビジョンの明確化」にいたるまで、①外的基準へのとらわれ（平均4.4年）、②内的基準の形成（平均7.0年）、③ビジョンに基づいた創作活動、の3つのフェイズがあり、10年以上の期間が必要とされる（横地・岡田, 2012）。「外的基準へのとらわれ」は、既に確立したアート創作の知識や技法の模倣による創作活動の時期であり、「内的基準の形成」は、自分の問題意識、創作活動に対する感覚に基づく製作テーマの模索の時期である。そして、「ビジョンに基づいた創作活動」は、芸術家が自身の表現活動を根幹で支えるような中核的なテーマである「創作ビジョン」に基づいた活動であり、その「創作ビジョンの明確化」の時期は、平均36.0歳、平均12.7年である（横地・岡

田, 2012)。芸術家の創作ビジョンは、例えば、「生と死」「見ることとは何か」「世界とは何か」というような普遍的なテーマであり、その点、熟達した芸術家は、普遍的なテーマである創作ビジョンを通じて、自分自身の独自のアート表現を実現出来るようになることが明らかにされている（横地・岡田, 2012）。その点、瀧和男氏のライフヒストリーを通じて、大学発ベンチャー起業家の熟達化プロセスを検討すると、芸術家における、③創作ビジョンの明確化にあたるエピソードは、瀧和男氏の場合は、LSI-CAD研究に挑戦した時期（36歳）にあたり、年齢的にも「新しい領域の応用研究へのジャンプ（R10）」のエピソードにきわめて近い。

芸術家の熟達化プロセスにおいて見られる、①外的基準へのとらわれは、研究者にとって、学会を通じての評価や指導教員からの評価と同様と考えられる。つまり、固有の研究領域において、「自ら研究課題を設定し、仮説を設定し、分析を行い、検証する」というリサーチ・サイクルを実行出来るかどうかが、研究者にとっての外的基準であり、分析志向性に関連する基準でもある。②内的基準の形成は、通常の研究者と、大学発ベンチャーを起業可能な研究者とを峻別する点に近いと考える。つまり、ある固有の研究領域内で研究を深化させることで熟達をしていくのか、自分自身の研究テーマを設定することを念頭に、隣接する研究領域の研究者とパートナーシップを結び、自身の研究領域を拡張しながら熟達していくのか、という点に大きく関係する。これは、「分析志向性」と「設計志向性」の違いであるが、既存の研究テーマを追求し、研究者の立場から、分析や批評を繰り返しているだけでは、創造的熟達にはいたらない。実際に、人工物の設計をして、試作機（プロトタイプ）を製作し、その試行錯誤をする場としての大学発ベンチャーが、創造的熟達を促進するのである。

固有の領域における熟達には、約10年かかることを踏まえると（Ericsson, 1996；Simon and Chase, 1973)、複数の研究領域の熟達を持ち、その組み合わせから「新たな応用研究テーマの設定」には、最低でも10年以上の時間を必要とし、大学発ベンチャーを通じての研究成果の事業化には、さらに10年程度の起業領域の熟達が必要となる。したがって、本研究によって、大学発ベンチャーを事業化に導くには、複数領域の熟達を必要とする、きわめて長期間にわたる熟達化プロセスであることが明らかになった。この点、創造的熟達者で

ある芸術家も，大学発ベンチャー起業家と同様に，作品に対する，③創作ビジョンの明確化を超えて，「事業としての成功」という側面が熟達の課題として想定されることから，本研究は，創造的熟達研究における新たな仮説を提示したと考える。

7.2.3 大学発ベンチャー起業家の熟達ステージモデル

本研究の第3の理論的貢献は，仮説レベルではあるが，事例研究の要約として，大学発ベンチャー起業家の熟達化ステージモデルを提示した点である【表21】(226頁参照)。認知科学分野の先行研究においては，大学発ベンチャーを含めた起業家を対象にした熟達化ステージモデルを用いた研究はされておらず，また，起業家研究分野でも，複数回の起業に着目した研究は存在するものの (Dew, Sarasvathy et al., 2009)，起業家の熟達化ステージモデルは，未だ，提示されていない。したがって，本研究は，大学発ベンチャー起業家個人の仮説モデルを提示したことで，萌芽的段階であるが，熟達研究と起業家研究に対して理論的貢献をしたと考えている。

このモデルは，①初心者は「個人の熟達の限界」，②中級者は「応用研究のテーマ設定」，③上級者は「研究成果の事業化」，④熟達者は「上場（事業システムの構築）」の4つの熟達の段階からなる。このステージモデルは，②中級者までは，研究者とパートナーシップを構築するが，③上級者以上は，事業家とパートナーシップを構築するようになることを示唆している。その点，エフェクチュエーションの理論は，大学発ベンチャーが置かれている状況に応じて，柔軟にパートナーを組み替えることの根拠を示している (Sarasvathy, 2008)。

本事例研究では，瀧和男氏が手掛けた3つのプロジェクトを基に，大学発ベンチャー起業家の熟達化ステージモデルを導出したが，プロジェクト経験，すなわち，マシンやシステム等の人工物の製作経験からの学習蓄積によって，実験的なプロトタイプ（試作機）から，製品・システムを事業化に導くことが可能になるまで成長していることがわかる。そして，プロジェクトの立ち上げから次のプロジェクトへの移行まで（つまり，人工物の構想から完成まで）を，経験学習の1つの単位，1つの事例とすると，新しい人工物を創造するプロ

ジェクトの経験から得られた知識・スキルは，ベンチャーを成功に導く定石（チャンク）として学習され，大学発ベンチャー起業家の直観的判断を支える知識基盤となっている（Sarasvathy, 2008）。よって，新しい人工物を創造するプロジェクトは，結果として，複数回の起業を促すことになり，事業家とパートナーシップを構築し，場合によっては，サロゲート（代理人）型起業家を外部から招聘することで，前回よりもさらに事業規模の大きいプロジェクトを手掛けることが可能となるのである。これは，2.2.4節で検討した科学者の「累積的優位性のプロセス」と同様の現象であり（Merton, 1968），以前のプロジェクト経験の学習蓄積によって，大学発ベンチャー起業家の熟達を促進させ，さらに上位の熟達課題を達成する可能性が高まると考えられる。

7.3 実践的含意

本研究では，大学発ベンチャー起業家の熟達化プロセスモデル（6.2節参照），熟達化ステージ（段階）モデル（6.3.2節参照）を提示し，大学発ベンチャー起業家の人物像を明らかにしてきた。その結果，大学発ベンチャー起業家に対して具体的な評価や助言が可能になるだけでなく，育成方法の再検討を含め，実践的含意として幾つかの論点が考えられる。

　まず，第1に，科学技術政策への実践的含意として，大学発ベンチャー起業家の人物像は通常の経験豊かな起業家とは大きく異なるため，大学発ベンチャーを事業化に導くには，通常の起業支援とは別の，大学発ベンチャー起業家に特化した起業支援策が必要不可欠である。コンピュータや創薬等，人工物科学の分野では，大学発ベンチャー起業家の熟達化プロセスの「技術と市場」「研究と起業」の関係は相互依存的であり，不可分である【図15】（218頁参照）。この点，大学発ベンチャー起業家は，人工物の「設計」に関する複数の研究領域における熟達者であり，「研究」活動と「起業」活動を分離せず，一体として捉える必要がある。

　本研究では，コンピュータ史や大学発ベンチャーの歴史を踏まえ，大学発ベンチャー起業家の先駆者はミニコンピュータのDEC創業者のケン・オルセンであり，起業前の経歴として，フライトシミュレーター用の対話型コンピュータ開発を目的としたプロジェクト・ホワールウィンドのリーダー格であった経

緯を示した（Ceruzzi, 2003）。日本でも同様に，大学発ベンチャーの先駆者はコンピュータ科学者の瀧和男氏であり，起業前の経歴として，第5世代コンピュータプロジェクトのリーダー格であった経緯を詳細に記述した（5.1.1節参照）。その上で，同じ神戸大学システム工学第4講座出身の起業家である西久保愼一氏との比較で示したように，通常の経験豊かな起業家は事業を軌道にのせることを目的として技術を手段として捉える一方，大学発ベンチャー起業家は自分の研究成果や技術を世に問うことを目的として起業をその手段として捉える点において，「研究と起業」の関係は，相互依存的，かつ，不可分である。この点，通常の経験豊かな起業家と大学発ベンチャー起業家は，意思決定の方略が大きく異なることを，本研究は明らかにした（5.4.1節参照）。

したがって，新市場型破壊的イノベーションの担い手として（Christensen and Raynor, 2003），国家プロジェクトの若手リーダー格を経験し，複数の科学技術領域に熟達した世界レベルの研究者による起業が，本来想定すべき大学発ベンチャーであり（Wright et al., 2008），科学的発見や特許を伴う点において，通常の起業家と大学発ベンチャー起業家は異なる人物像として峻別すべきである。一方，本事例の瀧和男氏は，研究を推進するにあたり，「c.非公式組織」を巧みに活用したが【表13】（191頁），研究成果の事業化の観点から，大学発ベンチャー起業家による研究活動と起業活動を一体として捉え，支援する必要がある。このことは，2.1.1節で先述したが，シュンペーター（1926）による「企業家（entrepreneur）」の古典的定義とも適合的である。

第2に，大学発ベンチャー起業家育成への含意として，起業後の事業化プロセスよりも，起業前の段階に遡り，学際的な研究プロジェクトの立案に焦点をあてて検討すべきである【表19】（223頁参照）。既に，5.1.2節において説明したが，日本のコンピュータ科学は，1970年代以降，ハードウエアを主たる研究領域とする電子工学からソフトウエアを主たる研究領域とする情報工学が独立していった後，学問領域として分業が成立し（高橋，1998），通産省が主導した国家プロジェクトは学問領域の分業が固定化されたまま実施された。その結果，日本のコンピュータ科学の場合，ハードウエア，もしくは，ソフトウエアのどちらかに特化した研究者が数多く育成された。

本研究で取り上げた，瀧和男氏のライフヒストリーを検討すると，金田悠紀

夫氏や近山隆氏など日本を代表するソフトウエア分野の研究者との「相互学習的パートナーシップ」（Sarasvathy, 2008；Wenger, 1998）を通じて，ハードウエアとソフトウエアの両方に熟達した結果，コンピュータの設計が可能となり，この２つの研究領域の新たな組み合わせであるコンピュータ・アーキテクチャやシステムLSIの分野で研究業績を挙げたことがわかる。つまり，瀧の大学発ベンチャーは，システムLSIに関する科学成果と特許が基盤になっていることからも，瀧の起業に関連した知識の源泉は，「電子工学（ハードウエア）」と「情報工学（ソフトウエア）」の研究領域の新たな組み合わせ（新結合）であると言える。一方，通常の研究者の場合，既存の固有の科学技術領域における熟達であり，その多くは起業機会を認知するに至っていない。したがって，大学発ベンチャー起業家にとって，自然物を対象にした「分析」よりも，人工物を対象にした「設計志向性」が高く（Simon, 1969），その「人工物の設計」に知識・スキルの基盤となる複数の研究領域における熟達が必要不可欠である。

　また，大学発ベンチャー起業家の場合，「応用研究のテーマ設定」の段階で，既に「起業機会の認識」がなされている可能性が高い。つまり，起業後の事業化プロセスの分析だけでは，大学発ベンチャー起業家の起業動機や意図を見逃してしまうのである。よって，以上の議論を踏まえると，大学研究者に対して起業を促す場合は，事業化直前の段階で経営学の体系的な知識や分析手法を提供することよりも，それ以前に遡り，学際的な研究プロジェクトを通じて，人工物の設計の観点から隣接する研究領域の熟達者との相互学習的パートナーシップを構築することが望ましい。その上で，産学連携のプロジェクトを通じて，起業領域の熟達者との相互学習的パートナーシップを構築することで実験的なベンチャーを起業し，早い段階から実際に経営をしながら，自ら主体的に経験学習を促すことがきわめて重要である。

　<u>第３に</u>，大学発ベンチャーの事業成熟後への含意として，研究者出身の大学発ベンチャー起業家に対する通常の起業家とは異なる対応として，研究活動の源泉である大学に復職する制度を充実すべきである。端的に述べれば，多くの大学発ベンチャーは，１回の研究プロジェクトの経験だけでは上場まで至らないのである【表21】（226頁参照）。過度の一般化は慎むべきであるが，例えば，ノーベル賞受賞者であるショックレーは，自身の研究成果であるトランジスタ

の起業失敗後，スタンフォード大学の教授職を長らく務めたことが知られており，また，瀧和男氏も，システムLSI業界全体の構造不況による事業成熟後，自身が創業した大学発ベンチャーを事業譲渡し，神戸大学における産学連携担当の特命教授に復職している。つまり，事業が成熟した際，通常の起業家の場合，新たな事業を手掛けることで対応するが，大学発ベンチャー起業家の場合，一旦，大学の研究職に戻り，その上で，研究活動を再開するか，これまでの経験を生かして産学連携活動に従事することが想定されるのである。

6.3.2節で明らかにした，大学発ベンチャー起業家の熟達化ステージモデル【表21】は，研究成果の事業化を意図した複数回の研究プロジェクトを経験した後，起業していることを示しているが，研究者のキャリアを通じて経験した複数の研究プロジェクトの内，事業化に成功した研究プロジェクトの1つが大学発ベンチャーなのであり，その陰には，事業化の見込みがなく，中止した研究プロジェクトも多数存在するのである。つまり，MITからスピンオフした後，研究活動を辞めて，事業に専念したケン・オルセンのようなケースもあるが，一方で，トランジスタの業績でノーベル賞を受賞し，ベル研究所をスピンオフしたものの，起業に頓挫し，その後はスタンフォード大学の教授として研究生活を送ったショックレーのようなケースも存在するのである。この点，米国においても，ケン・オルセンのように研究者から事業家に転身をした事例はごく少数であり，ショックレーのように大学研究者に戻る事例の方が圧倒的に多いと推測される。

既に，2.1.4節において議論してきたように，大学発ベンチャーの技術は「新市場型破壊的イノベーション」を導く技術であり（西澤，2012；Christensen and Raynor, 2003），同じ大学発ベンチャー起業家が担った研究成果であっても，既存市場とは異なる，新しい市場によって事業化が実現される可能性が高い。そうであれば，大学研究者が創業した大学発ベンチャーであっても，事業が成熟した場合，事業価値が低下する前に大学発ベンチャーを売却し，その上で，一旦，大学研究者，産学連携担当者として戻り，研究教育活動を再開した方が望ましい。そして，これまでの世界レベルの研究実績や起業経験を活かし，新しい研究テーマへの挑戦や産学連携活動をした方が，大学にとっても，本人にとっても，研究の「累積的優位性」（Merton, 1968）の点において大きなメ

リットがある。つまり、研究者による大学発ベンチャーは、「研究成果の事業化」に関する経験学習を通じた熟達であり、複数回の起業経験の「累積的優位性」のメリットが存在するのである。したがって、研究成果の事業化を目的に大学を退職した研究者であっても、産学連携部門等も含め、大学研究者として復職可能な制度を予め用意しておくことは、今後、優秀な研究者が大学発ベンチャーに挑戦するための施策として機能する可能性が高い。このことは、起業家に友好的な破産法が起業家創出に大きな影響を与えていることを主張している、近年の起業家研究の知見とも適合的である（Lee et al., 2007；2011）。

7.4　本研究における残された課題

　本研究の最後にあたる本節では、本研究における残された課題を述べる。まず、第1の課題として、本研究で個別事例研究として導出した、大学発ベンチャー起業家の熟達に関する仮説に対して、複数の協力者を対象にライフヒストリー研究を取り組むことで、さらに仮説を精緻化する必要がある。また、本研究の位置付けは、あくまで、大学発ベンチャー起業家個人の個別事例研究を要約することで、大学発ベンチャー起業家の熟達化プロセスモデルと熟達化ステージモデルを提示した萌芽的な仮説探索研究である。よって、今後は、複数の事例を取り上げ、本研究で提示したモデルの一般化に向けて仮説検証研究が不可欠であると考える。

　確かに、瀧和男氏のように本格的な事業化を果たし、事業に専念した大学研究者による起業事例は数少ない。しかしながら、例えば、慶應義塾大学先端生命科学研究所所長で、ヒューマン・メタボローム・テクノロジーズ（株）創業者である冨田勝教授は、人工知能と分子生物学の分野において2つの博士号を持ち、バイオインフォマティクスの分野で起業したことで知られている[1]。この起業事例は、山形県鶴岡市における地域エコシステムの事例として取り上げられているが（西澤, 2012）、人工物の設計に関連した2つの熟達した研究領域を持つ研究者による起業事例と考える。

　また、米国の事例として、音響機器メーカーであるBOSE社の創業者であり、MIT電子工学科の名誉教授であるアマー・ボーズ（Amar Bose）氏は、音響

第7章 結 論 243

心理学の分野まで研究を行い，その研究成果を基にMIT発ベンチャーのBOSE社を従業員1万人の会社に成長させたことが知られている[2]。主力製品である音響スピーカーの設計には，電子工学と音響工学の2つの分野の熟達が必要であり，その分野の知識・スキルがBOSE社の技術源泉であった。その点，MIT発ベンチャーを想起し，人工物の設計の次元をスピーカーから事業システムに上げる際，ボーズ氏周辺のMITやボストンの周辺に，どのような支援体制が構築されたのか，きわめて興味深い経営現象であると考える。よって，大学発ベンチャー起業家の特徴として見出された「2つの研究領域の熟達」「人工物の設計」などの発見事実について，今後もライフヒストリー研究を継続することで，事例の蓄積をしていきたいと考えている。

　第2の課題として，起業機会の発見と創造に関する検討が不十分な点であり，さらに議論を進める必要があると考えている。本研究においては，科学的発見に基づいた特許の存在が新市場型破壊的イノベーション（Christensen and Raynor, 2003）につながる点において，大学発ベンチャー起業家の役割を「起業機会の創造」として瀧和男氏を例示し，一方で，熟達した起業家の役割を「起業機会の発見」として西久保愼一氏を例示して，議論を展開した。本研究では，西久保愼一氏の場合，汎用的に市場の不確実性に対して適応しているものの，瀧和男氏の場合，システムLSIの領域以外の市場については興味を示さず，事業活動から撤退し，大学に復職している。この点，瀧和男氏にとって，市場の不確実性に対しての「起業機会の発見」は自分の得意とするところではない，と考えている[3]と推察される。シュンペーターが，新結合の概念において「必ずしも科学的に新しい発見を含むものではない」（Schumpeter, 1926）と示唆した点を踏まえると，上記の「起業機会の創造」と「起業機会の発見」は，仮説レベルに過ぎないが，大学研究者出身の起業家と通常の起業家の違いを明らかにしている可能性が高い（Alvarez and Barney, 2007）。

　大学発ベンチャー起業家の特徴について，大学と兼業をしながら特許管理会社を経営し，市場そのものを創造する起業プロセスは「起業機会の創造」であり，技術に関する知識・スキルを持たない起業家にとっては実行することが困難な起業プロセスである。あくまで推測の域を出ないが，「起業機会の発見」を行う多くの起業家の中で，科学的発見に基づいて「起業機会の創造」を想起

するごく少数の大学発ベンチャー起業家が存在すると予想される。したがって，大学発ベンチャー起業家の特徴を説明する概念として整理出来るように，今後，「起業機会の創造」と「起業機会の発見」について検討をしていきたいと考えている（Venkataraman, Sarasvathy et al., 2012）。

　第3の課題として，「人工物の設計」について，さらに調査が必要と考えている。瀧和男氏は，本研究への調査協力した感想として，なぜ，自分が，科学者として分析にとどまらず，人工物の設計に興味を持ち，大学発ベンチャーを起業したのか，という動機に関して，小学生の時のお絵かき教室や夏休みの大作についての経験について言及している[4]。お絵かき教室については，デザインに関する部分と全体の構図に関して，システムLSIの設計に大きく関連しており，夏休みの大作については，手に負える範囲のプロジェクトであったが，その後手掛けた大型プロジェクトの管理に関する学習機会であったことを述べている。瀧によれば，「大学は，主に分析（方法）を教えるところであるが，設計（方法）も当然教えているが，ノウハウにあたる部分を短期間に伝えることは，難しい」と語っており，また，「あくまで仮説であるが，どうも小学生の時の教育のあり方に課題があるのではないか」と付け加えており，複数の大学発ベンチャー起業家を対象に，小学生の時の教育経験について焦点をあてた研究の可能性を筆者に示唆している。

　第4の課題として，大学発ベンチャーを対象にしたプロセス・コンサルテーションの可能性について検討が必要である。本調査の途中で，DECが大学発ベンチャーのルーツであり，創業者であるケン・オルセンは国家プロジェクトの経験者であることに，筆者は気が付いた。そして，DECの創業のプロセスにおいて，ハーバード・ビジネススクールのジョージ・ドリオ教授のみならず，当時，MITスローンスクールのエド・シャイン（Edger Schein）助教授（現，名誉教授）が助言していた経緯について知ることになったのである。つまり，ビジネス経験をほとんど持たないケン・オルセンに対して，軍事技術の商用化の文脈において，前例のない大学発ベンチャーを起こす仕組み作りにジョージ・ドリオ教授やエド・シャイン助教授が関与していたのである。エド・シャイン助教授が関与したDECの経営幹部対象の会議は「森林会議（Woods meeting）」の名で知られているが，技術詳細やビジネス経験のない若きエド・

シャイン助教授にとって，森林会議は，議論の促進者としての役割を担うことになり，その後，その手法を体系化して，プロセス・コンサルテーション（process consultation）を開発した経緯が記録に残されている（Schein, 1969）。

DECは，新しい技術を産み出すために，製品毎のマトリクス型組織を導入したことで知られているが，それは，次世代の起業家育成のためであったとされる（Rifkin and Harrar, 1988）。その点，マトリクス型組織の欠点として，「1 man 2 bosses」と呼ばれる混乱は，技術と市場の2つの事業リスクに対峙するために意図的に創られたものと考えられ，プロセス・コンサルテーションは，次世代の起業家を育成するために省察（reflection）を促す技術，と推察されるのである。したがって，研究者出身の大学発ベンチャー起業家にとってプロセス・コンサルテーションはきわめて有効であり，今後，日本における大学発ベンチャーを対象にした研究戦略の1つとして，検討していきたいと考える。

● 注
1 慶応大学冨田勝教授のサイト；http://bio.sfc.keio.ac.jp/mt/（2013年3月5日筆者確認）
2 MITのアマー・ボーズ氏の紹介サイト；http://web.mit.edu/invent/iow/bose.html（2013年3月5日筆者確認）
3 筆者による解釈に対して，瀧は，以下のとおりコメントしている「手中にある一定以上のレベルに到達した技術シーズに基づいて事業機会を探索する，これ以外のことはやらない，ということである。市場の環境が激変し一つの事業機会が消滅したとき，別の技術シーズが手中にあれば新たな事業機会を探索するし，手中に無ければ一旦撤収するという判断をするのだろう。」（2016年5月30日）
4 2012年12月6日　インタビュー

付録I　瀧和男氏のプロトコル分析

1．プロトコル分析概要

　大学発ベンチャーが日本に誕生して10年近くなるが，科学技術政策に関連した研究（文部科学省，2010）は精力的に行われているものの，大学等の研究者の起業に関する個人の課題について，組織論からの実証研究は数少ないのが現状である（新藤，2006；渡辺編，2008）。その一方，近年，起業家個人を対象にした研究に認知科学の知見を適用する研究の流れが出来つつある（Shane and Venkataraman, 2000）。認知科学は，組織の意思決定から個人の意思決定に研究対象を拡大したSimon and Chase（1973）によるチェスを用いた熟達者と初心者の問題解決の方略の違いに着目した一連の研究が嚆矢である。そのハーバード・サイモン（Herbert. A, Simon）の最晩年の弟子であるサラスバシー（Saras, Sarasvathy）による起業家の意思決定の特徴であるエフェクチュエーション（effectuation）の研究が，認知科学における熟達研究の知見を起業家研究に応用した代表的な研究である（Sarasvathy, 2001）。

　付録Iは，サラスバシーによる起業家の意思決定の特徴であるエフェクチュエーションの理論枠組みを，大学発ベンチャー起業家個人に対して適用した実験研究である。具体的には，1980年代にエキスパート・システムの分野において米国を凌駕するため，通産省・電気試験所出身者によって起案された国家プロジェクト「第5世代コンピュータ」[1]の若手リーダーとして活躍し（瀧，1993），その商用化に頓挫した経験から，研究者として起業を画策し，結果，日本における大学発ベンチャー起業家の先駆者となった瀧和男氏に対して実験協力を依頼し，彼の意思決定の特徴を明らかにすることが本研究の目的である。

　本実験は，Venturingと名付けた仮想製品による起業ゲームを用いた「プロトコル分析（protocol analysis）」（Ericsson and Simon, 1993）であり，瀧和男

氏のビジネスプランの策定における直観的な意思決定プロセスと，認知的判断枠組みを明らかにすることを目的とした試みである。瀧和男氏は，起業に先立ち20年以上の研究者のキャリアを持っている研究者出身のベンチャー起業家であることから，本研究においては，「研究者の特徴である分析的思考を用いて，市場分析を行うであろう」と予想し，「推論による合理的意思決定（causation）を行う」という仮説を立てた。しかしながら，実際には，「自身の開発した製品でないものについては，具体的なマーケティングのイメージが湧かない」という理由で，実験は中座することとなった。一方，自身の手掛けた「システムLSI」のR&Dとマーケティング活動については，熟達者としての「直観的な意思決定（effectuation）」を用いたプロトコルが確認された。ただし，それは，自身が手掛けた製品・サービスに関する分野に限定され，汎用的ではなかった。瀧和男氏の起業家としての活動は，「顧客ニーズを探索して，市場ニッチを見つけて，製品開発をする」というよりも，「基礎研究からの導出した自身の開発した製品が使える領域や分野を探索する」という行動であった。その点，研究者による起業は，なんらかの形で特許や発明と関連しており，通常の起業家の意思決定の方法とは異なると推測される。

　第6節に，瀧和男氏のプロトコル全文を掲載するが，瀧和男氏のプロトコル・データは，主に3種類に分類されている。1つは，明らかに自分自身が熟達者であることを自覚している発言（波下線），2つ目は，異なる領域の質問のため，解答出来ない旨の発言（下線），3つ目は，システムLSI開発の領域における起業家の意思決定であるエフェクチュエーションに関する発言（点下線）である。本研究は，実験後の「リフレクション」「質疑応答」も含まれており，瀧和男氏自身が，起業家として研究者としての自分自身の評価についての言及もあり，また，彼の経験を踏まえた回顧的インタビューになっている側面もあり，大学発ベンチャー起業家に関するオーラルヒストリーとしての価値もあると考える。

2．実　　験

　本研究においては，研究者出身による起業家を対象としていることを踏まえ，

「研究者の特徴である分析的思考を用いて，市場分析を行うであろう」と予想し，「推論による合理的意思決定（causation）を行う」という仮説を立てた。つまり，サラスバシーが経験豊かな熟達した起業家に見出した直観的なヒューリスティクス（heuristics）ではなく，起業という研究とは異なる領域についての意思決定を求めることになるので，データに基づく研究者ならではの分析的・論理的思考を想定した。

実験資料は，Sarasvathy（2008）の巻末にある資料を，筆者が日本語化（付録 I，第 7 節）し，実験に使用した。実験日時は，2011 年 7 月 26 日午後 6 時半から約 1 時間半まで，瀧の経営するエイ・アイ・エル株式会社本社（神戸市灘区）にて行われた。なお，インタビューについては，本人の了解を得て，伊藤智明氏，小川智健氏（神戸大学大学院経営学研究科）の協力の下，音声，ならびに，映像を収録した。

本実験は，Venturing と名付けた仮想製品による起業ゲームを用いた「プロトコル分析（protocol analysis）」（Ericsson and Simon, 1993）である。瀧和男氏は，Entrepreneurship, Inc. の創業者としてどのように市場を開拓するのか，その下準備として誰から情報を得るのか，個人の構想を自由に語ってもらうものである。設問に，「質問には瞬間的に答えること（think aloud）」（付録 I，第 7 節）を求めている通り，起業家としての直観を問う実験となっている。Sarasvathy（2008）によれば，設問 1 の 4 番目「4．どのようにこの情報を見つけたのか──どのような種類の市場調査をしたのか？」が最も重要な問いであり，実験に協力した 27 名の経験豊かな起業家の内，23 名が外部の広告代理店やマーケティング研究者を使うことなく，自ら市場に出向き顧客と対話をすることによって，事業コンセプトを練り上げる行動を示唆しており，瀧氏の大学発ベンチャー起業家としての起業家行動（entrepreneurial behavior）の詳細を本実験によって明らかにすることが可能と判断した。

「プロトコル分析」（Ericsson and Simon, 1993）は，エキスパート・システムの分野では，「知識工学（knowledge engineering（KE））」（Feigenbaum and McCorduck, 1983）の名で知られており，例えば，弁護士，臨床医，会計士，エンジニア，営業等の熟達者（エキスパート）の直観的なプロトコル（発話）を分析し，それをデータベース化することで人間の意思決定支援をするシ

ステムとして活用されている。経営学の文脈で言えば，科学的管理法における，熟達者のスキルや仕事のやり方を標準化する方法が「時間動作分析」であり（Taylor, 1911），知識工学は，いわば熟達者の知識や問題解決を抽出する「発話思考分析」であると言える。また，熟達者はその問題解決手法を無意識，または，直観的に実践していることからも，野中郁次郎氏が提唱した「知識創造企業（knowledge creation company）」における，エキスパートの「暗黙知」を導出する方法（野中・竹内, 1996）として知られる手法でもある。

3. 実験結果

　第6節に，今回の実験データの全文を掲載しているが，実験という観点からは，頭に思い付いた思考プロセスそのものを，いわば「独り言」としての発話（think aloud）を促すことができなかった。プロトコル分析としてのデータは，9行から75行迄であり，この時点で，瀧和男氏は実験を断念した。例えば，29，31，35，69，93行目のように，筆者が介入（intervention）する形で瀧氏と質疑応答をしており，彼の直観的な意思決定や暗黙知の導出はできなかったと考える。一方，筆者は，瀧和男氏の生い立ちから起業にいたるまでのライフヒストリー・インタビュー（高瀬, 2012）を既に実施しており，それらの内容を踏まえて，引き続きプロトコル分析に関するインタビューを行った（76行から129行迄）。その後，調査協力者の伊藤智明氏（神戸大学大学院経営学研究科）と共に，大学発ベンチャーに関するインタビューを実施した（130行から232行迄）。

　瀧氏は，第5世代コンピュータの後期に，LSI-CADの分野で大きな業績を挙げており，また，エキスパート・システム側の担当者として，コンピュータ囲碁である「碁世代」の開発に参画した経験があることから（瀧, 1993），プロトコル分析の実施経験の有無を実験の冒頭のイントロにおいて事前に確認した（1行目）。その結果，自らプロトコル分析を実施した経験は無いものの，囲碁の熟達者に関して，「分析方法や閃きの方法」の違いについての言及したことから（4行目），瀧氏は，プロトコル分析，ならびに，知識工学の手法に関して，ある程度理解していたと考えられる。

付録Ⅰ　瀧和男氏のプロトコル分析　251

　瀧氏は，冒頭の設問1-1に解答している段階で，本研究の実験目的や仮説についての推論を行っている（30行から36行目）。そして，32行目において「何でも扱える起業家」と「領域に根差した起業家」と言及し，熟達の領域固有性（domain specifics）を踏まえて，「通常の起業家」と「大学発ベンチャー起業家」の違いを説明したと推測される。この違いは，瀧の自身のベンチャービジネスに対する認識，分析枠組みとなっており，インタビュー全体を貫くテーマとなっている。

　瀧和男氏のプロトコルは，仮説で想定したように，研究者を想定した分析的な思考でもなく，一方，起業家を想定した直観的な思考でもなかった。そして，大学発ベンチャー起業家の熟達領域と一般の起業家の熟達領域とは別と考えられ，それが故，瀧は直観的な反応が出来なかった。そして，直観的な反応が出来ない理由を彼なりに内省し，筆者らに説明をしたと考えられる。具体的には，「なんか半導体に近い話だと，エレクトロデバイスの話や，そういうのであったら，それなりのイマジネーションが湧くのだけどな。」（28行目），「いや，全然，頭の中に染み込んでこないね。」（74行目）という発言にあたるが，例えば，「通常の起業家」と「大学発ベンチャー起業家」の違いは，チェスの名人が必ずしも，将棋の名人とは限らないことを示す，熟達の領域固有性を想定した言及である（大浦，1996）。

　瀧氏のプロトコル・データは，主に3種類に分類されている。1つは，明らかに自分自身が熟達者であることを自覚している発言（波下線），2つ目は，異なる領域の質問のため，解答出来ない旨の発言（下線），3つ目は，システムLSI開発の領域における起業家の意思決定であるエフェクチュエーションに関する発言（点下線）である。本来，プロトコル分析は，研究者側の役割は，実験者に対して直観的な思考を発言として促す程度であるが，例えば，瀧による「既存のマーケットに行くのだったら，大学発ベンチャーである必要がない。」（80行目）との発言を踏まえ，サラスバシーが示唆したような「潜在顧客とのインタラクション」（Sarasvathy, 2008）とは異なる意思決定の方法が存在する，と実験中に筆者は判断した。そして，適宜，瀧氏に対して幾つかの質問をおこなったところ，「技術がわかって，銭を動かせる奴を如何に見つけるか」（94行目）というエフェクチュエーションにきわめて近い行動を示唆する

発言がみられた．その後，この発言を契機に，質疑応答はきわめて流暢なものとなり，例えば，質疑応答における157,159行目では，近年の大学発ベンチャーの特徴として，MIT発ベンチャーである「Witricity」の特許戦略に基づく起業について言及している．

瀧は，自己定義として「起業家」ではないと述べており，また，その上で，事業への取り組み方，すなわち，戦略について，自らの考えを以下の通り述べている（131行目）．

> 私の場合は，「起業家」でもなければ，「事業家」でもないから，既にあるマーケットに，既にあったやり方で，類似のあるいは，ちょっとプラスアルファした位の方法で，乗り込んでいって，「そこを取ろう」というような発想はそもそも無いし，そんなことは，私の中で何も価値がないし，そんなことは，私には出来ないのですよ．もっと言うと，日々戦いの中に身を置いて，戦場の中で陣地を増やしていくような作業は，私には，あいません．だから，全然，敵がいないところで，「絶対，勝てるはずだ」，というのを作って，お客さん側からみたら，ある日突然，「とんでもないものが出てきた」と．そういうような登場の仕方をさせると．そんなの位しかないのですよ．

この発言は，80行目の「既存マーケットに行くのだったら，大学発ベンチャーである必要がない．」90行目の「私は人のやるところは絶対やらない．」161行目の「マーケット・クリエーション」についての言及と関連しており，既存の起業と大学研究者の起業との，彼自身における認識の違いを明確に主張するものとなっている．

4．考　察

本実験は，瀧和男氏の起業家としての直観的な意思決定を見出すことを目的としたプロトコル分析である．しかしながら，設問1-5会社の成長の可能性についての返答「私が開発したものだったらさ，『絶対，成長する』と言うに

決まっているよ。で，私が開発してなかったら，『そんなもん，知るか！』って」(68行目)という発言が象徴的であるが，他人が開発したビジネスゲームに対して，マーケティング活動を問う実験ツールは，大学発ベンチャーの起業活動という状況には適合していなかったと推測される。

一方，最も重要な問いである，市場情報の入手方法に関する設問1-4では，自身の手掛けるシステムLSIの事業領域に限的すれば，「裏の手」(56行目)，「仲介してそうな商社か，代理店の脇から手を突っ込む」(58行目)「色々，情報は染み出してくる」等，潜在顧客を戦略的パートナーシップに取り込むことを示唆するエフェクチュエーションに関連したコメントを残している。

以上のプロトコルは，研究者，開発者として自分自身の関わった製品であれば，具体的な市場や顧客を想定出来るが，例えば，「ある商材に対して，どのようなマーケティング活動を展開するか」という汎用的な顧客価値を探索するような活動は不得手であることを示していると考えられる。だた，それは，「研究者は営業が不得手」という短絡的なものではなく，自身が開発を手掛けた製品に限定すれば，顧客との接点を持つ営業活動はきわめて得意であり，熟達研究における領域固有性の議論（大浦, 1996）ときわめて適合的である。

大学発ベンチャーの起業活動が，「他人が開発した商材を仕入れて既存の市場に売る」というものではなく，「自身が開発した製品の新しい市場を開拓する」という活動であることから，大学発ベンチャー起業家には固有の経験があり，それに応じた固有の熟達領域が存在すると考えた方が適切であろう。つまり，サラスバシーによって開発されたプロトコル分析ツール（Sarasvathy, 2001）は，既存の起業家に対して適合的であるが，大学発ベンチャー起業家に対しては，その熟達領域に適合していないと考えるべきであろう。

また，瀧和男氏の場合，コンピュータ，システムLSIの設計活動を想定していると推測されるが，彼自身の直観 (heuristics) の活用の仕方として，以下の通り述べている（110行目）。現実には，事業活動においても「直観」と「論理」の両方を用いた意思決定をしていると考えられ，相補的に用いられていると考えた方が良いだろう。

　　　私の場合ってさ。何をやるにも，割と精密に設計するんですよ。割と精

密に設計するんですけど，その時，割と理詰めじゃ無い部分が働いているんですよ。だからその，閃くところと，理詰めで設計するところが合わさっているんだと思うんだけど。あの，緻密というだけだったら，囲碁プログラムで，「総当たりでやると絶対時間が足りない」，というのと同じで，人間というのは要らないところを削るというのが人間で，そういう「勘」みたいなところが割と働いていて。

5．本実験研究の限界と今後の展望

　本実験研究は，日本における大学発ベンチャー起業家の先駆者である瀧和男氏のプロトコル分析であり，あくまで単一事例である。よって，今後，複数の事例研究を行う必要があると考えている。

　瀧和男氏の研究から起業にいたるまでのライフヒストリーでは，エフェクチュエーションによるパートナーシップを結んだ人物は，金田悠紀夫氏（神戸大学名誉教授），近山隆氏（東京大学教授），A氏（T大学教授）の3名の研究者であり，94行目の「技術がわかって，銭を動かせる奴を，如何に見つけるか」という瀧氏の発言は，当時，X社のシステムLSIに関わる事業部長であったA氏のことである。

　よって，大学発ベンチャー起業家の熟達は，パートナーシップを研究者と結ぶだけでなく，大口顧客やベンチャーキャピタル等のスポンサーと結べるかどうか，という点にあると推測される。その点，本実験は，経験豊かな起業家の熟達者としての意思決定を導出することにはいたらなかったが，瀧氏の抱えていた起業家，事業家としての課題，アイデンティーとしての課題を，本研究のプロトコル・データは明らかにしていると考える。

　123行目に若干言及しているが，今後，大学発ベンチャー起業家と比較する点においても，通常の起業家に対してのプロトコル分析の事例研究の蓄積が必要である。ここでは，シナジーマーケティング（株）創業者の谷井等氏について述べたが，谷井氏のプロトコル分析の実験は，既に2011年夏に実施済みである。その谷井氏の詳細のプロトコル・データであるが，サラスバシーが想定したのと同様の経験豊かな起業家の持つ直観的な即答をしており，その点，サラ

スバシーによるプロトコル分析は，日本の文脈においても起業家の意思決定プロセスを明らかにする実験ツールであると推測される。

今後の課題として，大学研究者の研究成果や取得した特許に関して，マーケティング活動を問うプロトコル分析の実験ツールを別途開発する必要がある。そして，その実験ツールを用いて，大学発ベンチャー起業家のプロトコル・データを用いた研究をさらに進めていきたいと考えている。

6．瀧和男氏のプロトコル分析 実験データ (2011年7月26日)

筆者と瀧和男氏（右）。プロトコル分析の実験の様子

▶イントロ

1．（高瀬）　瀧先生は第5世代の時に，システム側だったので，「囲碁の名人」にインタビューをしたとか，そういうことはありますか？
2．（瀧）　僕は，そんなことはやっていないね。システム側の方なので，アルゴリズムというのは，「ソフトウエア屋さんで，かつ，囲碁の名人」という人にやらしていた。
3．（高瀬）　ですよね。
4．（瀧）　だけどね，「囲碁の4段，5段，6段」という強い人が複数集まっちゃうとダメみたいね。意見が違って。正解が何だかわからない世界でしょ。そうした時に，「アルゴリズムに落としましょ

う」といった時に，人によって分析方法が違うのだよ。閃きの方法も違う。
5　（高瀬）　頭の中の定石が違うのですね。
6　（瀧）　うん。
7．（高瀬）　それは，後でやりますから（笑）。じゃあ，先生すいません。3枚モノなんですけど。ちょっと翻訳したものです。お隣で宜しいですか？
8．（瀧）　うん。殴りあえる距離ね（笑）。

▶プロトコル分析

9．（高瀬）　「起業家のプロトコル分析」と書いている時点で，どういうものだというのは，わかってしまうのかも知れませんが。大きく2問，解いて頂いて，解く，というよりかは，瞬間的に答えて頂く，というのをお願いしたいなと思っています。一応，1時間半ぐらいをお願いしていますので，7時半には終わりたいと思っていますけど，そんなにかからないと思いますが，よろしくお願いしたいと思います。ビジネスゲームなのですけど，まあ，先生が起業家の役割として，ですね。一度，この問題を読んでいただいて。
10　（瀧）　読むんですか？

▶製品解説（問題文）

11．（高瀬）　はい。この「製品解説」ってところは。
12．（瀧）　ここから読めばいいの？
13．（高瀬）　はい。ここから読んで頂いて，「ひとりごと」だとか，頭に思い付いたことだとか，どんどん口に出して頂きながら。
14．（瀧）　「好き，嫌い」しか言わないけど。
15．（高瀬）　それが一番困ってしまうのですけど（笑）。訳がいかがなものかな，というのはあるのですけど。
16．（瀧）　なんだこりゃ。　熟読，約30秒
17．（高瀬）　私の訳で読みにくいのかも知れませんが。

18. （瀧）　これ，あなたが訳したの？
19. （高瀬）　はい。英語ですね。ちょっと，こなれていなくて（笑）。一番，重要なのはEntrepreneurship Inc.という会社で，Venturingという製品なんですけど。英語（原文）もありますよ。
20. （瀧）　だいぶ，読みましたよ。これ，紙の上でやるわけ。
21. （高瀬）　はい。読んで頂いて，先生が。
22. （瀧）　はい。やりましょう。時間も限られているし。

▶ ［設問1-1］誰がこの製品における，一番の潜在顧客になりますか？

23. （高瀬）　で，一番の「誰がこの製品における，一番の潜在顧客になりますか？」
24. （瀧）　「誰がこの製品における一番の潜在顧客になりますか？」わかりませんね。（笑）
25. （高瀬）　えーと，そうですね。コンピュータ用の起業教育のソフトなのですけど。仮にコンテンツがあるとして，会社を立ち上げましたと，そしたら，瀧先生であれば，自分の立場に落とし込むと，と言うところをマーケットに。
26. （瀧）　いいけど。「想像の想像」みたいな話になってしまいますけど。私に関係のないマーケットだから。
27. （高瀬）　あー。自分の。
28. （瀧）　私の方のイマジネーションが働かないマーケットだから。「想像の想像」みたいな話になっちゃって。空中を飛びますよ。なんか半導体に近い話だと，エレクトロデバイスの話や，そういうのであったら，それなりのイマジネーションが湧くのだけどな。
29. （高瀬）　これが半導体のシステムLSIだったら，今の現業に近くなりますよね。
30. （瀧）　これは，何を引っ張りだそうとしているの？
31. （高瀬）　これはですね。「起業家の意思決定」なんですけど。
32. （瀧）　そうか。あの割と「何でも扱える起業家」とね。それと，「スゴイ領域に根差した起業家」とは多分違うんですよ。

33. （高瀬）　はい。
34. （瀧）　こういう聞き方をして何かを引っ張りだす時に，「事業家」に対する質問になっていて，その何か「ある特定領域のプロフェッショナルが，その領域で起業する」のと，違うような気がするんだよ。
35. （高瀬）　はい。そう思います。あの，どうしようかな。領域固有なんで，「汎用なところを行ってしまうと，ちょっと厳しい」というのは，私は良く分かります。で，仮に，これがシステムLSIだったら。
36. （瀧）　これが，「言葉ゲーム」みたいな話だったら好きに答えるけど。それでは，聞きたいことに答えられていないわけでしょ。
37. （高瀬）　「言葉ゲームだったら，どうなのか？」というのと，これを「システムLSIに置き換えたら，どういう風にアプローチされるのか？」
38. （瀧）　これは，起業家の育成ゲームだよね。 沈黙，約10秒 きっと求められているのは，これの開発を指揮して，これが「出来ているんだ」と。「そう思え」って，言っているんだよね。
39. （高瀬）　はい。そうです。
40. （瀧）　「思えんよ，そんなの（笑）」。だって，「対象物がどんなものなんか」というのが分からないんだもん。
41. （高瀬）　うん。
42. （瀧）　「誰がこの製品における一番の潜在顧客になりますか？」誰って，それは，起業したい人だろうと（笑）。高瀬の友達のいる中での割とすっとんだ学生ぐらいしか言えないだろうと。
43. （高瀬）　そっかー。言えないですね。

▶ [設問1-2] 誰がこの製品における，あなたの潜在競合相手になりますか？

44. （瀧）　「誰がこの製品におけるあんたの潜在競合相手になりますか？」それは，まあ，類似のモノを作っている奴なんだろうな。それぐらいしか言えないな。

45. （高瀬）　うん。

▶ [設問1-3] あなたは潜在顧客や競合相手について，どんな情報を探し求めますか？　あなたのお答えをリスト形式にしてください。

46. （瀧）　「あなたは潜在顧客や競合について，どんな情報を探し求めますか？　あなたの答えをリスト形式にして答えなさいって」これはね。色んな違うのがあるだろうな。あの，誰を相手にして，何をつくったんだろう，何をウリにしたら。沈黙，約10秒 金を持っている奴だろう。販売ルートを持っている奴だとかさ。
47. （高瀬）　はい。
48. （瀧）　後は，何だろうな。「既にどの位売れたか」，「期待したのに買ってくれてない層はどんなところか」，とかさ。何かその辺もろもろだな。

▶ [設問1-4] どのようにこの情報を見つけたのか？―どのような種類の市場調査をしたのか？

49. （高瀬）　4番は，如何ですか？
50. （瀧）　この情報を見つけたのって。
51. （高瀬）　どのようにして，競合の情報だとか，潜在顧客はどんなところにいるのか？　そういう情報を，誰に聞いたとか，どういう風にしているのかとか。
52. （瀧）　調べてないから，わからないよ。そんなの（笑）。
53. （高瀬）　仮に調べるとしたら，誰に聞きますか？
54. （瀧）　えー。「金を持っているか，持っていないか」で，全然，違うな。
55. （高瀬）　あー。仮に，今，手元に金がある場合と。ある場合は，どうしますか？
56. （瀧）　ある場合は，調査会社も使うだろうし，色んな裏の手を使うだろうな。
57. （高瀬）　例えば？

58. （瀧） その競合相手になりそうな製品を，仲介してそうな商社か，代理店の，「脇から手を突っ込む」とかさ。金がなかったらネットで調べるとか位かな（笑）。
59. （高瀬） 裏の手のところを，もう少し聞きたいですね。
60. （瀧） そりゃ，もう，今，言ったのは１つの例にしか過ぎないから。
61. （高瀬） はい。
62. （瀧） まあ，金があるんだったら，思い付く限り，色々やるだろうね。あの，作っているんだったら，作った奴がいるよね。
63. （高瀬） はい。
64. （瀧） 全部，閉じてやっていたらわからないけどね。そうでなければ，色々，情報は染み出してくる。
65. （高瀬） 染み出してくる。染み出してくるって，（瀧先生は）鼻が利きますよね。
66. （瀧） いやー。それこそ場合によりますよ。場合によるというよりも，どれくらい真剣だったかによると思います。あの，真剣になると，とんでもない探り方にいきあたったりします。

▶ [設問1-5] この会社の成長の可能性について，どのようにお考えですか？

67. （高瀬） うんうん。わかりました。答えにくいと思うのですけど。どうかな，「成長の可能性」って言われても，答えにくいですよね？
68. （瀧） えー。だから，私が開発したものだったらさ，「絶対，成長する」と言うに決まっているよ。で，私が開発してなかったら，「そんなもん，知るか！」って。

▶ [設問2] 1．どの市場において，あなたは製品を販売しようと思いますか？
　　　　　 2．どの程度の値段で，あなたは製品を販売しますか？
　　　　　 3．あなたは，あなたが選択した市場において，どのように販売しようと思いますか？

69.	（高瀬）	うーん。非常に良く分かるお答えです。はい。こういうマクロデータが2次資料として出た時に。うーん。こういうマクロデータがあって，インターネットに関する調査があって，で，本屋さんですね。アメリカの。フォーカスグループ・インタビューをしたら，こうなりましたと。
70.	（瀧）	これで何を。どう答えれば，いいの？
71.	（高瀬）	この3問だけなんですけど。
72.	（瀧）	この調査をしまして，競合はこうです。それでいうと，どこで売るか，という話を聞きたいと。
73.	（高瀬）	はい。
74.	（瀧）	これこそ，日頃，こういう数字をいじくっているか，いじくっていないかで，随分，違うね。沈黙，20秒 いや，全然，頭の中に染み込んでこないね。
75.	（高瀬）	頭の中に。
76.	（瀧）	あの，ウチはさー，B2Bの，これでいうと顧客数がスゴイ少ない，そういうのを相手にしていて，こんな感じの分析は存在しないよね。
77.	（高瀬）	うん。今までの経験の中で。わかります。
78.	（瀧）	こんなんで出て来てさ，そもそも，こうやって出て来て，「競合がどう」だとか，「マーケットの中のどこを攻めるべきだ」といえるっていうのは，大学発ベンチャーではそんなのはあんまり無いよ。
79.	（高瀬）	うん。
80.	（瀧）	既存マーケットに行くのだったら，大学発ベンチャーである必要がない。大学発ベンチャーはそもそも不得手な人がやっている。
81.	（高瀬）	それも良く分かります。
82.	（瀧）	ごめんね（笑）。
83.	（高瀬）	いえいえ。なかなかこれは，B2Cの話なので，多分，シンドいかなと思っています。
84.	（瀧）	これって，何人位の会社を抱えているの？

85. （高瀬）　これって，まだ，市場調査の段階で。
86. （瀧）　一人でやっているのか，スタッフ何人ぐらい抱えているのか，ちょっと，もう製品開発をたくさん抱えているのか，その辺，どうなんだろう。それによって，「沈没の具合」が大分違うよ。
87. （高瀬）　それも，イメージして頂いて，このフェイズだったら，この人数，この位のフェイズだったら，この人数みたいな。自由に。
88. （瀧）　それこそ，何ぼ資金を集められているかで，全然，違うよ。でも，そういう話じゃないのか，そんなのは，資金が無くて沈没するのは当たり前だから，「資金がある」と思って考えろと。
89. （高瀬）　逆に，資金はこういうところからこういう引っ張りかたをしたら，良いかな，みたいな。
90. （瀧）　それで，読み，約20秒 私は人のやるところは絶対やらない。絶対ということはないけど，人のやらないところにいく。あまり理屈なしに。それで，そういう話と市場調査の話は違うんだろうな。
91. （高瀬）　先生が，得意な形だったら，そうする，というのでも良いですけど，色々な前提条件を変えて頂いて，今，ここでは色々付いていますけど，一旦，取っ払って頂いて。ビジネスゲームでなしに，システムLSIだったら，どうするみたいな話でイメージしなおしてもらって。
92. （瀧）　どの市場っていっても。
93. （高瀬）　あの，何というか，仮に，ビジネスゲームを使った場合，こうしますけど，「自分で受け止められない，よくわからない，Ｂ２Ｃのところなんで」，というのは，それは，私は，良く分かります。先生がそういう反応をされるのは。仮に，Ｂ２Ｂのところが，今，おやりになられているビジネスで，ある程度，データがあった時に，どういうようなアプローチを，日頃されているかとか，先程，言われたような，「大学発ベンチャーのところはちょっと違うで」みたいな話でも良いのですが。
94. （瀧）　あのね。うち，割と成功したライブラリのビジネスでいうと，競合というか先行している会社があって，ライブラリとして。うち

の（ライブラリ）は面積が，小さく出来る，電力を下げられる，という技術的特徴があって。そうなんだけど。日本拠点でしょ。日本の会社って，訳のわからないところには手を出さないので。というのがあって，その辺は，わりと苦労したけど。あのー。「技術がわかって，銭を動かせる奴を，如何に見つけるか」だったのよ。

95. （高瀬）　はいはい（笑）。
96. （瀧）　「技術がわかって，銭を動かせる奴」を，とにかく，見つけ出して，そいつに「良い」と思わせて，その会社に入りこむ，ということを如何にやるか，そんなことをやってきたわけ。それで，「技術はわからないけど，銭は動かせる」という奴は，何回か，「ズラーっ」と並んでもらったんだけど，上の方からアポを取ったら，偉い方からここ（事務所）が一杯になるぐらい並んでくれたのよ。
97. （高瀬）　はい。
98. （瀧）　先生の肩書を持っている人が来たって，聞いてくれるのだけど，その後，全然，続かない。
99. （高瀬）　そうですね（笑）。
100. （瀧）　金額の話でいうと，あんまり日本でやっていないような，値段の付け方を考えていましたね。これを使うと，使う人は，幾ら得をするのか，その得をする値段が，この技術を入れたチップを，その当時だから，何千万個，何百万個，この技術を入れたら一個当たり100円得をする。100万個だったら1億だと。その3分の1をもらいましょう。だから，三千万だと。例えば，そのような値付けを考えました。
101. （高瀬）　はい。
102. （瀧）　その時に，競合がどのような値付けでやっているのかの情報は，残念ながら入ってこないのですよ。取れないのですよ。取れないのですが，そこはそれで，新横浜あたりをウロウロするとですね。外資系の色々なところを出たり入ったりしている人がいて，そう

いう人たちと仲良しになると,「滲み出し情報」みたいなのがあるのですよ。
103. (高瀬)「滲み出し情報」。
104. (瀧) その辺りの情報を参考にして, この位の価格だったらありだな。とか, 元を取るべきだなとか。
105. (高瀬) そういう人をどうやって見つけるのですが,
106. (瀧) これはどうしたんだろう, 彼はどうやって見つけたのかな？うーん。あんまり明瞭に思い出せないけど, 展示会だとか, お店を出していますよね。それで出店者同士で, 色々話をするとかですね。セミナー, 企業が主催しているセミナーに広告用の小さい店を出していたりして, そういう時に, 割と出店者同士でコミュニケーションを取ったり, そんなんじゃないかな。
107. (高瀬) なるほど。わかりました。大体, 聞けました。
108. (瀧) こんなので, いいの。
109. (高瀬) 本当は, もっと無意識レベルの（プロトコル）を聞きたかったですけど, なかなか先生の領域のところでいうと, ざっと流れるように話が出てくるのですが, ひとつ領域がずれると, 分からないなと。
110. (瀧) 私の場合ってさ。何をやるにも, 割と精密に設計するんですよ。割と精密に設計するんですけど, その時, 割と理詰めじゃ無い部分が働いているんですよ。だからその, 閃くところと, 理詰めで設計するところが合わさっているんだと思うんだけど。あの, 緻密というだけだったら, 囲碁プログラムで,「総当たりでやると絶対時間が足りない」, というのと同じで, 人間というのは要らないところを削るというのが人間で, そういう「勘」みたいなところが割と働いていて。
111. (高瀬) あの。一応, 終わりで。

▶リフレクション
112. (高瀬) 雑談風になりますが, 流しておいて良いですか？

113. （瀧）　どうぞ，どうぞ．
114. （高瀬）　種明かしはですね．この4番の質問が，一般的に言われる起業家とその他の人の違いが明瞭に出る質問なのです．
115. （瀧）　あっそう．
116. （高瀬）　はい．大体，起業家がこういう質問をされた時は，「市場調査なんかしません」というのが，答えらしいのです[2]．ハーバード・サイモンの一番最後の弟子ですが．上場経験があって，10年以上，起業者としての経験があって，何回か，幾つかの事業を起したことがあって，というような経験豊かな起業家の場合，「まず，ビジネスパートナーを見つける」というのが一番らしいのです．
117. （瀧）　ほう．そりゃ，アメリカの話だよ．日本で，ビジネスパートナーって，どこを探したら居るんだよ（笑）．探す手間の方が（大変だよな）．だけど，まあ，正しいと思いますよ．ビジネスパートナーを適切に探すというのは，
118. （高瀬）　だからビジネスパートナーから情報を入手して，「一番，聞いちゃいけない人は，大学の先生なんです．」と（サラスバシーが）言っています．米国の（経験豊かな）起業家が，ビジネスを立ち上げる時に，絶対聞いちゃいけないのが，「大学の先生」ということを言うらしいのです．そうしたら，マーケティング学者が「俺たちが教えているマーケティングは何だったんだ」となるらしいのです．
119. （瀧）　過去の事だな．起業とは未来の事．学者は過去の集積をしっかり握っている．（それで先生の話を聞くと）「スゴイ良い話を聞いたな」という嬉しい気分になる人が多い．
120. （高瀬）　起業家の場合，昔の話を聞いても仕方がないというか．
121. （瀧）　まあ，そういう言い方も出来るし，やっぱり，ほとんどの起業行為に「前例がない」というのが入っているので，「そうなんだ」と思ってあたらないとダメなんだけど，そうした時に，先に「先生にあたりにいく」というのは，それは既にダメなんだよ．
123. （高瀬）　それで，今回，先生の話（プロトコル）を，データに起した段階

で, 谷井さん[3]あたりに聞いてみて, 同じことをやってみて, 多分, 谷井さんの方が。

124. (瀧) 彼の方がこれはピンとくるんじゃないかな。
125. (高瀬) はい。汎用的に答えられるかなと。
126. (瀧) 俺も, 大分, 歳をくっていて, フレキシビリティーが落ちているしね (笑)。
127. (高瀬) あの頭に入ってこないじゃなくて, 体に入ってこないですよね。
128. (瀧) うん。あのー。そう。イマジネーションのところに全然行かない。
129. (高瀬) こういう (熟達) 領域があって, ここの領域のところにバサッと入ると, イマジネーションがどんどん出てくるのですけど。20秒程, 沈黙 はい, では, 伊藤さん, 小川さん, 感想はどうでしょうか？

▶質疑応答

130. (伊藤) 今回のように,「こちら側がしゃべってはいけない」というのは, かなり新鮮ですね。で,「既存市場には取り組まない」というのは, 起業家的な発想には近いのかな, と。大学発ベンチャーというのが, 他のベンチャーと違うとしたら, それは前例がないこと, 既存市場には取り組まない, という意味は, 何らかの中核的技術をもって, 新しい事業システムを構築していくということが, 今の日本に必要なことでしょうか。

131. (瀧) 私の場合は,「起業家」でもなければ,「事業家」でもないから, 既にあるマーケットに, 既にあったやり方で, 類似のあるいは, ちょっとプラスアルファした位の方法で, 乗り込んでいって,「そこを取ろう」というような発想はそもそも無いし, そんなことは, 私の中で何も価値がないし, そんなことは, 私には出来ないのですよ。もっと言うと, 日々戦いの中に身を置いて, 戦場の中で陣地を増やしていくような作業は, 私には, あいません。だから, 全然, 敵がいないところで, 絶対, 勝てるはずだ, というのを作って, お客さん側からみたら, ある日突然,「とんでもな

いものが出てきた」と。そういうような登場の仕方をさせると。そんなの位のしかないのですよ。

132.（伊藤）そこで，高瀬さんの研究で，パートナーを選ぶとか，今日の瀧先生のお話でいうと，「技術が分かって，銭を動かせる人」。これっていうのは，先程のお話の中では，社外の方で，クライアントになってくれる。

133.（瀧）これは，客です。

134.（伊藤）そういう人が，アメリカ的な事業パートナーとして，欲しいな，とか，例えば，社内の人間として，取締役レベルでそういう人が，いるといいな，とかって，考えられたことはありますか。技術が分かって，銭が分かって，今度は，顧客を見つけてくれる人だとか，技術を売り込んでくれる人，というのは，いかがでしょうか。

135.（瀧）会社の初期の頃にね，技術の視点から，私の考えていることを，十二分に理解して，そいつを製品に展開していくようなスキームがある人を探そうとしました。それは，私がさっき言った，「敵がいないところで，なんとかしましょう」，みたいな発想で動き始めたから，そうなったんだよね。普通だったらそうじゃないですね。普通だったら，自分が客をもっていなかったら，「いかに客を引っ張ってくるか，」ということになるでしょうね。うちの会社の初期の方は，そうではなかった。

136.（伊藤）例えば，会社の中に，技術分野の人と営業の人が，大学発ベンチャーで，共同するというのは可能性があるのでしょうか？

137.（瀧）そりゃ分野次第でしょ。ただ，大学発ベンチャーの先生が起業した場合で言えば，営業はほとんど用無しでしょ。営業は。営業が必要となるような業態をイメージして始めていないから。技術がちゃんと出来る奴，それで，口がある程度しゃべれる奴がいれば，それで，ほとんど十分だと。

138.（高瀬）これは，瀧先生が日本ベンチャー学会[4]で議論した話ですね。それで，瀧先生と，ほとんど同じことを言っている人をひとり見つけてみたんですよ。誰だと思いますか。神戸大学の卒業生です

が。
139. （瀧）え，誰ですか。私の知っている人ですか。いくつ位の人ですか。
140. （高瀬）46歳ぐらいの方で，山中（伸弥）先生なんですよ。再生医療で，今，京都大学の。
141. （瀧）どういうところが似ているの。
142. （高瀬）この前，学会で発表したもの[5]ですが，瀧先生の場合，もっと細かく言わなければいけないのですが，ハードのところとソフトのところにエキスパートな領域があって，特に，ハードのところは，独学で学ばれた。師匠がいるわけではなく，自作マシンを作りまくっていて，割と早い年齢で，「俺はこれが得意だ」という領域が出来て，金田（悠紀夫）先生と大学院で出会いましたけど，金田先生もハードがご専門というわけではないということがわかっていらっしゃいましたから，金田先生は，ソフトで，「じゃあ，瀧先生とLISPマシンをやろうか，」という話になったと思うのです。それで，第5世代の時の近山（隆）さんの時もそうですが，ハードとソフトを相互的に学びあうような関係性だったと思うのです。こういう旋回しながら，「1つの研究分野のところで偉くなる」というよりは，「幾つかの研究領域を旋回しながら，科学的発見をしていく」というようなことを私が（学会とかで）話しますと，なかなか理解してもらえないのです。多分，私の説明の仕方が悪いと思うのですが。ただ，僕は，研究領域を旋回するような人は，瀧先生しかお会いしたことがないので。
143. （瀧）そんなことないと思うよ。僕なんかは，本当に出来る人ではないと思うけど。本当に出来る人って，色んなことが出来ちゃいますよ。
144. （高瀬）例えば，近山[6]さんとかですか。
145. （瀧）えっとね。彼は，元々スゴイ素質があるからね。ピアノもキーボートも同じ位出来ちゃうしね。彼の実家は，ホテルを経営していて，経営的なセンスもあるしね。
146. （高瀬）はい。

147. （瀧）　あの，多才と言われる人，よくテレビに出ている人いるでしょ。東大のあの人，姜尚中さんは，多才だよね。アートの番組まで出てくるよね。だから，私なんかを題材にしていたら，ダメなんですよ。あなた。上を見たらきりがないのですよ。本当にスゴイ，世界レベルの人，本当に出来る人のことが目に入っちゃったら。青天井ですよ。一番上というのは上限がないので。
148. （高瀬）　瀧先生は，ハーバート・サイモン[7]をみてどう思うのですか。
149. （瀧）　僕は，そんな親しくないから，分からない（笑）。
150. （高瀬）　誰も親しくないですから（笑）。
151. （瀧）　サイモン先生は，著名な方ですが，どれだけの広がりを持っていたか，ということは，ちゃんとは知らないのですが，だけど，結構，「幅広かった」というボヤっとしたイメージはあります。それは，やっぱり興味を持てるんだよね。多才な人は。興味を持てる範囲が幅広かった。多才な人は，何でも興味が持てて，それで，出来てしまうから，他の人より，短期間にパッと，その領域に，はいっていけちゃうんですよ。
152. （高瀬）　それは，わかります。ただ，科学的発見までいって，特許までいって，事業化までいくという方に関しては，それに近い方はお会いしたことがないのですが。
153. （瀧）　エジソンさんなんてはどうですか？
154. （高瀬）　では，瀧和男とエジソンと比較すればいいのですか（笑）。
155. （瀧）　僕は，小さい頃は，エジソンは尊敬する人だったよ。色んな批判もあるけどね，有名な言葉があるじゃないですか，「天才は，99％の努力と1％の閃きである。」あのような言葉は，子供の頃は。
156. （高瀬）　割と多芸に見せる人はいるんですよ。だけど，多分，再生医療の話は，今，特許で固めまくっているんです。こういう形で，「IPSアカデミィア・ジャパン」[8]という株式会社があって，金が足りなくなるから，他所に特許を取られると困るので，がっちりやっているんですよ。それで，10年，15年がかりでちょっとずつ，事

業化していく，というような形なんですよ。

157. （瀧）　これは，今のスタイルですよ。大学発で何かを動かす時の。今のスタイルです。新しい話，新しいネタが手に入った。そしたら，会社を作る。何の会社なのかというと，それは，「特許を取りまくりの会社」ですよ。新しい話が，新しいうちに，人があまり手掛けない時に，如何に特許を取得するかと。そうすると，今の時代というのは，情報の流れは速いですし，モノが動きだしたら速いですし，その時に，何が一番まずいかというと，他人の特許を踏むこと。だから，新しいネタが新しいうちに，特許を取りまくるんですよ。とにかく，特許の網をはってしまう。

そうすると，新しいネタを使いたくなった頃に，大企業はそこに行かざるを得ないのです。危ないから自社で新規に何かやっても，地雷源みたいに特許が埋められているから，踏みつけずに行くことなんて出来ないので，それだったらその小さい会社と手を組むか，場合によっては買うか，という方が得だと。今はまさに，それがすごくエスカレートしてきている。

158. （高瀬）　はい。

159. （瀧）　最近の話だと。無線（ワイヤレス）給電[9]というのがあって，技術的には，そんな新しい話ではないのだけど，2007年にMITでね，約2メーター離れたところで，こっち側から電波を送って，こちら側で60Wの電球が点くと。これは，見た目にすごく新鮮だったんですよ。何でそんな離れたところで，線を付けずに電気を送れるのか，というのは，理屈からいったら，コイルを知っている人は，分野を絞れば，いたわけですよ。だけど，ひとつのセンセーショナルな発表になったのです。それで，そこのスピンアウト組がすぐに会社を作って，そこから猛烈な勢いで特許を取りだしたのです。だからその，「Witricity」[10]というMITのスピンアウトの会社というのは，言ってみれば，ブロードキャスティングステーションであって，それから「教祖さん」みたいなのがいて，それで特許の集積会社であって，製品として完成度の高いものがたく

さんあるというわけではなくて，今や日本のトヨタでさえ，そこと握手をしていると。そんなことなので，「新ネタは，特許の山を築け」と。そうすると，資金は後から付いてくる。そういうスタイルと言うのは，もう多分，色んなところで確立してきていて，「新ネタで特許の山を築く」という活動を「ちゃんとやれる」というだけで，多分，アメリカのキャピタルは資金を積むわけですよ。

160. （高瀬）あの，それをやろうと思った時に，僕の見立てなのですが，日本の研究者は，線が細いというか，領域が細すぎる。もう少し研究している領域に広がりがないと，見えてこないような気がするのですが。

161. （瀧）研究者の話じゃないのかも知れませんが，工学部の先生は，工学の授業しかしないじゃないですか。銭勘定教えないでしょ。マーケティングを教えないでしょ。だけど，今ほど，銭勘定，本当の意味でのマーケティング，マーケット・クリエーション，そこまで含めたモノが，エンジニアにとって極度に重要になっている時代はこれまで無かったわけで，それが無いのですよ。

162. （高瀬）わかります。

163. （瀧）その目線をいかに持てるか，その目線を鍛える作業は，日本ではほとんど出来ていなくて，本来，ビジネスの現場である大企業でも，そういう鍛え方はほとんど出来ていなかった。

164. （高瀬）はい。

165. （瀧）40歳位になるまでね，そういうことを，「お前，今すぐやれ」と言われたその前日まで，そんなことはやっていなかった。そんなもの，すぐに出来るわけないじゃないですか。その辺が，今の日本の弱さの源泉というか。

166. （高瀬）技術のところとしても，基礎と応用があって，「領域が少し狭いな」というのがあって，瀧先生の場合は，広いと思いますけどね。

167. （瀧）僕の場合はね。何かこう，「使えないと面白くない」。もう，それだけです。

168. (高瀬) そこから発想してきているので，やっぱり，「広い」のです。
169. (瀧) 学生時代に，先生は論文を書いて，それで終わっちゃうので，「それで（製品化しなくて）良いのか」「それで満足か」と，先生方に失礼だったから，そうは言いませんでしたけどね。そういうようなことがありました。
170. (伊藤) 今の経営学者が抱えている悩みと同様なものがあるかも知れません。経営学の分野で，加護野先生が提唱された事業システム論[11]というのがありまして，既存の大企業，例えば，セブンイレブンだとか分析して，「ここが素晴らしい」「ここが弱点だ」ということを言って，「何故，その事業システムが継続するのか」，といった分析はするのですが，そういった「事業システムが私達が作れるのか」「設計出来るのか」という問題には，なかなか踏み込めないのですね。そこが，私にとってはもどかしいところで。
171. (高瀬) 「人工物の科学」[12]ですよ。
172. (伊藤) それは，上の世代の先輩が問題だというより，それが残された課題としてあるのかなと。
173. (瀧) いや，でもね。それは，世界中，一緒だと思う。アメリカにいったら違うかといったら，そうでもない。「先生」という種族，「先生」というカテゴリーでいる限りは，まあ，そうなんだ。それで，飽き足らなくなった人は，先生でなくなります。自分でやる。
174. (高瀬) そういうことなんですね（笑）。でも，日本で一人ぐらいでしょう。
175. (瀧) いや，そうでもないでしょう。目立っていないだけで。

(中略)

204. (高瀬) しかし，「インテル4004」[13]が出た後に，それほど衝撃的だったのですね。
205. (瀧) あれね，でもね。インテルの4004って，あれを設計したのは，日本人じゃない。
206. (高瀬) はい。嶋正利さん。
207. (瀧) 実は，日本は，POSターミナルを作るために，少なくともシャー

プはチップセットを出していましたよ[14]。で，その中には，4ビットのマイクロコンピュータ相当のものは，走っていた。

208. （高瀬）　はい。
209. （瀧）　チップセットだからね。6チップだとか，8チップだとか，別れているんだけど，そいつを組み合わせたら，マイクロコンピュータ相当になると。で，そいつを単に，1チップ化しただけなのよ。言ってみれば。
210. （高瀬）　それは，わかります。
211. （瀧）　ほとんど，1年か，2年違いで，NECが，「μ-PD751D」[15]っていう4ビットのものを出していますよ。だから，日本はほとんど変わらない状態でしたよ。
212. （高瀬）　そこで，分水嶺ですよね。インテルにいってしまいましたよね[16]。一応，テッド・ホフっていう，スタンフォードのコンピュータシステムラボラトリー出身の博士号を持った人が，嶋さんの相棒になって，特許にして。
213. （瀧）　「生意気な若造に全権を持たして，やらしてしまえ」という文化が日本にはなかっただけだと思うよ。
214. （高瀬）　なるほど。かなり分水嶺だと思いますよ。どう考えても。
215. （瀧）　生意気な若造が，大きな顔をして動き出したのは，やっぱり，ネットワーク社会になってからでしょ。
216. （高瀬）　はい。遅ればせながら。
217. （瀧）　まあ，遅ればせながら。
218. （高瀬）　瀧先生が，「生意気な若造のはしり」というか，「生意気なミドル」というか。
219. （瀧）　慎ましやかな（笑）
220. （高瀬）　それから。この新聞[17]。置いて帰ります。何回もお見せしてますけど。
221. （瀧）　このね。格子状のものがあって，色が変わるやつ。その昔のアメリカから入ってきた，色々なSFもので，コンピュータというと，色がチカチカ変わる，大きなパネルがあったんだよね，昔。別に，

それに似せて作ろうとは思わなかったんですけど。作ってみたら，似たようなモノが出来たわけよ。「あのSF映画にたくさん出てきていたのは，パフォーマンスメーターだったんだ」と，みんなで盛り上がった。

222. (高瀬) 瀧先生は，100％，映画の「マトリクス」[18]に出てくるアーキテクトのモデルですからね。「マトリクス2（レボルーション）」に出てくる，中心部に入っていくと，格子状のモニターが並んでいる所に，マトリクスの設計者のオジサンが出てくるんですよ。

223. (瀧) あれも，発想が貧弱だよね。僕は，一番素晴らしいと思ったのは，「2001年宇宙の旅」で，何もないでしょ。あのコンピュータ。メカメカしいものが何もないじゃないですか。僕は，第5世代でも，「あのようなコンピュータを創らなくてはいけない」と思っていたんだよ。まだ，出来ないね。

224. (高瀬) そうですね。今度，筑波にある第5世代のコンピュータの現物をちゃんと見学に行きますね。

225. (瀧) はい。もう，「第5世代コンピュータ」に携わった人は，皆おじいさんになりかけているけど，やっぱり「遣り残した」という雰囲気はすごくするよね。

226. (高瀬) そうですね。結構，ひどい言われ様ですよね。

227. (瀧) それは，構わないんだけど。言う人は何でも言うじゃない。感心するようなものが，残念ながら出なかった。「感心するような形で出なかっただけ」なんだと思うけど。やっぱり，1,000億円まではいかないけど。

228. (高瀬) 600億[19]ですね。

229. (瀧) まあ，その場で出なくてもね，その場にいた人達は，何かを起さないと，と未だに思うけどね。

230. (高瀬) 200人の内，1人ですからね。すいません。長々と。

231. (瀧) すいませんね。何か，ご期待に沿ったインタビューにならなくて。

232. (高瀬) いえいえ，こちらこそ，どうもありがとうございました。

7. プロトコル分析　実験資料

●はじめに

この実験では，2つの課題について意思決定をして頂きます。この2つの課題は，仮想製品を取り扱う新しい会社を設立する状況におけるものです。製品の詳細は，以下に記載しています。

この製品は仮想ではありますが，技術的にも財務的にも実行可能であり，この課題についてのデータは，現実の市場調査を踏まえたものです。この種類のデータは，実際のビジネスプランを策定にするのに利用されます。

製品の説明と課題に取り組むにあたり，あなたに必要なことは，創造的イマジネーションです。この実験では，あなたに起業家の役割を担ってもらって頂きます。すなわち，今までの経歴に関わらず，現在，あなたは起業に必要な少しだけの資金がある状況にあります。

この実験を通じて，あなたが思っていることをそのまま答えてください。以下の設問を声に出して読んでください。

●製品解説

あなたは起業についてのコンピュータゲームを製作しました。あなたは，成功した起業家の経歴と教育用題材をゲームに関連付けながら，起業家精神を啓蒙する優れたツールを製作することができると信じています。あなたは，起業家教育の需要の増加についてのニュースや雑誌記事から，この製品の事業化を思い付きました。起業家教育のカリキュラムは，中高生対象であっても，ビジネス関連だけでなく，数学や科学やコミュニケーションスキルも学習することが可能になっています。

この製品のゲーム部分は，会社を設立・経営する模擬環境が構成されています。これらは，市場・競合・規制・マクロ経済要因，その他偶然の"運"といった要因についてのシミュレーションが可能です。このゲームは，洗練されたマルティメディアのインターフェースを持っています。例えば，－"3Dのオフィス"；市場からのメッセージが伝えられる電話や，スイッチを入れると

マクロ経済の情報が提供されるテレビ，起業家としてあなたが意思決定する際に相談をする模擬スタッフが存在する環境です。

ゲームの最初の段階で，このゲームのプレーヤーは，どのタイプの事業を始めるか，様々な業種から選択することができます（例えば，製造業，個人向けサービス，ソフトウエア等）。そして，どの市場に対して参入し，何人を雇い，どのタイプの資金調達をするのか，決めなくてはなりません。

次に，ゲーム中，プレーヤーは，製造についての意思決定，（例えば，どの程度製造するか，新しい工場を造るかどうか，）をしなくてはならず，トラック会社と交渉もしなくてはなりません。また，マーケティングについての意思決定（例えば，どの販路を使うのか，どの宣伝媒体を使うのか），経営管理についての意思決定（例えば，従業員の採用，研修，昇進，解雇等）もしなくてはなりません。その他，最終損益についての様々な意思決定をするため，帳簿や計算をおこなう会計の定型業務もあります。最終業績が，"事業成功"になるか"破綻"になるかは，プレーヤーによる意思決定次第です。プレーヤーは，知的財産について全ての防御手段を検討することができます。プレーヤーの会社の名前は，"Entrepreneurship,Inc."であり，製品名は，"Venturing"です。

【設問１：市場の特定】

市場調査のデータを見る前に，以下の質問に答えてください。質問には瞬間的に答えてください。（あなたが答えにいたるまで考えたことを，そのまま口に出して発話してください。）

1．誰がこの製品における，あなたの潜在顧客になりますか？
2．誰がこの製品における，あなたの潜在競合相手になりますか？
3．あなたは潜在顧客や競合相手について，どんな情報を探し求めますか？あなたのお答えをリスト形式にしてください。
4．どのようにこの情報を見つけたのか？－どのような種類の市場調査をしたのか？
5．この会社の成長の可能性について，どのようにお考えですか？

【設問2：市場の定義】

この設問では，マーケティングについての意思決定をしていただきます。この製品に対して想定される3つ市場の概要は，以下の通りです。この概要は，公開資料等の2次情報による市場調査結果に基づいてあなたが見積もったものです。

市場別	市場規模
15歳〜25歳までの若者	2000万人
25歳以上の起業に興味を持つ大人	3000万人
教員	20万機関

・教育用コンピュータ市場：170億ドル
・インタラクティブ・シミュレーションゲーム市場：80億ドル
　この両方の市場は，次の5年間，年率20％の成長が見込まれる。

以下のデータは，あなた自身が実施した直接的な市場調査です。

調査1：インターネットユーザー対象

許容価格（ドル）	若者（％）	大人（％）	教員（％）
50-100	45	26	52
100-150	32	38	30
150-200	15	22	16
200-250	8	9	2
250-300	0	5	0
Total	100	100	100

　インターネットユーザーは，ゲーム開始15分後に停止する限定試用版を製品サイトからダウンロードすることができ，その際，質問に答えることが求められた。
　その結果，製品のサイトには600件のアクセスがあり，限定試用版は300件のダウンロードがあった。また，ユーザーから500件の質問への返答があった。

調査２：Barnes & Noble と Borders Bookstoresの３店舗で，試用版のデモをおこなった結果

許容価格（ドル）	若者（%）	大人（%）	教員（%）
50-100	51	21	65
100-150	42	49	18
150-200	7	19	10
200-250	0	8	7
250-300	0	3	0
Total	100	100	100

調査３：教員を対象にしたフォーカスグループ・インタビュー
　　　　（高校，コミュニティーカレッジの先生・職員対象）

　フォーカスグループ・インタビューに参加した教員は，この製品に興味を示し利用可能と考えた。しかし，この製品に150ドル以上の許容価格を払うには，いくつか追加点や修正点が必要で，彼らは，50ドルから80ドルの価格であれば喜んで購入するとし，大学や企業での団体利用や大量注文の際には割引を希望した。

　本屋でのデモやフォーカスグループの参加者は共に，この製品に対して建設的かつ熱意を持ってくれた。彼らは製品特徴についてのフィードバックを行い，さらなる改善点を指摘した。特に，教員はゲームの側面を超える点についての要望を出した。つまり，この市場に製品を投入する際は，更なる開発とサポートを明言することを要求したのである。また，上記製品の販売促進や教育施設での購入支援を行う起業家教育関連の非営利組織や財団の存在ついて，教員からアドバイスがあった。

　あなた自身による市場調査の結果，この製品の営業費用の見込みは，以下の通りとなりました。

インターネット	最初に2万ドル。その後，月額500ドル。
小売	最初に50万ドルから100万ドル。その後，フォローアップ支援業務。
通信販売	比較的安価。しかし，前金で，広告やデモに5万ドル。
学校への直接販売	営業販売員の勧誘と育成。

● 競合

以下の4つの競合の可能性のあるゲームのどれも，シミュレーションゲームと教育用コンテンツを組み合わせたものではありません。以上を組み合わせた点が本製品の独自な点です。

会社	製品	説明	価格（ドル/台）	売上（百万ドル）
Maxis	Sim City	都市計画シミュレーション	$29.95	$30 million
Microprose	Civilization	文明発展シミュレーション	$50.00	$20 million
Sierra On-Line	Caesar	都市建設シミュレーション	$59.95	$18 million
Future Endeavors（会社設立，1年以内）	Scholastic Treetop	学校用教材	n/a	$1 million

これらのゲーム会社の売上高純益比率は25%です。

以上が読み終わりましたら，少し時間を置いて，以下の質問にお答えください。
（あなたが答えにいたるまで，考えたことをそのまま口に出して発話してください。）
1. どの市場において，あなたは製品を販売しようと思いますか？
2. どの程度の値段で，あなたは製品を販売しますか？
3. あなたは，あなたが選択した市場において，どのように販売しようと思いますか？

● 注

1　第5世代コンピュータプロジェクトの詳細については，以下のリンクを参照のこと。
　　http://www.jipdec.or.jp/archives/icot/ARCHIVE/HomePage-J.html（2012年9月3日筆者確認済）

2　プロトコル分析の実験研究から約5年後の段階で，ある程度，エフェクチュエーションの概念を理解し，このプロトコル分析を読み返した上で，瀧は，以下のコメントを残している。「読み返してみて思ったことを一つ：企業が一般的にやる市場調査はこの程度のもの，あるいはこのぐらいしっかりやるもの，そういった「常識」を持っていると，「市場調査なんかしません」と答えそうだけど，瀧の場合はエイ・アイ・エル㈱で真似ごと程度の市場分析はしたので（それしか知らないので），何か答えないといけない，と思ってあのような答えになったのだろう。持っている常識が違うから，通常の起業家より丁寧に前提を説明しないといけないのかもしれない。」（2016年5月30日）

3　シナジーマーケティング株式会社代表取締役・谷井等氏のこと。詳細は以下のリンクを参照のこと。
　　http://www.synergy-marketing.co.jp/company/message/（2012年9月3日筆者確認済）
　　なお，谷井・樫野・小林・金井・高瀬（2012）「関西ベンチャー起業者の＜一皮むけた経験＞に学ぶ―地域と日本・世界，起業者のネットワーキング，イノベーションとリーダーシップ―」に谷井等氏の講演録が掲載されている。
　　http://www.aaos.or.jp/pdf/seminar-archive20111223.pdf（2012年9月3日筆者確認済）

4　日本ベンチャー学会 2009年度年次大会パネルディスカッションでの議論のこと。詳細は，『日本ベンチャー学会誌』第13号を参照のこと（59-68頁）。

5　企業家研究フォーラム 2011年度年次大会（2011年7月17日＠大阪大学中之島センター）学会発表「大学発ベンチャー起業家の熟達に関する研究―ライフヒストリー法による分析―」

6　近山隆氏（東京大学教授）のこと。瀧和男氏とは，第5世代コンピュータプロジェクトで同僚だった。詳細は，以下のリンクを参照のこと。http://www.logos.ic.i.u-tokyo.ac.jp/~chik/chik-j.html（2012年9月3日筆者確認済）

7　例えば，ハーバード・サイモンの自伝である，Simon, H. A.（1996）. *Models of My Life*. The MIT Press.（安西祐一郎・安西徳子訳『学者人生のモデル』岩波書店，1998年）を参照のこと。

8　「IPSアカデミィア・ジャパン」の詳細は，以下のリンクを参照のこと。出資形態に特徴がある。
　　http://ips-cell.net/j/supply_support/provision.html（2012年9月3日筆者確認済）

9　例えば，「ワイアレス電源」日経BP 2009年5月21日付 の以下のリンクを参照のこと。
　　http://business.nikkeibp.co.jp/article/manage/20090518/194976/（2012年9月3日筆者確認済）

10 MIT発ベンチャーであるWitricity社についての詳細は，以下のリンクを参照のこと。
   http://www.witricity.com/（2012年9月3日筆者確認済）
11 加護野忠男氏（神戸大学名誉教授）のこと。「事業システム論」の詳細は，加護野忠男・井上達彦（2004）『事業システム戦略：事業の仕組みと競争優位』有斐閣，を参照のこと。
12 「自然物」と「人工物」とでは，主たる研究の立場が，「分析」と「設計」と大きく異なる。以上を踏まえ，「人工物科学」に関する研究が進展しつつある。「人工物」の範疇には，コンピュータだけでなく，組織，企業も含まれる点を留意されたい。詳細は，榊原清則（2010）「「人工物とその価値」の研究」『組織科学』第44巻, 26-33頁，を参照のこと。
13 世界初のマイクロプロセッサである，「インテル4004」の詳細については，インテル社博物館を参照のこと。
   http://www.intel.com/about/companyinfo/museum/exhibits/4004/（2012年9月3日筆者確認済）
14 瀧は，シャープのチップセットについて，「これはシャープのPOS端末用にNECが開発したチップセットのこと。CPU機能を実現していた2チップを1973年に1チップ化してμCOM-4が発売された。」とコメントしている（2015年5月30日）。
15 日本電気オリジナルの4ビット・マイクロプロセッサ「μCOM-4」のこと。1973年発売。詳細は，「矢野陽一のマイコン論」日経バイト 2005年7・8・9月号の連載-が詳しい。以下のリンクを参照のこと。
   http://itpro.nikkeibp.co.jp/article/COLUMN/20070604/273180/?ST=system（2012年9月3日筆者確認済）
16 Intel4004の開発については，相田 洋（1991）『NHK 電子立国日本の自叙伝〈完結編〉』日本放送出版協会，が詳しい。
17 1989年1月6日 日本経済新聞 朝刊 31ページ 第5世代コンピュータプロジェクト特集記事「「モノマネ日本」脱皮──"考える電算機"開発競う（時代の景色）」
18 映画「Matrix Revolutions」のアーカイブは，以下のサイトを参照のこと。Matrixは並列コンピュータの意味もあり，瀧和男氏の第5世代における最大の功績は，並列アーキテクチャを実現したことである。
   http://www.imdb.com/title/tt0234215/（2012年9月3日筆者確認済）
19 第5世代コンピュータプロジェクトは，10年間1000億円の予算規模で，最終的には600億円弱で終了した。
   詳細は，瀧（1993）を参照のこと。

付録Ⅱ　金田悠紀夫氏のオーラルヒストリー
―神戸大学システム工学第4講座とITベンチャー―

1．オーラルヒストリー概要

　付録Ⅱは，大学発ベンチャー起業家の育成を目的に，起業家個人の熟達に関する研究の一環として行われたオーラルヒストリーである．本調査協力者である金田悠紀夫名誉教授は，神戸大学工学部システム工学科第4講座において，ソフトウエア工学の研究・教育を永年にわたって尽力された．ソフトウエア工学をコア技術とするベンチャーはマイクロソフトやグーグルが良く知られているが，神戸大学のソフトウエア工学分野の研究教育活動においても，金田悠紀夫氏の研究室門下から，多くの研究者のみならず，著名な起業家が輩出されている．その代表格が，日本の大学研究者による先駆的起業事例となったエイ・アイ・エル（株）代表取締役社長の瀧和男氏と，航空の規制緩和によって誕生したスカイマーク・エアラインズ（株）代表取締役社長（2012年当時）の西久保愼一氏である．彼らは共に，金田悠紀夫氏の助教授時代に，神戸大学システム工学第4講座に学生として在籍した経験があり，金田氏から，ソフトウエア工学についての指導を受けている．本オーラルヒストリーにおけるインタビュー調査は，主として，起業家である彼らを輩出した金田悠紀夫氏の研究遍歴，特に，①日本のコンピュータ黎明期に大きな役割を担った電気試験所と国家プロジェクトの経験，②教え子であり，その後，起業した彼らに対してのシステム第4講座における教育・研究指導，③大学発ベンチャーと密接に関連する人工知能分野の研究史，④日本における大学発ベンチャーの起業環境についての課題，の4点に焦点をあてている．

　本オーラルヒストリーの聞き手である筆者は，約20年前，1994年に神戸大学システム第2講座を卒業しており，研究室は別であったが，ソフトウエアに関する講義を受けた経験があるという点で，金田悠紀夫名誉教授を存じ上げてお

り，ある程度，ソフトウエアに関する最低限の予備知識や，コンピュータの技術基盤を活用したベンチャーについて最低限の知識を共有した上でインタビューが実施されている。しかしながら，同じコンピュータ史に関する出来事であっても，工学（人工知能）と経営学（起業家研究）では分析をおこなう「概念レンズ」が異なることに由来する解釈や認識の差異があり，その点を明らかにするためにも，金田悠紀夫氏との対談の全てのやり取りを，本人の了解を得て，全文を記載した。その点，①「大学の研究教育の起業への影響」ということに焦点をあてたインタビュー，という側面，②「起業家育成」に関する大学研究者の主観に着目したオーラルヒストリー，という側面があると考えている。

2．本オーラルヒストリーが本研究に対して持つ含意

　本研究における，付録Ⅱの金田悠紀夫氏のオーラルヒストリーのデータは，大学発ベンチャー起業家である，瀧和男氏の熟達に関する2次資料である。特に，コンピュータ史を踏まえた上で，瀧和男氏の手掛けた神戸大学LISPマシン，第5世代コンピュータの研究業績を，歴史的に位置付けをするための基礎資料となっている。つまり，本オーラルヒストリーは，第4章の瀧和男氏のライフヒストリーの裏付けとなっているのみならず，5.1節において詳細を説明した，国家プロジェクトと大学発ベンチャーの関係，電気試験所・通産省による国家プロジェクトの起案とコンピュータ科学者の人材育成システム，電気試験所出身の金田悠紀夫氏による神戸大学システム工学第4講座の運営方針についての根拠となっている。

　5.1.1節において述べた通り，コンピュータは，元々，軍事技術が源流であり，米国の場合，国家プロジェクトによる支援を通じて，MIT等の大学において研究開発が進められた。一方，日本の場合，コンピュータは，通産省による支援を通じて，電気試験所において研究開発が進められた。トランジスタ型コンピュータの商用化のプロセスの違いが顕著であるが，米国では，ベンチャーキャピタルの萌芽であるARDCから出資を受け，MITから大学発ベンチャーとしてDECが誕生した。一方，日本では，電気試験所から日立に技術移転がな

され,現在の「みどりの窓口」の乗車券の発券システムのルーツであるMARS 1が登場したのである。つまり,コンピュータに関しては,米国は,政府と大学の連携からの大学発ベンチャー,日本は,政府と大企業の連携による技術移転によって,研究開発が進められたのである。しかしながら,この背景には,軍事技術の商用化という文脈があったため,日本の場合,大学が迂回されたことを考慮する必要がある(高瀬・伊藤,2011)。

　DECに遅れること20年後,日本における大学発ベンチャーの登場は,1980年代の第5世代コンピュータの商業化の頓挫が引き金となっており,当時,若手リーダー格であった瀧和男氏によるイニシアティブであったことが,金田悠紀夫氏の証言によって,明らかになっている。また,瀧和男氏が大学教授を退職して事業に専念した件については,金田悠紀夫氏は,一定の理解をしつつも,大学側の研究者の起業支援環境が追いついていなかった点に言及しており,今後の大学のベンチャー支援の体制について,示唆を得ることができると考えている。

　本インタビューは,2012年5月18日13時半から,神戸大学システム棟2階コモンルームで行われた。

1.(高瀬)　先生,この本[1],知っていますか？　多分,金田先生が大学を卒業して,すぐの写真[2]があるのですが。
2.(金田)　あ,これそうだよ。
3.(高瀬)　これが,渕(一博)さん[3]で。

4. （金田）斎藤（信男）さん[4]といって，慶応の学部長をやった人だね。この人は，横井（俊夫）[5]さん。それで，この人は，杉藤（芳雄）[6]さん。僕よりも2つ下ぐらいの人かな。
5. （高瀬）これは，どこの写真ですか？ 覚えありますか？
6. （金田）わからないな。これ制服を着ているよな。
7. （高瀬）先生が，電気試験所[7]に入られた時は，永田町の時ですか？
8. （金田）芝に引っ越して，東京タワーの下の機械振興会館[8]という建物が出来て，そこに移ったんだよ。僕が電気試験所に入って，10月ぐらいに移ったんじゃないかな。
9. （高瀬）先生は，修士を修了されて，入られたんですよね。昭和何年ですか？
10. （金田）昭和42年だったかな。
11. （高瀬）1967年。
12. （金田）いや。1966年かな。昭和35年に学部に入って，昭和39年に卒業して，だから，昭和41年に修士を修了したわけだね[9]。だから，昭和41年（春）に，電気試験所に入ったんだ。つまり，1966年。
13. （高瀬）そうすると，IBMのシステム360[10]が，ちょうど出てきた辺りで。
14. （金田）そうそう。その頃だよ。
15. （高瀬）実は，私達は，「DEC研究」といっているのですけど，「DECがどういう風に起業したのか？」ということを日米の比較研究を学会発表しました[11]。私はシステム第2講座[12]出身ですから，東日本大震災以降，レスキューロボットの研究をされている松野文俊先生（現・京都大学）[13]の悲鳴が新聞紙上に掲載されているのをみると，大分，堪えまして。DECが上場したのが，1966年，1967年なんですね[14]。PDP-1が出たのが少し前ぐらいで。IBMのシステム360が出たのか，ちょうどその位で。それで，この研究発表で何を書いているのかと言いますと，ショックレーが今のシリコンバレーで起業したのが1957年で，起業したものの潰してしまったということがあったのですが[15]，ただ，（DECの起業によって）アメリカの大学発ベンチャーの起業の仕組みができたの

が，ちょうどこの時期なのです[16]。金田先生は，このWhirlwind Computer[17]とかわかりますか？

16. (金田) これは知らないな。これは，1957年だから，私が（研究を）始める前のことだな。
17. (高瀬) 一方，日本の場合は，こうだと（大学発ベンチャーではなくて，大企業への技術移転だと）[18]。電気試験所がここにあって，高橋茂さんがいて[19]。
18. (金田) そう，高橋茂さんが中心だよね。
19. (高瀬) で，渕さんがいらして，ETL-mark 4[20]をおやりになったと。
20. (金田) その時は，渕さんは（東京大学の）学生だった。
21. (高瀬) それで，ETL-mark 4を，大企業に技術移転して，日本で始めての商用コンピュータが誕生した。
22. (金田) 商用コンピュータというか，技術移転はしたよな。
23. (高瀬) それが，旧国鉄の「みどりの窓口」のMARS-1[21]を日立がつくったと。
24. (金田) まあ，日立の人が作ったものが，入ってたんだろうな。
25. (高瀬) ですから，ショックレーのトランジスタ，つまり，「第2世代」の技術が入ってきて。ところで，先生，トランジスタは「第2世代」ですよね[22]。
26. (金田) そう，第2世代。
27. (高瀬) つまり，第2世代のトランジスタの技術が出てきた時に，日本とアメリカで新しい技術にどのように対応したのか，ということを，伊藤（智明）さんと一緒に，（日本ベンチャー学会に）研究発表[23]したのです。それで，日本の場合は，電気試験所から，（日本初の商用コンピュータにつながる）ETL-mark 4が誕生して，その後，金田先生が（昭和41年）入られた。
28. (金田) ETL-mark 4は，僕が（電気試験所に）入る前だけど，これは，うまくいったんだよね。その後，mark-6っていうのをやったんだけど，これは，まあ，はっきり言って失敗したんだよね[24]。あのmark-4っていうのはあんまり大きくないんだよ。この位（こ

の部屋ぐらい)の大きさなんだよな。mark-6っていうのは,mark-4の成功に味をしめて,大規模化したんだよね。現在のコンピュータに採用されている色々な先進技術を取り入れて,スゴイものを作ろうとしたんだけど,結局,ハードウエアのお化けみたいな,1フロア位の大きさを占めて,ケーブルがはりめぐらされて,収拾がつかなくなってしまった。責任者だった高橋(茂)さんが電気試験所を辞めて,日立に移ってしまった[25]というのもあるしね。まあ,これは,電気試験所だけでなく,IBMも失敗しているんだよ。ストレッチ(Stretch)[26]といってね,これも同じような計算機で,その頃の先端的,先駆的な技術を取り入れたコンピュータというかね。結局,トランジスタでコンピュータを作るわけだからね(笑)。すぐに回路がでかくなっちゃう。まあ,電気的に安定しないということで,失敗に終わった。

29. (高瀬) あの,金田先生は,神戸大学の卒業生で,電気試験所入所した一番ですか?

30. (金田) その前は,たぶん,いないんじゃないかな。あの,電気試験所というのはね,ものすごい研究所なんだよ。元々は明治の初め位にできた研究所で,当時,文明開化で開国してみたら,西洋と日本ではものすごい技術の差があって,どうして追いついたら良いかということを考えて,まず,研究所みたいなものを作ってね,「官を挙げて追いつかなあかん」ということで,ものすごい優秀な人を集めたんだよ。日本の電気関係の研究所というのは,例えば,電電公社の通信研究所とかは,だいたい電気試験所から分かれていったんだよ。だから,非常に権威のある研究所で,だけど,どちらかというと,強電なんだよ。強電というのは今の電力関係で。

31. (高瀬) 原子力ですよね。

32. (金田) あんまり当時は,原子力はしていなかったけど。

33. (高瀬) 実は,経営学の世界で言うと,ここの話は割と馴染みがあって,少しまとめさせていただいたのですが,明治の時に,逓信省ができて,電気試験所が国家の粋を集めてつくられましたと。高橋茂

先生の情報処理学会の報告論文[27]にあったのですが，日本はアメリカの真似をしたのだと。AT&Tがあって，Bell研（研究所）[28]があって，Western Electronicsがあったと。Western Electronicsは，途中で，AT&Tが買収したのですが，まあ，AT&Tの出入り業者ですよね。ただ，経営学でいうと，ホーソン実験[29]というのがあって，従業員の人間関係だとか，モティベーションだとか，心理学的な実験をやった工場があって有名だったり。Bell研は，ショックレーが出たり，UNIXがでた研究所で，AT&Tの子会社に，バーナードという方がいらして，その方が経営学の基礎を作られた[30]というのがあって，この話がでてくると，経営学の方にとっては馴染みが良くて，というところがあります。色々調べてみると，Western Electronicsの日本現地法人として日本電気，今のNECが出来て，「電電ファミリー」[31]という言い方もありますが，ここに沖電気だとか，富士通だとか，日立だとか，出てきて，戦後，こういう形になったのですが，NTTの中央研究所と，（通産省系統の）電気試験所に2つに別れて[32]，パメラトロン方式とトランジスタ方式と2つの流れ[33]があって。

34. （金田）パラメトロンね。
35. （高瀬）すいません。パラメトロン方式ですね。それで，電気試験所に和田（弘）[34]さんという方がいて，トランジスタ方式でいこうと。それで，和田さん→高橋茂さん→渕さんという日本のコンピュータ発展に尽力された大変重要な人材の流れがあったのかなと。
36. （金田）まあ，高橋茂さんが一番大きかったと思うね。渕さんもそうだけと，相磯（秀夫）さん[35]という方がいてね。慶応の藤沢を作った方。初代の学部長だよね。
37. （高瀬）トロンの。
38. （金田）坂村（健）さん[36]ね。
39. （高瀬）坂村先生のお師匠にあたる方で。
40. （金田）そうそう。
41. （高瀬）日本のインターネットの黎明期に活躍された（村井純先生）[37]だ

42. （金田）　まあ，そういう人材がいたんだよ。
43. （高瀬）　たぶん，神戸大学で（電気試験所）第一号で，先生を目の前にして言うのは大変僭越なのですが，金田先生はめちゃめちゃ優秀だったということでしょうか？
44. （金田）　いや，そういうわけではないが，電気試験所というのは，まあ，私も入ったのだけど，同僚は，半分以上，東大なんだよ。
45. （高瀬）　計数工学科[38]。
46. （金田）　僕は「何で紛れ込んだの？」という感じだった。それで，まあ，東京大学出身者が中心にやっていたのは事実で。
47. （高瀬）　それで，どういった経緯で。
48. （金田）　色々あるんだけど，一番大きいのは，君の研究発表には抜けているけど，僕が電気試験所に入った時に，通産省が「大型プロジェクト」[39]というのを始めたんだよ。これは，産官学共同で，日本の技術レベルをあげるために，国が金を出してね。テーマとして1つに「超高性能電子計算機」[40]というのがあって，もうひとつはね，「MHD発電機」[41]というのがあったんだよ。
49. （高瀬）　MHDって
50. （金田）　これは，「電磁流体発電」とかいうのだよ。
51. （高瀬）　マグネティク（Magnetic）ですね。
52. （金田）　これは，結局，モノにはならなかったんだけど，プラズマ状態のガスを作ってね。それをものすごく強力な磁界の下を通すと，プラスイオンとマイナスイオンに分離するんだよ。その間に電気が発生するわけよ。そういうプラズマを用いて，発電をするという。それで，そういう磁力を発生する磁石というのはね，超電導じゃないとダメなのよ。結局，ものにならなかったけど，ただ，そのプロジェクトで良かったのは，超電導電磁石を作るには，液化ヘリウムを使うのが重要で。今，日本には超電導だとかヘリウムの技術はすごくあると思うのだけど，当時，日本にはその技術がなくて，このプロジェクトの結果，ヘリウムの技術を使った色々な

技術の種ができた，というのはあるみたいね．で，もうひとつは，僕がやっていた「超高性能電子計算機」のプロジェクトで．

53. （高瀬）この本[42]にも出てくるやつですね．

54. （金田）今はそんなことはないんだけど，当時の電気試験所は，そういう新しいプロジェクトをするということで，定員増があったんだよ．それで，僕が紛れ込んだんだよ．

55. （高瀬）金田先生の神戸大学の時のお師匠は誰にあたるのですか？

56. （金田）これは，仲上稔先生[43]という方で，これは神戸大学の工学部の中でも大変偉かった人だと思うけどね．

57. （高瀬）この人は阪大系の人ですか？

58. （金田）いや，この人は神戸大学出身の人でね．

59. （高瀬）神戸工専の方ですか．

60. （金田）たぶん，そうなんだろうな．電波伝搬に「フェイジング現象」[44]というのがあるんだよ．特に，短波なんかの場合は．伝送路の関係で，電波の強度が大きく揺れるわけね．それは，通信にとって非常に大きな問題だったわけで，それを国際電電株式会社（当時）で解析されて，統計的手法を用いて現象の分析がなされた．一番有名なのは，電波の伝送路の問題で，受信アンテナを複数並べるわけだよ．で，ダイバーシティーというのだけど，同時に複数のアンテナで受信しているわけだよな．こっちが落ちて，あっちも落ちているんだけど，ちょっとタイミングがずれる．足してあわせると，通信が落ちる確率が減るんだよ．ダイバーシティーがどの程度，効果があるか，というのは，統計的手法を用いて，まあ，各受信電波強度に相関があるからね．相関関数を用いて，分析をするのですよ．非常に有名なのが「m分布」っていうのがあって，その先生が，作ったんだけど．フェイジングの強さによって，mの値が変わるんだよ．それで，「m分布」のmの値がどの位かで，落ちる確率がどうなるかとか，アンテナを幾つ立てればよいかとか．

61. （高瀬）ノバート・ウィナーのサイバネティクスとか，そういう分野には，

関係しているのでしょうか？

62. (金田) いや，そこまでは関係していないと思うけど．実は，なんでそんなことを言うのかというと，今でもね，携帯電話なんかの研究開発において，「どの程度，フェイジング現象を考えれば良いか」という時に，そのmの値が1つの指標になっているんだよ．そういう意味では，仲上先生が昭和20年頃におやりになった研究，もう70年前の研究がまだ生きているというか，まあ，そんな先生でね．ワンマンの先生でしたよ．

63. (高瀬) それで電気試験所に空きポストができるから，「(金田先生に) 行ってこい」と．

64. (金田) まあ，色々あったけど，結果的にはそうだよね．

65. (高瀬) あの，この経緯はまた詳しくお伺いいたしますので，宜しくお願いいたします（笑）．僕が思うに，金田先生が電気試験所にいかれて，国プロをやられて，ETSS[45]ですか．

66. (金田) 僕が電気試験所に入った頃には，「ETL-mark 6」っていうのは，終わりの頃だよな．「もう動かないよな」って，内心みんな思い始めて，渕さんなんかは「ソフトウエアの研究をやらないかん」と思っていたんだよ．従来はね，「ハードウエアで計算機を作って，その上にソフトウエアをインプリメントして，研究をやっていこう」という立場だったんだけど，渕さんなんかは「動かない計算機の上でソフトウエアの研究なんかはできん」と．そりゃそうだと．まあ，そういう時に，「どうしたら良いのかな」と考えた時に，大型プロジェクトで，お金がドンと付いたわけね．僕なんかはあんまり詳しい事情は知らないけどね．すでに売っているメーカーの安定している計算機を買ってきて，「それ（ハード）をベースにしてソフトウエアの研究をしよう」と．動かなくなったら，「ハードが悪いのか，ソフトが悪いのかわからない」という状態であれば，どうしようもない，ということで，「きちんと動く計算機の上でソフト研究をしよう」ということ[46]と，もう1つ，日立がちょうどIBM互換機を作りはじめた時期で，ちょうど，

IBMがシステム360のシリーズものの計算機を作りはじめた時期で，それはいわゆるオペレーティングシステムの計算機で，「RCAがIBM互換機を作る」[47]と，互換機というのは良く分からんものだけど，少なくとも命令セットは同じなんだよね。アドレスの付け方だとか，割り込みが起こった時の処理の仕方だとか，基本的なところがそっくりな計算機を作るわけね。まあ，逆に言うと，「IBMのマシンの上で動くプログラムは全部そのままのっかりますよ」という，そういう種類の計算機がでて，問題が起こったよね。そういう（マシン）をRCAが作って，ここからは僕はあんまり知らないけど，同じ土俵で戦ったら，まぁ，負けるわな（笑）。「RCAと日立は提携していたから，日立もIBMの互換機を作る」ということを始めたんだよ[48]。当時は，それぞれの会社が，それぞれの独自計算機を作っておったわけだから。互換性もお互い何も無いわな。

67. （高瀬）この本[49]にですね。今のお話の経緯のこともかなり書いてありまして，要は，日本でコンピュータを本格的に手掛けた高橋茂さんだとか，渕さんあたりが第1世代で。まあ，その前も，阪大ENIACの城（憲三）先生[50]だとか，富士（写真）フイルムでコツコツやられた岡崎（文次）さん[51]だとか。

68. （金田）まあ，有名なのは，富士通の。

69. （高瀬）池田（敏雄）[52]さん

70. （金田）そう，池田さんが非常に有名だったね。だから，池田・高橋茂あたりが，日本の第1世代じゃないかな。

71. （高瀬）で，金田先生たちのことを，第2世代と言っていて，ちょうどソフトとハードの分業が成立した時期にあたり。

72. （金田）まあ，そうかも知れないね。

73. （高瀬）「第5世代の技術」の世代論ではなくて，「コンピュータの新人類」の世代論みたいなことを，渕先生がおっしゃられていて，第5世代コンピュータをやろうとしている時に，ちょうど，ソフトとハードが両方できる人材がでてきて，それが，瀧先生，という

のがありまして．今，ここで何が言いたかったのかというと，金田先生がコンピュータのソフトウエアのところの日本の第一人者といいますか，結果的に，ETSSをおやりになられたので，ソフトウエアの第一人者グループといいますか[53]．

74. （金田）これは，大分，懐かしい顔がいるな[54]．
75. （高瀬）これは，渕さんですか？
76. （金田）渕さんだよね．
77. （高瀬）これが相磯さんで，金田先生は，この辺に座っていらっしゃったのですね．
78. （金田）そうかも知れないね．
79. （高瀬）まあ，電気試験所の人，例えば，高橋茂さんは，電気試験所を退職されるじゃないですか？　今の産総研だと思うのですが，要するに，東大出の超かしこい人が，「研究をがっつりやりなさい」ということで，産総研にいくじゃないですか．それで，10年位研究に専念して，それで今度は「研究の後進の育成をやりなさい」ということで，まあ，自分の出た大学だとか，色々な大学にいくわけじゃないですか．まあ，これが，研究者のキャリアパスみたいなところがあって．
80. （金田）僕らの頃は，そうだな．
81. （高瀬）それで，金田先生は，ソフトウエアの第一人者グループ．コンピュータの第2世代．ハードとソフトの分業が成立したところのソフトウエアのトップグループの人材で，まあ，神戸大学にお戻りになられて．それで，僕が瀧先生と金田先生のことをお話する時は，もう完全に「ソフトウエアの文明開化」というか，神戸大学でソフトウエアの事を教える，少なくとも，研究が出来るようになったというのは，金田先生が戻ってきてからだ[55]，というのがありまして．
82. （金田）神戸大学はコンピュータの分野にとってはものすごい遅れをとっていたのね．だから，電気電子工学科というのはあって，これは昔の話だけど，電力と回路とかね．そういうようなことで，当時，

コンピュータをやっていたのは，京大とか阪大止まりだったよね。

83. （高瀬）　そうですね。

84. （金田）　だから人数も要るし，お金も掛かるしね。神戸大学はコンピュータを何もやってなかった。その間，世の中には「情報工学科」がどんどん出始めたんだけど，それでも，神戸大学は，学内の色々な事情もあって，遅れを取っちゃったんだよね。で，結局，「情報工学科」というのは出来ずに，「システム工学科」[56]というのが出来て，システム工学科というのは，どちらかというと「機械系」の学科で，たまたまコンピュータのソフトをやっているのは僕だけになっちゃったよね。

85. （高瀬）　そうですよね。それで，そういうベースに，「ソフトウエアの文明開化」があったのかな，というのがあって，それが，金田先生にはどのように映ったのか，という点に私としては興味があります。（神戸大学の）経済・経営だと，平井泰太郎先生という方がいらして，一生懸命，IBMのマシンを集めていた[57]りされていました。元々神戸大学は文系からスタートしている[58]じゃないですか。それで，近くに阪大と京大があって，地域でいうと，それだったら，東北だとか九州だとかに，最初にやった方が良くて，という判断になりますよね。

86. （金田）　まあ，情報系はね。神戸大学には，コンピュータのことを良く知っている人が少なかったということなんだろうね。

87. （高瀬）　少し話が戻るのですが，アメリカでは，MITが「起業家的大学」のルーツと言われている[59]のですが，あのバネーバー・ブッシュという「基礎科学を充実することで応用科学が花開く」[60]ということを言った，アナログコンピュータのベースを作った方がいて，その研究室の下に，ノバート・ウィナーがいて，そのウィナーの下に，スピーカーのボーズ博士[61]が出るんですよ。何が言いたいかというと，経営学において，大学発ベンチャーの問題を議論しようとすると，要するに，ミリタリーサイエンスだったんだと。ミリタリーのところでお金が入ってきて，大学で軍事技術のとこ

ろをやりましたと。第2次世界大戦向け，冷戦向けにやりましたと。では，それを「どういう風に商業化しますか」というときに非常に困ったと。それで，ベンチャーキャピタルが米国で誕生した[62]。では，「日本の場合は，どうですか」というと，ミリタリーサイエンスを大学に持ち込むことはできないじゃないですか。だから，多分，通産省が大企業と国プロ（国家プロジェクト）をやって，アメリカがミリタリーサイエンスから出てくるモノに対抗したのではないかと，一応，我々は，認識をしていて。ですから，金田先生が電気試験所でやっていて，急に神戸大学にきたら，基礎的な研究を深くやるというよりは，予算もなかなか来ないので，金田先生はものすごい苦労をされたのではないか，と思うのですが。

88.（金田）まあ，大学の予算は少ないよね。しかし，ハードを作る為の素子が安くなってきてたよね。メモリ何かも随分安くなっていて，LISPマシンを作った時の素子なんかもね，大学でも手に入る程度に値段が下がってきたというのはあるよね[63]。ちょうど良い時期で，しばらくすると今度は，「大型なLSIをデザインする」ということになると，また，大学では手に届かなくなるというか，端境期みたいなところがあるね。

89.（高瀬）あー，なるほど。

90.（金田）だから，「大学でもモノが作れる」というのがあって，そういう時期だったんだよね。まあ，「神戸大学の中でコンピュータのことをやる」「ハードを作って，ソフトもやる」ということになると，僕の研究室位しか選択肢がなくなるというのがあって，結構，神戸大学でコンピュータが好きな，コンピュータに秀でた学生が多く集まってきたよな。だから，代表的なところは，瀧さんだとか，田村（直之）さん[64]だとか，筑波にいった和田（耕一）さん[65]，阪大にいった松田（秀雄）さん[66]だとか，まあ，他の学部からの人が，第4講座にやってきた，ということはあるわな。

91.（高瀬）では，瀧先生だとか，その頃の話にしますけど，あの，瀧先生の

学生時代のご印象だとかは，いかがでしょうか？　差支えない限りで。

92. （金田）非常に，ハードは強かったよね。あれだけ強い学生はちょっといないというか。

93. （高瀬）多田（幸生）先生[67]は，瀧先生のことを「天才」っていいますよね[68]。

94. （金田）すごいハードは強かった。瀬口（靖幸）さん[69]なんかは，「彼はプロや」と，言っていたね。「彼は，学生でプロだ」と。彼は，システム棟の中の他の研究室にも出入りして，結構，ハードウエアを作っていたんだよね。ハードとコンピュータだとか。その辺は，能力が高い。LISPマシンを作った「ビットスライス」っていうLSI素子があって，AMDという会社から元々出ていたのですが[70]，これは，コンピュータを作る為の部品になるようなLSIなんだよ。だから，これを幾つか買ってきて，組み立てればコンピュータが作れる，というようなモノの出始めた時だよね。

（中略）

97. （高瀬）それで，瀧先生は，「ビットスライスで何か」という話になったと。

98. （金田）だから，ビットスライスが出てきたから，「これを使って何か作れるモノはないですか」ということを，彼が言ってきたんだよね。だったら，ちょうどその頃，LISPマシンが出てきて，人工知能の研究が盛んになってきていたから。まあ，元々，人工知能のプログラミング言語はLISPだったけど，プログラムの実行速度が遅くては，ロボットなんか制御できない。

99. （高瀬）そうですね。

100. （金田）やっぱり，即応性がないと。対話するにしても，「質問して応答に，1時間も2時間もかかっていたら，やっていられない」ということで。そういう，対話性だとかリアルタイム性だとか，そういうこともあって，LISP専用マシンで高速化できるのはないかということで。

101.（高瀬）あの「ハッカーズ（Hackers）」という本[72]があって，そこにグリーンブラッド（Richard D. Greenblatt）という人が出てきます。それでMIT人工知能研究所の中で，シンボリクス（Symbolics）社とLISPマシーン社に仲間割れするんですよ，グリーンブラットに付く方（LISPマシーン社）と，それ以外（シンボリクス社）とで。グリーンブラッドは，どちらかというと，オープンソースで，ビジネスというよりは，「ハッカー精神を守ろう」という，あまりビジネスが強くない方で。それで，グリーンブラッドが作ったLISPマシンのマニュアルを，瀧先生が修士論文[73]の時に読んでいます。一方，経営学の世界で言うと，ハーバード・サイモンは皆知っているというか，元々ハーバード・サイモン[74]は，組織論の先生で，組織の中での意思決定の研究をやっていて，それが，IBMのマシンを見て，個人の意思決定をやるというか，定理証明ですよね。LISPの前の「IPL言語」というのを作って，「ロジック・セオリスト」というプログラムを作って，それで数学の昔の本の定理証明をやりました，というのがあって。結局ハーバード・サイモンがチェスを使って人工知能を切り開きました，と。その後に，ファイゲンバウムがエキスパートシステムで，大学発ベンチャーを手掛けた[75]。サイバネティクスでは，ウィナーが基礎を作って，その下に，ボーズ博士が出て来て，スピーカーのボーズを起業した，というのがあります。どう考えても，神戸大学で金田先生がソフトウエアの文明開化といいますか，神戸大学で一番初めに，ソフトウエアを手掛けられたと。そして，そこの門下から，瀧先生という，日本の大学発ベンチャーで言うと，一番早い時期におやりになった方がでられたと。だから，何か基礎研究を切り開いた方の門下から，応用研究を商業化するための大学発ベンチャーが出ているように，僕には繋がってみえるのですけど。先生は，どう思われますか？

102.（金田）僕は，そういう風にはみていなかったけど。まあ，優秀な学生が集まってくれたのは事実だよ。それは間違いない。特に，コン

ピュータの研究をしたい学生は結構いたけど，神戸大学の中では，僕ぐらいのところしかなかった。

103. （高瀬）非常に幸運だったと思うのが，前川先生[76]がいらして，基本，ハードのところは前川先生，ソフトのところは金田先生がおやりになっていて。うまく研究室の中で，ハードとソフトの役割分担ができていたというか。

104. （金田）まあ，そうだったかも知れないね。

105. （高瀬）要するに，「黎明期だったが故に未分化だった」ということだったと思うのですが。

106. （金田）まあ，「ハードを開発して，ソフトまでやれる」というのは，僕らの頃が最後だったかな，という気がするけどね。

107. （高瀬）ただ，経営学の観点からすると，そこから人材が出ているというのは，何かあるなと。松田先生も（バイオグリッドの分野の）スター級の先生ですよね。だから，金田先生に何かあるのではと。

108. （金田）結構，自主性に任せたよ。「自分の頭で考えて自分でやる」と。基本的には自分のやりたいことしか，普通は研究者はやらないから。そういう意味では，大雑把なテーマが（彼らに）フィットした，ということになるね。

109. （高瀬）普通，自然科学で言うと，原理原則に基づき分析してみて，「何か法則があるに違いない」というのではなくて，色々な分野のディシプリンを統合して，「設計をして，何か作る」というのは，システム工学の特徴[77]かと思うのですが。

110. （金田）そうだね。まあ，瀬口先生なんかは，そういうお立場だったんだろうね。平井（一正）先生[78]はちょっと違うと思うけどね。制御やからね。

111. （高瀬）ですから，カルチャーとして，「自主性に任す」みたいなところと，原理原則を発見する「自然科学」というよりは「人工物科学」という，そのような（マシン作りの）カルチャーがあったのではないかと。LISPマシンもそうですし，和田先生のPrologのマシンもそうですし，ずっと続いていったのかな，と思うのです

が[79]。

112. （金田）そうやな。LISPマシンは割とうまくいったから，Prologについても，概念的には同じだよね。もちろん，Detailは違うけど。1つは，作って動いている，というのはあるし，そういう専用マシンというのかな。「汎用マシンじゃなくて，専用マシンを開発していこう」という雰囲気になったことは事実だよね。後は，並列マシンだよね。
113. （高瀬）そうですね。
114. （金田）並列マシンもプロセッサがワンチップになって，それを用いたら，そこそこの計算機が作れると。その前の時点では，プロセッサの能力が低くてね，たくさん集めても性能が上がらなかったんだけど，そこそこ単一のプロセッサの能力があがってきて，「幾つか集めれば，良い性能になる」というのが見えてきた。というのは，田村さん，とか，小畑（正貴）さん[80]とか，その辺の時代やね。
115. （高瀬）1980年代真ん中ぐらいですか？
116. （金田）その位になるのかな。小畑さんというのは，瀧さんの4つか5つ下やからね。
117. （高瀬）西久保（愼一）[81]さんも研究生で入られて。
118. （金田）彼は，コンピュータとか（金田研究室で）やっていたわけではないんだよ。
119. （高瀬）どんな感じだったのですか？
120. （金田）いや，勉強だとかでの接点はなかったね。
121. （高瀬）研究生で入られたんですよね。
122. （金田）そう研究生だけど，彼は，どんな経緯で入ってきたのかな。
123. （高瀬）西久保さんは，ソード[82]にお勤めになっていて，それで，ソードが買収されて。
124. （金田）それで，居候みたいな感じで居たんだよね。
125. （高瀬）まあ，研究というよりも，研究の匂いを嗅いだというか。
126. （金田）どんなことをしていたのかな？
127. （高瀬）いや，「システム工学社」[83]というのをつくられて。

128. （金田）（マスターネットを指して）まあ，この時には，神戸大学をでていたでしょ。
129. （高瀬）はい。30歳位のときに，神戸大学に戻られて，まあ，「ソフトウェアとは何ぞや」みたいなところを。
130. （金田）見にきていたんだよね。多分。
131. （高瀬）はい。それで，自作で，BASICだとかのプログラミングをして，ユーザーさんに作ってあげるみたいな，小さなビジネスをスタートして。
132. （金田）それで，マスターネットとか作って，通信カラオケ[84]とかがヒットしたんでしょ。
133. （高瀬）はい，あの，「10円メール」[85]
134. （金田）あ，「10円メール」か。
135. （高瀬）ただ，明らかに，携帯電話で（インターネット経由の）メールなんか出来る時代じゃなかったじゃないですか？ だけど，携帯電話でメールができる仕組みをつくりましょう，という時に，技術的には簡単なプログラミングだったかも知れないですけど，少なくとも，研究生で来ていなかったら（作れなかったと思うのです）。
136. （金田）そりゃ，そうだ。
137. （高瀬）基礎研究の深さみたいなものは，それはあまり無かったと思うのですが，実態として，「何をやっているのだろうか」とか，「どういう思考をしているのだろう」とか。
138. （金田）そりゃ，周りで見ていたら分かるからね。
139. （高瀬）というのがあって，やっぱり技術がないと，「10円メール」とか絶対出来なかったと思いますし，僕が西久保さんをみて驚いたというのは，やはり，ITのプロバイダーを売り払って，格安航空機（LCC）の会社を買ったじゃないですか？[86]
140. （金田）（笑）
141. （高瀬）普通の感覚でいったらですね。それは，「全然，畑が違うじゃないか」と。「どうしちゃったのか？」という話だと思うのですけ

ど，ここの研究で，高橋茂さんが手掛けられたのは，国鉄「みどりの窓口」予約システムの頃じゃないですか，メインフレームで。もしかしたら，スカイマークそのものにしたら，全然，畑違いなんだけど，「ITをうまく生かしたら，うまく経営がいくかも知れない」というところで，どうも航空会社を買ったらしく。

142. （金田）マスターネットの株を公開[87]して，ものすごいお金が入ったんでしょ。

143. （高瀬）はい。

144. （金田）で，そんな大きな金をどうやって使ったら良いかわからくて，なんか色々誘惑はあったみたいだったけど，それには乗らないで，結局，「スカイマークをやらないか」という話があって，乗ったんだよな。

145. （高瀬）あの，金田先生は，僕が企画した，金丸さんと西久保さんの講演会[88]は，僕は，お誘いした記憶があるのですが。

146. （金田）神戸大学での講演で，西久保さんと金丸さんの話は聞いたよ。

147. （高瀬）じゃあ，お誘いしていますよね。私の恩師の金井先生に司会をお願して。

148. （金田）そうだったかな。僕は，あんまり覚えていないけど。

149. （高瀬）少なくとも大学の先生のお立場として，研究分野では，瀧先生や多くの先生方を育てられて，教育分野では，僕は，山元（賢治）さん[89]を，存じ上げていないのですが，アップル・ジャパンの社長さんや，格安航空機の先駆者というか，こういう人が（研究室から）卒業されていて。金田先生のお立場からすると，「なんでなんだか，良く分からない」というところがあると思うのですが。

150. （金田）前川先生の研究室というのは，割と自由だったよな。そういう意味で，伸び伸びとできたんじゃないかな，と思うよね。やりたいことは自分でやるし。やっぱり先生によっては，「絞める」というか，「かなり厳しく指導する」というような立場の先生の方が多いよね。それに対して，自由本位主義というか，あまり例えは良くないけど，ある程度，自由に任せて，その代わり，本人に実

力がないとダメだよね（笑）。実力の無い人に，自由放任システムはダメでしょう。実力がある人には，伸び伸びできるような感じだったんだと思うけど。

151.（高瀬）あの渕さんの薫陶みたいなものは，金田先生は割とありますか？渕さんの下でやったという。

152.（金田）あの人は，ほんと「天才」だった，頭が良いよね。色んな意味での「構想力」という点では，あの人に敵う人はいないよね。それ以後，電総研，とか，産総研とかみていても，ずば抜けていたんじゃないかな，特に，「構想力」という点では。

153.（高瀬）瀧先生と話をしていても，やっぱり渕さんの匂いがするというか，僕は，渕さんの匂いというのは，瀧先生だとか，金田先生を通じてしか，わからないのですが，「あっ。この雰囲気だったら，ベンチャーも出るわな」というのがやっぱりあって。

154.（金田）まあ，目の付けどころ，が良かったよね。昔，「OSのプログラミング」っていうのはさ，アセンブラで書いていたんだよね。その方が実行効率も良いし，というので，IBMもアセンブラで書いていたんだよ。だけど，その頃から，渕さんは，「そういうシステム記述用の高級プログラミング言語が要る」って話をしていて，そんなようなことを言っていたよね。結果的には，作れなかったんだけど。その数年後に，C言語がでてきた[90]。それから，昔のコンピュータは，「コアメモリ」[91]というのを使っていて。

155.（高瀬）はい。

156.（金田）しばらくして，LSIが出始めた時に，「コアメモリか，LSIメモリか」なんて話があったんだけど。（その時，渕さんは）結果として，その内，「LSIに全部変わるよ」みたいなことを言っていたよ。他の人は，「何ビットまではコアメモリで，それ以上は，LSIで」みたいなことを議論していた時期はあったけどね。まあ，そう意味で，先見性があったのと，第5世代コンピュータは，構想が少し早すぎた感じがするけどね。そういう方向性や考え方を示すというのは，渕さんは優れていたと思うよ。プロジェクトっていう

のは，基本的に，「何年間で作らなければならない」という縛りがあって，それで，スケジュールして，「後，3年で」ということになると，「何とかでっち上げよう」という風になって，結果として，失敗してしまう。

157. （高瀬）渕さんのエピソードがあって，自由と規律をどうバランスするか，とか，納期の問題だとか，書かれていて，ファイゲンバウム[92]も渕はリーダーとして，ちょっとオリエンタルぽくって，まあ，日本的リーダーなのかな，と書いていまして。

158. （金田）そうだよな。まあ，リーダーとしての訓練しないし，電気試験所ではなかなか養われないからね。どちらかというと自由奔放で，勝手に自分の研究をやる感じだから，そういうところが良かったから，渕さんが育ったのかも知れないけどね。上の方から，いろいろ言われてね。下が小さく固まってしまうというのがあって。やはり資質によるな。元々の。だから，伸びる人と伸びない人の差が極端だな。

159. （高瀬）そうですか。わかりました。次に，瀧先生がシステム第6講座[93]を開くため，神戸大学に戻って来られた辺りのことをお伺いします。瀧先生の第5世代の「武勇伝」に近い話は，この本[94]に載っているのですが。戻ってくるというよりは，「早いところ，戻ってこい」と金田先生は誘っていらしたのですか。あの，言えない話かも知れませんが。

160. （金田）ちょっと，忘れちゃったところがあるけど。

161. （高瀬）瀧先生自身は，博士号をお取りになっていますよね[95]。

162. （金田）結局，日立にいても，ちょっと行き場がなくなってしまうよね。民間企業はね，国家プロジェクトに割と冷たいんだよ。扱いがね。そりゃ，会社にしてみたら，一番稼いでくれる人が一番重要なわけで，国家プロジェクトに人を出しても，企業の売り上げにそんなに関係ないわけで，「ちょっと難しい」というのはあったと思うけど[96]。

163. （高瀬）あの，瀧先生が就職活動をする時に，「何で日立にしたんです

か？」ということを，私が質問した時に，「親戚に日立の関係者がいて，それで決めた」ということをおっしゃっていました。でも，その後に，金田先生に，ぽろっと「実は，NTTの中央研究所があったんだけどな」とボヤかれた，と瀧先生がおっしゃっていました[97]。で，さっきの電気試験所の話でいうと，日本の2大研究拠点ですから，金田先生からしてみた瀧先生への評価というか，神戸大学LISPマシンが出て，その技術が，FACOM-αだとか，そういうところに技術移転されている[98]のがあるので，もうずば抜けていたというか．

164. （金田）まあ，そうだったね．日立にいった彼の経緯は，瀧君に聞いてみたら良いと思うけど．どちらにせよ，第5世代コンピュータが終わりに近づいてきたら，身の振り方を考えはじめるよな．その時に，たまたま神戸大学に戻したらって話になったんだろうな．

165. （高瀬）予算も付いて，「システムの6（講座）を作りましょう」という同じ時期ですよね．そういうことですね．

166. （金田）そう．それで，第6講座ができたのかな．

167. （高瀬）はい．僕は1階の第2講座のところにいて，こっち側の向かいの部屋に第6講座ができて，多田先生が，「瀧先生はスゴイ」って．

168. （金田）ちょうど，瀬口先生が辞めて，そこが空きになって，松本隆一先生[99]がきて，多田さんは，その時は助教授で．松本隆一先生が定年の時に，多田さんを上にあげて[100]．それで，第6講座ができたんで，瀧さんを呼ぼうということになったんかな．

169. （高瀬）やっぱり，僕は，「瀧先生がすごいな」と思うのは，自分はハードウエアに強くて，それでソフトウエアのところで，金田先生からかなりの事を学んで，大学院を修了した時期には，「ある程度，LISPは出来ている」という状態になっていて．今度は，第5世代になると，近山（隆）さんをパートナーにして，それで，近山さんともう一人，言語を作った人がいますよね．今，早稲田の先生で．

170. （金田）えーと，上田（和紀）さん[101]．

171. （高瀬）それで，上田さんと，近山さんと，瀧先生が，三羽ガラスみたいに，第5世代を引っ張って。
172. （金田）あー，そういう感じだったね。
173. （高瀬）要するに，「自分の専門領域を広げる」というところをおやりになって。結果として，システムLSIの時代になり，「コンピュータのアーキテクチャをやる」といっても，こういうデカいマシンの設計をするのではなく，「システム・オン・チップみたいなところにいきます」となって，第5世代の後期になると，LSI CADの研究[102]をされるじゃないですか。で，LSI CADは，元々興味があったので，LSIの設計にいくのですが，瀧先生の場合，研究領域が飛ぶじゃないですか？　「飛ぶ」っていったら，語弊がありますけど，「普通，そこは行かないよな」という研究領域に。
174. （金田）まあ，だけど，研究テーマというのは移るんだよ。特定のテーマを何年かやったら，限界になるからね。だから，本当の理論（研究）は別かもしれないけど，そこをうまく移っていく人が優れた研究者ということになる。一方，エンジニアリングに関しては，周辺の環境が変わると，状況が変わってくるから，そうしたら，研究テーマは移っていくよね。瀬口（靖幸）先生なんかは，変わってきているでしょ。構造力学，生体力学，義足をやるとかね。まあ，早くお亡くなりなってしまったけど。生きていらっしゃれば，すごく評価されたと思うけどね。だから，ベースは一緒なのかもしれないけど，「基本，ベースはあるものを持っていて，展開していく」っていうかね。
175. （高瀬）ただ，ソフトウエアは，コンピュータサイエンスで，ハードウエアは，電子工学。
176. （金田）だけど，電子工学っていっても，やはり，システム工学的になっているよね。
177. （高瀬）はい。
178. （金田）素子の研究をするんじゃないからね。「組み合わせて，どういう

機能を持たせるか」って話だから[103]。システム工学的というか，でも，ハードウエアは，もう手が届かないところにあるから。

179. (高瀬) あの，「コンピュータ・アーキテクチャ」のテキストというのは，スティーブ・ジョブズが，2005年にスタンフォード大学の卒業式の講演[104]をしているじゃないですか。そこの横にジョン・ヘネシー（John L. Hennessy）[105]がいて，中條先生[106]が「ヘネシー＆パターソン」の共著を翻訳されています。まあ，彼（ジョン・ヘネシー）はスタンフォードの学長さんで，RISCチップ[107]を作られてますけど，モジュール，だから，「ハードウエアとソフトウエアをうまくすり合わせをして，良い研究をして，その研究成果をビジネスにもっていく」，というところが，ちょっと，なかなか。

180. (金田) 日本では出来なかったね。1つは，「大学に，設計をして，資金を投下して，という能力がなかった」というのもあったと思うし，日本のメーカーが閉じてるよね。自分のところで門外不出にして，「大学と共同して何かやろう」というのは，毛頭考えていない，というか。日本のメーカーにしてみれば，「大学は，卒業した学生を送り込んでくれる機関」みたいな感じがあって，一緒に何かやるといってもね。

181. (高瀬) インテルの4004[108]が出た時に，嶋正利さんがビジコンの立場で，計算機のチップのアーキテクチャのかなりの部分まで，出来ていたと思うのですよ。だけど，インテルにテッド・ホッフ（Ted Hoff）というのがいて，「マイクロプロセッサはこうです」と明示して，インテルの発明になってしまったじゃないですか。だから，金丸さんや西久保さんのように，「学生として教育を受けて，薫陶を受けて，ベンチャー」という話もあるんですけど，もう決定的な特許で，その後，「その技術とかその特許で30年位は喰えてしまう」ようなもの（特許）は，大学院でドクターを取った人じゃないと，なかなか出来ない，という現実があって。そういう戦いに，日本はアメリカに後れを取ったかなと。

182. （金田）それはあるだろうな。
183. （高瀬）それは、電気試験所でピックアップして、一本釣りをして。
184. （金田）それは、資金の問題が大きかったと思うよ。その頃使えたお金は、「一桁以上、米国と差があった」ということもあると思うし。そういう発想があんまりでなかったんじゃないかと思うけどね。「LSIのリサーチをする」っていうのは、アメリカではね、大学で先端的なことを考えていた人がいたと思うけど。日本ではね。それは「ちょっと難しい」みたいなところがあって。
185. （高瀬）「ちょっと（笑）」
186. （金田）日本って、大メーカーしかなかったからね。大メーカーは自分のところだけで精一杯で、協力的ではないよね。忙しいわけだ。重要なラインに、わけのわからんモノを持ってくるのは。しかも、格安のものをやるというのは、「出来ませんよ」という話になって。引き受けるにしても、メーカーの場合、傍流が引き受けるようなところがあって、主流は、その会社の主流の製品を作るということになる。だから、日本の場合、メーカーが国家プロジェクトを引き受けるにしても、社内的な立場は決して強くない、という感じだったと思うよ。
187. （高瀬）瀧先生が会社を作ろうとした時は、瀧先生から相談を受けたのですか？
188. （金田）受けたかも知れないけど、僕はあんまり覚えがないね。もっと、楽にやれたら良かった、と思うよ。今の学長の福田（秀樹）[109]先生だって、会社を持っているでしょ。
189. （高瀬）はい。
190. （金田）だから、ああいう形のモノができれば良かったと思うけど。そうしたら、辞めなくても済んだかも知れない[110]。
191. （高瀬）早かったんですかね。
192. （金田）いや、彼に代わる人材が会社の方にいなかったということでしょう。
193. （高瀬）研究者としても、瀧先生に変わる人材って、なかなかいなくて、

国プロの「第5世代コンピュータの並列のアーキテクチャは，私がやりました」，という人じゃないですか。「He is fifth generation computer architect」で，通じるじゃないですか。そしたら，（当時の日本の）第5世代コンピュータの世界でのプレゼンスからすれば，人工知能の研究者だったら，「世界レベル」で通るじゃないですか。

194. （金田）そりゃ，なかなか，いないな。でも，大学の教授を辞めて，会社の経営をして良かったかどうかは，僕も判断はできないけどね。

195. （高瀬）僕なんかは，先駆的に，かなりのリスクを背負って，起業されたというのは，それなりに敬意を持っているのですけど。

196. （金田）だから，システムLSI産業がもっと景気が良ければね。ちょっとしんどくなっているよね。苦しいかも知れないね[111]。

197. （高瀬）ですが，また，ちょっとした発電まわりのテクノロジーだとか，医療関連のセンサーだとか，多少，「家電のところから拡張しましょう」ということをおやりになられているので。

198. （金田）そういうことだね。

199. （高瀬）はい。それから，金田先生の関係でいうと，瀧先生以外にも創価大学の先生[112]が大学発ベンチャーをされていますよね。

200. （金田）中国からの留学生でバイタリティーがあるよな[113]。

201. （高瀬）あの，分析的な話じゃなくて，「何か設計をして，マシンを作る」だとか，そういう話になった時に，エンジニアとしての気持ちがあるじゃないですか。その点で，経営学の大学発ベンチャーの研究がちゃんと追いついていなくて，「どのような制度設計をしたら，うまくいくのかな」という問題意識があって。言い方を変えますと，「何があったら，もっとスムーズにいくのかな」「積み上げていくのだとしたら，どういう点を積み上げていけばいいのかな」という点がありまして。

202. （金田）今は，大分変ってきているんだと思うけど，大学自身が起業家精神というのが無いよな。というか，無かったよな。そういうものを「育て上げよう」だとか，「成功例が周りに幾つかあって」み

たいなのが無かった。日本は，結局「大企業があって，下請けがある」という感じで，まあ，うち（システム工学科）なんかの卒業生は，大体，「大企業に入っていって，その中でそれなりにやっていく」というパターンがあって。ベンチャーを興すとかいって，発想がね。日本はそういうことが起こし難い環境だったという気がしますね。子会社なんか作ったら，親会社が取りこんでしまって，「勝手なことをさせない」という感じになる。それで，「ベンチャーに投資をしよう」というキャピタルもあまり無いし，一度，潰れたら立ち上がれなくなっちゃう，その辺が課題なんじゃないかな。

203. （高瀬）日本の中の経営学の中で，「ベンチャービジネス」の定義がブレているところ[114]があって，技術もないスモールビジネスを含めてベンチャービジネスの中に入れていまして，それで，一応，DECをベンチャービジネスのルーツ[115]にしましょうと。で，ベンチャービジネスそのものは，実は，大学発ベンチャーで，その軍事研究をやって，ものすごいリスクの高い案件に対して，つなぎをやるのが，ベンチャーキャピタルのルーツ[116]ですと。そうすると，僕らが馴染みのあるDECがベンチャーのモデルになるのです。実は，ケン・オルセンは，大学の人事制度をそのまま会社に持っていったので，サバティカルがあったんです。DECって[117]。ですから，ゴードン・ベル（Gordon Bell）なんかは，一旦，DECを退職して，カーネギーにいって，アレン・ニューウェル（Allen Newell）と，コンピュータ・アーキテクチャの一番初めの研究[118]をやって，それで，また，DECに戻って，VAXシステム[119]をやったんです。という具合に，色々，分かってくる。テクノロジーのところは，金田先生なり，我々のシステム工学の先生方が，一生懸命，キャッチアップをしてくれて，こんなところだろうと。ただ，実際，それを産み出す為の，組織だとか，制度に関しては，日本の経営学は研究していなかったな，という点があって，経営学の末席の私にも何かお役に立てればという気持

ちがあるのですが。

204. (金田) ベンチャーをやって，どういう風に伸びていくのか。でも，日本の大企業も元をたゞせば，そういうところからいっているんでしょ。ホンダとか。そういうパターンがね。僕らの方，大学の方に，そういう意識があんまりなかったのは事実だね。大学自身が起業を手掛けるというのはね。だから，産業界との連携については，後ろめたい感じがあったよね。

205. (高瀬) 学園紛争もあって。

206. (金田) そう。だから，そういう点が，なかなか進めなかった点だよね。アメリカだったら，ベンチャーを起したらサポートするが，日本では，進めないし，手段もないよな。そもそも，国立大学で，国の予算で研究をしているわけだから，「一企業を支援するとは，何事だ」とか，そういう話になっちゃうよな。

207. (高瀬) 結局，MITが軍事技術に関連した国家プロジェクトを引き受けたんですけど。日本の場合，国家プロジェクトの引き受け手が電気試験所で，米国の場合は，それが，MITだとか，スタンフォードのイメージですよね。

208. (金田) そういうところはあるよね。

209. (高瀬) で，MITがリンカーン研究所[120]を空軍基地に飛び地を作って，スタンフォードは，SRI[121] (Stanford Research Institute) ですが，「いや，SRIは，大学じゃなくて会社ですから」という実体があって，もしかしたら，次の世代になったら，ここの先生方がですね。

210. (金田) だから，今は，そういう動きがだんだん出て来ているんじゃないの。

211. (高瀬) 「大型プロジェクトのリーダー格だとか，リーダー格のすぐ下あたりから，起業家が出る」っていうイメージなんですよ。DECって。だから，少なくとも，国の大型プロジェクトを取れるだけの，研究の作文が出来る人じゃないと。

212. (金田) まあ，そうだね。結構，最近はね，国立大学も独立行政法人になったから，そういうことをやりやすくしようとしているのは事

実と思うけどね。

213. （高瀬）ただ，日本のベンチャー起業家の研究というのは，まあ，要するに，大学の研究なんていうのは，ベンチャーに関係ないよと。「気骨のある，ハングリー精神だ」といっている人達も，8割位はいるわけですよ[122]。ある程度，テクノロジーベンチャーで，「大学の技術だとか，ノーベル賞級の研究だとかを上手く活かす」というようなベンチャーは，商業化するまでに，それなりにお金がかかるということを，僕らは議論を整理しなくてはいけない，と思っています。だから，今日，西久保さんのケースと，瀧先生のケースというのを，比較したいというのがあって。

214. （金田）西久保さんは別に何だろうな。情報関係のことを，ウチの研究室で見聞きして，ある程度，技術を身につけていったことは事実だろうね。

215. （高瀬）当時，どんなコンピュータが金田研究室にあったのですか？

216. （金田）当時はね，どうだったかな。

217. （高瀬）例えばC言語。

218. （金田）まあ，C言語は出来た位の頃じゃないかな。だから，パソコンのOSは，MS-DOSではなくて，あれ何っていったかな？

219. （高瀬）CP-M[123]。

220. （金田）CP-Mが主体で，それにC言語が使えるという感じで，メモリも何十キロバイトというような程度の感じの計算機だったと思うよ。

221. （高瀬）まあ，「教育でも意味がある」というのもしかりですし，要するに，ソフトウエアを知っている人がめちゃめちゃ少なかったじゃないですか。

222. （金田）まあ，そうだね。

223. （高瀬）というのもあって，起業家なり，トップクラスの研究者の卵なりが，金田先生の研究室に集まった，ということなのでしょうか？

224. （金田）まあ，それはあるかも知れないね。

225. （高瀬）山元さんは，どんな方でした。アップルの。

226. （金田）彼は，僕が面倒を見ていたんじゃないと思うよ。前川先生じゃな

いかな。
227. (高瀬) えーと。1学年どのくらいの人数でした？
228. (金田) 山元って，「ヤマゲン」って書くのだよね。彼は僕が教えていたかな。ちょっと，忘れてしまったね。
229. (高瀬) 前川先生だって，言っていましたよ。
230. (金田) もちろん，第4講座にいたからね。
231. (高瀬) やっぱり，IBMにいって。
232. (金田) 彼は，IBMやったかな。
233. (高瀬) IBM，オラクル，それで，アップルに引き抜かれたみたいですよ。
234. (金田) あー，そんなだ。
235. (高瀬) やっぱり，当たり前のことかも知れないですけど，研究者になられた方と，学部・研究生の方と，全然，密度が違うんですね。
236. (金田) あと，宮本（昌也）さん[124]という方がいて，彼も，ものすごい優秀で，彼，2，3か所，会社を変わっているよ。今もそれなりの偉くなっているのではないかな。
237. (高瀬) すいません。ちょっと，話が変わりますが，グーグルを創ったのはラリー・ペイジ（Larry Page）ですが[125]，彼は，スタンフォード大学のテリー・ウィノグラード（Terry Winograd）[126]の研究室にいました。ウィノグラードは，途中で，「人工知能は嫌だ」っていって，転回してしまいますが，最初の頃の1970年の研究で，「SHRDLU」っていうのがあって，その研究から着想を得て，渕さんが「意味の分かるコンピュータを創りたい」というプロジェクトが，第5世代だったらしい[127]のですが。
238. (金田) あの，第5世代の前に，「パターンプロジェクト」[128]というのがあったんだよ。それも，大型プロジェクトで，超高速電子計算機の後でね。そういうプロジェクトをスタートして，まあ，すったもんだ，あったんだけど，渕さんが，そこで重要な役割を果たして，それで，「人工知能が重要だ」ということになって，ロボットの研究だとか，渕さんはロボットをやったわけじゃないけどね。ロボット，自然言語処理，パターン認識，まあ，画像処理みたい

なものね。そういう方面の研究を展開していったのが，パターンプロジェクトでね。パターンプロジェクトの終わり位に，第5世代の構想がでてきて，ちょうど，同じ頃に，電総研が筑波に移転する[129]，という話がでてきたんだよね。

239. （高瀬）まあ，第5世代は，「200人位の研究者を育てました」[130]というのが表向きの成果で。

240. （金田）まあ，200人かどうかはわからないけど，多くの人材を育てたよね。

241. （高瀬）はい。で，一方，第5世代と同じ時期に，第5世代に対抗しようというプロジェクトがアメリカにあって，それがオースティン[131]なのです。それで，MCCという合弁会社ができて，最初は，基礎研究をやって，その次に，「産学連携」をやろうと思って，ただ出資した大企業にしてみれば，そこから出てくる技術は使いづらくて。最後には，もう，「そこで出てきた技術をつかって，ベンチャーをやれ」という話になった頃から，オースティンのクラスター，つまり，オースティンにベンチャーが集まってきて，で，そのうちの1つがDELLだった，という話があります。

242. （金田）あー。そうか。うんうん。

243. （高瀬）政策レベルでいうと，「ベンチャーで作ったものは，なるべく国が調達で買いましょう」[132]と。そのようなことをアメリカは一生懸命にやったんですよ。だけど，日本の場合は，第5世代で，大型プロジェクトを手掛けた。確かに，日本は研究者が全然足りなかったんで，それで，情報工学が日本の大学にたくさんできて，それの人材の供給源になったと思うのですが，どうも，その辺りが，「大学発ベンチャー」っていう話になると，日本では，「うーん」となって。

244. （金田）そうだよね。やっぱり，基本的には，大学というのは文部省の傘下で，「ベンチャー」っていうのは通産省で，その辺のお役所の難しい問題があって，あんまり文部省からすると良い顔をしないわけよ，通産省からお金をもらうと。当然，「自分のところでお

金を出して，その監督下でやってほしい」というのはあって，「他のところからお金をもらってくるな」みたいな感じで。だから，産学共同というのもそういう難しいところがあったと思うよ。

245. （高瀬）そうですね。
246. （金田）当時，寄付とかなんとかは，大蔵省が嫌がったわけよ。全部自分のところで税金をかき集めておいて，自分のところで配るというのが最高であって，それに穴をあけるような，「国立大学への寄付なんかは，おもしろくない」というのが，長らくの日本の状態で，それが大きな課題だったと思うよ。
247. （高瀬）金田先生のお話を聞いていると，日本の世の中が変わるというか，端境期という感じがしますよね。
248. （金田）だから，民間企業が大学に寄付するのに，「寄付させてください」とお願いを出さないといけないのですよ。そんなことをしたら，協力しようとする企業は皆，怒るよな，普通。募金を集める時って，例えば，赤十字に募金をする時に，「募金して宜しいでしょうか」って，多分，聞かないよな。だけど，最近は大分，変わってきて，学長も「寄付してくれ」って言ってくるようになったけど。そういう文化の差というのは大きいよな。
249. （高瀬）本日お伺いしたお話は，テープ起こしをして，金田先生に見てもらって，原稿をまとめたいと思っています。次回，西久保さんに来ていただいて，瀧先生にも入っていただいて，座談会ができればと考えております。
250. （金田）彼は，来てくれるのかな？
251. （高瀬）だって，神戸空港は，スカイマークのハブ空港ですよ。
252. （金田）そうだな。
253. （高瀬）まあ，西久保さんにしてみたら，どう見たって，ソフトウエアの知識やスキルは，神戸大学に戻ってきて，システム工学科の金田先生の研究室に入って入手されたと思いますよ。
254. （金田）そうかも知れないね。
255. （高瀬）是非，ご協力いただければ幸いです。

256. (金田) パターン認識の「パターンプロジェクト」は大事だったと思うよ。
257. (高瀬) はい。
258. (金田) 渕さんは音声をやっていたんだよね。
259. (高瀬) 先生は，この本[133]は初めてですか。
260. (金田) これは，初めてだね。これは，見てないね。
261. (高瀬) これは[134]ご存じですか？
262. (金田) いや，これも知らんわ。
263. (高瀬) これは，後ろの方に，瀧先生が出てくるんですよ。
264. (金田) あ，そう。
265. (高瀬) これは，渕さんの自伝で，人工知能のレビューと，第5世代ですね。もう1つ，渕さんの回顧録[135]があって。というのは，瀧先生にインタビューをして，「どういう経緯で，日立から第5世代にいったんですか？」という質問をしても，「いや，なんとなく」とかいって，めっちゃ，お茶を濁されたんですよ。で，この本をみたら，「瀧は日立で目立っていたので，引き抜いてやった」と，古川康一[136]さんが書かれているのですよ。ちょっとすぐに，パッと，ページがでてこないですけど。金田先生にも言及がありますよ。
266. (金田) あ，そうなんだ。
267. (高瀬) それで，「パターン認識（プロジェクト）」がこれで。
268. (金田) これがそうだね。
269. (高瀬) この林晋さん[137]って，ここにいらっしゃったんですよね。今，京都大学にいらっしゃる。
270. (金田) そうそう。
271. (高瀬) これ（この本）で，大分，雰囲気が分かりました。だから，金田先生が神戸大学の卒業生の電気試験所第1号で，先生が思っている以上に，コンピュータ・サイエンスの研究・教育の分野を切り開かれたと思いますよ。
272. (金田) （笑）
273. (高瀬) 学部時代，僕，最高に楽しかったですよ。システム工学科。

274. (金田) 随分，エンジョイしてたよな。（本のページをめくりながら）これ，HITAC8400で，IBMの互換機[138]。
275. (高瀬) 田中穂積さん[139]，この本の編集をした後，お亡くなりになってしまうんですよね。
276. (金田) 亡くなったね。田中さんは，僕の親友だったんだけどな。
277. (高瀬) そうですか。
278. (金田) よくこんな本を集めたな。
279. (高瀬) 文献リストも差し上げますし，アマゾンで入手できますよ。あの，この写真，氷川神社でしたっけ。
280. (金田) 永田町の近くだよ。日枝神社ってあるんだよ。これ，日枝神社かも知れない[140]。
281. (高瀬) ホテルニュージャパン[141]。
282. (金田) そうそう，その近くだね。
283. (高瀬) この本のちょっと前に，「神戸大学にいた金田君が云々」[142]って出てきますよ。ここですかね。今の産総研って，デカクなりすぎちゃって，何をやってんだろうって。
284. (金田) あれは，元々明治維新のあとにできた。化学とか，機械とか，それらの研究所ができたんじゃないかな。
285. (高瀬) 舎密局[143]でしたっけ。オランダ語のケミーで。
286. (金田) 舎密局は，化学だよね。
287. (高瀬) それが，京都にできて，その前に，化学の実験器具を納入するために，島津（製作所）[144]ができて。だから，大学が国立であるが故に，大学発ベンチャーの問題は，ものすごい難しいですね。
288. (金田) それはあるな。
289. (高瀬) えーと。ちょうど，3時になりましたが，先生長い間ありがとうございます。先生のスケジュールは，次に5時に湊川神社で，KTCの総会ですよね。また，よろしくお願いいたします。

● 注
1　渕・赤木（1984）。第5世代コンピュータプロジェクトに関する対談。

2 渕・赤木（1984），79頁の写真。
3 渕 一博氏のこと。財団法人新世代コンピュータ技術開発機構（ICOT）の理事兼研究所長に就任し，第5世代コンピュータの開発を指揮した。
4 斎藤信男・慶応大学名誉教授。慶応大学理工学部教授を経て，1995年，慶応大学環境情報学部長。
5 横井俊夫・東京工科大学名誉教授。数理基礎研究室室長を歴任。
6 杉藤芳雄・昭和41年東京大学工学部係数工学科卒。同年，電気試験所入所。
7 現在の国立研究開発法人産業技術総合研究所。2001年通商産業省工業技術院傘下の研究所群が統合された。
8 一般財団法人機械振興協会が昭和39年8月に設立され，その建物として，昭和41年，機械振興会館が竣工した。当時，電気試験所「芝分室」と言われていた。
9 昭和39年神戸大学電気工学科卒，昭和41年神戸大学工学研究科電気工学専攻修了。
10 IBMのシステム360は，発表が1964年。発売が1965年。
11 トランジスタ型コンピュータの事業化に関する日米比較事例研究。高瀬・伊藤（2013）を参照のこと。
12 筆者が1994年当時在籍していた神戸大学工学部システム工学科は，現在の情報知能工学科のこと。システム第2講座は，主として機械工学とコンピュータ科学の境界領域の研究としてロボット研究をしていた。
13 京都大学工学研究科メカトロニクス研究室・松野文俊教授のこと。福島原発事故の際，レスキューロボット導入の遅れについて新聞等のメディアから批判がなされた。
14 正確には，DECの上場は1968年。筆者の思い違いで，正確にはPDP-1は1959年開発開始，1960年販売。
15 筆者の思い違いで，正確には「ショックレー半導体研究所」の設立は1955年。ショックレーがシリコンベースの半導体の研究の打ち切ったのを機会に，後にインテルを創業するロバート・ノイスとゴードン・ムーア他8人が退職したのが1957年7月。
16 世界発のベンチャーキャピタルと言われる，American Research & Development Corporation（ARDC）のDECへの出資が1957年。ちなみに，PDP-1は，世界で初めてトランジスタを搭載した商用コンピュータ（1960年発売）であるが，同じくトランジスタを搭載したソニーによる世界初のトランジスタ・ラジオ「TR-55」の発売は1955年。
17 フライトシミュレーター用のリアルタイム処理を念頭においてMITで開発されたコンピュータ。当時，MITリンカーン研究所の研究員だったDECの創業者のケン・オルセンは，真空管で組み立てられたWhirlwind computerのトランジスタ化を目指した後継機TX-1を担当しており，その事業化を意図して1957年にDECを創業した。
18 日本の場合，電気試験所から日立製作所への技術移転でトランジスタ型コンピュータが商業化されている。背景には，当時，軍事技術であったコンピュータ研究の大学の迂回があったと考えられる。

19 東京工科大学名誉教授。詳細は情報処理学会コンピュータ博物館のコンピュータパイオニアとして紹介されている。(http://museum.ipsj.or.jp/pioneer/sigtak.html【2016年9月28日確認】)

20 ETL-mark 4は，電気試験所によるトランジスタ型コンピュータの試作機。高橋茂氏，渕一博氏が参画した。同じくコンピュータ博物館による紹介を参照のこと。(http://museum.ipsj.or.jp/computer/dawn/0014.html【2016年9月28日確認】)

21 MARS-1は，座席予約システムの最初の原型。1960年に稼働し，東京大阪間の特急列車の座席予約業務に使用される。コンピュータ博物館を参照のこと。(http://museum.ipsj.or.jp/computer/dawn/0030.html【2016年9月28日確認】)

22 真空管が第1世代，トランジスタが第2世代。集積回路（IC）が第3世代。マイクロプロセッサ（MPU）が第4世代。

23 高瀬・伊藤（2013）のこと。

24 ETL-mark 6についても，コンピュータ博物館を参照のこと。(http://museum.ipsj.or.jp/computer/main/0007.html【2016年9月28日確認】)

25 当時，高橋茂氏は，トランジスタ型コンピュータに関する電気試験所から日立製作所への技術移転の中心的な指導者であり，その担当者自らコンピュータの事業化を狙った日立製作所にそのまま転籍したと推測される。

26 IBM7030のこと。世界初のスーパーコンピュータとされる。米国コンピュータ博物館にはIBM7030のアーカイブがある。詳細は以下，参照のこと。(http://www.computerhistory.org/collections/ibmstretch/【2016年9月28日確認】)

27 高橋（1998）のこと。

28 2016年現在のベル研究所はNokia傘下となっている。公式の紹介サイトは以下，参照のこと。(https://www.bell-labs.com/about/history-bell-labs/【2016年9月28日確認】)

29 ホーソン実験や人間関係論についてのハーバード・ビジネススクールのアーカイブは以下，参照のこと。(http://www.library.hbs.edu/hc/hawthorne/intro.html【2016年9月28日確認】)

30 チェスター・バーナード（Chester Barnard）のこと。主著『経営者の役割』(1938)。1927年からニュージャージー・ベルの社長を20年間務めた。

31 高橋（2003）に詳しい。

32 1948年（昭和23年）8月，通信省電気試験所は，電力部門は商工省工業技術庁傘下の電気試験所に，一方，通信部門は通信省電気通信研究所に分割された，とされる。「電子技術総合研究所100年史」(1995)を参照のこと。

33 1954年，後藤英一氏によって発明された論理回路素子。詳細は，コンピュータ博物館を参照のこと。(http://museum.ipsj.or.jp/computer/dawn/0007.html【2016年9月28日確認】)

34 和田弘・成蹊大学名誉教授。日本のコンピュータパイオニアの一人。詳細は，コン

ピュータ博物館を参照のこと。(http://museum.ipsj.or.jp/pioneer/h-wada.html【2016年9月28日確認】)

35 相磯秀夫・慶応大学名誉教授。同様に，日本のコンピュータパイオニアの一人。詳細は，コンピュータ博物館を参照のこと。(http://museum.ipsj.or.jp/pioneer/aiso.html【2016年9月28日確認】)

36 坂村健・東京大学教授。TRONプロジェクト等。研究室のサイトは以下を参照のこと。(http://www.sakamura-lab.org/【2016年9月30日確認】)

37 村井純・慶応大学教授。JUNET設立者。日本におけるインターネットの黎明期から啓蒙活動を先導した。研究室のサイトは以下を参照のこと。(http://www.sfc.wide.ad.jp/IRL/【2016年9月30日確認】)

38 東京大学工学部計数工学科。1962年（昭和37年）設立。学科名は「計測＋数理」に由来。詳細は，学部サイトを参照のこと。(http://www.keisu.t.u-tokyo.ac.jp/【2016年9月30日確認】)

39 旧工業技術院・大型工業技術研究開発制度のこと。1966年（昭和41年）発足。貿易の自由化と技術のキャッチアップが当時の背景にあった。

40 IBMシステム360に対抗するために1966年に開始された国産コンピュータ開発プロジェクト。日立製作所が全体を統括した。5年間で120億円の予算規模であった。詳細は，渕・赤木（1984），高橋（1996）を参照のこと。

41 第一次石油危機後の1978年から1993年度まで通商産業省工業技術院が行った省エネルギー技術の研究開発「ムーンライト計画」の1つであった。現在，「MHD発電」については，東京工業大学・奥野 喜裕教授が継続して研究をおこなっている。研究室のサイトは以下を参照のこと。(http://www2.es.titech.ac.jp/okuno/【2016年9月30日確認】)

42 渕・赤木（1984）のこと。

43 仲上稔教授は，神戸大学工学部前身の神戸高等工業学校電気科昭和4年卒業。戦前の国際電気通信株式会社から神戸大学工学部電気工学科に赴任する。

44 ここで，金田悠紀夫氏は，現在，携帯電話等のアンテナ設置における確率分布の1つとして使われるNakagami-distribution（仲上m分布）の説明をしている。詳細は，仲上（1947）を参照のこと。

45 48行目において，先述した「超高性能電子計算機プロジェクト」の一環として実施された電気試験所によるタイムシェアリングシステムのETSSの開発プロジェクトのこと。弓場敏嗣氏による「タイムシェアリングシステム ETSS 研究開発」（2016）に詳しい。詳細は，産工会（旧工業技術院OB会）を参照のこと。(https://sankoukai.org/【2016年9月30日確認】)

46 IBMシステム360が世界初のコンピュータのオペレーティングシステムであり，この背景には，日本のコンピュータメーカーもそれにキャッチアップすることが不可欠であった事情がある。

47 当時，日本だけでなく，米国でもIBM互換機を各メーカーが販売していた。Ceruzzi（2003）が詳しい。
48 当時の日本のコンピュータメーカーの事情については，渕・赤木（1984），高橋（1996）を参照のこと。
49 渕・赤木（1984）のこと。
50 城憲三・大阪帝國大学教授。1950年，ENIAC型演算装置・阪大真空管計算機を製作する。詳細は，コンピュータ博物館を参照のこと。（http://museum.ipsj.or.jp/pioneer/jyoh.html【2016年9月30日確認】）
51 岡崎文次・富士写真フイルム（当時）。1956年，我が国最初の真空管式電子計算機FUJICを完成させる。詳細は，コンピュータ博物館を参照のこと。（http://museum.ipsj.or.jp/pioneer/okazaki.html【2016年9月30日確認】）
52 池田敏雄・富士通（当時）。1950年代初めから1974年まで（つまり，技術としては，リレー式からスーパーコンピュータにいたるまで）富士通のコンピュータ部門の指導的立場として日本のコンピュータ産業を牽引した。1974年羽田空港ロビーで卒倒し，不帰の客となった。（http://museum.ipsj.or.jp/pioneer/t-ikeda.html【2016年9月30日確認】）
53 渕・赤木（1984），90-101頁の対談におけるコンピュータの世代論の議論。
54 渕・赤木（1984），80頁の写真。芝分室でのETSSのディスカッション中の一コマ。
55 1976年4月，電気試験所の後継：電子技術総合研究所研究員から神戸大学に赴任し，前川禎男教授の下，電気／電子工学専攻のシステム第4講座：講師に就任する。
56 1976年の設立。神戸大学工学部システム工学科の設立経緯については，「神戸大学百年史：部局史」（p.770-789）を参照した。
57 平井泰太郎・神戸大学経営学部教授。日本初の経営学博士であり，昭和24年，日本初の経営学部設立の最大功労者でもある。また，2013年，神戸大学経済経営研究所 経営機械化展示室は，情報処理学会・分散コンピュータ博物館として登録される。（http://museum.ipsj.or.jp/pioneer/t-ikeda.html【2016年10月1日確認】）
58 1902（明治35）年，高等商業学校（後の東京高等商業学校）に続く2番目の高等商業学校として，神戸高等商業学校が設立されている。
59 起業家的大学（Entrepreneurial University）については，Etzkowitz（2002），Etzkowitz（2008）を参照のこと。
60 バネーバー・ブッシュ（Vannevar Bush）は，MIT電子工学科教授，副学長を歴任したが，第二次世界大戦の際，アメリカ国防研究委員会（NDRC）の議長として軍事研究に関与し，マンハッタン計画を含む原子爆弾計画を推進したことでも知られている。その後，軍産学の協力関係を維持するために米国科学財団（NSF）を設立するが，ここでのコメントは，ブッシュによる「Science, the endless frontier」（1945）のレポートのことを言及している。
61 アマー・ボーズ（Amar Bose）は，MIT名誉教授，スピーカーBOSE社の創業者。「サ

イバネティクス」（1961）のウィナーのMIT電子工学科の教え子にあたる。BOSE社沿革を参照のこと。（https://www.bose.co.jp/【2016年10月1日確認】）

62　American Research & Development Corporation（ARDC）のこと。詳しくは，高瀬・伊藤（2013）。
63　1971年に発売された，世界初のマイクロプロセッサであるインテル4004（Intel4004）がその代表例。
64　田村直之・神戸大学情報基盤センター，情報知能工学科（情報基礎講座）教授。
65　和田耕一・大学院システム情報工学研究科（並列分散処理研究室）教授。
66　松田秀雄・大学院情報科学研究科バイオ情報工学専攻（ゲノム情報工学講座）教授。
67　多田幸生・大学院システム情報学研究科システム科学専攻（システム基盤講座　システム設計研究室）教授。
68　2009年12月15日に多田幸生教授・花原和之准教授と昼食を同席した。その席で，瀧氏についてインフォーマルにインタビューし，そのメモを電子メールで送付し，12月18日にメールにて確認した。
69　瀬口靖幸・大阪大学基礎工学部機械工学科教授。1985年まで神戸大学システム工学科（第2講座）教授。
70　アドバンスト・マイクロ・デバイセズ（AMD）社が1975年に開発した集積回路（ICチップ）のファミリーであるAMD Am2900のことを言及している。
71　Transistor-transistor-logic（TTL）の略。バイポーラトランジスタと抵抗器で構成されるデジタル回路の一種。
72　Levy（1984）のこと。ここでは，マイクロソフトやアップルのスタートアップだけでなく，MITにおける人工知能研究の萌芽期のルポルタージュに言及している。グリーンブラッドが起業した会社はLISP Machine Inc.で，MIT人工知能研究所内で2社（2つの派閥）に分裂したため，LISPマシンを巡る主導権争いが勃発した。
73　瀧（1979）のこと。
74　Simon（1996）の自叙伝，または，人工知能学会の「ダートマス会議」の解説を参照のこと。（https://www.ai-gakkai.or.jp/whatsai/AItopics5.html【2016年10月4日確認】）
75　ファイゲンバウムが設立したエキスパートシステムの大学発ベンチャーについては，(Feigenbaum and McCorduck, 1983) を参照のこと。
76　前川禎男・神戸大学工学部システム工学科　名誉教授。1972年電子工学科教授。1974年システム工学科教授。
77　例えば，計測自動制御学会にはシステム・インテグレーション部門があり，この立場に近い。
78　平井一正・神戸大学工学部システム工学科　名誉教授。専門は，システム制御理論。
79　「神戸大学工学部システム工学科第4講座で開発された計算機」においてLISPマシン，Prologマシンの詳細が紹介されている。(http://bach.istc.kobe-u.ac.jp/s4-machines/【2016

年10月1日確認】)

80　小畑正貴・岡山理科大学情報工学科（コンピュータアーキテクチャ研究室）教授。
81　西久保愼一氏（前・スカイマーク（株）代表取締役）のこと。
82　1978年神戸大学工学部化学工学科卒，1981年10月（株）ソード電算機システム（東芝プラットフォームソリューション（株）に入社している。
83　1985年神戸大学工学部システム工学科に研究生として入学する際に，ソフトウエアの請負会社を設立した。
84　パソコン用通信カラオケ「Singる（シングル）」のこと。
85　1998年9月よりサービス開始。携帯電話と一般のインターネットメールとのメール送受信が10円で可能なサービスとして画期的であった。その後，iモードやスマートフォンのサービスに引き継がれることになった。
86　2003年9月スカイマークエアラインズ（現スカイマーク）に35億円を出資し筆頭株主となる。2004年1月40億円を追加出資して代表取締役社長に就任。
87　2000年6月当時．大阪証券取引所と連携して設立した新証券市場のナスダック・ジャパンへの上場のこと。
88　2000年5月14日（日）神戸大学において開催した。詳細は，以下を参照のこと。加護野忠男氏，金井壽宏氏，金丸恭文氏等を迎えて講演会を開催した。(http://home.kobe-u.com/kobe-vb/【2016年10月1日確認】)
89　山元賢治氏・アップル・ジャパン（株）元・代表取締役社長，昭和58年システム工学科卒業後，日本IBMに入社。
90　1972年，AT&Tベル研究所のデニス・リッチーが主体となって開発したプログラミング言語。当時，ケン・トンプソンとUNIXの開発をおこなっていたため，機械語とのコンパイラを開発したため，UNIXはC言語が広く使われるようになった。
91　磁気コアメモリ（Magnetic-core memory）は，フライトシミュレーター用Whirlwind computerに採用されたこと，また，ケン・オルセンも米国特許3161861号を取得していたことで，DECのスタートアップに繋がったことが知られている（Rifkin and Harrar, 1988）。一方，ここでのLSIメモリの話題は，インテルの創業が，磁気コアメモリの置き換え・駆逐を目的としたものであったことを念頭においたものである（Burgelman and Grove, 2001）。
92　（Feigenbaum and McCorduck, 1983）の議論を参照のこと。
93　神戸大学工学部システム工学科第6講座のこと。本文4.6.1節を参照のこと。
94　今岡（1989）のこと。
95　瀧（1986）のこと。
96　国家プロジェクトを巡る問題点については，西垣（2005），古川編（2010）を参照のこと。
97　2011年6月10日インタビュー。
98　神戸大学LISPマシンの詳細は，情報処理学会コンピュータ博物館情報処理技術遺産にお

99 松本隆一・神戸大学工学部システム工学科 名誉教授。専門は，システム設計。
100 上田和紀・早稲田大学情報理工学科 教授。
101 古川編（2010）66頁を参照のこと。
102 本文4.5節のLSI CADから，4.6節のシステムLSIの事例研究を参照のこと。
103 例えば，理学部電子物性研究室での「素子」の基礎研究とは異なる，という意味。
104 2005年6月12日，スタンフォード大学卒業式におけるスピーチのこと。
105 スタンフォード大学第10代学長，2000年から2016年現在も現職。1984年，ミップス・コンピュータシステムズ（MIPS Computer Systems, Inc.）を創業。
106 中條拓伯・東京農工大学工学部情報工学科 准教授。「コンピュータの構成と設計」「コンピュータ・アーキテクチャ」のジョン・ヘネシーとデビッド・パターソンの共著シリーズ。現在，第5版。中條氏は，ながらく「コンピュータ・アーキテクチャ」の翻訳に関わっている。
107 RISCチップは，コンピュータの命令セットアーキテクチャ（ISA）の設計手法の1つで，命令の種類を減らし，回路を単純化して演算速度の向上を図るもの。Silicon GraphicsにされたMIPSだけでなく，Sun MicrosystemsのSPARC等のワークステーションにも利用され，インテル等のCISCチップと比較された。
108 インテル4004とその後のマイクロソフトやアップルのスタートアップについては，数多くの文献があるが，コンピュータ史に関連したものは，相田（1991），Ceruzzi（2003），Burgelman and Grove（2001）を参照のこと。
109 2012年5月当時，福田秀樹・神戸大学学長のこと（2009年から2015年まで）。
110 詳しくは，本文（第4章）を参照のこと。2005年，事業に専念するために，神戸大学教授を退職。
111 実際，2012年11月に瀧和男氏自身が創業した会社の代表取締役を辞任し，神戸大学の産学連携部門特命教授に復職した。その背景には，ルネサス・エレクトロニクスの吸収合併等，大手家電メーカーのシステムLSI産業からの撤退による影響が大きかったと推測される。
112 崔龍雲・創価大学理工学部 情報システム工学科 教授。光ファイバーセンサーを手掛ける（株）コアシステムジャパン・代表取締役を兼業している（http://www.core-system.jp/【2016年10月6日確認】）。
113 崔龍雲氏は，韓国からの留学生で金田先生の指導で1995年博士号取得している。
114 以前は，中小企業もハイテク・ベンチャーも，同じ「ベンチャービジネス」として議論してしまう為に，研究者のコミュニティーにおいても混乱が生じてしいたと推測される。現在は，Shane（2003）によるentrepreneurshipの定義が主流である。
115 清成・中村・平尾（1971）の出版によって，日本では「ベンチャービジネス」という

概念が定着した。

116 この経緯については，西澤（2012），高瀬・伊藤（2013），が詳しい。
117 DECのサバティカルについては，Rifkin and Harrar（1988）を参照のこと。
118 Bell and Newell（1971）のこと。
119 DECはVAXシステムによって，IBM・システム360のビジネス用途のコンピュータ市場を追撃しようとした。創業者のケン・オルセンと当時，副社長だったゴードン・ベルの確執については，Schein（2004）が詳しい。
120 1951年，マサチューセッツ工科大学とアメリカ国防総省の出資で設立した研究所。
121 1946年，スタンフォード大学によって地域の経済発展を支援する目的で設置された研究所。スタンフォード大学への国防総省からの委託研究はSRIが受け皿となっていたため，1970年にスタンフォード大学から分離独立し，SRIインターナショナルに名称変更している。
122 本文第2章の理論的背景を参照のこと。
123 デジタルリサーチ社（Digital Research Inc.）の創業者のゲイリー・キンドール（Gary Kildall）によって開発された，1970年代に8ビットのパソコン用に普及したオペレーティングシステム（OS）。16ビットへの移行期にあたり，IBM PCには搭載されず，マイクロソフト社のMS-DOSが普及することになった。相田（1991），Ceruzzi（2003）を参照のこと。
124 昭和62年，神戸大学大学院システム工学科修了。神戸大学Prologマシンの製作に関与している。（http://bach.istc.kobe-u.ac.jp/s4-machines/【2016年10月6日確認】）
125 Googleのスタートアップの詳細については，多数の文献があるが，Levy（2011）が詳しい。
126 ウィノグラードは，スタンフォード大学博士課程に在籍していたラリー・ペイジを1995年からGoogle創業の1998年頃まで指導した。
127 渕一博氏は，初期の自然言語処理SHRDLUの研究のウィノグラードによる著書を「言語理解の構造」（1976）として翻訳して出版している。第5世代の着想については，今岡（1989）を参照のこと。
128 正式名称は，「パターン情報処理システム」大型プロジェクト。1971年から1980年までの10年間で予算規模200億円だった。
129 電子技術総合研究所の筑波への全面移転完了は1980年であった。
130 筆者は，『人工知能大事典（2005）』丸善出版「第5世代コンピュータ」の項目（執筆者；近山　隆氏，172頁）の記載を基に，第5世代コンピュータプロジェクトの成果である人材育成（研究者人材200名）の点について言及している。
131 西澤・福嶋（2005），西澤（2012），福嶋（2015）が詳しい。
132 SBIR（Small Business Innovation Research）のことを言及している。西澤（2012）を参照のこと。
133 渕・赤木（1984）。

134 今岡（1989）。瀧和男氏への引用は，261頁を参照のこと。
135 古川編（2010）。
136 本文4.4.1節に引用している。古川編（2010），66頁を参照のこと。
137 林晋・京都大学大学院文学研究科 現代文化学専攻 情報史料学 教授。平成7年から17年まで神戸大学情報知能工学科教授で，金田悠紀夫氏，瀧和男氏と同僚であった。
138 日立製作所HITAC 8000シリーズは1965年発売。IBMシステム360に対抗して製作された。詳細は，コンピュータ博物館を参照のこと。(http://museum.ipsj.or.jp/computer/main/0009.html【2016年10月6日確認】)
139 田中穂積・東京工業大学大学院情報理工学研究科 名誉教授。2004年度情報処理学会フェロー。
140 渕・赤木（1984），79頁の写真。
141 1965年迄，電気試験所は永田町（現首相官邸敷地内）にあり，日枝神社，ホテルニュージャパンも至近であった。
142 今岡（1989），260頁。
143 京都舎密局は，京都府が1870年（明治3）理化学・工業技術の研究・普及を目的に設けた勧業教育施設。
144 島津製作所は，木屋町二条界隈で舎密局に出入りしていた初代島津源蔵が1875年に創業した。

資料（コンピュータ史関係）

Feigenbaum, E. A. & David, J. B. (2002). *The Japanese Entrepreneur: Making the desert bloom*.（西岡幸一訳『緊急出版　起業特区で日本経済の復活を！』日本経済出版社, 2002年）

Feigenbaum, E. A. & McCorduck, P. (1983). *The Fifth Generation: Artificial Intelligence and Japan's Computer Challenge to the World*. Addison-Wesley.（木村　繁訳『第五世代コンピュータ：日本の挑戦』阪急コミュニケーションズ, 1983年）

Kanter, R. M. (1983). *The change masters: innovation for productivity in the American corporation*, Simon and Schuster.（長谷川慶太郎監訳『ザ・チェンジ・マスターズ：21世紀への企業変革者たち』二見書房, 1984年）

Kaplan, Eugene J (1972). *Japan, the government-business relationship : a guide for the American businessman*, U.S. Dept. of Commerce, Bureau of International Commerce.（米国商務省編；大原進, 吉田豊明訳『株式会社・日本：政府と産業界の親密な関係』サイマル出版会, 1984年）

相磯秀夫他編（1985）『国産コンピュータはこうして作られた：1960年～1985年の開発の流れと新世代への展望』共立出版。

相田　洋（1991）『NHK 電子立国日本の自叙伝〈上・中・下・完結編〉』日本放送出版協会。

今岡和彦（1989）『我が志の第五世代コンピュータ　渕一博とICOTの技術戦士たち』阪急コミュニケーションズ。

上前淳一郎（1985）『めざすは新世代コンピュータ－「日本の夢」に挑む頭脳集団』角川文庫。

鵜飼直哉・浦城恒雄・松永俊雄・山田昭彦（2011）「オーラルヒストリー・西野博二氏インタビュー」『情報処理』, 52巻12号, 1554-1560頁。

浦城恒雄・小高俊彦・河辺峻（1985）「日立製作所」『国産コンピュータはこうして作られた：1960年～1985年の開発の流れと新世代への展望』共立出版, 95-122頁。

遠藤　諭（2010）『日本人がコンピュータを作った！』アスキー・メディアワークス。

金田悠紀夫（1970）「TSSにおけるページングの効率について」『電子情報通信学会論文誌C』, Vol.53-C No.8 538-545頁。

金田悠紀夫・相磯秀夫・淵　一博（1969）「ETSSにおける擬似ページ・アドレス方式とその効率」『電子情報通信学会誌』第52巻, 267-273頁。

金田悠紀夫・小林康博・前川禎男・瀧　和男（1982）「直接マイクロコード生成形コンパイラによるLISPマシンの高速化」『情報処理学会論文誌』第23巻, 96-99頁。

金田悠紀夫・小林康博・前川禎男・瀧　和男（1982）「コンパイラ導入による試作LISPマシ

ンの効率改善について」『情報処理学会論文誌』第22巻, 114-120頁。

金田悠紀夫・瀧　和男・和田耕一・田村直之（2002）「神戸大LISPマシンPROLOGマシン（特集知られざる計算機）」『情報処理学会論文誌』第43巻, 114-115頁。

北村清志・八木幹雄・瀧　和男（2000）「プラスチック・ハード・マクロ技術による超高速加算器―リップルキャリー加算器は速くなる―」『情報処理学　DAシンポジウム2000』1‐6頁。

北村清志・瀧　和男・尾形俊郎・村田　豊（2001）「低消費電力ディジタル・マッチトフィルタ：プラスチック・ハード・マクロ技術の応用事例」『情報処理学会論文誌』第42巻, 1016-1022頁。

榊原清則（1981）「超LSIの官民共同開発―なぜ研究は成功したのか（新イノベーション時代―技術にかける日本の企業）」『エコノミスト』第59巻, 108-112頁。

榊原清則（1981）「組織とイノベーション：事例研究・超LSI技術研究組合」『一橋論叢』第86巻, 第2号, 160-175頁。

情報処理学会歴史特別委員会（1998）『日本のコンピュータ発達史』オーム社。

高橋　茂（1976）「トランジスタ計算機（ETL Mark III〜VI）」『情報処理』第17巻, 第2号, 133-141頁。

高橋　茂（1996）『コンピュータクロニクル』オーム社。

高橋　茂（1998）「日本でのコンピュータのはじまり」『日本のコンピュータ発達史』オーム社, 27-39頁。

高橋　茂（2003）「通産省と日本のコンピュータメーカ」『情報処理』第44巻, 第10号, 1069-1077頁。

高橋　茂・寺尾　満・渕　一博・山田昭彦・和田英一（2010）「オーラルヒストリー・和田弘氏インタビュー」『情報処理』51巻7号, 870-877頁。

瀧　和男（1979）『LISPマシンシステムの研究』神戸大学大学院工学研究科修士論文。

瀧　和男（1986）『人工知能向き高級言語マシンの方式研究』神戸大学大学院工学研究科博士論文。

瀧　和男編（1993）『第五世代コンピュータの並列処理：汎用並列処理への道, 言語・OS・プログラミング』共立出版。

瀧　和男・金田悠紀夫・前川禎男（1979a）「LISPマシンの試作：アーキテクチャとLISP言語の仕様」『情報処理学会論文誌』第20巻, 481-486頁。

瀧　和男・金田悠紀夫・前川禎男（1979b）「LISPマシンの試作：インタープリタの構造とシステムの評価」『情報処理学会論文誌』第20巻, 487-493頁。

瀧　和男・北村清志（2001）「プラスチック・ハード・マクロ技術による低消費電力算術演算器」『情報処理学会論文誌』第42巻, 1023-1029頁。

瀧　和男・李　副烈（1997）「パストランジスタ論理に基づく低消費電力回路方式と設計事例」『情報処理学会論文誌』第J80-A巻，753-764頁。

瀧　和男・八木幹雄・森本薫夫・尾形俊郎・池見憲一・北村清志（2001）「高速低消費電力論理回路方式ASDDL/ASD-CMOSとその評価」『情報処理学会　DAシンポジウム2001』113-118頁。

竹内郁雄（1979）「第二回LISPコンテスト」『情報処理学会論文誌』第20巻，192-199頁。

戸田　巌・松永俊雄（2003）「電電公社のコンピュータ開発」『情報処理』第44巻6号，631-639頁。

仲上　稔（1947）『短波の特性及び合成受信の研究』修教社。

成定　薫（1995）「物理部と電子部の設立」『電子技術総合研究所百年史』740-746頁，オーム社。

野中郁次郎・永田晃也編（1995）『日本型イノベーション・システム：成長の軌跡と変革への挑戦』白桃書房。

渕　一博・廣瀬　健（1983）『第5世代コンピュータの計画』MONAD BOOKS 27, 海鳴社。

渕　一博・赤木昭夫（1984）『第5世代コンピュータを創る：渕一博に聞く』日本放送出版協会。

古川康一・中島秀之・新田克己・相田　仁（1987）『第五世代コンピュータ入門』オーム社。

古川康一編（2010）『渕一博 ―その人とコンピュータサイエンス』近代科学社。

松田正敏（1995）「組織的研究開発のメカニズム　―第五世代コンピュータの研究開発をめぐって―」，野中郁次郎・永田晃也編著『日本型イノベーション・システム：成長の軌跡と変革への挑戦』白桃書房。

溝口文雄・北沢克明（1982）『知識工学入門：思考するコンピュータへの挑戦』講談社。

元岡　達・喜連川優（1984）『第五世代コンピュータ』岩波書店。

李　副烈・瀧　和男・堀貴代秀・村田　豊（1999）「低消費電力CMOSセルライブラリの設計と評価」『情報処理学会論文誌』第40巻，1670-1678頁。

参考文献

Aldrich, H. E. (1999). *Organizations evolving*. Sage Publications. (若林直樹・高瀬武典・岸田民樹・坂野友昭訳『組織進化論：企業のライフサイクルを探る』東洋経済新報社, 2007年)

Allport, G. W. (1942). *The Use of Personal Documents in Psychological Science*. NY: Social Science Research Council. (大場安則訳『心理科学における個人的記録の利用法』培風館, 1970年)

Alvarez, S. A., & Barney, J. B. (2007). Discovery and creation: alternative theories of entrepreneurial action, *Strategic Entrepreneurship Journal*, 1 (1), 11-26.

Anderson, J. R. (2010). *Cognitive psychology and its implications*, 7th edition. NY: Worth.

Anderson, J.R., & Lebiere, C. (1998). *The atomic components of thought*. Routledge.

Anzai, Y., & Simon, H. A. (1979). The theory of learning by doing. *Psychological Review*, 86, 124-140.

Arthur, W. B. (1994). *Increasing returns and path dependence in the economy*. Ann Arbor : University of Michigan Press. (有賀裕二訳『収益逓増と経路依存：複雑系の経済学』東京：多賀出版, 2003年)

Arthur, M. B., & Rousseau, D. M. (1996). *The boundaryless career : a new employment principle for a new organizational era*. New York : Oxford University Press.

Atkinson, R. (1998). *The Life Story Interview*. Sage Publications, Inc. (塚田 守訳『私たちの中にある物語：人生のストーリーを書く意義と方法』ミネルヴァ書房, 2006年)

Baker, T. & Nelson, R. E. (2005). Creating something from nothing: Resource construction through entrepreneurial bricolage. *Administrative Science Quarterly*, 50, 329-366.

Baldwin, C. Y., & Clark, K. B. (2000). *The power of modularity*. MIT Press.

Barney, J., Wright, M. & Ketchen, D. (2001). The Resource based view: ten years after 1991, *Journal of Management*, 27, 625-641.

Baron R.A. (2006). Opportunity recognition as pattern recognition: how entrepreneurs 'connect the dots' to recognize new business opportunities. *Academy of Management Perspectives*, 20, 104-119.

Baum, J. R., Frese, M., Baron, R. A., & Meyer, D. (2007). *The Psychology of Entrepreneurship: Siop Organizational Frontiers*. Mahwah, N. J.: L. Erlbaum Associates.

Becker, H. (1966). Introduction, in C. Shaw, C. R. (1930). *The Jack-Roller: A Delinquent Boy's Own Story, 2nd Edition*. Chicago: University of Chicago Press, pp. v-xvii. (「序

文」玉井眞理子・池田寛訳『ジャック・ローラー：ある非行少年自身の物語』東洋館出版社，1998年）

Bell, C. G. and Allen N. (1971). *Computer Structures: readings and examples.* McGraw-Hill.

Benner, P. E. (1984). *From novice to expert: excellence and power in clinical nursing practice.* Menlo Park, Calif. Addison-Wesley Publishing, Co.

Bertalanffy, L. V. (1968). *General System Theory: Foundations, Development, Applications.* NY: George Braziller. (長野 敬・太田邦昌（1973）『一般システム理論：その基礎・発展・応用』みすず書房）

Bertaux, D. (1997). *Les Recites De Vie: Perspective Ethnosociologique.* Paris: Nathan. (小林多寿子訳『ライフストーリー：エスノ社会学的パースペクティブ』ミネルヴァ書房，2003年）

Boyett, J. H., & Boyett, J. T. (2001). *The Guru Guide to Entrepreneurship: A Concise Guide to the Best Ideas from the World's Top Entrepreneurs.* John Wiley & Sons. (加登豊・金井壽宏監訳・大川修二訳『経営革命大全』日本経済新聞社，2003年）

Burgelman, R., & Grove, A. S. (2001). *Strategy is destiny: how strategy-making shapes a company's future.* Free Press. (石橋善一郎・宇田理監訳『インテルの戦略：企業変貌を実現した戦略形成プロセス』ダイヤモンド社，2006年）

Burgelman, R. A. & Sayles, L. R. (1986). *Inside corporate innovation: strategy, structure, and managerial skills.* New York: Free Press.

Ceruzzi, P. E. (2003). *A history of modern computing.* MIT Press. (宇田理・高橋清美訳『モダンコンピューティングの歴史』未来社，2008年）

Chandler, A. D. (1962). *Strategy and structure: chapters in the history of the American industrial enterprise.* M.I.T. Press. (有賀裕子訳『組織は戦略に従う』ダイヤモンド社，2004年）

Chase, W. G., & Simon, H. A. (1973). Perception in chess. *Cognitive Psychology,* 4, 55-81.

Chesbrough, H. & Rosenbloom, R.S. (2002). The role of the business model in capturing value from innovation, *Industrial and Corporate Change,* 11 (3), 529-544.

Chesbrough, H. W. (2003). *Open Innovation: The new imperative for creating and profiting from technology.* Harvard Business School Press.

Chi, M.T.H. (2006). *Two approaches to the study of experts' characteristics.* In K.A. Ericsson, N. Charness, P. Feltovich, & R. Hoffman (Eds.), Cambridge Handbook of Expertise and Expert Performance. 121-30. Cambridge University Press.

Chi, M. T. H., Glaser, R., & Farr, M. J. (1988). *The Nature of expertise.* NY: Psychology Press.

Christensen, C. M. (1997). *The Innovator's Dilemma: When New Technology Cause Great Firm To Fall*. Harvard Business School Press. (伊豆原弓訳『イノベーションのジレンマ』翔泳社, 2000年)

Christensen, C. M. & Raynor, M. E. (2003). *The Innovator's Solution: Creating and sustaining successful growth*. Harvard Business School Press. (櫻井祐子訳『イノベーションへの解：利益ある成長に向けて』翔泳社, 2003年)

Clark, R. (2008). *Building expertise: Cognitive methods for training and performance improvement*. Washington, DC: International Society for Performance Improvement.

Colombo, M.G., Luukkonen, T., Muster, P., & Wright, M. (2010). Introduction: Venture capital and high-tech start-ups, *Venture Capital: An International Journal of Entrepreneurial Finance*, 12 (4). Routledge.

Cyert, R.M. & March, J.G. (1963). *A Behavioral Theory of the Firm*. Prentice-Hall. (松田武彦・井上恒夫訳『企業の行動理論』ダイヤモンド社, 1967年)

Davidsson, P. (2005). *Researching Entrepreneurship: International Studies in Entrepreneurship*. NY: Springer Science + Business Media.

Di Gregorio, D. & Shane, S. (2003). Why do some universities generate more start-ups than others? *Research Policy*, 32, 209–227.

Dew, N., Read, S., Sarasvathy, S. D., & Wiltbank, R. (2009). Effectual versus predictive logics in entrepreneurial decision-making: Differences between experts and novices. *Journal of Business Venturing*, 24, 287-309.

Dexter, L.A. (1970). *Elite and Specialized Interviewing*. Evanston, IL.: Northwestern University Press.

Dreyfus, H. L. (1965). *Alchemy and Artificial Intelligence*. RAND Corporation.

Dreyfus, H. L. (1972). *What computer can't do: a critique of artificial reason*. NY: Harper & Row. (黒崎政男・村若 修訳『コンピュータには何ができないか：哲学的人工知能批判』産業図書, 1992年)

Dreyfus, H. L., & Dreyfus, S. (1986). *Mind over Machine: The Power of Human Intuitive Expertise in the Era of the Computer*. Free Press. (椋田直子訳『純粋人工知能批判：コンピュータは思考を獲得できるか』アスキー出版局, 1987年)

Drucker, P. F. (1985). *Innovation and entrepreneurship: practice and principles*. NY: Harper & Row. (上田惇生訳『イノベーションと起業家精神：その原理と方法（上・下巻）』ダイヤモンド社, 1997年)

Dyer, J.H., Gregersen, H.B., & Christensen, C. (2008). Entrepreneur Behaviors, Opportunity Recognition, and the Origins of Innovative Ventures. *Strategic Entrepreneurship*

Journal, 2:317-38.

Ericsson, K. A. (1996). *The Road to Excellence: the acquisition of expert performance in the arts and sciences, sports, and games*. Mahwah, N. J.: Lawrence Erlbaum Associates.

Ericsson, K. A., Krampe, R., & Tesch-Römer, C. (1993). The role of deliberate practice in the acquisition of expert performance. *Psychological Review*, 100 (3), 363-406.

Ericsson, K. A., & Simon, H. A. (1993). *Protocol analysis: verbal reports as data*. Cambridge: MIT Press.

Ericsson, K. A., Neil, C., Feltovich, P. J., & Hoffman, R. R. (2006). *The Cambridge Handbook of Expertise and Expert Performance: Cambridge Handbooks in Psychology*. Cambridge University Press.

Etzkowitz, H. (1998). The norms of entrepreneurial science: cognitive effects of the new university? *Research Policy*, 27, 823-833.

Etzkowitz, H. (2002). *MIT and the Rise of Entrepreneurial Science*. Routledge.

Etzkowitz, H. (2008). *The Triple Helix: University-industry-government innovation in action*. Routledge.

Fisher, G. (2012). Effectuation, Causation, and Bricolage: A Behavioral Comparison of Emerging Theories in Entrepreneurship Research, *Entrepreneurship Theory and Practice*, 36 (5), 1019-1051.

Franklin, A., Wright, M. & Lockett, A. (2001). Academic and surrogate entrepreneurs in university spin-out companies, *The Journal of Technology Transfer*, 26, 127-141.

Frese, M. (2009). *Toward a Psychology of Entrepreneurship: An Action Theory Perspective*. Now Publishers.

Gupta, Udayan (2004). *The First Venture Capitalist: Georges Doriot on leadership, capital, and business organization*. Gondolier.

Gartner, W. B. (1988). Who is an Entrepreneur? Is the wrong question. *American Journal of Small Business*, 12, 11-32.

Gladwell, M. (2009). *Outliers*. UK: Penguin Books Ltd.（勝間和代訳『天才！ 成功する人々の法則』講談社, 2009年）

Goodson, I., & Sikes, P. J. (2001). *Life history research in educational settings: Learning from Lives*. Open Univ Press.（高井良健一・山田浩之・藤井 泰・白松 賢訳『ライフヒストリーの教育学：実践から方法論まで』昭和堂, 2006年）

Harrison, R. T., & Leitch, C. M. (2008). *Entrepreneurial learning: conceptual frameworks and applications*. Routledge.

Hebert, R. F. and Link, A.N. (1982). *The Entrepreneur*. CBS Educational and Professional

Publishing.（池本正純・宮本光春『企業者論の系譜』HBJ出版局, 1984年）

Henderson, R.M. & Clark, K.B. (1990). Architectural Innovation: The Reconfiguration of Existing Product Technologies and the Failure of Established Firms, *Administrative Science Quarterly*, 35 (1), 9-30.

Hsu, D. H., Roberts, E. B., & Eesley, C. E. (2007). Entrepreneurs from Technology-based Universities: Evidence from MIT. *Research Policy*. 36. 768-788.

Isaacson, W. (2011). *Steve Jobs: the biography*. New York : Simon & Schuster.（井口耕二訳『スティーブ・ジョブズ』講談社, 2011年）

Kassicieh, S. K., Radosevich, R., & Umbarger, J. (1996). A Comparative Study of Entrepreneurship Incidence among Inventors in National Laboratories. *Entrepreneurship: Theory and Practice*. 20. 33-49.

Kidder, T. (1981). *The soul of a new machine*. Back Bay Books.（風間禎三郎訳『超マシン誕生：コンピュータ野郎たちの540日』ダイヤモンド社, 1982年）

Kirzner, I. M. (1973). *Competition and Entrepreneurship*, The University of Chicago.（田島義博監訳『競争と企業家精神』千倉書房, 1985）

Kotler, P. (1991). *Marketing Management*. Englewood Cliffs, NJ: Prentice Hall.

Kunda, G. (2006). *Engineering Culture: Control and commitment in a high-tech corporation*, Revised. Temple University Publishing.（樫村志保訳・金井壽宏監訳『洗脳するマネジメント：企業文化を操作せよ』日経BP社, 2005年）

Krampe, R. T., & Ericsson, K. A. (1996). Maintaining excellence: Deliberate practice and elite performance in young and older pianists. *Journal of Experimental Psychology*, 125, 331-359.

Langness, L. L., & Franks, G. F. (1981). *Lives: An Anthropological Approach to Biography*. Chandler and Sharp Publications.（米山俊直・小林多寿子訳『ライフヒストリー研究入門：伝記への人類学的アプローチ』ミネルヴァ書房, 1993年）

Lave, J. (1988). *Cognition in Practice: Mind, Mathematics and Culture in Everyday Life*. Cambridge University Press.（無藤 隆・山下清美・中野 茂・中村美代子訳『日常生活の認知行動：ひとは日常生活でどう計算し，実践するか』新曜社, 1995年）

Lave, J., & Wenger, E. (1991). *Situated learning: Legitimate peripheral participation*. Cambridge University Press.（佐伯 胖訳『状況に埋め込まれた学習：正統的周辺参加』産業図書, 1993年）

Lee, S.-H., Peng, M.W., & Barney, J.B., (2007). Bankruptcy law and entrepreneurship development: a real options perspective. *Academy of Management Review*, 32 (1), 257-272.

Lee, S.-H., Yamakawa,Y., Peng, M.W., & Barney, J.B., (2011), How do bankruptcy laws affect entrepreneurship development around the world? *Journal of Bussiness Venturing*, 26, (5), 505-520.

Levy, S. (1984). *Hackers: Heroes of the computer revolution.* Doubleday. (古橋芳恵・松田信子訳『ハッカーズ』工学社, 1987年)

Levy, S. (2011). *In the plex : how Google thinks, works, and shapes our lives.* New York : Simon & Schuster. (仲達志, 池村千秋訳『グーグルネット覇者の真実：追われる立場から追う立場へ』阪急コミュニケーションズ, 2011年)

Lowe, R. A. (2002). "Entrepreneurship and Information Asymmetry: Theory and Evidence from the University of California." *Carnegie Mellon University, mimeo.*

McClelland, D. C. (1961). *Achieving Society.* Princeton, N.J. : Van Nostrand (林保監訳『達成動機：企業と経済発展におよぼす影響』産業能率短期大学出版部, 1971年)

McQueen, D. & Wallmark, J. (1982). Spinoff companies from Chalmers University of Technology, *Technovation,* 1, 305-315.

Merton, R.K. (1968). *Social Theory and Social Structure.* New York: Free Press.

Merton, R. & Kendall P. (1990). The focused interview. *American Journal of Sociology*, 51, 541-557.

Merton R., Fiske M., Kendall P. (1990). *The Focused Interview: a Manual of Problems and Procedures.* Glencoe, Illinois: Free Press.

Miller, G. A. (1956). The magical number seven, plus or minus two: some limits on our capacity for processing information. *Psychological Review*, 63, 81-97.

Moray, N. & Clarysse, B. (2005). Institutional change and resource endowments to science-based entrepreneurial firms, *Research Policy*, 34 (7), 1010-1027.

Mosey, S. & Wright, M. (2007). From Human Capital to Social Capital: A Longitudinal Study of Technology-Based Academic Entrepreneurs. *Entrepreneurship Theory and Practice*, 31 (6), 909-935.

Nelson, R. R. (1993). *National innovation systems: a comparative analysis.* Oxford University Press.

Nerkar, A. & Shane, S. (2003). When do startups that exploit patented academic knowledge survive? *International Journal of Industrial Organization*, 21, 1391-1410.

Newell, A. & Simon, H. A. (1956). The Logic Theory Machine, IRE Transactions of Information Theory, 61-79.

Nonaka, I. & Takeuchi, H. (1995). *The Knowledge-Creating Company: How Japanese Companies Create the Dynamics of Innovation.* Oxford University Press. (野中郁次

郎・竹内弘高『知識創造企業』東洋経済新報社, 1996年）

Oakey, R. P. (2003). Technical Entrepreneurship in High Technology Small Firms: some observations on the implications for management. *Technovation*, 23, 679-688.

Oakey, R. P. et al., (1994). *New technology-based Firms in the 1990s*. Paul Chapman Publishing.

O'Shea, R.P., Allen, T.J., Chevalier,A., & Roche, F. (2005). Entrepreneurial orientation, technology transfer and spinoff performance of U.S. universities. *Research Policy*, 34, 994-1009.

Okada, T. & Simon, H. A. (1997). Collaborative discovery in a scientific domain. *Cognitive Science*, 21, 109-146.

Patterson, David A. & John L. Hennessy (2003). Computer Architecture: A quantitative approach, 3rd ed., international student ed., Morgan Kaufmann Publishers. （成田光彰訳『コンピュータの構成と設計：第3版〈別冊〉歴史展望』日経BP, 2007年）

Pfirrmann, O., Wupperfeld, U., & Lerner, J. (1997). *Venture capital and new technology based firms: an US-German comparison*. Physica-Verlag. （伊東維年・勝部伸夫・荒井勝彦・田中利彦・鈴木茂訳『ベンチャーキャピタルとベンチャービジネス』日本評論社, 2000年）

Polanyi, M. (1966). *The tacit dimension*. Gloucester, Mass.: Peter Smith. （高橋勇夫訳『暗黙知の次元』筑摩書房, 2003年）

Popper, K.R. (2002). *Conjectures and refutations : the growth of scientific knowledge* (5th edn). New York: Routledge. （藤本隆志・石橋壽郎・森博訳『推測と反駁：科学的知識の発展〈新装版〉（業書・ウニベルシスタス）』法政大学出版局, 2009年）

Quinn, R. E. & Cameron, K. (1983). Organizational Life Cycles and Shifting Criteria of Effectiveness: Some Preliminary Evidence. *Management Science*, 29, 33-51.

Read, S. & Sarasvathy, S. D. (2005). Knowing What to Do and Doing What You Know: Effectuation as a Form of Entrepreneurial Expertise. *The Journal of Private Equity*, 9, 45-62.

Read, S., Sarasvathy, S. D. et al. (2011). *Effectual Entrepreneurship*. Routledge.

Read, S., Dew, N., Sarasvathy, S. D., Song, M., & Wiltbank, R. (2009). Marketing under Uncertainty: The Logic of an Effectual Approach. *Journal of Marketing*, 73, 1-18.

Rifkin, Glenn and George Harrar (1988). *The Ultimate Entrepreneur*. Contemporary Books. （岩淵明男監訳『究極の企業家――DECを生み出した男の手腕と情熱――』ダイヤモンド社, 1990年）

Robert, E. B. (1989). The personality and motivations of technological entrepreneurs. *Journal of Engineering and Technology Management*, 6, 5-23.

Robert, E. B. (1991). *Entrepreneurs in high technology Lesson from MIT and beyond.* NY: Oxford University Press.

Robert, H. B. (1987). Risk Taking Propensity of Entrepreneurs. *The Academy of Management Journal*, 23, 509-520.

Rosenberg, N. (2000). *American Universities as Endogenous Institutions,* Schumpeter and the Endogenity of Technology: Some American Perspective. New York, Routledge. (青木昌彦・澤昭裕・大東道郎・「通産研究レビュー」編集委員会編「米国の技術革新における大学の役割」『大学改革：課題と争点』東洋経済新報社, 135-160頁, 2003年)

Sarasvathy, S. D. (2001). Causation and Effectuation: Toward a Theoretical Shift from Economic Inevitability to Entrepreneurial Contingency. *The Academy of Management Review*, 26, 243-263.

Sarasvathy, S. D. (2003). Entrepreneurship as a science of the artificial. *Journal of Economic Psychology*, 24, 203-220.

Sarasvathy, S. D. (2008). *Effectuation: Elements of Entrepreneurial Expertise.* Cheltenham, UK: Edward Edgar Publishing.

Sarasvathy, S. D., & Dew, N. (2005a). Entrepreneurial Logics: Effectuation as for a Technology of Foolishness. *Scandinavian Journal of Management*, 21, 385-406.

Sarasvathy, S. D. & Dew, N. (2005b). New Market Creation as Transformation. *Journal of Evolutionary Economics*, 15, 533-565.

Schein, E. H. (1978). *Career dynamics: matching individual and organizational needs.* Addison-Wesley Pub. (二村敏子・三善勝代訳『キャリア・ダイナミクス：キャリアとは、生涯を通しての人間の生き方・表現である。』白桃書房, 1991年)

Schein, E. H. (1985). *Organizational culture and leadership: a dynamic view.* San Francisco: Jossey-Bass Publishers. (清水紀彦・浜田幸雄訳『組織文化とリーダーシップ：リーダーは文化をどう変革するか』ダイヤモンド社, 1989年)

Schein, E. H. (1990). *Career Anchors: discovering your real values.* San Francisco: Jossey-Bass Pfeiffer. (金井壽宏訳『キャリア・アンカー：自分のほんとうの価値を発見しよう』白桃書房, 2003年)

Schein, E.H. et al. (2004). *DEC is dead, long live DEC : The Lasting Legacy of Digital Equipment Corporation.* Berrett-Koehler. (稲葉元吉, 尾川丈一監訳『DECの興亡：IT先端企業の栄光と挫折』亀田ブックサービス, 2007年)

Schumpeter, J. A. (1928). *Handwörterbuch der Staatswissenschaften.* (清成忠男編訳『企業家とは何か』東洋経済新報社, 1998年)

Schumpeter, J. A. (1926). *The theory of economic development: an inquiry into profits, capital, credit, interest, and the business cycle.* Harvard University Press. (塩野谷祐一・中山伊知郎・東畑精一訳『経済発展の理論：企業者利潤・資本・信用・利子および景気の回転に関する一研究』岩波書店, 1977年, 1926原著第2版；1934英訳)

Schumpeter, J. A. (1942). *Capitalism, socialism, and democracy.* London, : G. Allen & Unwin. (中山伊知郎・東畑精一訳『資本主義・社会主義・民主主義』東洋経済新報社, 1995年)

Shah, S. and M. Tripsas (2007). The accidental entrepreneur: The emergent and collective process of user entrepreneurship, *Strategic Entrepreneurship Journal,* 1 (1), 123-140.

Shane, S. A. (2000). Prior Knowledge and the Discovery of Entrepreneurial Opportunities, *Organization Science,* 11, 4, 448-469.

Shane, S. A. (2003). *A general theory of entrepreneurship: the individual-opportunity nexus.* Edward Elgar Publishing.

Shane, S. A. (2004). *Academic Entrepreneurship: University spinoffs and wealth creation.* Edward Elgar Publishing. (金井一頼・渡辺孝監訳『大学発ベンチャー：新事業創出と発展のプロセス』中央経済社, 2005年)

Shane, S. A. (2012). Reflections on the 2010 AMR Decade Award: Delivering on the promise of entrepreneurship as a field of research, *Academy of Management Review,* 37, 1, 10-20.

Shane, S. A., & Venkataraman, S. (2000). The promise of entrepreneurship as a field of research. *Academy of Management Review,* 25, 217-226.

Shane, S. A., & Stuart, T. (2002). Organizational Endowments and the Performance of University Start-ups. *Management Science,* 48, 154-170.

Shane, S. A., & Khurana, R. (2003). Bringing individuals back in: the effects of career experience on new firm founding. *Industrial and Corporate Change,* 12, 519-543.

Shaw, C. R. (1930). *The Jack-Roller: A Delinquent Boy's Own Story.* Chicago: University of Chicago Press. (玉井眞理子・池田寛訳『ジャック・ローラー：ある非行少年自身の物語』東洋館出版社, 1998年)

Silver, A. D. (1985). *Entrepreneurial megabucks: the 100 greatest entrepreneurs of the last 25 years.* Chichester. John Wiley & Sons Limited.

Simon, H. A. (1947). *Administrative Behavior: A study of decision-making processes in administrative organization.* Macmillan.

Simon, H. A. (1969). *The Sciences of the Artificial.* The MIT Press.

Simon, H. A. (1973). Does a scientific discovery have a logic?, *Philosophy of Science,* 40, 471-480.

Simon, H. A. (1979). *Models of Thought, Vol. 1 and 2.* Yale University Press.

Simon, H. A. (1987). Making management decisions: The role of intuition and emotion. *Academy of Management Executive*, 1, 57-64.

Simon, H. A. (1996). *Models of My Life.* The MIT Press.(安西祐一郎・安西徳子訳『学者人生のモデル』岩波書店, 1998年)

Simon, H. A. (1996). *The Sciences of the Artificial, 3rd Edition.* The MIT Press.(稲葉元吉・吉原英樹訳『システムの科学 第3版』パーソナルメディア, 1999年)

Simon, H. A. & Newell A. (1958). Heuristic Problem Solving: The Next Advance in Operations Research, *Operations Research*, 6 (1), 1-10.

Simon, H. A. & Chase, W. G. (1973). Skill in chess. *American Scientist*, 61, 394-403.

Simon, H. A. & Gilmartin, K. J. (1973). A simulation of memory for chess positions. *Cognitive Psychology*, 5, 29-46.

Syed, M. (2010). *Bounce: Mozart, Feeders, Picasso, Beckham and the Science of Success.* Harper.(山形浩生・守岡 桜訳『非才！―あなたの子どもを勝者にする成功の科学』柏書房, 2010年)

Taylor, F. W. (1911). *The principles of scientific management.* Harper & Brothers.

Tidd, J., Bessant, J. R. & Pavitt, K.L.R. (2001). *Managing innovation: integrating technological, market and organizational change.* Chichester : Wiley.(後藤晃, 鈴木潤監訳『イノベーションの経営学：技術・市場・組織の統合的マネジメント』原著第2版, NTT出版, 2004年)

Thomas, W.I. and Thomas, D.S. (1928). *The child in America: Behavior problems and programs.* New York: Knopf, 571-572.

Thompson, P. (1978). *The voice of the past: oral history.* Oxford: Oxford University Press.(酒井順子訳『記憶から歴史へ：オーラルヒストリーの世界』原著第3版翻訳, 青木書店, 2002年)

Tornatzky, L., P. Waugamann, L. Casson, S. Crowell, C. Spahr and F.Wong (1995). Benchmarking best practice for university-industry technology transfor: Working with start-up companies, A Report of the Southern Technology Council. Atranta: Southern Technology Council.

Utterback, James M. (1994). *Mastering the Dynamics of Innovation: How companies can seize opportunities in the face of technological change.* Harvard Business School Press.(大津正和・小川進監訳『イノベーション・ダイナミクス：事例から学ぶ技術戦略』有斐閣, 1998年)

Van Maanen, J. (1988). *Tales from the field: On writing Ethnography.* University of

Chicago. (森川 渉訳『フィールドワークの物語 エスノグラフィーの文章作法』現代書館, 1999年)

Venkataraman, S (1997). *The distinctive domain of entrepreneurship research*. In Advances in entrepreneurship, firm emergence and growth, Volume III, J. Katz (ed.). JAI Press, 3, 119-138.

Venkataraman, S (2003). *Foreword for A general theory of entrepreneurship*. In. S.A.Shane, A general theory of entrepreneurship: the individual-opportunity nexus, xi-xii. Edward Elgar Publishing.

Venkataraman, S., Sarasvathy, S. D., et al. (2012). Reflections on the 2010 AMR Decade Award: Whither the Promise? Moving Forward with Entrepreneurship as a Science of the Artificial, *Academy of Management Review*, 37 (1), 21-33.

von Hippel, E. (1988). *The sources of innovation*. Oxford University Press. (榊原清則訳『イノベーションの源泉：真のイノベーターはだれか』ダイヤモンド社, 1991年)

Weick, K. E. (1979). *The Social Psychology of Organizing*, 2nd ed. Reading. MA: Addison-Wesley. (遠田雄志訳『組織化の社会心理学』文眞堂, 1997年)

Weick, K. E. (1995). *Sensemaking in Organizations*. Thousand Oaks. CA: Sage. (遠田雄志・西本直人訳『センスメーキング・イン・オーガニゼーションズ』文眞堂, 2001年)

Weick, K. E. (1996). *Enactment and Boundary less career: Organizing as we work*. In M.B. Arthur, & D. M. Rousseau (Eds.), The boundary less career. NY: Oxford University Press, 40-57.

Wenger, E. (1998). *Communities of practice: learning, meaning, and identity*. Cambridge: Cambridge University Press.

Wenger, E. McDermott, Richard & Snyder, W. M. (2002). *Cultivating communities of practice: a guide to managing knowledge*. Boston, Mass.: Harvard Business School Press (櫻井祐子訳『コミュニティ・オブ・プラクティス: ナレッジ社会の新たな知識形態の実践』翔泳社)

Westhead, Paul. & Storey, D.J. (1995). Links between Higher Education Institutions and High-technology Firms? *Omega*, 23 (4), 345-360.

Westhead, P., Wright, M. & McElwee, G. (2011). *Entrepreneurship: perspectives and cases*. Harlow: Pearson.

Whyte, W. F. (1943). *Street corner society: the social structure of an Italian slum*. University of Chicago Press. (奥田道大・有里典三訳『ストリート・コーナー・ソサエティ』有斐閣, 2000年)

Wiener, N. (1961). *Cybernetics, or, Control and communication in the animal and the* machine /2nd ed. NY: Cambridge, Mass.: M.I.T. Press.（池原止戈夫・彌永昌吉・室賀三郎・戸田巌訳『サイバネティックス：動物と機械における制御と通信』岩波書店, 2010年）

Wright, M., Clarysse, B., Mustar, P., & Lockett, A. (2008). *Academic Entrepreneurship in Europe.* Edward Elgar Publishing.

Yin, R. K. (1994). *Case study research: design and methods.* Sage Publications, Inc.（近藤公彦訳『ケース・スタディの方法』千倉書房, 1996年）

Yow, V. R. (2005). *Recording oral history : a guide for the humanities and social sciences*, Lanham, Md. : Altamira Press.（吉田かよ子他訳『オーラルヒストリーの理論と実践：人文・社会科学を学ぶすべての人のために』東京：インターブックス, 2011年）

Zeng, H. (1995).『企業家活動と事業創造のプロセス』北海道大学大学院経済学研究科博士論文。

Zuckerman, H. (1977). *Scientific Elite: Nobel Laureates in the United States.* New York: Free Press.

伊勢田哲治（2008）「工学的知識の独自性はどこにあるのか―ヴィンセンティの検討を通して―」『科学基礎論研究』Vol.35, No.2, 19-30頁。

伊勢田哲治（2010）「認識論的問題としてのモード2科学と科学コミュニケーション」『科学哲学』第43巻, 1-17頁。

伊勢田哲治（2011）「科学の拡大と科学哲学の使い道」『もうダマされないための「科学」講義』光文社, 65-100頁。

伊丹敬之（2001）『創造的論文の書き方』有斐閣。

猪木武徳・西島　公（2006）「硝子からファインセラミックスへ：村田昭研究（序）」『企業家研究』第3号45-59頁。

上山隆大（2010）『アカデミック・キャピタリズムを超えて：アメリカの大学と科学研究の現在』NTT出版。

大島　純・野島久雄・波多野誼余夫編（2006）『教授・学習過程論：学習科学の展開』放送大学教育振興会。

大浦容子（1996）「熟達化」『認知心理学5　学習と発達』東京大学出版会, 11-36頁。

大浦容子（2002）「熟達者」『認知科学辞典』共立出版, 11-36頁。

大澤真幸（2011）『【解説】サイバネティクス　―20世紀のエピステーメーの中心に―』, 新装版『サイバネティックス：動物と機械における制御と通信』岩波文庫, 第2版, 1962年, 403-415頁。

岡田　猛（2005）「心理学が創造的であるために：創造的領域における熟達者の育成」『心理学の新しいかたちシリーズ第1巻』誠信書房, 235-262頁。

岡田　猛・田村　均・戸田山和久 (1999)『科学を変える：人工知能からカルチュアル・スタディーズまでの14の視点』北大路書房。
岡田　猛・横地早和子 (2010)「科学と芸術における創造：思考と言語」『現代の認知心理学第3巻』北大路書房, 161-188頁。
小川　進 (2000)『イノベーションの発生論理：メーカー主導の開発体制を越えて』千倉書房。
小倉　都 (2010)「大学等におけるベンチャーの設立状況と産学連携・ベンチャー活動に関する意識」文部科学省科学技術政策研究所, 調査資料 No.189。
小倉　都 (2011)「大学等発ベンチャー調査2010・大学等のアンケートに基づくベンチャー設立状況とベンチャー支援・産学連携に関する意識」文部科学省科学技術政策研究所, 調査資料 No.200。
小田切宏之 (2001)「米国の技術革新における大学の役割」『大学改革：課題と争点』東洋経済新報社, 117-134頁。
尾高煌之助・松島　茂・連合総合生活開発研究所編 (2010)『イノヴェーションの創出——ものづくりを支える人材と組織』有斐閣。
加護野忠男 (1980)『経営組織の環境適応』白桃書房。
加護野忠男 (1999)『〈競争優位〉のシステム：事業戦略の静かな革命』PHP研究所。
加護野忠男 (2009)「地域社会と大学発ベンチャー」『日本ベンチャー学会誌』第13号, 3-9頁。
加護野忠男 (2015)「「働きながら学ぶ」意義と効用」『人生を変えるMBA—「神戸方式」で学ぶ最先端の経営学』有斐閣。
加護野忠男・井上達彦 (2004)『事業システム戦略：事業の仕組みと競争優位』有斐閣。
金井一頼 (2002a)『企業家活動のダイナミクス』大阪大学大学院経済学研究科博士学位請求論文。
金井一頼 (2002b)「ベンチャー企業とは」金井一頼・角田隆太郎編 (2002)『ベンチャー企業経営論』有斐閣, 1-26頁。
金井一頼 (2002c)「起業のプロセスと成長戦略」金井一頼・角田隆太郎編 (2002)『ベンチャー企業経営論』有斐閣, 59-88頁。
金井一頼・角田隆太郎編 (2002)『ベンチャー企業経営論』有斐閣。
金井一頼編著 (2010)『大学発ベンチャーの日韓比較』中央経済社。
金井一頼 (2012)「企業家活動と地域エコシステム構築プロセスのミクロ—メゾ統合論」西澤昭夫・忽那憲治・樋原伸彦・佐分利応貴・若林直樹・金井一頼著『ハイテク産業を創る地域エコシステム』有斐閣, 231-268頁。
金井壽宏 (1991)「ピア・ディスカッションを通じての『気づき』の共有」『組織科学』第23巻第2号, 80-90頁。

金井壽宏（1991）『変革型ミドルの探究：戦略的・革新指向の管理者行動』白桃書房。

金井壽宏（1994）『企業者ネットワーキングの世界：MITとボストン近辺の企業者コミュニティーの探究』白桃書房。

金井壽宏（2002）『仕事で「一皮むける」』光文社文庫。

金井壽宏・守島基博（2009）「漸成説からみた早期よりのリーダーシップ発達：教育・人事制度への含意」『組織科学』第43巻2号, 51-64頁。

金井壽宏・楠見　孝編（2012）『実践知：エキスパートの知性』有斐閣。

木村英紀（2009）『ものつくり敗戦：「匠の呪縛」が日本を衰退させる』日本経済新聞出版社。

木村英紀（2011）「工学の2つのカテゴリー」『日本物理学会誌』第65号, 444-445頁。

桐畑哲也（2010）『日本の大学発ベンチャー：転換点を迎えた産官学のイノベーション』京都大学学術出版会。

清成忠男・中村秀一郎・平尾光司（1971）『ベンチャービジネス：頭脳を売る小さな大企業』日本経済新聞社。

清成忠男（1998）「編訳者による解説」『企業家とは何か』東洋経済新報社, 149-193頁。

楠見　孝（2012）「実践知の獲得—熟達化のメカニズム」『実践知：エキスパートの知性』有斐閣, 33-58頁。

小林多寿子編（2010）『ライフストーリー・ガイドブック』嵯峨野書院。

佐伯靖雄（2009）「複合要素技術型製品の開発における製品と組織のアーキテクチャ分析」『日本経営学会誌』第23号, 25-36頁。

榊原清則（2001）「日本のベンチャー創業者に学歴は無用か（特集 知的競争力としての人材）Is the Educational Background Useless to Entrepreneurs in Japan?」『一橋ビジネスレビュー』第49号, 28-47頁。

榊原清則（2010）「「人工物とその価値」の研究」『組織科学』第44巻1号, 26-33頁。

桜井　厚（1998）『インタビューの社会学：ライフストーリーの聞き方』せりか書房。

桜井　厚・小林多寿子（2005）『ライフストーリー・インタビュー：質的研究入門』せりか書房。

桜井　厚（2012）『ライフストーリー論』弘文堂。

佐野眞一（1998）『カリスマ：中内㓛とダイエーの「戦後」』新潮文庫。

佐藤郁哉（2002）『フィールドワークの技法』新曜社。

佐藤郁哉（2006）『フィールドワーク：書を持って街へ出よう』新曜社。

新藤晴臣（2006）「研究機関発ベンチャーの起業家活動」大阪大学大学院経済学研究科博士論文。

新藤晴臣（2008）「日本のアカデミックスタートアップス—起業家活動に関する比較事例分析—（＜特集＞ハイテクスタートアップスの創出と成長プロセス）」『研究技術計画』第

23巻, 110-119頁。

新藤晴臣・露木恵美子・辻本将晴（2006）「アンジェスMG―アカデミック・アントレプレナーシップによる事業創造」『一橋ビジネスレビュー』2006年SUM, 128-157頁。

高瀬　進（2012）「大学発ベンチャー起業家の熟達に関する事例研究　―瀧和男氏による先駆的スタートアップ」『六甲台論集―経営学編』第59号第1号（神戸大学大学院経営研究会）。

高瀬　進・伊藤智明（2011）「大学発ベンチャーか？　技術移転か？」日本ベンチャー学会第14回全国大会報告要旨集, 118-121頁。

高瀬　進・伊藤智明（2013）「大学発ベンチャーか？　技術移転か？」『日本ベンチャー学会誌』第22号, 11-26頁。

田路則子（2005）『アークテクチュアル・イノベーション：ハイテク企業のジレンマ克服』白桃書房。

田路則子（2009）「シリコンバレーのシリアル・アントレプレナー：半導体スタートアップのレポート」『赤門マネジメント・レビュー』第8巻, 493-508頁。

田中俊也（2008）「熟達者と初学者」『学習心理学の最先端』あいり出版。

谷　富夫（2008）『ライフヒストリーを学ぶ人のために』世界思想社。

田村正紀（2006）『リサーチ・デザイン：経営知識創造の基本技術』白桃書房。

角田隆太郎（2002）「起業家とベンチャー企業」金井一頼・角田隆太郎編（2002）『ベンチャー企業経営論』有斐閣, 27-58頁。

中内　潤・御厨　貴（2009）『中内　功：生涯を流通革命に捧げた男』千倉書房。

中野　卓・桜井　厚編（1995）『ライフヒストリーの社会学』弘文堂。

西垣　通（2005）『情報学的転回―IT社会のゆくえ』春秋社, 87-88頁。

西垣　通（2016）『ビッグデータと人工知能―可能性と罠を見極める』中公新書。

西澤昭夫（2012）「NTBFsとベンチャー企業」『ハイテク産業を創る地域エコシステム』有斐閣, 15-37頁。

西澤昭夫・福嶋　路（2005）『大学発ベンチャー企業とクラスター戦略―日本はオースティンを作れるか』学文社。

沼上　幹（1995）「個別事例研究の妥当性について」『ビジネスレビュー』第42巻, 第3号, 55-70頁。

沼上　幹（1999）『液晶ディスプレイの技術革新史：行為連鎖システムとしての技術』白桃書房。

野中郁次郎（1974）『組織と市場：組織の環境適合理論』千倉書房。

朴　泰勲（2005）「製品アーキテクチャの戦略的マネジメント―システムLSIの開発におけるプラットフォーム戦略」『経営経済』第41号, 1-17頁。

波多野誼余夫・稲垣佳世子（1973）『知的好奇心』中央公論社．
波多野誼余夫・稲垣佳世子（1984）『知力と学力：学校で何を学ぶか』岩波新書．
波多野誼余夫・稲垣佳世子（1989）『人はいかに学ぶか：日常的認知の世界』中央公論社．
波多野誼余夫・稲垣佳世子編（2005）『発達と教育の心理学的基盤』放送大学教育振興会．
馬場靖憲・後藤晃編（2007）『産学連携の実証研究』東京大学出版会．
廣重　徹（1973）『科学の社会史〈上〉戦争と科学』中央公論社（復刻版，岩波現代文庫，2002年）．
福嶋　路（2013）『ハイテク・クラスターの形成とローカル・イニシアティブ：テキサス州オースティンの奇跡はなぜ起こったのか』東北大学出版会．
藤澤三佳（2010）「クリフォード・ショウ『ジャック・ローラー』」『ライフストーリー・ガイドブック』嵯峨野書院，10-13頁．
藤本隆宏・高橋伸夫・新宅純二郎・阿部　誠・粕谷　誠（2005）『経営学研究法』有斐閣．
藤本隆宏（2009）「複雑化する人工物の設計・利用に関する補完的アプローチ」『横幹』第3巻，第1号，52-59頁．
宝月　誠・中野正大編（1997）『シカゴ社会学の研究：初期モノグラフを読む』恒星社厚生閣．
松尾　睦（2006）『経験からの学習：プロフェッショナルへの成長プロセス』同文舘出版．
松尾　睦（2010）「救急医の熟達と経験学習」『国民経済雑誌』第202巻，第4号，13-44頁．
松尾　睦（2011）『「経験学習」入門』ダイヤモンド社．
松尾　睦（2012）「組織の中で働くエキスパート　営業職」金井壽宏・楠見　孝編『実践知――エキスパートの知性』有斐閣，108-120頁．
松島　茂・竹中治堅編集（2011）『日本経済の記録 歴史編 第3巻（バブル/デフレ期の日本経済と経済政策）時代証言集（オーラルヒストリー）』東京：佐伯印刷．
御厨　貴（2002）『オーラルヒストリー：現代史のための口述記録』中央公論新社．
宮本美沙子・奈須正祐編（1995）『達成動機の理論と展開：続・達成動機の心理学』金子書房．
文部科学省科学技術政策研究所（2010）「大学等におけるベンチャーの設立状況と産学連携・ベンチャー活動に関する意識」調査資料 No.189．
山田幸三（2009）「企業家的活動と大学発ベンチャー」明石芳彦編『ベンチャーが社会を変える』第3章，ミネルヴァ書房，55-88頁．
山田仁一郎（2006）「不確実性対処としての企業家チームの正当化活動」『ベンチャーズ・レビュー』No.8, 23-32頁．
山田仁一郎（2015）『大学発ベンチャーの組織化と出口戦略』中央経済社．
やまだようこ編（2000）『人生を物語る：生成のライフストーリー』ミネルヴァ書房．
やまだようこ編（2007）『質的心理学の方法：語りをきく』新潮社．
横井俊夫（1985）『第5世代コンピュータ：人工知能へのかけ橋』オーム社．

横地早和子・岡田　猛（2007）「現代芸術家の創造的熟達の過程」『認知科学』第14巻, 437-454頁。

横地早和子・岡田　猛（2012）「アートにかかわるエキスパート：芸術家」『実践知：エキスパートの知性』有斐閣, 267-292頁。

好井裕明・桜井　厚編（2000）『フィールドワークの経験』せりか書房。

吉川弘之（2009）『本格研究』東京大学出版会。

吉川弘之・内藤　耕（2003）『第二種基礎研究』日経BP社。

米倉誠一郎（1994）「経営史学への招待：歴史学は面白い」『一橋論叢』第111巻, 第4号, 635-646頁。

米倉誠一郎（1998）「経営史学の方法論：逸脱・不規則・主観性」『一橋論叢』第120巻, 第5号, 678-692頁。

米倉誠一郎（1999）『経営革命の構造』岩波書店。

渡辺　孝編（2008）『アカデミック・イノベーション』白桃書房。

索　引

欧文

ARPA ……………………………………… 31
Cloning Silicon Valley政策 ……………… 26
DEC（Digital Equipment Corporation）
　……………………………………………… 70
ENIAC ……………………………………… 28
Information Processing Language …… 38
IP（知的財産）…………………………… 26
LISP ………………………………………… 3
Logic Theorist …………………………… 38
LSI CAD …………………………………… 3
Near-decomposability（準分解可能性）
　……………………………………………… 32
New Technology-based Firms
　（NTBFs）………………………………… 25
SEMATECH（Semiconductor
　Manufacturing Technology）………… 182
STPモデル（Segmentation-Targeting-
　Positioning）……………………………… 52
Taki-TAC 7 ………………………… 100, 190

あ行

アメリカン・リサーチ・アンド・デベ
　ロップメント社（American Research
　and Development Corporation：
　ARDC）…………………………………… 23
アーンスト・ヤング ……………………… 48
アントレプレナー・オブ・ザ・イヤー
　……………………………………………… 48
アントレプレナーシップ
　（entrepreneurship）……………………… 15
意思決定 …………………………………… 1
1次資料 ………………………………… 8, 70

一人前 ……………………………………… 41
イノベーション …………………………… 13
いばらの会 ………………………………… 107
インクリメンタル（incremental）……… 24
インターネット …………………………… 31
ウィナー（Norbert Wiener）…………… 29
宇宙戦争（Space War!）………………… 99
エキスパート・システム ………………… 4
エフェクチュエーション（effectuation）
　………………………………………… 9, 47, 55, 65
応用研究のテーマ設定 ………………… 9, 223
オースティン ……………………………… 26
オルセン（Ken Olsen）………………… 70
オーラルヒストリー …………………… 69, 75

か行

回顧的インタビュー …………………… 5, 55
科学者 ……………………………………… 22
科学社会学 ………………………………… 43
科学的発見 ………………………………… 5
カーズナー（Israel M. Kirzner）……… 15
カスパロフ（Garry Kasparov）………… 40
カニバリゼーション ……………………… 25
可能な損失額を決めよ
　（Set affordable loss）…………………… 53
株式会社・日本 …………………………… 179
環境依存性（contingency）……………… 32
関連付け（associative thinking）……… 46
機会の認知 ……………………………… 16, 54, 65
機会を創造せよ（Create opportunity）
　……………………………………………… 53
企業家 …………………………………… 13, 19
起業家 …………………………………… 15, 16
起業家活動（entrepreneurship）……… 15, 19

起業家研究 2, 65
企業家精神 15
起業家的経験 20
起業家としての科学者 22
企業者史研究（entrepreneurial history）
　... 14
危険負担機能 15
技術の不確実性 66
局所性（locality） 32
均衡メカニズム 15
偶発性に対応せよ（Leverage
　contingency） 53
軍事技術の商用化 30, 31
経営学的アプローチ 15
経済学的アプローチ 15
経済発展の理論 13
研究成果の事業化 224
限定合理性 55
神戸大学LISPマシン 3, 99
個人的資料（personal documents）
　.. 68, 70
個人の熟達の限界 218
個別事例研究（シングルケース）...... 5, 68
コーゼーション（causation） 48
コール（Arthur Cole） 14
コンセプトと計画 16
コンピュータ科学（computer science）
　... 31
コンピュータ史 29
コンピュータ博物館 4

さ行

サイバネティクス 29
サイモン（Herbert A. Simon） 2, 38
サイモンの10年ルール 40
サラスバシー（Saras D. Sarasvathy）
　... 2, 47
サロゲート（代理人）型起業家
　（surrogate entrepreneur） 22, 56
産業技術総合研究所 34
シェーン（Scott Shane） 16
磁気コアメモリ 177
事業機会の認知（recognizing
　opportunity） 2, 55
資源 16
資源基盤 20
システムLSI設計 3
自然科学 8, 30, 55
実践コミュニティの構築 9, 216
シミュレーション 5
社会資本 20
社会的ネットワーク 18
ジャック・ローラー（Jack Roller）...... 69
熟達化 38
熟達化ステージ（段階）モデル 7
熟達化プロセス 55, 65
熟達研究 2, 65
熟達者 2, 10, 37, 41
熟達の比較研究 55, 65
熟達領域 1
熟達領域（認知）の限界 9
手段から始めよ
　（Start with your means） 53
シュンペーター（Joseph A. Schumpeter）
　... 13
ジョイント・チーム方式 146
上級者 10
状況の定義（definition of the situation）
　... 68
焦点化インタビュー（focussed
　interview） 74
情報処理学会 4
情報処理技術遺産 4
情報処理言語（Information Processing
　Language） 99
情報通信系ベンチャー 33

初心者 ………………………………… 2, 10, 41
ショックレー（William Shockley）…… 30
新結合（neue Kombination）………… 13
人工知能（artificial intelligence）…… 3, 31
人工物 ………………………………… 7, 55
人工物科学（the Sciences of the
　Artificial）……………… 8, 28, 29, 30, 55, 65
人的資源（human capital）…………… 20
制御理論 ……………………………… 29
成長 …………………………………… 19
制度的リンク ………………………… 20
製品・サービスの成熟化と研究テーマの
　探索 …………………………………… 224
設計志向性 ………………………… 8, 216
宣言的知識 …………………………… 44
潜在的機会 …………………………… 17
専門経営者 …………………………… 14
創業経営者 …………………………… 14
相互学習的パートナーシップ ……… 8, 216
創造的熟達（者）………… 1, 6, 45, 55, 65
創薬系ベンチャー …………………… 33

た行

大学発ベンチャー（a university
　startup）……………………………… 1, 19
大学発ベンチャー起業家の起業家活動
　（academic entrepreneurship）………… 19
第5世代コンピュータ波及効果の樹
　………………………………………… 141
第5世代コンピュータプロジェクト
　……………………………………… 3, 178
第3の科学革命 ……………………… 29
第二種基礎研究 ……………………… 35
ターマン（Frederick Terman）……… 30
探索の王手詰めの理論 ……………… 35
探索の双方向性 ……………………… 36
チェス ………………………………… 2, 39
チャンク …………………………… 150, 222

チャンドラー（Alfred D. Chandler）… 14
中級者 ………………………………… 10
定型的熟達者 ………………………… 44
定理証明 ……………………………… 5
適応的熟達者 ………………………… 44
テクノロジー・プル ………………… 36
デスバレー …………………………… 28
手続き的知識 ………………………… 44
独占禁止法 …………………………… 26
トーマスの公理（Thomas theorem）… 68
ドレイファス（Hubert L. Dreyfus）… 40

な行

2次資料 ……………………………… 8, 70
二重の創業リスク ……………… 27, 54, 56, 65
ニューウェル（Allen Newell）……… 38
認知科学 ……………………………… 2
ネットワーク ………………………… 20
フォン・ノイマン（von Neumann）… 29

は行

パートナーシップを構築せよ
　（Form partnership）………………… 53
パートナーシップ構築 ……………… 9
破壊的イノベーション ……………… 27
ハッカー（Hackers）………………… 96
パッカード（David Packard）………… 30
バリューネットワーク
　（value network）…………………… 27
比較事例 ……………………………… 5
非公式組織の創造 …………………… 187
ビジネスモデル ……………………… 20
ビジョンの明確化 …………………… 9
ビットスライス ……………………… 193
ヒューレット（William Hewlett）…… 30
不均衡 ………………………………… 15
複数領域における熟達 ……………… 56
ブッシュ（Vannevar Bush）………… 29

プロジェクト・ホワールウィンド
　（Project Whirlwind）……………… 70
プロジェクトベースの学習 ………… 9, 216
プロジェクトマネジメント ……………… 3
プロトコル分析（protocol analysis）
　……………………………… 41, 55, 69
分析志向性 ………………………………… 8
平安京エイリアン ……………………… 96
並列コンピュータ ………………………… 3
ベンチャーキャピタル ……………… 23, 56
ベンチャーキャピタル支援型 ………… 20
ベンチャービジネス …………………… 14
本格研究 ………………………………… 35

ま行

マイナス2ステージ …………………… 27
マクレランド（David C. McClelland）… 14
マーケット・イン ……………………… 36
マサチューセッツ工科大学
　（Massachusetts Institute of
　Technology；MIT） ………………… 23

マシン製作 ……………………………… 187
マタイ効果（Mathew effect）……… 43, 69
マッカーシー（John McCarthy）
　……………………………………… 99, 125
見込み型 ………………………………… 20
見習い …………………………………… 41
無消費との対抗（compete against
　nonconsumption） ………………… 27, 55
モジュール化 ………………………… 26, 55
モティベーション ……………………… 17

ら行

ライフスタイル型 ……………………… 20
ライフストーリー・インタビュー … 76
ライフヒストリー ………………………… 1
ライフヒストリー法 …………………… 68
ラディカル（radical） ………………… 23
領域固有性（domain specifics）…… 46, 56
累積的優位性のプロセス …………… 43, 68
連結体 …………………………………… 17

● 著者紹介

高瀬　進（たかせ　すすむ）

京都大学大学院経営管理研究部　特定助教。
（「京都ものづくりバレー構想研究と推進」寄附講座担当）

1970年　東京都生まれ。
1994年　神戸大学工学部システム工学科卒業，2013年同大学大学院経営学研究科博士課程修了。博士（経営学）。山口大学技術経営研究科を経て，現職。
専攻は，アントレプレナーシップ，ハイテク・大学発ベンチャー。
日本における黎明期のラクロス普及，大学運営支援会社のスタートアップを手掛ける。その後，ベンチャー研究に従事し，ハーバート・サイモンの最晩年の弟子にあたるサラス・サラスバシーによる熟達した起業家の意思決定に関する理論書『エフェクチュエーション』（碩学舎，2015）を翻訳。現在は，レスキューロボットの事業化，NCAA日本版導入のアクションリサーチの他，京都大学デザインスクールFBL/PBL演習「ロボットと社会のデザイン」「事業デザイン論」を担当。

大学発ベンチャー起業家の「熟達」研究
── 瀧 和男のライフヒストリー

2017年4月10日　第1版第1刷発行

著　者	高　瀬	進
発行者	山　本	継
発行所	㈱中央経済社	
発売元	㈱中央経済グループ パブリッシング	

〒101-0051　東京都千代田区神田神保町1-31-2
電話　03 (3293) 3371 (編集代表)
　　　03 (3293) 3381 (営業代表)
https://www.chuokeizai.co.jp/
印刷／㈱堀内印刷所
製本／誠　製　本　㈱

© 2017
Printed in Japan

＊頁の「欠落」や「順序違い」などがありましたらお取り替えいたしますので発売元までご送付ください。（送料小社負担）
ISBN978-4-502-21621-3　C3034

JCOPY〈出版者著作権管理機構委託出版物〉本書を無断で複写複製（コピー）することは，著作権法上の例外を除き，禁じられています。本書をコピーされる場合は事前に出版者著作権管理機構（JCOPY）の許諾を受けてください。
JCOPY〈https://www.jcopy.or.jp　eメール：info@jcopy.or.jp　電話：03-3513-6969〉

一般社団法人　　　　　　特定非営利活動法人
日本経営協会［監修］　経営能力開発センター［編］

経営学検定試験公式テキスト

経営学検定試験（呼称：マネジメント検定）とは，
経営に関する知識と能力を判定する唯一の全国レベルの検定試験です。

1
――
経営学の基本
（初級受験用）

2
――
マネジメント
（中級受験用）

3
――
人的資源管理／
経営法務
（中級受験用）

4
――
マーケティング／
IT経営
（中級受験用）

5
――
経営財務
（中級受験用）

キーワード集

過去問題・
解答・解説
初級編

過去問題・
解答・解説
中級編

中央経済社

好評既刊

世界24カ国，1,000社以上のCEOと5,000人以上のエグゼクティブのデータを分析した世界的プロジェクト，待望の邦訳！

文化を超えるグローバルリーダーシップ
―優れたCEOと劣ったCEOの行動スタイル

Strategic Leadership across Cultures: The GLOBE Study of CEO Leadership Behavior and Effectiveness in 24 Countries

R. J. ハウス，P. W. ドーフマン，M. ジャヴィダン，
P. J. ハンジェス，M. F. サリー・デ・ルケ[著]

太田正孝[監訳・解説]　渡部典子[訳]

＜目次＞　A5判・上製・480頁

- 第1章　社会文化とリーダーシップ
- 第2章　文化，リーダーシップ，上層部理論の文献レビュー
- 第3章　理論的根拠と枠組み，仮説，リサーチ・デザイン，調査結果の概略
- 第4章　リサーチ・メソドロジーとデザイン
- 第5章　文化を超えるCEOのリーダーシップ行動
- 第6章　異文化リーダーシップ効果
- 第7章　文化を超えるCEOのリーダーシップ効果
- 第8章　優れたCEOと劣ったCEO
- 第9章　結論，インプリケーション，今後の研究

中央経済社

ベーシック＋プラス
Basic Plus

経営学入門	人的資源管理	経済学入門		金融論	法学入門
経営戦略論	組織行動論	ミクロ経済学		国際金融論	憲法
経営組織論	ファイナンス	マクロ経済学		労働経済学	民法
経営管理論	マーケティング	財政学		計量経済学	会社法
企業統治論	流通論	公共経済学		統計学	他

いま新しい時代を切り開く基礎力と応用力を
兼ね備えた人材が求められています。
このシリーズは，各学問分野の基本的な知識や
標準的な考え方を学ぶことにプラスして，
一人ひとりが主体的に思考し，行動できるような
「学び」をサポートしています。

中央経済社